新城镇田园主义 重构城乡中国丛书

为城镇化设计都市农业

吕明伟 蔡碧凡 陈 宾 编著

中国建筑工业出版社

图书在版编目（CIP）数据

为城镇化设计都市农业/吕明伟，蔡碧凡，陈宾编著.—北京：中国建筑工业出版社，2015.3
（新城镇田园主义　重构城乡中国丛书）
ISBN 978-7-112-17822-3

Ⅰ.①为… Ⅱ.①吕…②蔡…③陈… Ⅲ.①都市农业-农业发展-研究-中国　Ⅳ.①F32

中国版本图书馆CIP数据核字（2015）第039254号

本书从现代农业产业发展的角度，回顾了全球城市化背景下的都市农业发展，阐述了为城市群以及城镇设计都市农业，拓展农业多功能，构建新型城镇化产业发展之路的背景、经验、举措，通过中科地景规划设计机构数年来的规划和研究典型案例，详细分析了以都市农业为主导的城镇化综合开发模式和类型。

责任编辑：杜　洁　李玲洁
责任校对：李欣慰　关　健

新城镇田园主义　重构城乡中国丛书
为城镇化设计都市农业
吕明伟　蔡碧凡　陈　宾　编著
*
中国建筑工业出版社出版、发行（北京西郊百万庄）
各地新华书店、建筑书店经销
北京圣彩虹制版印刷技术有限公司印刷
*
开本：889×1194毫米　1/20　印张：5⅘　字数：197千字
2015年3月第一版　2015年3月第一次印刷
定价：49.00元
ISBN 978-7-112-17822-3
　　　（27063）

版权所有　翻印必究
如有印装质量问题，可寄本社退换
（邮政编码 100037）

《新城镇田园主义 重构城乡中国》丛书编委会

主　　任　　刘家明
副 主 任　　孟宪民　公冶祥斌　李　亮　任国柱　申　琳　高　进

主　　编　　吕明伟　黄生贵
副 主 编　　潘子亮　郭　磊　蔡碧凡　李先军　刘　芳　孙起林
常务编委　　耿红莉　谢　琳　袁建奎　张　新　陈　宾　刘　洋
　　　　　　陈　明　李彩民　张舜尧　董文秀　田相娟　范　娜
学术秘书　　王南希　余　玲

《为城镇化设计都市农业》编写组

参编人员　　张建国　马军山　王允双　张　剑　陈　明　李先军
　　　　　　刘　芳　张舜尧　解志涛　荔　靖　潘子亮　贾海涛

参编单位　　中科地景规划设计机构
　　　　　　天津市农委产业处
　　　　　　湖南省休闲农业协会
　　　　　　浙江农林大学旅游与健康学院
　　　　　　魅力城乡网
　　　　　　北京农博丰源科技有限公司

总序一　新城镇田园主义

2011年，中国城镇化率已经达到51.27%，城镇人口首次超过农村人口，达到6.9亿人，到2013年，中国大陆总人口为136072万人，城镇常住人口73111万人，乡村常住人口62961万人，中国城镇化率达到了53.7%，具有悠久历史的中国完成从农业社会结构向以城镇为主导的社会结构的转变。这一转变过程迄今已经历近百年，预计到2030年，中国城镇化率有可能达到70%左右，基本完成城镇化。21世纪，中国新型城镇化进程将对全球发展产生深远影响，随着中国新型城镇化规划与建设步伐的加快，我们必须重新审视我们的城乡规划思路和方法、重新审视人与自然环境的关系。

在全球城镇化发展浪潮中，每一次城镇化的大发展都能产生里程碑式的规划思潮和方法，第一次英国的城镇化浪潮大约用了近200年时间，在这期间诞生了《明日的田园城市》这本城市规划的伟大著作，奠定了近代城市规划学发展的基础。第二次美国及北美国家城镇化浪潮从1860年到1950年，用了90年的时间，在这期间诞生的区域规划学说以及后来的设计遵从自然、新城市主义、精明增长等新的规划思潮涌动，继续探寻着城市之间以及城乡之间和谐发展的理想模式。被称为第三次城镇化浪潮，即我国的城镇化过程与美国城镇化过程几乎一样长，约一百年左右。但是中国城镇化不同于英美等发达国家和地区的城市化道路，中国是世界上人口最多的国家，面临着人地关系矛盾突出、资源短缺、地区发展不平衡、速度与质量不匹配等诸多挑战。发展的时代需要科学的理论指导和科学的实践方法，更需要理论研究成果转化成解决实际问题的实战技术。

显然，自19世纪末、20世纪初针对现代城市发展的现代城市规划学诞生以来，理想城市发展模式的世纪探索从未停止，比较著名的规划理论和思潮如城市公园运动、城市美化运动、田园城市理论、卫星城镇理论、有机疏散理论、新城市主义、景观都市主义、生态都市主义等。然而这些极具远见、思潮澎湃的规划思想一方面多关注于城市发展，对于乡村地区的发展并没有给出很好的思路；另一方面其思想创新有限，即便是在解决西方发达国家自身的城市发展上也乏善可陈，更远远不适应发展中国家和转型国家所面临的挑战和问题。

没有了山水田园牧歌式的理想，"田园将芜胡不归？"，我们的家园又该何去何从？以心为形役，规划思想上的拿来主义，反映在城市规划建设上就是可怕的规划功能主义盛行，城市也就没有了思想灵魂，如此这般又怎么指导我国城镇化规划建设的可持续发展呢？

因此，中国的城乡规划建设领域需要自己"接地气"的规划理念和思想，来满足新型城镇化进程中现实发展的需求，切切实实解决中国城乡大地上遇到的问题。新城镇田园主义规划理念的提出符合政策，合乎时宜，不失为一种新的城乡规划思想方法。

新城镇田园主义是在中国传统的山水田园自然观、天人合一哲学思想的基础上提出的城乡一体化发展构想与规划理念，对于推动形成人与自然和谐发展的城乡一体化新格局具有一定的启发意义。

从文化传承看，中国人历来钟情山水田园，从孔子《论语·雍也》中的"智者乐水，仁者乐山"、庄子《庄子·知北游》中的"山林与，皋壤与，使我欣欣然而乐欤"、魏晋陶渊明的"采菊东篱下，悠然见南山"到20世纪90年代钱学森提出的山水城市，再到中央城镇化工作会议公报中"让城市融入大自然,让居民望得见山、看得见水、记得住乡愁",中国人的山水田园情结源远流长,承传了数千年。

从人文地理空间角度看,新城镇田园主义理念从自然物质空间渗透到生活空间和精神空间,从山水延伸到林田、乡村和城市,贯穿于广泛的时空、资源、环境、城乡之间,所提出的以山为骨架,水为脉络,田为基底,林为绿脊,城(镇、村)为内核的山—水—林—田—城(镇、村)和谐发展的山水田园城市(镇、村)人居环境建设模式,有利于重塑和谐的城乡生产、生活、生态空间,重构人文环境与自然环境相协调、融合的城乡一体化空间格局。

从规划理念看,新城镇田园主义是在新型城镇化快速发展背景下提出的,认为山水田园城市(镇、村)、绿色基础设施、产业集聚区等是新型城镇化建设,统筹城乡区域发展,重构城乡中国的重要组成部分。山水田园城市(镇、村)为城乡居民构筑和谐的人居环境;绿色基础设施重塑国土大地景观,重构城乡中国的生态基础;产业集聚区发展加速产业集聚,增强城镇化建设进程中的"造血"功能,强力支撑城乡发展。中国传统的山水田园文化以及以此为基础形成的自然观、哲学观应用到现代城乡规划建设中,并为之提供一套完整的规划思路和可行方案来解决城乡规划建设中复杂的现实问题,具有重大的规划思想创新性,但更需要长期、艰辛的探索和努力。

新城镇田园主义重构城乡中国是一种期许,也是一个目标,真实而生动地凝聚了中国天人合一的哲学思想精髓和数千年来华夏传统文化中的山水田园情结。

我们每一个人都可以为国家和民族的发展贡献自己的一份力量,规划设计师更是责无旁贷!《新城镇田园主义 重构城乡中国》丛书,内容丰实、观点新颖,理论联系实践,是国内数十家规划设计院与相关科研院所的合作结晶,是在对规划案例实践进行归纳总结基础上编写而成,是我国最新研究新型城镇化规划设计的一套著作。全套丛书理论和实践相结合、文字论述和图纸图表相结合,表现形式好,可读性和应用性强,能为我国新型城镇化建设提供良好的启发和经验借鉴。

当前,中国新型城镇化、城乡统筹发展再度进入改革推动新发展的重要时期,且进入取得历史性突破的关键时期。党的十八大首次专篇论述生态文明,把生态文明建设摆在五位一体的总体布局的高度来论述,首次把"美丽中国"作为未来生态文明建设的宏伟目标,并明确指出"把生态文明建设放在突出地位,融入经济建设、政治建设、文化建设、社会建设各方面和全过程,努力建设美丽中国,实现中华民族永续发展。"产业发展、社会繁荣、城乡和谐,山水田园,美丽中国,是一种真实存在,也是人们为之向往和追求的中国梦。

每一位华夏炎黄子孙心中都有一块田园,一个梦想,田园梦、中国梦真实生动地深深扎根在中国人的心中,激励着每个中国人为国家的发展繁荣和中华民族伟大复兴而奋斗。

是为序!

中国科学院地理科学与资源研究所
刘家明　研究员、博士生导师
2014年11月

总序二　新城镇田园主义　重构城乡中国
——21世纪风景园林师的责任和担当

在世界文化交流史上,东学西渐比近代的西学东渐要早得多,有着一千多年的历史。东学西渐是一个和西学东渐互相补充的过程,对世界文化的发展有十分深远的影响。其实很久以来,欧洲就一直渴望了解中国,早在罗马帝国时期,中国的丝绸作为一种奢侈品就曾在上流社会引起轰动,古丝绸之路也由此成为连接东西方之间经济、政治、文化交流的重要载体,上下跨越了2000多年的历史。

早期西方商人和旅行家,尤其是传教士,是东学西渐的重要使者,"中国热"在欧洲开始流行。17~18世纪欧洲文化思潮中引发了中国文化热的一个高潮,"中国热"盛行,东学西渐,汉风正劲。这一时期正值清朝的康乾盛世,疆域辽阔、社会安定、经济繁荣、文化昌盛……中国的盛世图景惊羡了整个欧洲,中国文化艺术开始引领欧洲时尚,中国的文学、艺术、建筑园林等文化的各个领域对英国乃至欧洲产生了重要影响。

18世纪,随着圈地运动、启蒙思想运动以及东学西渐等各种社会文化思潮的影响,日不落帝国英国相继出现了坦普尔、艾迪生、蒲伯等热爱中国文化并歌颂美丽大自然的自然风景式造园思想家,为自然风景更加深入人心奠定了基础,使整个国家都沉浸在对于自然风景、乡村景观的热爱与追求之中。一时间,英国贵族和资产阶级更加崇尚乡村田园和自然风光,精心经营并开始美化自己农庄牧场,风景式造园热潮高起,人人都在美化自己的园子,全国面貌焕然一新。因此1760~1780年,即工业革命开始时期,成为英国庄园园林化的大发展时期,也是英国自然风景式造园的成熟时期。

实际上英国在城市化开始以前,即完成了乡村地区国土大地景观的重构,走的是乡村包围城市的路子,这是与美国和中国大不相同的地方。

英国作为工业革命的摇篮和世界上城市化水平最高的国家之一,乡村田园成为这一国家的景观标志和国家特征,尤其是受风景式造园影响最深远的英格兰,英式乡村景观成为其民族景观形象的缩影,被普遍认为是真正的英格兰之心。如今,起伏的地形、蜿蜒的河流、自然式的树丛和草地,以农场和牧场为主体的乡村景观,在很大程度上构成了英国国土景观的典型特征,成为英国国家景观的象征。当然,威廉·肯特、朗斯洛特·布朗、威廉·钱伯斯、汉弗莱·雷普顿等造园大师功不可没,他们的努力改变了英国18世纪国土大地景观,重塑了一个全新的英国国家景观特色。

可以这样理解,在18世纪下半叶,英国工业革命开始时期,庄园园林化发展达到巅峰,持续上百年的自然风景式造园完成英国乡村地区国土大地景观的重构。而早在17~18世纪初,早期的殖民者将英国风景式造园带到了美国,整个19世纪,杰斐逊、唐宁以及后来的沃克斯、奥姆斯特德等设计大师在继承欧洲风格的基础上,建立标准的建筑式样,并重新定义了乡村,为年轻的美国建构了整体的国家景观风貌,重塑了田园式的美国理想和生活。受欧洲风景式造园的影响,杰斐逊成为美国风景园林最忠实的实践者,造就了帕拉第奥式建筑和自然风景的完美融合。如果说《独立宣言》是美国梦的根基,自由女神像是美国梦的象征,那么,杰斐逊所创造的帕拉第奥式建筑与自然风景相结合的田园牧歌式景观,则代表了广阔的美国国家景观的梦想。杰斐逊提倡改变美国荒野原始的自然,营造田园牧歌式的景观效果,并建立起一套精确的平行分配土地的数学系统，构建了美国国家的大地网格和田园式美国理想，几乎影响了全美所有的国土布局和城乡结构，形成了至今我们从飞机上俯瞰整个美国壮观的大地网格化的田园景观。这一在美国国土大地景观重构上的创举成为田园式美国理想的典范，美国梦的国土景观梦想的真实写照。

18~19 世纪的工业革命不仅带来了生产方式的改变，也带来了生活方式的改变，使成千上万人从农村和小城镇移居到城市之中，城市人口迅猛增加，人口超过 50 万的欧洲城市有 16 座。1880 年，伦敦人口为 90 万，巴黎人口为 60 万，柏林人口为 17 万；到 1900 年，这一数字分别增至 470 万、360 万和 270 万。无疑 18、19 世纪工业革命是西方城市迅速发展的时期。随着全球城市化发展的到来，其视角多转向城市，然而随之而来的是一系列的城市问题：人口爆炸、城市基础设施缺乏、流行病蔓延、社会阶级差距拉大……因此在 19 世纪末、20 世纪初，针对现代城市发展的现代城市规划学诞生，理想城市模式的世纪探索也由此开启。比较著名的规划理论如城市公园运动、城市美化运动、田园城市理论、卫星城镇理论、有机疏散理论等。

1898 年，埃比尼泽·霍华德出版《明日，一条通向真正改革的和平道路》，1902 年修订再版，更名为《明日的田园城市》。霍华德在书中提出了带有开创性的城市规划思想；论证了城市规模、布局结构、人口密度、绿带等城市规划问题，提出一系列独创性的见解，是一个比较完整的城市规划思想体系。田园城市实质上是城和乡的结合体，是一种兼有城市和乡村优点的理想城市。霍华德设想的田园城市包括城市和乡村两个部分，认为"城镇与乡村必须联姻，除了幸福的结合之外，还将孕育出一个新的希望、一种新的生活和一个新的文明。"田园城市理论对现代城市规划思想起到了启蒙作用，被公认为最具经典性的城市规划理论专著，被誉为"迷茫时代的理性之光"。同时期，也出现了一批关心人民生活环境建设的城市规划理论家，尊称为"人本主义城市规划理论家"，最为杰出的代表是帕特里克·格迪斯和刘易斯·芒福德。格迪斯强调城市和区域之间不可分割的联系，把毕生的主要精力用于在世界各地举办城市展览会，宣扬自己的思想观点；芒福德则在很大程度上继承和发展了格迪斯的理论，用其丰富的著作（毕生撰写了 30 多本书和千余篇论文）传承自己博大精深的思想。

但似乎这些规划理论和思想并没有给 20 世纪的城市化发展开出一剂"济世良方"，西方的工业化和城市化发展迅猛，城市郊区化无序蔓延，环境与生态系统破坏严重，城市发展饱受诟病，城市时代大都市的梦想依旧那样遥不可及。当梦想照进现实，让生活更美好的城市依旧如此不堪一击，从而进一步激发起有识之士对都市梦想、生活方式和生态环境的反思。20 世纪 50 年代至 70 年代，道萨迪亚斯的人类聚居学（1954 年）、简·雅各布斯的《美国大城市的死与生》（1961 年）、蕾切尔·卡逊的《寂静的春天》（1962 年）、麦克哈格的《设计结合自然》（1969 年）、德内拉·梅多斯等人撰写的《增长的极限》（1972 年）等学说与著作相继问世，在世界各地尤其在西方引起了强烈的反响。

在 20 世纪中叶城市发展最为迅猛的美国，正当大多数主流规划观点都主张消除城市贫民窟，由政府主导进行大规模旧城更新建立新的大都市时，1961 年，一位坊间主妇、城市异见者简·雅各布斯二十万字的著作《美国大城市的死与生》出版，在当时的美国社会引起巨大轰动，成为美国城市规划转向的重要标志，对美国乃至世界城市规划发展影响深远。这本非专业人士撰写的非专业书籍，却成为关于美国城市的权威论述，不但启发了美国20世纪70年代以后各种类型的强调以社区和居民为主体的社区规划，还在美国城市旧城更新的重大问题及当代城市建设方面影响深远，甚至启迪了20世纪90年代的一些建筑师和设计师，发起了"新城市主义"运动，继续探索城市时代大都市的梦想。

新城市主义以田园城市和现代城市的失误为出发点，以终结郊区化蔓延为己任，向郊区化无序蔓延宣战，并对城市郊区化的扩张模式进行了深刻反思。1992年，新城市主义的创始人之一彼得·卡尔索普重新阐释美国城市与郊区的发展模式，提出"以公共交通为导向"的开发模式，试图从传统的城市规划设计思想中发掘灵感，核心是以区域性交通站点为中心，以适宜的步行距离为半径，设计从城镇中心到城镇边缘，重构环境宜人、具有地方特色和文化气息的紧凑型邻里社区。

然而，20世纪90年代末，景观都市主义悄然崛起，对新城市主义理念提出了质疑和挑战，成为郊区化的捍卫者，新城市主义者将这一流派视为自己主要的对手，甚至认为景观都市主义是"拉美式的政变"。

景观都市主义以新的景观概念为核心，宣称景观突破学科的界限，取代建筑作为城市塑造的媒介，正如其代表人物查尔斯·瓦尔德海姆在世纪之交发表的景观都市主义基本宣言中宣称的那样"在这种水平向的城市化方式之中，景观具有了一种新发现的适用性，它能够提供一种丰富多样的媒介来塑造城市的形态，尤其是在具备复杂的自然环境、后工业场地以及公共基础设施的背景下"。因此，景观都市主义更多地被认为是城市的生存策略，主张在城市设计中将自然区域、开放空间和建筑物实体整合为一个和谐的整体系统。

现任哈佛大学设计研究学院院长的莫森·莫斯塔法维，在21世纪初是景观都市主义最有力的支持者，在传承景观都市主义思潮的基础上，提出了生态都市主义，并于2009年在哈佛组织召开生态都市主义大会，以期把哈佛大学设计学院转化为生态都市主义的大本营，继续探求人们的都市梦想。

正如同新城市主义一样，也很难给景观都市主义、生态都市主义下精确的定义，他们更多属于与现代主义思潮相对应的后现代主义思潮。哈佛的设计大师们效仿唐宁、奥姆斯特德、麦克哈格等设计先驱，期望创造其当年的辉煌，解决城市发展的现实问题。但不管从哪个方面来说，他们的理论都还只是一个刚刚起步、尚未成体系的理念，其影响也远没有宣扬的那么大。从实践项目来看，景观都市主义作品颇为有限，生态都市主义作品更是凤毛麟角，更多体现在概念、理念、思潮阶段。景观都市主义、生态都市主义是悖论还是真理，其应用和效果恐怕还有待实践检验。

从18世纪以来，英美等发达国家已率先实现了城市化的快速发展，城乡重构日趋完成。我国经过30年的城市化发展，数据显示，2013年末，中国城镇化率升至53.73%；到2020年，城镇化率将达到60%；2030年中国的城镇化水平将达到70%，中国总人口将超过15亿人，届时居住在城市和城镇的人口将超过10亿人。中国的新型城镇化建设拥有着巨大的发展潜力，面临着重大历史机遇，但我们必须清醒地意识到，千百年来形成的国土景观风貌、传统生活方式以及地区产业结构正在经历着由于发展所带来的前所未有的挑战，发生着深刻的时代巨变。正如2013年，吴良镛先生在《明日之人居》著作中所言"美好的人居环境是生成中的整体，这种整体是人工创造与自然创造完美结合的产物，城与乡、城市与山川河湖、建筑物与场所、建筑物中与各种技术、技术的融合等都反映了这种整体性。近代的中国人居环境对此逐渐淡然了，其原因多样。

为今之计，是需要寻找失去的整体性。途径之一是寻找、重组已经破裂的，尚未完全消失的传统中国的'相对的整体性'，意在利用局部的整体性，进行新的重构和激发，在混沌中建构相对的整体。"

城乡统筹发展，规划设计先行。从东学西渐、风景式造园到新城镇田园主义，伟大的中华传统文化是我们设计创作的源泉。在新型城镇化时代背景和新的功能要求下，如何继承和发扬传统的、优秀的华夏文化是我们不可回避的责任，如果离开了其赖以发展的传统文化这一沃土，便如无水之源、无根之木，势必会导致其生命力的丧失。当然，以国际化的视野和专业背景为招牌，在欧美等发达资本主义国家都还停留在"概念"阶段的规划理念和思想，只能博一时之眼球，并不能切实解决中国大地上的发展问题。中国的问题还是要靠中国人民自己来解决，中国新型城镇化道路还是要靠中国自己的规划设计师来探索！"接地气"的规划设计作品必然是融合了世界先进文化与科技和中华民族文化与艺术精华的、具有中国特色的现代设计，代表这种中国特色现代设计的力量，不是西方设计师，而是为数众多的、扎根在中华民族文化与艺术殷实土地上的规划设计师。

发展的时代需要科学的理论指导科学的实践方法，为促进新型城镇化建设进程山水田园城市（镇、村）、绿色基础设施、产业集聚等方面的研究和可持续发展，相关科研院所、规划设计单位等合作，相继出版《新城镇田园主义 重构城乡中国》系列丛书。本套丛书将从城乡统筹产业发展、规划布局、社会建构等角度组织海内外生态、地理、规划、旅游、建筑、园林、农业等各个领域的专家学者与设计单位共同编写，将最新理论研究成果与经典规划案例相结合，理论研究与实践并举，加强行业内外的互动交流，为构建新型城镇化健康可持续发展之路提供智力支持，希望能够对业界有所启发。

"民族的，才是世界的"，
梳理—分析—承传—重构
华夏传统之大端源远流长……

我们应以开放的、民主的和负责任的方式来对待中国大地上发生的事情，通过更为因地制宜的规划设计语言，重构尚未完全消失的传统中国、城乡中国，重构尚未失魂的自我……

新城镇田园主义 重构城乡中国
从一寸土地，一份产业，一处风景，一抹乡愁……
开始

编者
2014年7月于林泉艺术馆

前言　生产·生活·生态：都市农业推进城镇化可持续发展

城镇化无疑成为当下社会最为热议的话题，海内外举世瞩目！

经过30年的城市化发展，数据显示，2013年末，中国城镇化率升至53.73%。但据了解，按户籍人口计算，城镇非农户口占全部人口的比例仅为35%左右。到2020年，城镇化率将达约60%，城镇常住人口将达8.5亿人，户籍人口城镇化率要从目前的35.7%提高至45%。2030年中国的城镇化水平将达到70%，中国总人口将超过15亿人，届时居住在城市和城镇的人口将超过10亿人。也就是说在未来的20年中，中国每年将有千万农民进入城镇，总人数将达数亿。

有了梦想谁都了不起，和人一样，土地和城市也有着其光荣梦想，并真实而具体地承载着每一个人的中国梦。城镇承载着经济繁荣、社会发展的光荣与梦想，数亿新城镇移民的宜居宜业、"两横三纵"的城市化战略发展蓝图的实现、生产—生活—生态空间协调的城乡重构……成为21世纪最为激动人心的中国梦。

未来城镇化发展中，城市群将是重要载体、主体形态，是承载未来城乡中国可持续发展的重要引擎。20世纪90年代，中国经济的显著特征是长江三角洲、珠江三角洲和京津冀三大城市群，这三大城市群不仅发展速度快，而且经济规模占全国的比重越来越高。除三大城市群之外，新的城市群不断涌现，如山东半岛城市群、辽中南城市群、中原城市群、长江中游城市群、海峡西岸城市群、川渝城市群和关中城市群等。据相关部门预测，到2020年，我国城市群占据43.3%的全国城镇建设用地，将集中48.7%的城镇人口。人口向城镇集聚，农民都进城了，农田谁来耕种，农业现代化靠谁来实现；城市群内部非建设用地区域内绿色基础设施和产业结构如何定位发展；城乡居民的"田园梦"和"都市梦"如何完美结合……城市群建设的诸多隐忧也正随着城镇化进程的快速发展逐渐显现。

以人为本的城镇化需要产城一体化的可持续发展，建设用地区域内的城市开发建设的成功经验众多，非建设用地区域内可持续发展却并无太多行之有效的模式或举措。从国内外城市群发展经验来看，以都市农业为导向的城镇化模式，是构筑生产、生态、生活空间，让城乡中国成为宜居、宜业和宜游的美丽中国的有效途径，也是一条符合中国国情的，非常重要和值得推广的新型城镇化产业发展之路。

都市农业率先在欧美、日本等发达国家发展起来，至今已积累了相当丰富的经验。这些经验已在全球50多个国家和地区中得到推广，逐渐形成了以园区和基地为龙头、高质高效与可持续发展相结合的都市型现代农业发展模式。世界各国都市农业发展实践证明：都市农业是城乡发展体系中的重要组成部分，是推动城镇化发展、农业产业化升级的重要载体。

国外都市农业主要地处大都市中、都市郊区和大都市经济圈以内及其延伸地带。按照2003年联合国发展计划署（UNDP）的定义，都市农业是指以满足城市消费者需求为主要目的，采用集约方式，利用自然资源和城市废弃物，在分散于城市或郊区各个角落的土地和水体里种植各种农产品，并进行加工和销售的产业。都市农业发展比较典型的地区，如荷兰（甚至是欧洲）的一个重要城市群兰斯塔德都市区，在其都市总面积中，建成区用地仅占26%，而农业用地和自然保护区用地分别为64%和10%，是构成荷兰绿色心脏的主体。该区域都市农业发展具有三种主要功能：生产功能，农业向规模化、产业化集群发展；生活功能，利用多种有机农业提供多途径社会服务；生态居住功能，生活在绿色大地之中，同时保护自然生态环境。这里是荷兰城市化最高的地区，不足20%的地区内养育了40%的总人口。从兰斯塔德都市区产业发展来看，其中70%的土地用于养殖、谷物和花卉种植、民俗旅游产业，30%用于居住。整个兰斯塔德都市区的人口中仅有3%在从事第一产业（服务业84%，制造业13%）。

我国都市农业的提出与实践始于20世纪90年代，目前，都市农业已成为我国各大城市农业发展的主导思路，呈现出良好的发展态势，其中尤以地处京津冀、长三角、珠三角三大城市群的北京、天津、上海、广州等地发展最好，并形成一定的规模，已取得显著成效。以首都北京为例，全市共建成设施农业35万亩、蔬菜生产基地66.9万亩，蔬菜自给率保持在28%左右；稳步发展健康养殖业，畜禽养殖业规模化、标准化比例达到85%以上，猪肉、鸡蛋、鲜牛奶的自给率分别保持在30%、60%和60%以上。北京的都市农业发展在满足人们"胃"的同时，也在满足着人们"肺"、"眼"、"脑"的需求。2013年，北京农业观光园和民俗旅游接待分别达到1939.9万和1695.8万人次，收入分别达到26.9亿元和9.1亿元。

都市农业与传统农业不同，传统农业是以种植业和养殖业为主的农业，都市农业是强调发挥对城市的保障功能和服务功能为主的农业。都市农业与城郊农业也不同，城郊农业主要功能是为城市供应农副产品，以满足城市商品性消费需要为主，发展水平低，功能比较单一。都市农业则紧密依托城市、服务城市，具有比城郊农业更强的多功能性，体现在生产、生活、生态等诸多方面。

生产：通过调整升级城镇化地区尤其是城市群区域范围内的农业产业结构，大力发展优质、高产、高效农业，为城镇居民提供新鲜、卫生、安全的农产品，以满足居民食物消费的需要。

生活：农业作为城镇化发展的重要组成部分，较好地为城镇居民提供回归田园、休闲旅游、农事活动体验、科技科普教育等场所和机会。满足城乡居民生活水平不断提高对农副产品优质化和多样化的需求，并带动与农业相关的商业、旅游、饮食、文化和教育等第三产业的快速发展。

生态：农业作为绿色基础设施，是城镇生态系统的组成部分，它对保育自然生态，涵养水源，调节微气候，改善人们生存环境、重构美丽中国起到重要作用。

我国农业正处于转型升级的历史性时期，城市群区域范围的现代农业必将由城郊型向都市型转变。都市农业作为一种新型交叉产业的都市型现代农业把城区与郊区、农业和旅游，第一产业、第二产业和第三产业有机地结合在一起，呈现出"城郊合一"、"农游合一"的基本特点和发展方向。都市农业与城市的生活消费、市场供应、旅游休闲、环境保护等多方面密切相关，是一产、二产和三产结合在一起的新型交叉产业，充分实现了经济效益、生态效益、社会效益三者的协调统一。

中国是一个历史悠久的农业大国，也是一个城镇化快速发展的国家。都市农业作为一项很有生命力的新型产业，具有广阔的前景，必将在城市群建设和城镇化发展进程中担当重任，显示出它的勃勃生机。

2013年9月6日初稿
2014年2月18日修订

目　录

1 全球城市化背景下的都市农业发展
- 1.1 都市农业起源及其发展历程 ········· 001
- 1.2 都市农业内涵特征 ········· 002
- 1.3 各国都市农业发展经验模式 ········· 002

2 都市农业：构建新型城镇化产业发展之路
- 2.1 都市农业多功能拓展 ········· 013
- 2.2 都市农业发展的类型与业态 ········· 020
- 2.3 都市农业发展趋势 ········· 029

3 为城市群设计都市农业
- 3.1 城市群都市农业发展经验模式：京津冀案例 ········· 030
- 3.2 城市群都市农业发展经验模式：荷兰绿色心脏兰斯塔德城市群案例 ········· 040

4 为城市设计都市农业
- 4.1 都市农业与可持续的城市发展 ········· 042
- 4.2 城市垂直农业 ········· 044
- 4.3 都市农业纳入城市空间 ········· 048

5 农业产业向园区集聚：都市农业促进城镇化建设的有效模式
- 5.1 浙江样本：3家典型园区发展模式解析 ········· 055
- 5.2 农科典范：北京朝阳区都市农业示范园总体规划设计 ········· 063
  - 浙江余姚新大陆农业科技园区总体规划 ········· 066
  - 山西祁县乔家大院千朝农谷总体规划 ········· 070
- 5.3 休闲农业：贵阳市花溪区龙井休闲农业示范区总体规划 ········· 072
- 5.4 都市农庄：北京意大利农庄规划设计 ········· 076
- 5.5 生态 休闲 教育：温州平阳县栏杆桥水乡田园 ········· 080
- 5.6 创意农业：北京昌平世界草莓博览园 ········· 090
  - 万拓庄园——为您开启有机耕读之门 ········· 094

参考文献

1 全球城市化背景下的都市农业发展

都市农业是在全球工业化和城市化高度发展的过程中，随着城市经济的快速发展和环境问题的日趋严峻以及可持续发展思想的深入人心而提出来的。

1.1 都市农业起源及其发展历程

都市农业从萌芽到现在已有 100 多年的历史。早在 1898 年，英国社会活动家霍华德就提出"田园城市"的概念，其基本思想立足于建设城乡结合、环境优美的城市，"把积极的城市生活的一切优点同乡村的美丽和一切福利结合在一起"，这是最早的都市农业的萌芽。到 1919 年德国政府为了发展都市农业建立了"市民农园"，发展供市民自给自足的小菜园，并制定了"市民农园法"，这是都市农业最早的雏形。1930 年，日本的《大阪府农会报》称"以易腐败而又不耐储存的蔬菜生产为主，同时又生产鲜奶、花卉等多样化产品的农业生产经营"为都市农业，这是都市农业最早的定义，并作为专有名词第一次出现在该报上。都市农业作为学术名词则最早出现在日本学者青鹿四郎 1935 年发表的《农业经济地理》一书中，在书中，都市农业是指"分布在都市工商业和住宅区等区域，或都市外围的特殊形态的农业，依附于都市经济并直接受其影响，主要经营奶、鸡、鱼、菜、果等，集约化、专业化程度高，同时包括稻、麦、水产、畜牧等的复合经营，范围一般是都市面积的 2~3 倍"。

20 世纪 50 年代末至 60 年代初，美国的一些经济学家开始研究都市农业，最初表述为"城市农业区域"或"城市农业生产方式"，指出必须在都市周边地区的都市楔形农田上进行绿地建设和发展园艺业、果林业。直到 1977 年，美国农业经济学家艾伦·尼斯撰写的《日本农业模式》中明确提出"都市农业"，都市农业正式成为一种经济理论开始流行于学界。

在 20 世纪中后期，随着信息网络的高速发展，资本和劳动力的全球流动性增加，大规模的城市化运动在全球展开，农村人口不断向城市迁移和集中。都市农业作为城市化水平发展到一定阶段的农业产业形态，产生于城市化进程中，并服务和推进于城市化建设与发展。随

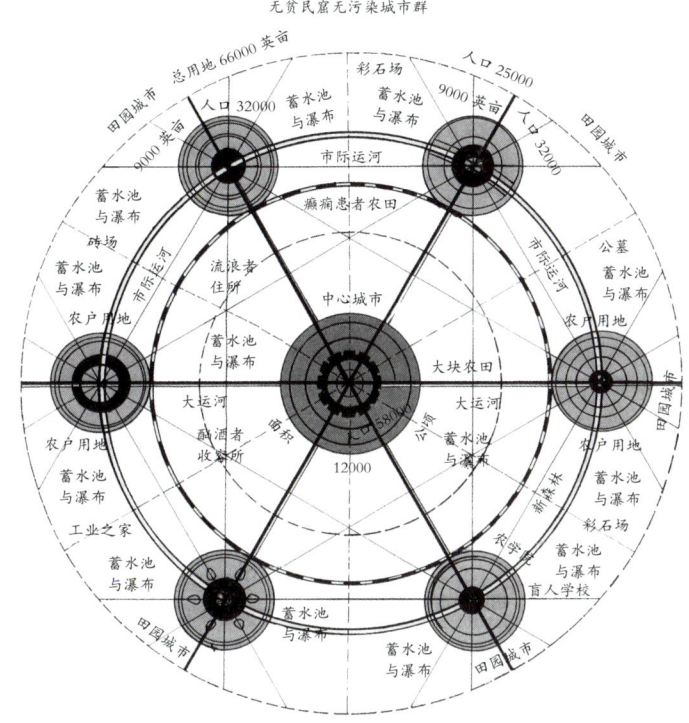

霍华德田园城市简图

着城市的快速扩张蔓延、人口和建筑物的高度密集以及城市生态环境渐趋恶化，城市政府及居民开始认识到无节制的城市扩张，最终危害到人类的生存和发展，从而要求对城市及其附近的农业用地进行保护，并提出发展具有多样性功能的都市农业。

21世纪，西方发达国家，亚洲的日本、新加坡、韩国以及中国台湾地区等经济发达地区获得了较快的发展，此外一些发展中国家也开始了较广泛的针对"都市农业"的研究和实践。随着城市化的不断发展特别是大都市圈的形成，大大地扩展了都市农业的空间，都市农业从城市农业被广泛指为整个都市圈的农业，都市型农业已成为世界各国特大城市、现代化大都市郊区农业发展的趋势和方向。

1.2 都市农业内涵特征

都市农业英文本意是指都市圈中的农地作业，它是指靠近都市，在城乡边界模糊地区发展起来的，可为都市居民提供优良农副产品和优美生态环境的高集约化、多功能的农业。

都市农业是一个动态的概念，国内外很多学者都有表述，大多数学者的观念认为，都市农业是指城市及城市周边地区，依托城市的科技、人才、市场、信息、资金、装备等资源优势进行农业生产及相关活动，并服务于城市的区域化、集约化、标准化、产业化和高效化的现代农业。国际都市农业组织、世界粮农组织和联合国计划开发署对都市农业的定义是：都市农业是指位于城市内部和城市周边地区的农业，是一种包括从生产（或养殖）、加工、运输、消费到为城市提供农产品和服务的完整经济过程，它与乡村农业的重要区别在于它是城市经济和城市生态系统中的组成部分。

从经济社会发展的趋势和都市农业发展的实践看，都市农业应具有如下特性：具有特定的区域布局、城乡融合、功能多样、生产集约化、产业互融、发展可持续等特性。

1.3 各国都市农业发展经验模式

都市农业首先从经济发达国家发展起来，纵观国际都市农业发展的实践，有其共同的特点：在城市化高度发展和人们经济收入不断增加的条件下发展起来的；目标市场服务城市；有着政府的政策支持和规范化管理；善于吸收运用先进的科学技术指导农业生产等方面。但各国之间也有不同的都市农业特点和发展类型模式。

美国都市农业

美国都市农业是当今世界上最发达的现代农业，20世纪50～70年代是美国城市化进程最为迅猛的阶段，也是都市农业大发展的时期。美国农业经济模式运行方式以现代科学技术发展为动力，以社会消费需求变化为前提，以农场主等企业家为骨干，以完善的市场体系为依托，以发达的科技教育为支撑，以政府服务职能的准确定位为保证，在自由市场经济的竞争机制基础上，形成农业经济完善、系统的产业体系。

目前美国的都市农业面积占10%，生产的农产品产值占美国农产品产值的三分之一以上。美国都市农业的方式之一是市民农园，即一种农场与社区互助的组织形式，参与市民农园的居民与农园的农民共同分担成本、风险和赢利。农园尽最大努力为市民提供安全、新鲜、优质、价格低于市场零售价的农产品。美国在市民农园和家庭农场的组织形式下，积极发展都市农业，从20世纪50年代起，美国家庭农场形式由多种经营向专业化经营转变。20世纪末，美国家庭农场在数量上的比重上升至89%，拥有81%的耕地面积，83%的谷物收获量，77%的市场销售额，其农场的平均规模为15617hm^2。2010年，美国棉花农场专业化的比例为76.9%，大田作物农场为81.1%，果树农场为96.3%，牛肉农场为87.9%，奶牛农场为84.2%。其中，各类水果尤其是苹果、柑橘、葡萄等大宗水果，都是由专业化农场或公司生产经营的。而有些农业公司也已经列入了美国前500强公司，其专业化程度较为明显。

都市农业回潮，农业引入城市，美国鼓励都市农业可望一举多得

美国中文网报道：西红柿悬挂在青藤上、成行的生菜和辣椒等待收获，腐熟的肥料味道在空气中飘散。这不是伊利诺伊农村的农场。庄稼就在人行道旁边生长，交通噪声和摩天大厦证明这是城市农场（City Farm），是在芝加哥市区无用地产上建立的一英亩农场。它是一个非营利企业，每年对高档餐馆、农贸市场或已经预订要购买那些农产品的人出售1万～2万磅食品。

《今日美国》说，城市农场是在全美各个城市兴起的农场，以便满足当地种植农产品、利用城市空地并美化环境的需要。许多城市都改变区划规则，不仅允许更多更大的城市农场存在，并且鼓励它们。同允许个人种植小块土地的社区花园不同，城市农场规模比较大，由私人公司或非营利团体经营。

芝加哥市议会这个月投票决定鼓励城市农场发展，不限制城市农场的规模，允许它们在居民区出售产品，放松在商业区对它们的停车和围栏规定。

芝加哥资源中心城市农业主任罗振达尔（Andy Rozendaal）说，该市的新规则将城市农业置于地图上。那是利用荒废资源的好方式，而城市现在有很多荒废资源：城市有大约2万英亩土地可以用于生产健康食品和创造就业。

其他城市也改变规则适应新趋势：

——盐湖城市议会今年春天投票通过决议，允许无营业执照出售农产品，同时放松对于暖房和发塑料薄膜大棚的规则。

市议员加洛特（Luke Garrott）说，我们有把沙漠变绿洲的传统。他说，本地生产的食品除了营养丰富之外，也有社区的考虑。社会资本可以累积。

——密苏里州哥伦布市议会今年7月通过新区划，允许哥伦布城市中心出售1.3英亩城市农场的产品。推销主任波兰斯基（Billy Polansky）说，那是让社区得到新生。

——爱荷华州雪松瀑布（Cedar Rapids）非营利团体马修正在和市政府官员一起修改规则，以便在2008年洪水破坏造成的空地上建立一个2.5英亩的城市农场。该团体执行干事鲍尔（Courtney Ball）说，当地多数食品都在从1000英里之外运来的。

——爱达荷州首府博伊西市法律没有提到城市农场或社区花园这两个词，但它正在修改法律，两者都鼓励。计划经理里德（Cody Riddle）说，规模可能不限制，也不考虑围栏和外墙规定。他说，经济这个样子，人们试图做些事情过日子，种些农作物。

——在底特律市，翰兹农场（Hantz Farms）正在和市政府官员一起修改区划规则，以便出售在数百英亩城市农场种植的产品。该公司正在种植硬木树林，希望增加圣诞树和水果、蔬菜和鲜花一样出售。公司总裁斯高（Michael Score）说，我们希望美化那些荒园。

（资料来源：美国中文网，2011-9-20）

花园为餐厅提供蔬菜：仅一年，这里就生产了1000磅有机农作物，供学生、本地餐馆和该中心的咖啡厅使用

屋顶的城市农场：美国芝加哥都市农业屋顶花园青少年提供了课后学习和老年人休闲的空间（资料来源：http://www.asla.org/2012awards/073.html）

德国都市农业

德国的都市农业发展是以生态、社会功能为主，都市农业属于生活、社会功能型，主要形式是休闲农庄和市民农园。学界普遍认为，德国的市民农园是都市农业最早的生产组织形式。市民农园是利用城市地区或近邻区之农地，规划成小块出租给市民收取租金，承租市民可在农地上种花、林草、蔬菜、果树等，让市民享受耕种体验田园生活以及接近大自然的乐趣。市民农园强调环境保育及休闲功能高于粮食生产，提供绿野阳光的都市空间为全体市民享受，以符均衡身心发展之需要。市民农园的主要土地来源于两大部分：一部分是镇、县政府提供的公有土地，另一部分是居民提供的私有土地。每个市民农园的规模约有 2hm²。大约 50 户市民组成一个集团，共同承租市民农园。

德国政府于 1919 年就制定了"市民农园法"，到 1983 年又进行了修订。德国市民农园也由生产导向型的经营方向，转向农业耕作体验与休闲度假为主，生产、生活和生态三生一体的经营方向，并规定了市民农园的五大功能：一是提供体验农耕之乐趣，二是提供健康且自给自足的食物，三是提供休闲娱乐及社交的场所，四是提供自然、绿化、美化的绿色环境，五是为退休人员或老年人提供最佳的休闲场所。目前，德国市民农园发展迅速，其产品总产值占到全国农业总产值的 1/3。

除市民农园外，德国还设有农产品购销合作社，以及奶制品、马铃薯、甜菜加工合作社等。在德国，几乎所有的农民都参加 1~3 个合作社。各种合作社在区域范围内成立联社，并设立全国机构。

慕尼黑"绿腰带"——镶嵌在都市里的农业

慕尼黑位于德国南部，是德国最大的联邦州巴伐利亚的首府，面积 310km²，人口 126 万，人口密度为每平方公里 4277 人，所辖 25 个区，是德国的第三大城市，仅次于柏林和汉堡。20 世纪 90 年代以来，慕尼黑市政府在郊区农村实施了"绿腰带项目"，即通过保护慕尼黑郊区的湖泊、森林、灌木区、草地和农田来保障慕尼黑城市发展的质量。"绿腰带项目"中的"绿腰带"，指的是慕尼黑城市外围没有覆盖建筑物的土地，也是连接慕尼黑城区和相邻乡镇的地带，慕尼黑市政府和郊区的农民们一起制定了一系列行动方案，保持绿腰带地区的农业用地，并赋予该地区的农业以与未来相适应的形式。主要内容有生态农业、环境保护和文化休闲三个方面，确保了该地区的农业、休闲、自然保护等功能之间建立起均衡、和谐的发展关系，具有独特的人文景观和田园风格

扩展阅读

德国市民农园具有下述多层面的功能：(1) 市民农园犹如都市里的绿洲，使市民可获得多方面的满足，如消除精神紧张、体验农耕与享受丰收的喜悦等；(2) 享用新鲜、卫生、安全、清洁之自产农产品；(3) 因耕种而增加与亲友谈话话题，也因农产品的赠送而拓展其人际关系；(4) 夫妻一起到农园工作，增加相处时间和沟通机会，增进夫妻感情；(5) 市民农园是家庭间男、女、老、少对话与进行健康活动，或市民独自休闲与亲近土地、绿地最佳的园地，使身心疲劳的人们获得休养；(6) 高龄者可增进其身体和心理健康而得以长寿；(7) 在市民农园里，人们感到是对大自然的一种回归，觉得蔬菜、花、水果、竹笋、鸟、昆虫和自己一起进行同样的呼吸；(8) 每天上下班前后或假日到市民农园已成为不可或缺的活动，既使生活充实，又锻炼了身体；(9) 在市民农园里认识许多志同道合的朋友，扩大了交际面；(10) 增加对农产品的认识与了解，获取关于动植物的多种知识；(11) 让小朋友接触农耕文化，体会农夫的辛苦。

（资料来源：范子文，德国的市民农园，《世界农业》1998 年第 7 期）

都市农业融入城市，造就了优美的城市边缘景观。自 20 世纪 90 年代以来，柏林市为了给柏林人提供清洁的饮用水、清新的空气、绿地和娱乐空间，维持柏林郊区的自然和文化特征，一直与勃兰登堡州一起，以"合作、整合、景观识别和区域行动"为发展战略，在柏林市周边形成了"区域的自然公园"

法国都市农业

法国都市农业是以大田作物为主，采取较大规模的专业化农场生产，逐步减少蔬菜、水果、畜禽等中小型农场。法国都市农业的组织形式以中型家庭农场为主，在欧洲，法国是中小农场最多的国家。此外，法国鼓励农业合作组织，发展"农业土地组合"和"农业共同经营组合"等以土地合作为主的农村合作组织，20世纪80年代中期，全国农业土地组合共有2000余个，农业共同经营组合达25000多个。法国还大力推进全国"绿色旅游"的整体发展，目的在于创造出一个原真的绿色旅游，共分为农场客栈、点心农场、农产品农场、骑马农场、教学农场、探索农场、狩猎农场、暂住农场和露营农场九个系列。据统计，目前法国全国有1.6万户农家建立起了家庭旅馆，3000多户农民还组成了一个名为"欢迎您到农庄来"的联合经营组织。

巴黎的都市农业对城市食品供应的功能并不明显，巴黎的蔬菜、水果、肉类、水产品等各种食品供应，主要经过四通八达的高速公路网，由全国各地乃至欧洲其他国家完成。所以，巴黎的都市农业脱离了自给自足的生产，而突出农业的生态功能，利用农业作为限制城市的藩篱，防止巴黎城市进一步向外扩张；利用农业把高速公路、工厂等有污染的地区和居民分隔开来，营造宁静、清洁的生活环境。巴黎郊区还设农业保护区，主要是保护环境、文化景观遗产，特别是要保护农田、保护村庄。保护区内的农业分为两类：一类是产业化的农业，指大田作物；另一类是园艺农业，主要是蔬菜等食品。保护区农田不允许随意侵占；超出保护要求的必须高额纳税；种树不得侵占农田；保护区土地的买卖要由政府机构监督，不得自由交易；对农民出售的土地，政府有优先购买权。保护区的功能首先是保护，在保护的基础上进行经济开发。巴黎郊区还有大型的教育农场，供学生和游人参观、体验。在巴黎大都市区近7000个私人农场中，种植大田作物的农场占70%，园艺蔬菜农场占11%，畜禽农场占6%。

在法国的东南部，薰衣草是普罗旺斯地区的财富。普罗旺斯被称为薰衣草之乡，因其盛产独特的紫色薰衣草而闻名，每年的7~8月是薰衣草开发的季节，这里有世界上规模最大的薰衣草连片种植基地，吸引着数百万游客前来观光旅游、休闲度假。全法国种植面积约1万hm^2，精油总产量1000 t。广泛应用于美容、香薰、按摩、保健、花草茶叶、家居饰品等诸多领域，各种产品开发达上千种。法国把薰衣草作为一大文化、一大产业来发展，已是名副其实的香水大国，创造了许多世界顶级香水品牌，例如香奈尔、兰蔻、娇兰等。

普罗旺斯薰衣草景观

 扩展阅读

巴黎：展会农业助推城市经济

巴黎国际农业博览会有"巴黎最大的农场"之称。起源于1964年，在每年3月举行。巴黎国际农业博览会成为巴黎，乃至法国城市经济发展的助推器。

其主要功能为：一是农产品宣传功能，"不以推销的手段达到推销的目的"是展会的典型特色；二是农事教育功能，参观者是自觉在接受高质量的农业培训，而非被动接受商品推销；三是农产品质量评比功能，每年都举办种类繁多的农产品、海产品、葡萄酒以及牲畜等专项评比，获奖的商品也将身价倍增，并引导消费新潮流；四是经济拉动效应，每届展会有近5000万欧元的门票收入，而且博览会给法国农户、政府以及巴黎城市餐饮、旅游等带来多少间接收益难以估量。

展会农业不仅是巴黎都市农业的重要形式，也是其重视农业文化传承与保护的表现。巴黎在新城建设时，建立了大区级自然保护区，目的是除了保护自然遗产外，还要保护村落这一人类的文化遗产，并在保护中发展村镇经济，避免城市化导致的人口向大城市过度集中，以及由此造成的乡村的衰落。巴黎郊区还设有农业保护区，主要是保护环境和文化景观遗产，特别是要保护农田、保护村庄，保护区农田不允许随意侵占，种树不得侵占农田。

（资料来源：张一帆等，世界四大城市的都市农业形态，《农民日报》，2013年05月06日05版）

法国北部城市鲁贝比勒的社区移动菜园
（图片来源：Ecology,source of creation，P6）

浪漫情调

荷兰都市农业

荷兰国土面积狭小且人口密度较大，其农业紧靠大中城市，特别是其园艺业和奶牛业位于大中城市的"都市圈内"，是欧洲都市农业发展最发达的国家，其主要特征是国际化、专业化、优质化和高新技术。其生产组织形式以家庭农场为主，主要采取的是集约化设施农业，以创汇功能为主。2001年全国玻璃温室面积超过1106万 hm^2，占世界温室总面积的1/4。

荷兰都市农业主要是以园艺业和畜牧业为主的出口型农业，目前，荷兰已成为世界第三大食品和农业产品出口国，仅次于美国和法国，其农产品的75%供出口，每年给荷兰带来大约390亿欧元的收入。

荷兰以"欧洲花园"和"花卉王国"而驰名于世，花卉之国的荷兰借助于发达的设施农业，集约生产经营花卉、蔬菜及奶制品，使其人均农产品出口创汇居世界榜首，成为世界都市农业的典范。荷兰都市农业重点发展具有设施园艺技术辐射、园艺产品集散、农业生态观光功能和地区专业分工的都市农业生产体系。荷兰国内各地间的专业分区：北部以奶牛饲养及奶制品加工为主的畜牧区，西部以种植牧草为主的农牧混合区，南部为蔬菜花卉为主的园艺区，东部为混合农业区。各区农场根据区域分工进行专业化、集约化生产，每个农场平均只生产3~4个农产品，由农业合作社提供完善的产销一体化服务。

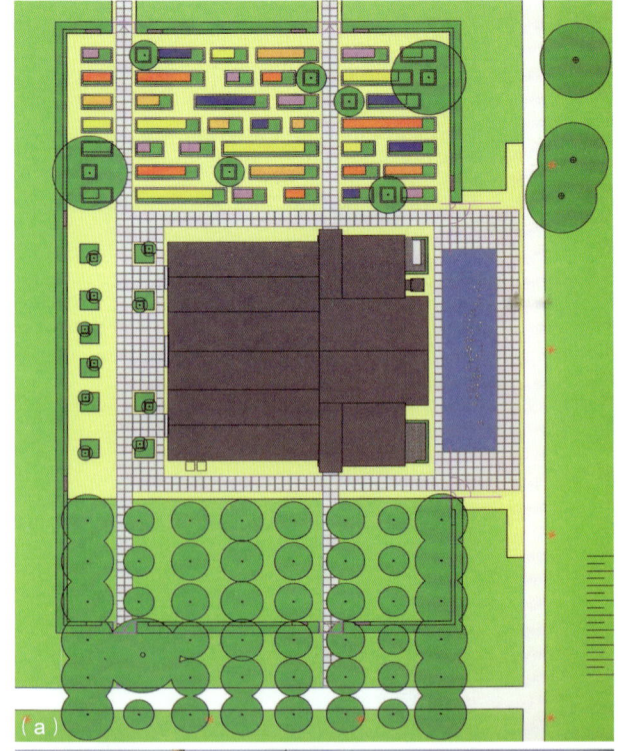

荷兰Frankendael公园（a）玻璃屋及苗圃菜地平面图；（b）、（c）苗圃菜地景观一角（图片来源：《Landscape and Planning Design in The Netherlands》）

斯考兰种植规划：来自不同学科的设计师和规划师创造了一个高效的农业景观——笔直的道路和水系，规则排列的农田，不同大小的村庄也是经过严格思考而有序地排列的。就连那些农民住宅的尺度和风格也都有设计，并且整齐地排列在道路两侧。通过在岛的边缘种植一些树林使其外形得以强调，与周围的景观形成了对比

Lievelde 土地合并计划：分别给农业空间和自然空间各自不同的发展区域，根据各个区域不同的土壤和水文条件。通过在水域的上游设立自然保护区并创造一些流经农田的小溪来保护水系

日本都市农业

日本是一个土地资源十分有限的岛国，是世界上最先提出都市农业及亚洲地区率先发展都市农业的国家。

日本都市农业发展重点是设施农业、加工农业、观光休闲农业、多样化农业，属于综合功能的都市农业，重点开发农业的绿色、环保、体验、休闲和示范功能，建设以高新技术产业和镶嵌式多功能的"绿岛农业"为两大特征。

日本的都市农业主要集中在三大都市圈内，即东京圈、大阪圈和中京圈，以蔬菜、水果、多作物、多品种生产为主，主要为市民提供优质的农产品和满足绿化环境的需要。日本都市农业发展有四大目标：一是建设有"农"的城市；二是提升都市环境质量，建设生态型城市；三是增加农民收入并提高其社会地位；四是加强农村建设，振兴农村。为此，日本制定了都市农业法，把都市农业列入城市规划，作为都市社会不可缺少的"公共财产"。

日本都市农业和全国农业的主要特征对比　　表1-1

项目	东京都	横滨市	全国
产值为500万日元以上的农户所占比重	15.60	12.90	11.70
有专职从业人员的农户所占比重	76.00	79.70	43.10
每户平均劳动力（人）	2.02	2.20	0.06
每户平均耕地（公亩）	48.00	54.00	95.00
拥有设施的农户所占比重	22.20	17.50	9.40
有弃耕地的农户所占比重	12.60	8.00	27.50
从事农产品加工的农户所占比重	1.00	0.90	0.90
进行产品直销的农户所占比重	33.70	33.10	3.60
从事观光农业的农户所占比重	1.60	1.70	0.30
从事订单农业的农户所占比重	9.80	9.00	7.50
从事有机农业的农户所占比重	42.30	43.50	21.10

资料来源：周维宏，论日本都市农业的概念变迁和发展状况，《日本学刊》2009年第4期

扩展阅读

东京：空间农业带来都市魅力

在日本东京闹市区的高层大厦楼顶和地下室里，一垄垄新鲜的蔬菜水果常会让人误以为置身在田间地头。

为充分利用发展都市农业的有限空间，东京开发了"高楼田地"与"地下农场"，这种全新的农业模式可以吸引更多年轻人加入这个行业，在发展农业的同时创造更多的就业机会，对改善环境也起到重要作用。

日本一家电信公司为解决"热岛效应"，在公司大楼楼顶引进了红薯种植。红薯叶子大，遮阳效果较好，并且红薯的蒸腾作用还可以充当"天然空调"。经测量，没有种植红薯的楼顶比种植红薯的楼顶温度最多可高出27℃。

在东京市中心的金融区大手町，一个面积约1000m²、曾被银行用作金库的写字楼地下室，如今已成为一片花果飘香的地下农场。该室内农场通过温室模拟自然环境，为植物生长调节温度和光照。在6间温室内，已经种满不含有害化学物质的蔬菜、稻米、草药和鲜花。该农场的创建者说："我们把这个地方看作是都市农业的展览室，其目的并非要把在此生产的农产品投放市场，而是要让人们更多地了解农业，培养更多的城市农业爱好者，从而在这一领域提供更多的工作机会。"

（资料来源：张一帆等，世界四大城市的都市农业形态，《农民日报》，2013年05月06日05版）

新加坡都市农业

新加坡都市农业主要是现代集约的农业科技园。新加坡自20世纪60年代建园后，政府在城市化和经济起飞过程中，大力提倡花园城市运动，有计划地推进城乡绿化和特色园林建设，并资助创建具观赏休闲和出口创汇功能的十大高科技农业园区，终于建成具有观光旅游特色的都市农业体系。在农业科技园区建设中，其做法是基本建设由国家投资，然后通过招标方式租给商人或公司，租期一般为10年。新加坡是一个城市经济国家，土地缺乏，因此非常重视都市农业，并向高科技、高产值农业发展。根据自身岛国的特点，形成两个"都市农业带"，一是环市区农业带，以园艺业为主；二是沿海观赏鱼业带，以养殖业为主。

新加坡是一个农业小国，农业在GDP中所占比例只有约2%，并且大量依靠从马来西亚、中国、印尼和澳大利亚进口食物。然而，这样一个国家，却在2013年初宣布击败加拿大，取得2016年联邦农业大会主办权，成为该项国际大会的首个亚洲主办国。新加坡的最新经验是克兰芝田园协会的农场娱乐业模式，克兰芝田园协会是在2005年由新加坡一群有远见的农场主成立的组织，这些农场主希望能够让人们对新加坡境内唯一一个保存完好、仍有浓厚原始意味的土地——克兰芝乡村投以关注和重视。克兰芝由30多家农场组成，包括蔬菜类农场，观赏植物花卉的农场，渔业、畜牧业以及其他休闲农场，在推动当地农业发展、提高农作物生产、推广环保旅游、传达大自然教育、娱乐和保护等方面作出了积极贡献。

新加坡克兰芝种植园

新加坡克兰芝种植园

2 都市农业：构建新型城镇化产业发展之路

2.1 都市农业多功能拓展

都市农业紧密依托城市、服务城市，具有比乡村农业更强的多功能性，体现在生产（多元和高效经济并存）、生活（弱势群体参与和和谐社会构建）、生态（生物多样性保护和优美环境重建）和生情（自然景观教育和健康文化创造）等诸多方面。

都市农业与传统农业不同，传统农业是以种植业和养殖业为主的农业，都市农业是强调发挥对大都市的保障功能和服务功能为主的农业。都市农业与城郊农业也不同，城郊农业主要功能是为城市供应农副产品，满足城市商品性消费需要为主，发展水平较低，功能比较单一。都市农业对内为现代化都市经济发展提供服务功能，对外为整个农业和农村经济的现代化发挥示范带头作用。

都市农业以大城市为依托大力发展绿色农业、休闲农业、工厂化农业、特色农业、创意农业、立体农业、订单农业等类型，在农业的生产功能基础上，积极拓展了现代农业的其他功能。都市农业功能则为满足城市多方面需求服务，以生产性、生活性、生态性功能为主，发展水平较高，是多功能农业。可见，都市农业与大城市的生活消费、市场供应、旅游休闲、环境保护等多方面密切相关，充分显示出都市现代农业的特征。

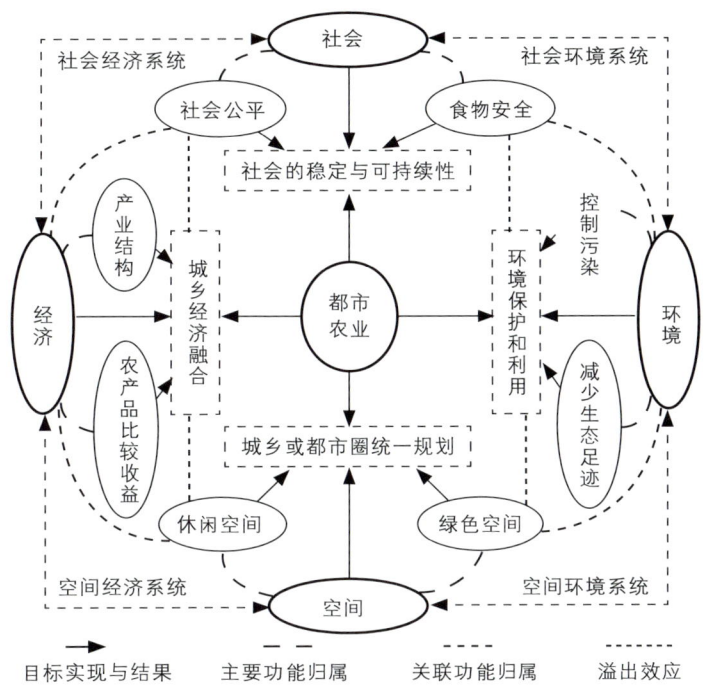

都市农业功能的定位体系（图片来源：杨振山，蔡建明，都市农业发展的功能定位体系研究，中国人口资源与环境，2006年，第16卷 第5期）

经济功能，为大都市居民提供部分生活所需要的、安全、营养、卫生的鲜活或加工的农产品。

2 都市农业：构建新型城镇化产业发展之路

生态功能，为改善城市生态环境，增加城市绿地，调节市区小气候，提高城乡生态环境质量发挥作用。

美丽田园：垛田风貌

江山市美丽田园

北京海淀西北郊城市与农田的融合

生活社会功能，为城市居民提供自然和谐的农业观光、休闲、旅游、娱乐园区，为市民和中小学生了解农业、参与农业，进行社会实践和科普教育提供条件。

示范辐射功能，都市农业具有先进的科学技术，对邻近相同农业生态区具有较强的示范辐射作用。

2.2 都市农业发展的类型与业态

都市农业是以生态绿色农业、观光休闲农业、市场创汇农业、高科技现代农业为标志,以园艺化、设施化、工厂化生产为手段,以大都市市场需求为导向,融生产性、生活性和生态性于一体,优质高效和可持续发展相结合的现代农业。

都市农业类型与业态主要有:

生态农业

生态农业是指在保护、改善农业生态环境的前提下,遵循生态学、生态经济学规律,运用系统工程方法和现代科学技术,集约化经营的农业发展模式。这种模式强调把发展农业与改善环境结合起来,把对资源的利用和保护结合起来,既讲究经济效益,又注重生态效益和社会效益。生态农业是一个农业生态经济复合系统,将农业生态系统同农业经济系统综合统一起来,以取得最大的生态经济整体效益。它也是农、林、牧、副、渔各业综合起来的大农业,又是农业生产、加工、销售综合起来,适应市场经济发展的现代农业。

生态农业最早于1924年在欧洲兴起,20世纪30~40年代在瑞士、英国、日本等得到发展;60年代欧洲的许多农场转向生态耕作,70年代末东南亚地区开始研究生态农业;至20世纪90年代,世界各国均有了较大发展。在美国,生态农业的主要形式是有机农业,最早进行实践的是罗代尔,他于1942年创办了第一家有机农场,并于1974年在扩大农场和过去研究的基础上成立了罗代尔研究所,成为美国和世界上从事有机农业研究的著名研究所。法国、德国、荷兰等西欧发达国家也相继开展了有机农业运动,并于1972年在法国成立了国际有机农业运动联盟(IFOAM)。

生态农业在我国虽只有20多年的发展历史,但取得了较快的发展。我国已有不同类型、不同规模的生态农业试点达2000多个,其中试点县150多个,包括国家组织的51个县和省级试点的100多个,生态农业建设示范面积已达1亿多亩,占全国耕地面积的7%。为进一步促进生态农业的发展,2002年,农业部向全国征集到了370种生态农业模式或技术体系,遴选出具有代表性的十大类型生态模式加以推广。这十大典型模式和配套技术是:北方"四位一体"生态模式及配套技术;南方"猪—沼—果"生态模式及配套技术;平原农林牧复合生态模式及配套技术;草地生态恢复与持续利用生态模式及配套技术;生态种植模式及配套技术;生态畜牧业生产模式及配套技术;生态渔业模式及配套技术;丘陵山区小流域综合治理模式及配套技术;设施生态农业模式及配套技术;观光生态农业模式及配套技术。

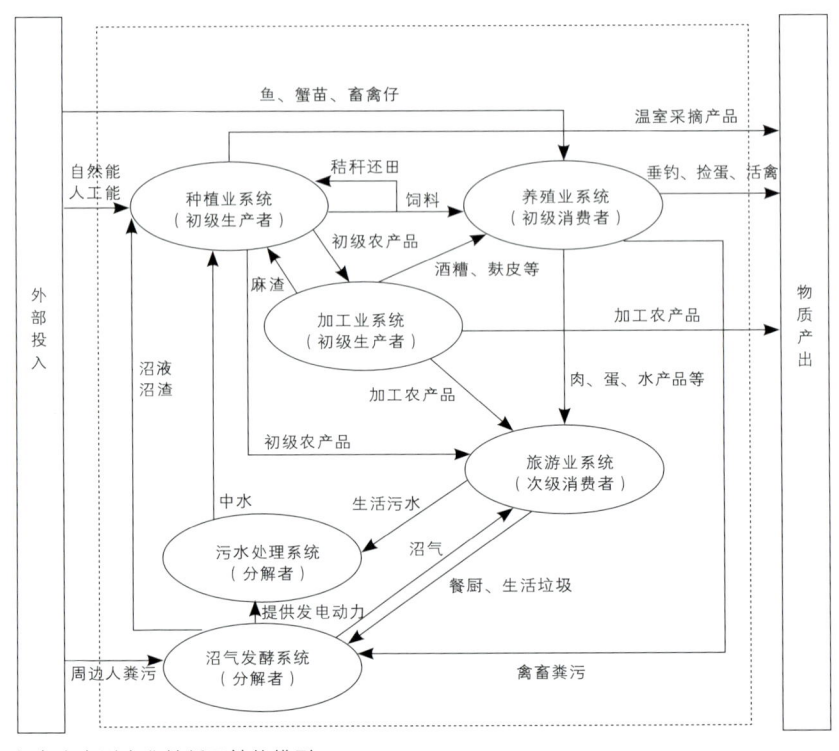

蟹岛生态型产业链循环结构模型
(图片来源:李胜等,北京蟹岛都市循环农业模式分析,中国农村经济,2008年12月)

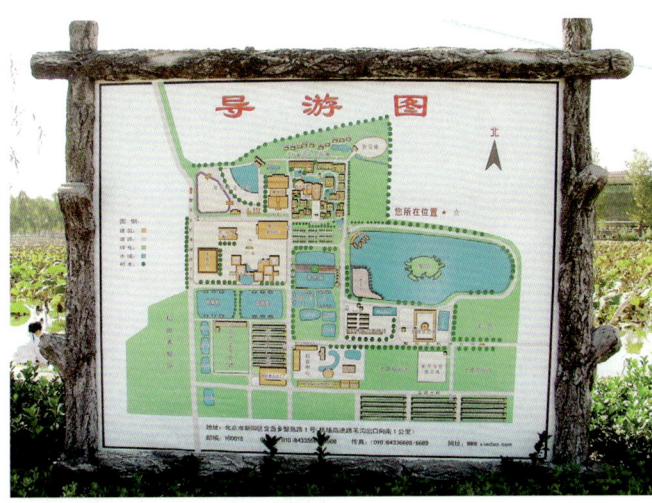

北京蟹岛绿色田园度假村采取系统集成创新模式、"前店后园"的生态旅游经营模式，构建了完整的生态型产业循环链，形成了物质循环、能量逐级利用、水资源循环利用的立体复合系统。蟹岛生态农业发展模式已经成为北京都市循环农业的典范，对都市郊区农业的发展具有重要的借鉴和指导意义

2 都市农业：构建新型城镇化产业发展之路

设施农业

设施农业，是在环境相对可控条件下，采用工程技术手段，进行动植物高效生产的一种现代农业方式。

设施农业是人工控制环境，利用营养液、传送带、流水线、组织培养等现代技术，可日日播种，天天收获，缩短生长周期，生产出无污染、安全、优质、富营养的绿色农产品。设施农业从根本上克服了自然经济农业的弱质性，较大地提高了水土资源利用率，大大提高了生产效益。都市农业主要应在塑料温棚、节能日光温室、大型现代化温室三个层次上，实现调温通风设备、营养液配置设备、工厂化播种育苗成套设备、土壤消毒设备、专用农机具等设备的产业化，并在建设集约化设施农业技术和设备示范工程，从品种选择、栽培管理到采收、加工、包装等全部采用计算机控制技术。

设施农业涵盖设施种植、设施养殖和设施食用菌等，设施农业从种类上分，主要包括设施园艺和设施养殖两大部分。设施养殖主要有水产养殖和畜牧养殖两大类。以设施园艺为例，按技术类别一般分为玻璃/PC板连栋温室（塑料连栋温室）、日光温室、塑料大棚、小拱棚（遮阳棚）四类。

从设施园艺各种类型比较来看，玻璃/PC板连栋温室成本最高，投入也最大，塑料连栋温室、日光温室、温室大棚次之，小拱棚和遮阳棚投资最少。据专家测算，玻璃温室的投资成本在600~800元/m^2，PC板温室的造价在700~1000元/m^2。温室主体加上周边道路、加温等配套设施造价在1000元/m^2左右，塑料连栋温室以钢架结构的为主，造价在60~100元/m^2之间；日光温室按建筑材料不同，造价在40~150元/m^2不等。

2012年我国设施农业面积5796万亩，占世界总面积85%以上，其中95%以上是利用聚烯烃温室大棚膜覆盖。农业部规划2020年我国设施农业面积7500万亩。在农业产业化发展大潮下，设施农业必然迎来快速发展的契机。从投入收益分析，据专家估算，以山东省为例，

设施农业建设类型投入产出对比分析 表2-1

类型	优点	缺点	种植类型	地域分布	备注
玻璃/PC板连栋温室	属于现代化大型温室，自动化、智能化、机械化程度高	成本高，难以普及，对技术和管理水平要求高	可进行立体种植，	全国各地	骨架为镀锌钢管，门窗框架、屋脊为铝合金轻型钢材。
塑料连栋温室	使用寿命长，稳定性好，具有防雨、抗风等功能，自动化程度高		主要用于种植蔬菜、瓜果和普通花卉等	全国各地	钢架结构的为主，玻璃/PC板连栋温室的替代品
日光温室	采光性和保温性能好、取材方便、造价适中、节能效果明显，适合小型机械作业	环境的调控能力和抗御自然灾害的能力较差	主要种植蔬菜、瓜果及花卉等	青海省、甘肃、新疆、山西、山东等省市	
塑料大棚	使用年限较长	棚内立柱过多，不宜进行机械化操作，防灾能力弱	主要用于果蔬瓜类的栽培和种植	我国北方地区传统的温室	世界上聚烯烃温室大棚膜覆盖设施园艺占总面积的97%，我国更高达98%
小拱棚（遮阳棚）	制作简单，投资少，作业方便，管理非常省事	不宜使用各种装备设施，且劳动强度大，抗灾能力差，增产效果不显著	主要用于种植蔬菜、瓜果和食用菌等	全国各地	年投资回报率高，可达150%

设施栽培平均效益是露地栽培的 5 倍以上。一座日光温室的毛收入可以达到 17000 元，实现纯收入 10000 元左右。一亩塑料大棚的毛收入为 6000 元，纯收入为 3000 元左右。据浙江省测算，小拱棚、遮阳棚的年投资回报率达 153.42%，塑料大棚的年投资回报率为 70.88%，低于平均水平。相对而言，标准节能日光温室每亩平均投资 10720 元，每年每亩折旧费 3050 元，虽然亩产值高达 9185 元，但扣除折旧及直接生产成本费后，每亩的年净收入为 4510 元。

天津张家窝镇设施农业

八桂田园——广西现代农业技术展示中心

上海现代科技设施农业——全自动玻璃温室

浙江花园村高效农业园区（面积达 2000 亩，种植四季蔬果，水稻等作物）

观光休闲农业

观光休闲农业是以农业生产活动为基础，是指利用田园景观、自然生态及环境资源等通过规划设计和开发利用，结合农林牧渔生产、农业经营活动、农村文化及农家生活，提供人们休闲增进居民对农业和农村体验为目的的农业经营形态；观光休闲农业是结合生产、生活与生态三位一体的农业，是农业和旅游业相结合的一种新型产业。

休闲农业作为一种产业，兴起于20世纪30~40年代的意大利、奥地利、荷兰等地，设计和开发了一些观光农业游览园区和基地项目，主要面向城市市民、学生和其他游客开放。随后迅速在欧美国家发展起来，目前，日本、美国等发达国家的休闲农业发展成熟。我国的休闲农业，作为一个新兴的产业，发展前景较好。80年代后期，我国观光休闲农业发展迅速，成为新型的旅游休闲方式，主要类型和业态有观光农园、观光果园、观光菜园、观光花园、水面垂钓园、郊野森林公园、野生动物园、药用植物园、休闲农庄、休闲农场、生态农业园、体验农业园、高科技农业园等。数据显示，截至2012年底，我国共有8.5万个村开展了休闲农业与乡村旅游活动，休闲农业与乡村旅游经营主体达到170万家，其中农家乐150万家；从业人员2800万，占全国农村劳动力的6.9%；年接待游客8亿人次，实现营业收入超过2400亿元。根据农业部对全国13.5万家典型休闲农业经营主体的调查，农民占其从业人员的92.4%，其土地产出率每亩接近12000元，是全国农业用地平均产出率的6.2倍，经营休闲农业的农民人均产值5.41万元，是同期全国农业劳动力人均产值的2.75倍。

全国各地的发展实践证明，休闲农业与乡村旅游的发展不仅可以充分开发农业资源，调整和优化产业结构，延长农业产业链，带动农村运输、餐饮、住宿、商业及其他服务业的发展，促进农村劳动力转移就业，增加农民收入，致富农民，而且可以促进城乡人员、信息、科技、观念的交流，增强城里人对农村、农业的认识和了解，加强城市对农村、农业的支持，实现城乡协调发展。观光休闲农业是广大农村一种新兴的特色产业，它具有以旅游带农业，以农业促旅游，农业和旅游业互补利用的特点，是调整农业结构，扩大就业，实现农业增效，农民增收的重要途径。

扩展阅读

全国休闲农业创意精品展举办：3000余件休闲农业创意精品火爆农业嘉年华

近日，全国休闲农业创意精品展在北京市昌平区草莓博览园拉开帷幕，来自各省（区、市）的产品创意、包装创意、活动创意、景观创意四大类3000余件精品火爆北京农业嘉年华，吸引了5万城乡居民到现场参观，现场销售额已超过3000万元，投资意向签约额超过8亿元。

据农业部农产品加工局（乡镇企业局）局长宗锦耀介绍，为培育农村经济新的增长点，提升休闲农业文化软实力、竞争力和吸引力，加快美丽乡村建设，农业部以创新提升农业，休闲改变生活为主题，组织开展了这次全国休闲农业创意精品推荐活动。通过地方推荐、网络展示等程序，从29个省市区遴选出4大类3000余件创意精品进行现场展示。

据了解，全国休闲农业创意精品展为期51天，至5月4日结束。本届活动特点突出，作品不仅创意理念新、思路广，还具有很强的市场针对性、鲜明的时代特征和地域文化特色。同时促进了工商资本与创意主体的对接，激发了各地从事休闲农业创意的积极性，有30%的作品是在2012年创意精品推介活动后萌发创意理念而创作的新作品。此外，作品大多采用玉米皮、麦秸、粮食种子、蔬菜瓜果、树根树皮、畜禽羽毛、核桃皮等农副产品原料，通过创意制成了具备视觉印象新、表现形式奇、设计造型特和生态环保的艺术品，大大延长了农业产业链，提升了农副产品的附加值。

（资料来源：科技日报，2014年03月19日）

四季青樱桃采摘园樱桃采摘

平谷区大桃采摘

农业嘉年华南瓜品种展示

花园生态农业园里全国400多钓手同湖竞技

高科技农业

　　高科技农业是指在现代工业和现代科学技术基础上的现代农业。将现代科学的成果广泛应用于农业生产。高科技农业包括：精准农业、数字农业、智能化农业、三维农业等多种形式。精准农业是建立在电脑、全球卫星定位系统和遥感遥测等高新技术基础上的现代高精技术农业系统工程，包括精准播种、施肥、灌溉、估产、作业等项技术。精准农业是信息技术和农业生产全面结合的一种新型农业，它不过分强调高产，而主要强调效益。数字农业是指在地学空间和信息技术支撑下的集约化和信息化的农业技术，是以大田耕作为基础，从耕作、播种、灌溉、施肥、中耕、田间管理、植物保护、产量预测到收获、保存、管理的全过程实现数字化、网络化和智能化。智能化农业是指利用智能化农业信息技术来指导农业生产的一种农业系统模式。是以农业专家系统为代表，向农民提供各种农业问题决策咨询服务和实用软件系统。三维农业是指三维网络结构农业，一是生物生产结构，二是资源开发结构，三是经济增值运转结构。这是关于农业发展战略思想的一种新观点。据统计，发达国家农业产量的提高，83.3%依靠科技投入，只有16.7%依靠耕地面积的扩大。21世纪我国农业要实现跨越式发展，高新技术应用是一个突破口，应引起足够重视。

鞭杆大葱

2m 长的丝瓜

番茄树曾获浙江省农业吉尼斯纪录（约年结 1.6 万个果子）

加工农业

加工农业是指对所生产出的农产品进行再加工,以提高其附加值的一种高效农业。目前西方发达国家的农产品加工增值率已达200%~300%,而中国大体只有30%~50%。因此,应大力发展农产品初加工、深加工和精加工,使农产品加工增值率提高到100%。

创汇农业

创汇农业又称外向型农业,它指以国际市场为导向,以出口创汇为目标,而建立形成的一种农业生产结构和包括农产品加工、销售、科研、金融等各种服务体系在内的农业经济体系,其发展有助于推动传统农业及其生产手段的改造和推动整个农业现代化进程。创汇农业主要依靠现代科学技术,引进国内外优良品种、先进技术装备,同当地优越的农业生产条件和丰富的农业自然资源、劳动力资源及灵活的家庭经营等以最佳方式组合起来纳入社会化专业生产体系,建立起各种名优特农副产品、畜产品、水产品规模生产基地,并以基地为中心形成一个高技术、新品种、多种类、大批量、低成本、高效益、出口创汇能力强的外向型农业生产体系。荷兰是农产品出口创汇大国(仅次于美国、法国),出口创汇占全国的25%,把低效农业变成高创汇农业。

籽种农业

籽种农业是通过发展动植物良种带动农业发展的产业。农作物良种是农业科技的载体,是作物产量和质量的根本内因,是实现农产品高产、稳产、优质的重要保证。在一定程度上可摆脱对自然环境的依赖而进行有效生产的农业。它具有高投入、高技术含量、高品质、高产量和高效益等特点,是最有活力的农业新产业。设施农业是涵盖建筑、材料、机械、自动控制、品种、栽培技术和管理等学科的系统工程,其发达程度是现代农业水平的重要标志之一。农作物良种是农业科技的载体,是作物产量和质量的根本内因,是实现农产品高产、稳产、

华泰现代农业示范园大棚苗

天津正中农业生态园

天津张家窝灵芝园

优质的重要保证。据联合国粮农组织分析，近几十年在全球农作物的单产提高中，良种的贡献率达25%，而发达国家良种在农业增产中的贡献率为50%~60%。

特种种植与养殖业

特种种植及养殖业也称为精品农业。特种种植、养殖业是利用区域资源优势、技术人才优势等条件，通过特种种植、特种养殖，生产名、特、优、新、稀等高附加值产品，满足消费者高档次、多元化的市场需求。

2.3 都市农业发展趋势

世界都市农业发展最初以"市民农园"为主，随着城市化和经济现代化的发展，兴起了观光休闲农业；以后随着城市现代化和国际化的发展，具有生态化和现代化特征的"都市农业"获得较快发展。目前，世界都市农业发展的新趋势是：

功能多元化

近年来都市农业根据现代城市发展的要求，进一步突破生产保障型的城郊农业模式，向多功能的现代都市农业模式发展，功能的多元化是其未来的发展方向。如生态农场、观光休闲农业园、教育农园、加工创汇农业园等，体现了都市农业向多元化功能发展趋势。

高度智能化

是指利用农业专家系统来指导农业生产的一种知识型农业。它是拥有一批高层次、多方面的农业专家知识，利用现代农业科学技术和计算机手段，对农业生产、科技、经济信息等进行加工处理，提出解决农业生产问题最佳方案，帮助农业生产者、管理者进行决策，提高科学管理水平和农民的文化素质，促进现代农业发展。

农业信息化

是将都市农业推向市场的重要手段。都市农业要广泛地利用农业科技信息、商贸信息、市场销售信息、农资市场信息、农产品价格信息、气象预报信息等信息源，通过计算机处理和农业咨询业，为都市农业生产提供服务。

国际化趋势

随着经济全球化发展和国际化大都市的建设，都市农业将纳入国际经济轨道，外向型、创汇型的"空运农业"快速发展，以此发展起来的都市农业充分利用对外开放的优势，建立以农副产品出口创汇为中心的、较高层次的农业生产体系，提高了都市农业的外向化、国际化发展。以花卉产业为例，世界花卉的生产和消费主要在欧共体、美国、日本三大发达地区和国家，其进口的花卉总量占世界花卉贸易额的99%，其中，欧共体占80%，美国占13%，日本占6%。

高效集约化

都市农业将以土地节约，资金密集，产品附加价值高为主的方向发展。大城市土地资源有限，单价高，资金成本高，且人才流动性大，都市农业要获得发展，必须在经济效益上具备吸纳这些资源的能力和较高的投资回报率。如设施农业、健康农业、观光休闲农业等项目在都市区域将大有前途。

3 为城市群设计都市农业

3.1 城市群都市农业发展经验模式：京津冀案例

京津冀、长三角、珠三角是我国规模最大、位置最重要的三大城市群。这三大城市群以 4% 的国土面积，集聚了全国 22.8% 的总人口和 37.5% 的经济总量。我国的都市农业也是率先从这三大城市群中发展起来，在城乡统筹进程中起到了巨大的促进作用，京津冀城市群都市农业发展更是成就斐然。

北京都市农业发展

2003 年北京首次在市政府工作报告中提出大力发展

京津冀都市农业典型类型模式分析表　　　　表 3-1

类型模式	地理区位	投资规模	投资运营主体	空间形态	特点
蟹岛田园度假模式	北京，朝阳区金盏乡	总占地面积 3300 亩	民营企业，股份合作	园区，封闭式	"前店后园"的经营格局
德青源循环农业发展模式	北京延庆县	投资 4 个多亿，占地面积 1500 多亩	股份制企业	封闭式	运用高新技术解决食品安全和清洁能源供应问题的股份制高新技术企业
樱桃沟精品农业发展模式	门头沟区妙峰山镇	村域面积 9km²	村企共建	无边界，开放式	樱桃每斤能卖到 120 元，最高达 240 元，平均每斤比市场价高出 100 多元。
三元奶业品牌农业发展模式	北京市	全国建立了十六大生产基地	上市企业		以"安全放心"品牌成为都市型现代农业旗帜
平谷桃花节节庆模式	北京市平谷区	22 万亩大桃堪称世界最大的桃园、中国最大的桃乡	政府主导市场运作	无边界，开放式	以花为媒，营销平谷
草莓博览园（农业嘉年华）创意农业发展模式	北京市昌平区兴寿镇	总占地 1000 亩	政府主导市场运作	封闭式	从世界草莓大会到农业嘉年华，成功完成了创意农业发展的华丽转身，取得了巨大的成功
秦皇岛集发村企共建模式	河北秦皇岛北戴河区	占地面积 3600 亩，拥有总资产 6000 多万元	村企共建	封闭式	"村企共建""联村共建"
天津双街村	天津市北辰区双街镇双街村	占地面积 1.73km²	村企共建	封闭式	天津市小城镇建设八大组团之一，总体发展思路"农业做精、工业做强、服务业做优、城镇做美"
龙顺庄园	天津市北辰区双街镇	总占地面积千余亩，投资约 5.8 亿元	村企共建	封闭式	明清特色，古典风韵
水高庄园	天津市西青区东淀都市型现代农业核心区内	占地面积 1500 亩，总投资 5 亿元	村企共建	封闭式	整体规划布局为"一轴、一环、五片区"

都市型现代农业，发展都市型现代农业成为首都经济可持续发展的必然要求，成为服务首都、富裕农民的必然选择。2006 年，根据《北京市农业产业布局研究》，北京都市农业产业的布局划分为 5 个农业发展圈。

城市发展圈：由城区和部分城近郊区组成。重点发展以城市绿地、园林景观、楼宇居室美化及农产品展示交易等为主要内容的景观农业和会展农业。

近郊农业发展圈：由六环路以内城乡结合地区组成。重点发展园区农业、体验农业、科普农业和精品农业。

平原农业发展圈：由远郊平原地区及浅山区组成。重点发展规模化、专业化、区域化、标准化的大宗农产品生产和加工农业。

山区生态涵养发展圈：由北部、西部和西南部山区组成。加强生态工程建设，重点发展以唯一性特色农产品培育、山区民俗旅游、生态旅游等为主要内容的特色农业、生态农业和休闲农业。

北京周边津、冀部分地区纳入环京外埠合作农业发展圈。本着优势互补和区域合作的原则，加强合作，重点抓好安全生产基地建设以及生态保护屏障建设。

近 10 年来，北京都市型现代农业沟通城乡、连接内外、融合三产、促进和谐，逐渐从传统产业转身成为高端高效高辐射的朝阳产业。2012 年，北京市先后出台了《北京市"十二五"时期都市型现代农业发展规划》《北京市"十二五"农产品加工业发展规划》等一系列规划政策，围绕农技推广、农产品质量安全、动植物防疫等九大内容，建立并完善了都市型现代农业服务体系。

北京都市型现代农业的发展坚持专业化、产业化、特色化和融合性方向，突出基础性、强调融合性、开发创意性、拓展开放性，不断转变农业发展方式、创新农业实现形式、探索农业经营模式，使其确实成为建设世界城市的特色产业、首都生态宜居的重要基础。目前全市共建成设施农业 35 万亩、蔬菜生产基地 66.9 万亩，蔬菜自给率保持在 28% 左右；稳步发展健康养殖业，畜禽养殖业规模化、标准化比例达到 85% 以上，猪肉、鸡蛋、鲜牛奶的自给率分别保持在 30%、60%、60% 以

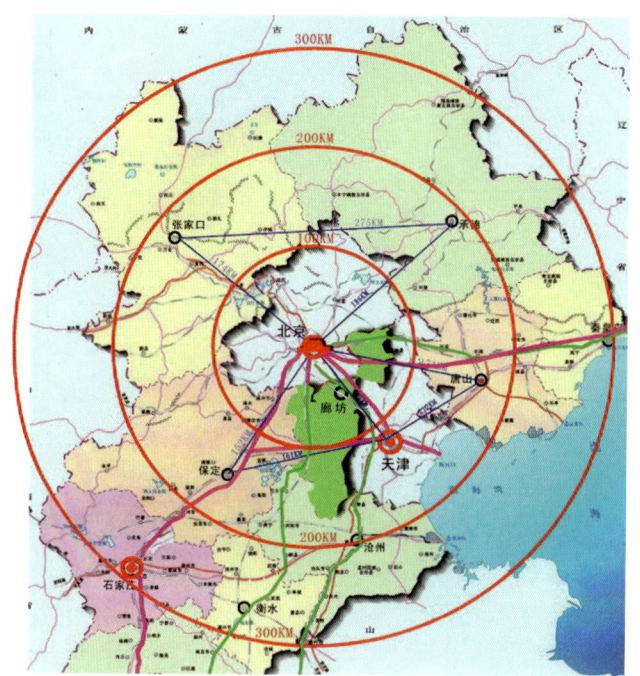

京津冀城市群发展图

北京都市农业发展圈层

上，形成了"首农"、"三元"、"天安农业"等一批满足市场高端需求的名优品牌。另外，北京的都市农业发展在满足人们"胃"的同时，也在满足着人们"肺"、"眼"、"脑"的需求。2013年，北京农业观光园和民俗旅游接待分别达到1939.9万和1695.8万人次，收入分别达到26.9亿元和9.1亿元。

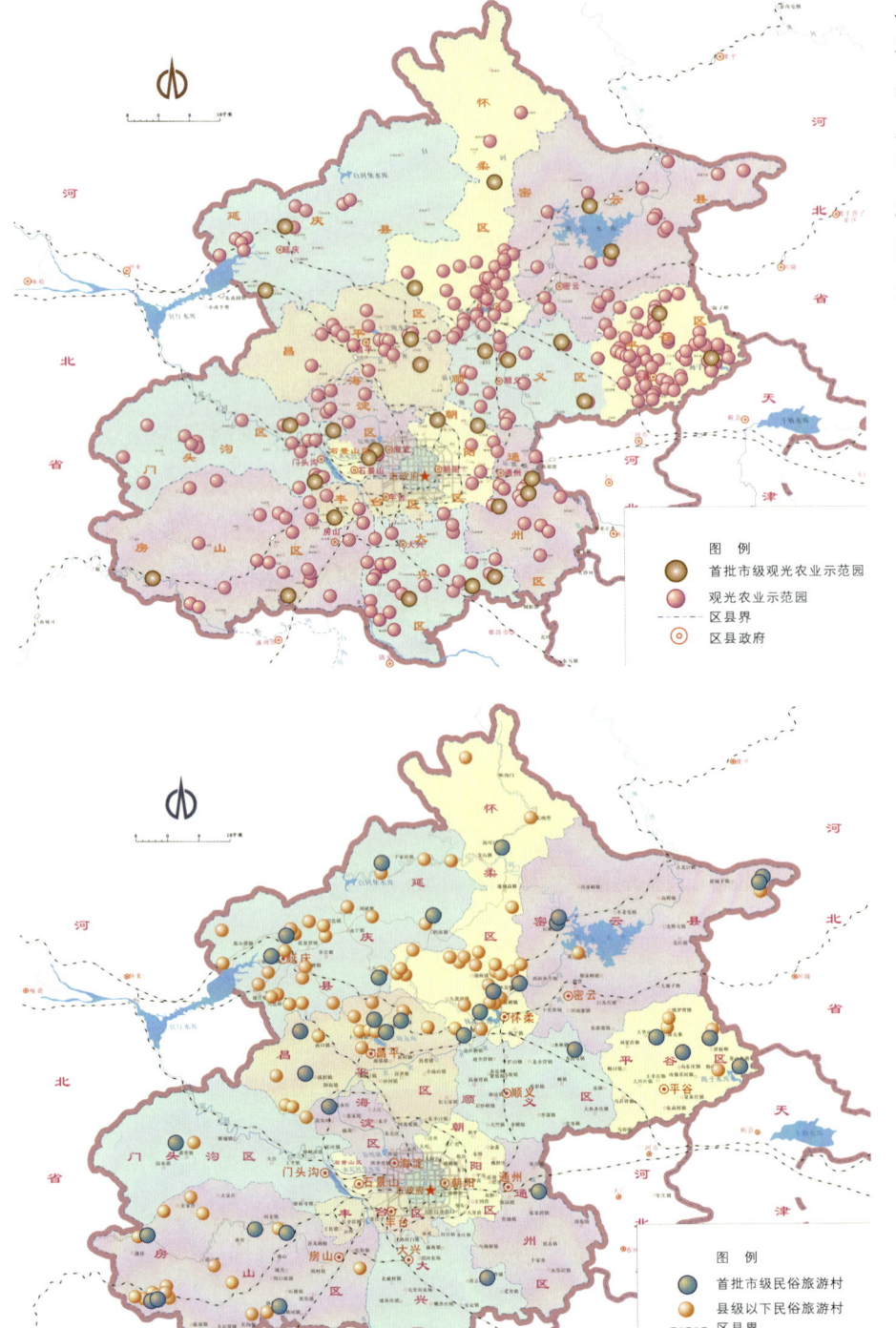

北京农业园区分布图

北京民俗村分布图

朝阳区蓝调庄园

海淀区四季青樱桃园

平谷区大华山大桃

顺义区红杏

樱桃采摘

昌平区三合苹果雪景

天津都市农业发展

天津不是农业大市,耕地面积仅占全国的 0.2%,但从农业经济技术水平和单位效率来看,天津却称得上是农业强市。天津市各级单位按照市委、市政府关于统筹城乡发展的部署,加快示范工业园区、农业产业园区和农民居住社区"三区"联动发展战略指导下,天津都市农业发展,尤其是农业园区建设走在了全国的前列,建成以设施化、园区化生产为主的华北地区蔬菜、畜产品、水产品等名、特、优、新农产品重要生产基地。据不完全统计,截至 2012 年,天津具有一定规模的休闲农业经营主体 250 多家,有一定规模的休闲农业经营主体资产总额超过 120 亿元。2012 年,天津市全国休闲农业五星级企业园区创建首次参评就获得了 6 家,居全国前三甲,其中(湖南 10 家,浙江 7 家),在北方地区属于数量最多的省市(北京 3 家)。更是涌现了如中法合营王朝葡萄酿酒有限公司、天津科润农业科技股份有限公司、天津宝迪有限公司等一批国家级重点龙头企业。

天津基本形成点、线、面相结合的都市农业空间形态,根据天津农业区县不同的区域位置、资源类型以及农业园区类型和分布情况,大致可分为四大类都市农业发展区域:

(1)环城都市农业圈:即以中心城区外围良好的农业基础设施和区位优势为依托的环城都市农业圈;包括东丽、西青、津南、北辰四区,该圈层农业产业类型多样,特色明显,形成以花卉、观赏鱼、淡水鱼、果品、特色蔬菜以及农产品物流配送和农业休闲观光等为主导产业的都市型现代农业体系。

(2)滨海都市农业带:即以滨海沿线良好海域滩涂资源形成的特色种养殖为主的滨海都市农业带;包括滨海新区的塘沽、汉沽、大港三个区域,该区域农业资源特色鲜明,海域滩涂资源丰富,形成以海水养殖、耐盐碱植物、葡萄、冬枣、蔬菜、食用菌以及高科技农业等为主导产业的滨海都市型现代农业体系。

(3)远郊都市农业区:即以在地理位置上处于天津、北京与河北省的交界处,虽距天津市中心距离相对较远,但对北京和河北等地游客具有较强的吸引力的远郊都市农业区;包括静海、武清、宝坻、宁河两区两县,该区农业资源丰富多样,规模相对较大,形成以水稻、林木、果品、蔬菜、食用菌、特色粮食作物、畜禽养殖、水产养殖以及农产品加工等为主导产业的现代农业体系。

(4)蓟县都市农业区:即以天津唯一的有山地的区县蓟县形成的都市农业区;该区有山有水,有平原有洼地,土地总面积的 2/3 为山区和库区,形成生态示范、绿色

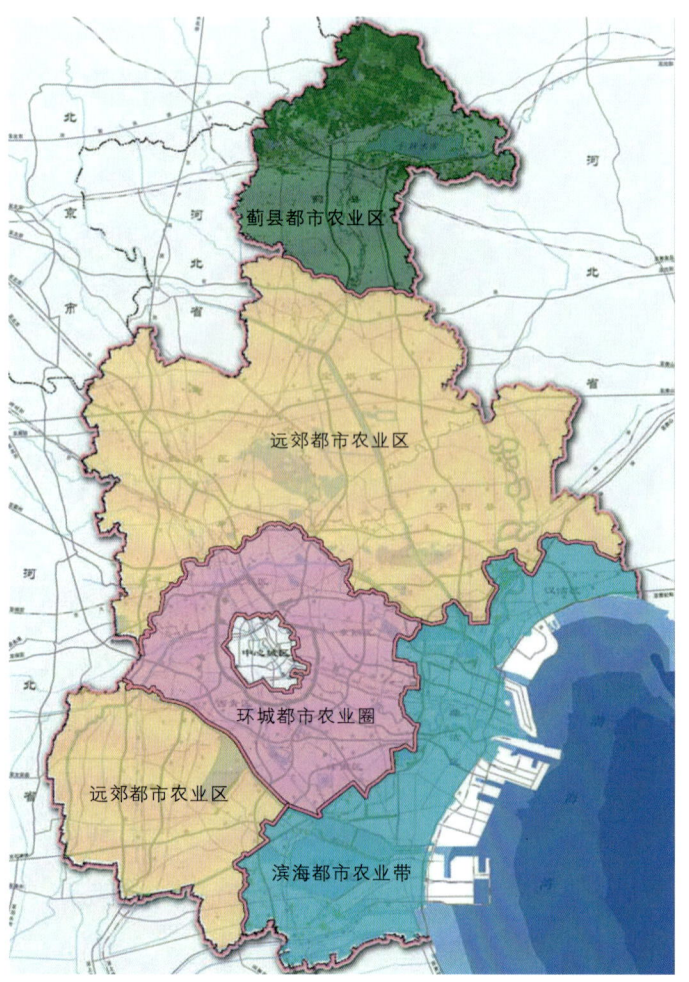

天津市都市农业发展空间布局

食品生产示范、山地休闲度假为主导的都市型现代农业体系。

另天津都市农业的主要类型之一休闲农业与乡村旅游发展呈现出多种产业形态，"十二五"期间，天津市重点发展了9大休闲农业组团，实现集群发展和错位发展。分别为蓟县山野特色游组团、宝坻中南部田园观光游组团、大黄堡—七里海湿地生态游组团、武清科普休闲游组团、宁汉农庄度假游组团、滨海休闲渔业游组团、环城现代农业园区游组团、团泊—北大港湿地生态游组团、南部生态乡村游组团等9大组团。

天津蓟县董秀娜农家院

天津崔庄子皇家枣园

天津市9大休闲农业组团空间布局图

天津天海风休闲庄园

3 为城市群设计都市农业 035

天津武清宝建农作物种植产业园

天津蓟县生态公园

天津君利农业示范园

天津华泰现代农业示范园区

天津水高庄园

天津杨柳青园艺科技博览园

天津华明农业园特色餐饮

天津曹庄花卉北二厅

天津蓟县游客游梨园

3　为城市群设计都市农业

河北省都市农业发展

河北省耕地面积占全国的5.29%，位列全国第5。在京津冀一体化协调发展进程中，河北农业综合生产能力明显增强。2013年，河北省农业产业化经营总量突破6000亿元，经营率达到63%；农业生产结构不断优化，畜牧、蔬菜、果品三大优势产业产值占农林牧渔业总产值比重达70%，优势农产品区域布局初步形成。农业合作进展：在京津冀农业合作中，以河北省为京津地区提供农副产品为主要形式。目前，河北省提供的农副产品比重分别占到了北京市场的50%、天津市场的40%，已成为京津的"米袋子"和"菜篮子"。

在未来京津冀一体化协调发展中，京津冀"菜篮子"和环首都城市生态休闲农业区应成为成为河北都市农业发展的重点和方向。

京津冀"菜篮子"主要分布在环京津各县（市、区）以及农业部认定的蔬菜生产大县。区域内光照充足，无霜期长，大部分地区采用日光温室，冬季基本不用加温，能源消耗成本低；地形地貌多样，南北跨度大，适合发展多种形式的设施农业，满足不同层次、不同季节的市场需求。按照资源优势和生产特点，分为冀北夏秋露地蔬菜优势产区，冀中冬春棚室蔬菜优势产区，冀南春秋大中小棚蔬菜优势产区。重点发展冀北坝上夏秋露地蔬菜；冀中、冀东冬春棚室蔬菜；冀南春秋大中小棚室蔬菜4个优先示范带。冀北地区积极推广网膜拱棚生产，冀东和冀中地区大力发展日光温室生产，冀南地区大力发展大中棚生产。河北省发展设施农业不仅能够满足农民增收需要，同时也是保障京津"菜篮子"安全的需要。河北省设施农业在过去10年时间由500万亩上升到1000万亩，取得了较快发展。以保定市为例，为了做好"菜篮子"工程，出台了相关规划和扶持政策，目前该市蔬菜播种面积达到238.3万亩，实现产量880.72万t，产值103.5亿元，其中设施蔬菜面积122.8万亩，日光温室达到47万亩，塑料大棚22.8万亩，中小塑料拱棚53万亩；设施蔬菜种植面积占蔬菜总面积的51.5%，产量占总产量的55%，产值占总产值的75%，设施蔬菜已成为该市农民增加收入的重要途径。

环首都生态休闲农业区域分布于承德、张家口、保定、廊坊四个市，同时包括环石家庄、唐山等市的各县（市、区）。该区域内旅游、资源、区位三大优势明显，休闲农业产业的客源需求量大、层次高。定位发挥环首都优势、放大城市辐射效应，建设休闲度假、观光旅游、绿色有机蔬菜、宜居生活空间，把环首都经济圈打造成风光秀丽的农业生态带和舒适的休闲旅游带。

河北省区位

河北目前发展的高效设施农业总面积已经超过了1000万亩，用该省不到10%的耕地面积提供了该省近七成的农业产值

新型都市农业发展研讨会：颐菲庄园建设项目启动仪式

坝上草原：离北京最近的天然草原，又名"京北第一草原"

以"绿色、健康、发展、共赢"为主题的张家口蔬菜博览会

白洋淀是华北大平原上的最大淡水湖，素有"华北明珠""北国江南"之美誉，已成为京津后花园，环京津休闲旅游产业带上的重要节点

集发生态农业观光园始建 2000 年，占地面积 240hm^2，已开发建设了近 200 个景点和娱乐项目，先后推出了冬欢节、农家趣味运动会、乡村游等综合旅游项目，每年接待来自中外的游客 80 多万人次，受到中外游客的好评

3.2 城市群都市农业发展经验模式：
荷兰绿色心脏兰斯塔德城市群案例

兰斯塔德城市群是一个多中心马蹄形环状城市群，包括阿姆斯特丹、鹿特丹和海牙三个大城市，乌得勒支、哈勒姆、莱登三个中等城市以及众多小城市，各城市之间的距离在 60 km 以内。在荷兰兰斯塔德城市群总面积中，建成区用地仅占 26%，而农业用地和自然保护区用地分别为 64% 和 10%。是荷兰最高城市化地区，荷兰总人口的五分之二生活在荷兰土地面积不到五分之一的地区内。从兰斯塔德城市群发展经验来看，其中 70% 的土地用于养殖、谷物和花卉种植、民俗旅游产业，30% 用于居住；整个城市群劳动力中还有 3% 在从事第一产业（服务业 84%，制造业 13%）。同样，尽管 99% 的巴黎都市区产值来自第二、三产业，仅有 1% 的产值来自第一产业，然而，在巴黎 11963km² 的都市近郊和远郊土地中，农业用地依然占 50%。所以，巴黎人还是习惯把郊区称之为"乡村郊区"。

区位图

兰斯塔德城市群都市农业发展具有三种主要功能：生产功能，农业向规模化、产业化集群发展；生活功能，利用多种有机农业提供多途径社会服务；生态居住功能，生活在绿色大地之中，同时保护自然生态环境。

荷兰的绿色心脏带给我们的启示：

通过"绿色缓冲地区"形成城市之间的空间分割，中央政府以收购土地或建立游憩项目来防止城市连成一片。

保留区域中心的农业用地，使之成为大面积的敞地，即"绿心"。

发展农业+旅游业为导向的"乡镇更新"和"土地整理"。

城市核心区人口聚集达到 50% 以后，政府要对土地整理进行稳定的投入和加大对农业产业结构的调整，以满足城市发展的需要。

政府应当逐年投入资金储备土地。

蓝绿结构（资料来源：荷兰 randstad 2040 远景规划）

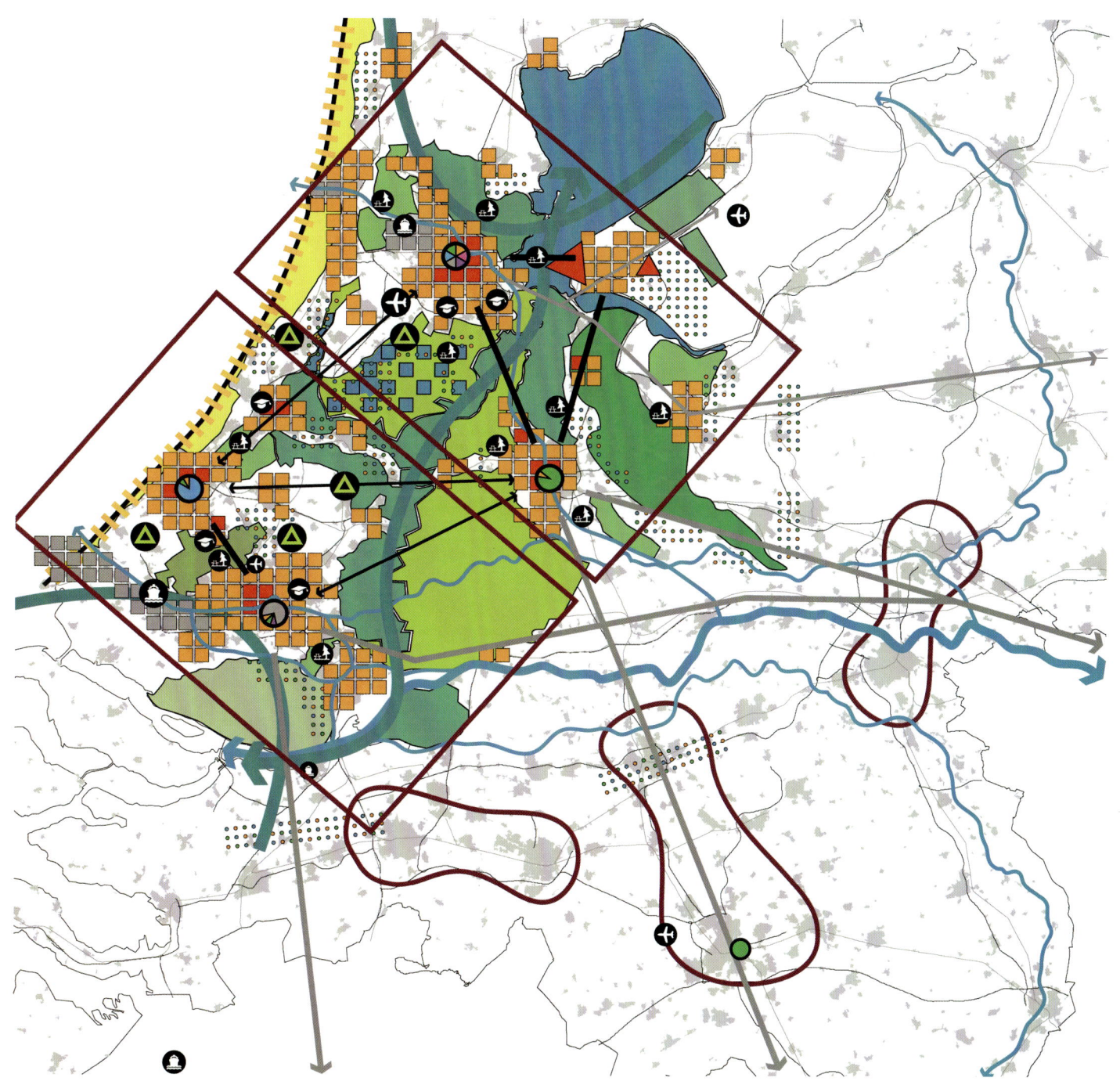

兰斯塔德 2040 综合发展规划愿景（资料来源：荷兰 randstad 2040 远景规划）

4 为城市设计都市农业

4.1 都市农业与可持续的城市发展

21世纪是世界城市化的世纪。快速的城市化和大都市圈的形成,为都市农业发展提供了新的要求和机遇。但是,过去人们一直认为在城市边缘地区发展工业经济效益比发展农业经济好。但是近年来,人们从城市的生态环境和农业对城市的综合功能分析得出一个新的认识,对城市的整体功能而言,保留城市周边的农业对城市社会经济发展和生态环境建设具有积极意义。正是基于这种思想,日本的东京都在其经济起飞和迅速城市化的进程中,为了防止农业被挤出都市圈而提出了建设多功能都市农业的构想,这样做不但保住了占东京都面积5.4%的农田,而且建成了镶嵌式的"绿岛农业"和拥有大批农业高科技产业的都市农业。这样的都市农业所发挥的作用远远不止是农业对城市的单一作用,而是生态、农业、环境、科技对城市的综合作用,这种经验很值得我们借鉴。

发展都市农业的意义不仅具有为都市提供生、鲜、加工食品的生产性功能,而且更具有保护城市生态景观环境,为市民提供绿色观光休闲场所的功能。因此,现代都市农业应是为城市提供绿色食品,维护城市生态环境,发展观光旅游农业的公益性事业。同时,都市农业还是保护性农业,发展都市农业必须严格保护农田,这样可以有效地控制城市的盲目扩张和蔓延,防止城市发展侵占大量农田。都市农业是高科技、高效益农业,发展都市农业可以大大地提高农业的经济效益,增加农民的收入。同时高科技农业还会提高农民的文化科技素质,促进农民的产业转移,从而为减少农民创造条件。

青岛万拓庄园蔬菜采摘

上海都市菜园是全国首家蔬菜主题公园

上海中凯德七宝购物广场屋顶农庄

都市农业园南瓜展示

4 为城市设计都市农业

4.2 城市垂直农业

"垂直农业"这一概念最早由美国哥伦比亚大学教授迪克逊德斯帕米尔提出。德斯帕米尔希望在由玻璃和钢筋组成的光线充足的建筑物里能够出产人们所需的食物。在建筑物内,所有的水都被循环利用;植物不使用堆肥;产生的甲烷等气体被收集起来变成热量;牲畜的排泄物成为能源的来源等。"垂直农业",是一种获取食物、处理废弃物的新途径。

世界一些大城市的规划者已对"垂直农业"表现出了浓厚兴趣。但到目前为止,"垂直农业"仍处于概念阶段,还没有成型的应用模式,"垂直农业"发展有资金和政府支持两个障碍限制。

都市农业中心
在2007年举办的"生态建筑挑战大赛"中,美国Mithun建筑设计事务所凭借"城市农业中心"作品而入围。"生态建筑挑战大赛"要求设计师们为西雅图设计一种集居住和农业等功能为一体的建筑。"城市农业中心"看起来就好像是一种格栅式建筑,它不仅仅可以实现农业生产,还包括了318套公寓。(资料来源:Mark Gorgolewski、June Komisar、Joe Nasr,Carrot City: Creating Places for Urban Agriculture,The Monacelli Press)

金字塔农场：2060年的垂直农业
金字塔农场由 Eric Ellingsen 教授和 Dickson Despommier 教授联手设计。金字塔农场将是未来问题的一种解决方案，它是一个完全自给自足的生态系统：从食物生产到垃圾处理。金字塔农场内还有一个加热增压系统，能纯净污水，分离碳物质——可作为机械和照明的燃料。除了当地可持续性食物源的设计外，Despommier 还为目前的水平农场设想了一个康复程序。农场类将引进野生植物，提高废弃土壤的肥沃度。（资料来源：Mark Gorgolewski、June Komisar、Joe Nasr，Carrot City: Creating Places for Urban Agriculture，The Monacelli Press）

4　为城市设计都市农业

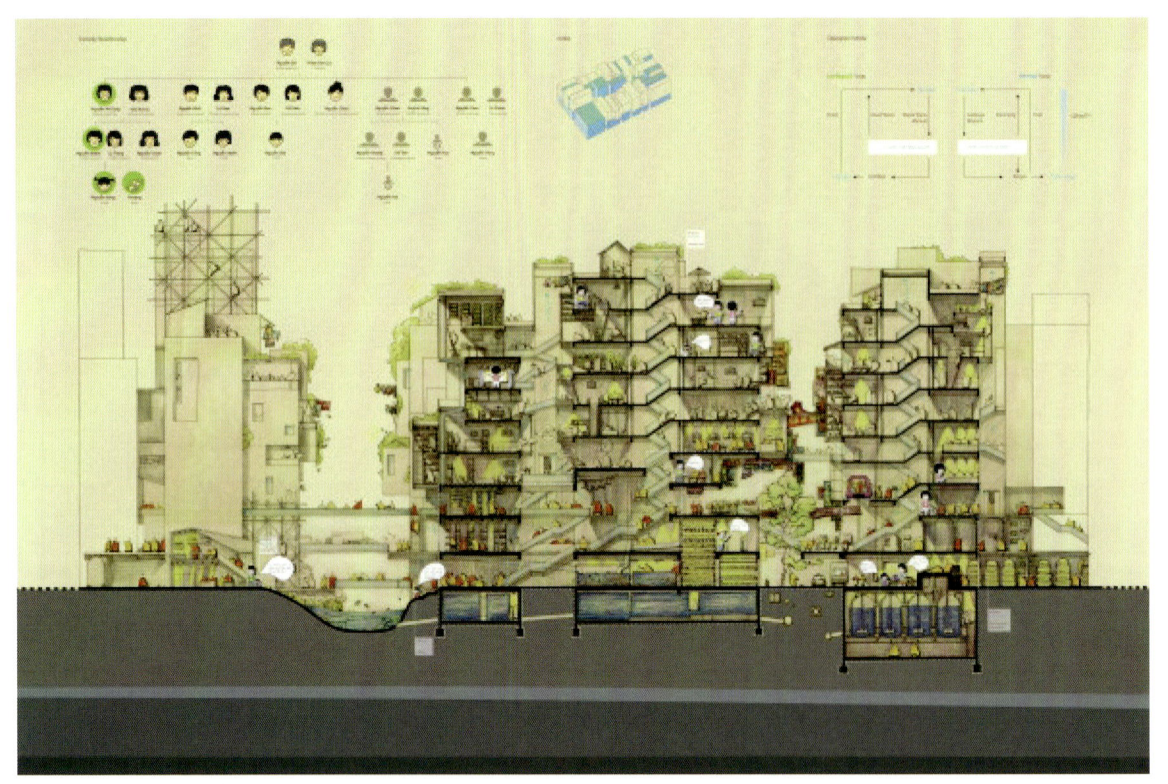

2013年"亚洲垂直城市国际设计竞赛"一等奖同济大学A组作品生活场景剖面图 将城市设计为垂直的形态,分为上、中、下三个部分。家庭被安排到城市的上部,居住在建筑的高层,以保证人们获得良好的空气和充足的阳光。上层生活产生的废水和垃圾,经过垂直重力落到城市中部地区——"紧密城市系统"里。在这个系统中,他们设计了水循环处理系统和垂直农业系统,水经过处理可以养鱼种菜,最后排入城市下部的湿地系统中,经过水厂的处理后,又可以变成供城市上部人们使用的水资源。(资料来源:李伟,立体城市:一次关于未来的实验,《三联生活周刊》,2013年32期)

受关注的"西咸立体城市项目"概念规划及可持续城市设计国际招标优胜方案揭晓,曾成功打造迪拜哈利法塔的美国AS+GG建筑设计公司的《绿桥》方案凭借其对立体城市理念的完整体现,以及与西咸新区本土文化融合,被评选为概念规划设计方案第一名。(资料来源:百度乐居 http://house.baidu.com/)

加码产业平台 立体城市农业战略出炉

2013年12月10日,"立体城市农业产业合作签约仪式"在深圳举行,新加坡天鲜农场、西安美庭集团、清境(上海)农业发展有限公司正式与北京万通立体之城投资有限公司签署协议,就共同发展西咸立体城市的农业产业达成共识。这是11月19日立体城市医疗健康产业园签约4项目意向投资额约30亿元人民币之后,立体城市在产业引入方面的又一重大举措。西咸研究院院长李应济,秦汉新城管委会常务副主任许寿琨,万通集团董事长、立体城市创始人冯仑,新加坡天鲜农场总裁黄顺和,西安美庭集团总经理黄孟伟,清境(上海)农业发展有限公司总经理庄少武,北京万通立体之城投资有限公司总经理郝杰斌等出席签约仪式。

立体城市是产城一体、混合功能、步行城市、环境友好,和谐相处,可持续发展的新型城镇化模式,核心产业引导和就业优先思维是立体城市建立"理想城市"的核心思想,也是立体城市建设区别于传统城市综合体开发的本质所在。

对此,冯仑在签约仪式上表示,"立体城市在具体的产业选择上,秉持三个原则,就是高就业系数、高需求弹性和高持续增长性,比如说医疗健康产业,如果2000个床位,就有1万个就业机会;教育研发产业,就业系数比较高,可以带来长期增长需求,还有一个重要产业就是农业,我们发展的是都市农业,都市农业本身是节省土地、提供田园化居住办公环境、吸收碳排放、近距离获取食材的农业形式。目前,西咸立体城市已将都市农业和医疗健康、教育科研作为其核心基础产业。"

据了解,11月19日宣布入驻立体城市医疗健康产业园的香港万好国际集团等四家机构将首先在西咸立体城市建设秦汉国际医院、国际医疗健康综合体、国际养生公寓、国际医疗健康贸易中心等项目。此次三家农业领军企业的入驻则是开启了立体城市的农业蓝图。

郝杰斌说,立体城市发展的都市农业有两大战略方向:一是良田都市计划即城边农业;二是包括屋顶农业、室内农业在内的,与建筑空间结合的立体农业。"立体城市的使命是为中国创造中密度、可持续发展的都市生活体系,都市农业则是立体城市倡导的'微城市,好生活'不可或缺的组成部分。"

对于在农业等产业方面的诸多动作,冯仑坦言,其目的是搭建立体城市平台,请各行业优秀的企业在立体城市各平台上展现自己的专业能力。此次选中的三家企业,在各自的行业内都起到了一个行业先行者、地区先行者的作用。希望他们在立体城市的平台上收获自己更大的业务成长。

据了解,目前,立体城市已成功落户西安和温州。其中西咸立体城市位于西咸新区五大组团之一的秦汉新城。项目核心开发建设区1.57km²,总建筑面积500万m²,投资总额约300亿元,将在7年时间内,打造一个容纳8万常住人口的微型城市。

(资料来源:《新华网》,2013-12-12)

4.3 都市农业纳入城市空间

美国底特律市中心城市菜园

美国底特律市中心城市菜园濒临金融区，补缺了 2010 年拆掉的拉斐特大厦后的空缺，面积只有 0.425 英亩。周围高楼林立、异常喧嚣，这片菜园成功的营造出一片积极的公共绿色空间，有机、自然、充满生命力，都市农业纳入城市空间成为城市有趣的生活方式之一。

菜园加强了可持续性材料的应用，通过高出地面的植物种植槽摆放，种植了超过 200 种的蔬菜水果以及草药和鲜花。这个可持续的花园地面有 70% 的面积是可渗水的砾石、草坪、地面。草坪有耐旱的高羊茅组成、场地内配置高效率的灌溉系统；将废弃的人行道破碎成碎石再利用，利用再生木材和以前装食物用的钢桶。这个都市农业景观菜园增强了城市体验，种植、栽培、采摘建立了景观、食品、环境三者之间的相互关联，美丽、可持续、高效而完美地融入复杂的城市之中。

新旧对比，边界用可再生的格栅材料围成

鸟瞰

雨水管理和可持续的材料方法

花棚用回收木材搭成

儿童花园的花棚

工字钢灯柱和镀锌钢种植槽都反映了底特律工业城市的过去

资料来源：
http://www.asla.org/2012awards/073.html

种植园的食物能提供给周边的白领和社区居民使用

4 为城市设计都市农业 | 049

城市社区菜园：北京北四环安翔里 43 号楼菜园

随着城市化进度的加快，回归田园，耕种菜园成为城市社区居民的梦想，城市社区菜园越来越受到推崇。在城市社区空地或边角处，把城市菜园像城市绿地一样经营打理，即美化了环境，满足了自身蔬菜的自足，也为广大市民带来新的都市农业景观。

安翔里43号楼菜园位于北京北四环，居民利用楼前道路或绿地边角种植属于自己的菜园，在喧嚣的城市中营造出丰产的景观。社区菜园的面积虽不大，但却种满了葡萄、丝瓜、南瓜、葫芦、苦瓜、青椒、豇豆等，居民们自己种植、共享果实，乐享有机生活。

成长的记忆 四月份 43 号楼 1 单元

成长的记忆 四月份 43 号楼 2 单元

成长的记忆 六月份 43 号楼 1 单元

成长的记忆 六月份 43 号楼 2 单元

4　为城市设计都市农业　051

4 为城市设计都市农业

5 农业产业向园区集聚：
都市农业促进城镇化建设的有效模式

农业产业园区是指现代农业在空间地域上的聚集区。它是在具有一定资源、产业和区位等优势的农区内划定相对较大的地域范围优先发展现代农业，由政府引导、企业运作，用工业园区的理念来建设和管理，以推进农业现代化进程、增加农民收入为目标，以现代科技和物质装备为基础，实施集约化生产和企业化经营，集农业生产、科技、生态、观光等多种功能为一体的综合性示范园区，是农业示范区的高级形态。2013年中央一号文件提出，鼓励和引导城市工商资本到农村发展适合企业化经营的种养业，"家庭农场"这个词首次出现在一号文件中，对专业大户和龙头企业的政策扶持也在一号文件中再次明确。据农业部初步统计，截至2012年12月底，全国家庭承包经营耕地流转面积已达2.7亿亩，占家庭承包耕地（合同）总面积的21.5%。其中，流入工商企业的耕地面积为2800万亩，比2009年增加115%，占流转总面积的10.3%，农业产业向园区集聚，家庭农场、产业园区成为现代农业未来发展方向。

农业产业园区发挥了传统农业向现代农业转变的产业集聚作用，探索传统农业向高产、高效、优质的现代化农业的发展路子，是统筹城乡发展的有效模式。各地实践证明农业产业园区是发展现代农业、实现农业现代化的重要载体，是推动农业产业集聚、转型升级的有效途径，也是促进农民增收、城乡统筹的必然选择。

上海都市菜园葫芦种植

五里乡菜农种出丝瓜王

5.1 浙江样本：3家典型园区发展模式解析

浙江的农业园区发展迅速，成效显著，也积累了丰富的经营管理经验。通过典型调查、直接观察、深度访谈和比较分析等方法，在浙江选择经营模式分别是"股份合作制"模式、"个体农庄"模式、"五体联动"模式的3家典型园区实体进行比较分析，分别是宁波市大桥生态农庄、湖州市德清县杨墩休闲农庄、衢州市柯城区七里乡村旅游点。"典型"即在农业行业具有全国或省级典型示范效应的经营实体，另一个重要指标是近3年连续盈利，而且知名度和美誉度在不断成长。

经营现状

基本情况 根据现实数据收集的可能性、便利性和可靠性原则，从经营年限及面积、经营规模、经营项目等角度分析各案例地的基本情况，详见表5-1。

3个典型案例经营基本情况　　表5-1

项目/案例	大桥生态农庄	杨墩休闲农庄	七里乡村旅游点
地理位置	宁波市慈溪市，杭州湾跨海大桥西侧1 km处	湖州市德清县雷甸镇	衢州市柯城区七里乡
空间形态	封闭式	封闭式	开放式
经营起始年	2005年1月	2003年7月	2005年5月
经营面积	133.3 hm^2	100 hm^2	全乡60.45 km^2，其中观光采摘园20 hm^2，农家乐7个村，共经营户97户
总投资（万元）	15000（公司投入，共3期）	3150（业主个人投入）	650（主要是政府投入基础设施建设）
资源依托	高科技现代农业	江南特色的水乡环境、特色农业资源	浙西山区特有的高海拔、小气候、原生态资源
区位条件	距慈溪市30 km，融入沪、杭、甬2 h交通圈	距杭州市中心20 km，湖州50 km	跟衢州城区32 km
住宿规模（床位）（个）	1200	100	958
餐饮规模（餐位）（个）	2000	500	2000
经营项目	特色食宿、农业观光、农作和加工体验、休闲娱乐、会议培训、农特产品销售等	特色食宿、农业观光、农作体验、拓展培训、商务会议、农特产品销售等	农业观光、采摘、漂流、农家乐特色食宿、森林避暑养生等
收入来源	景点门票、食宿、体验、培训、农特产品销售等	门票、食宿、采摘、培训、农特产品销售等	无门票，农家乐食宿收入、农产品销售、采摘、漂流等
从业员工	直接就业450人，带动周边居民300人	直接就业320余人	经营传统农业的农民250余人

据表5-1，3个案例地的经营年限都已超过5年，具备成熟的经营规模和多样的服务项目，整个经营已处于较规范的市场运作阶段。从区位条件来看，大桥生态农庄最具区位优势，杨墩其次，七里乡较弱。从资源条件分析，3个各具特色，大桥生态农庄主要以高科技创意农业为主要资源，人工痕迹重，投入资金大；杨墩是以结合特色农业、周边的乡村环境发展休闲旅游；七里乡是以开放式、纯天然、原生态的山村环境、明显的森林小气候形成的避暑资源为特色。从经营项目和收入来源来看，前面2个农庄雷同性强，但大桥生态农庄收入渠道更多元化；七里乡的经营项目、收入渠道相对前面两者来说，较为单一。

大桥生态农庄

5 农业产业向园区集聚：都市农业促进城镇化建设的有效模式

德清杨墩农庄

七里乡

经营增长情况

从表 5-2 可以看出，3 个案例地的经营都处于良性发展，七里乡的接待人数和经营收入在 2006~2010 年都呈现增长趋势，大桥生态农庄除了 2010 年的数据有所波动外，其他年份均呈增长趋势。杨墩休闲农庄 2009 年进行扩张，门票的经营收入有所下降。

大桥生态农庄 2008 年出现井喷式发展，原因在于杭州湾跨海大桥于 2008 年 5 月 1 日通车后，宁波慈溪市在 2008~2009 年进入一个空前膨胀的"大桥经济"阶段，农庄受此影响而客源量迅速上升。2010 年由于受金融危机的负面影响，造成农庄的经济成效有所下降。杨墩休闲农庄原因却在于区域面积固定，园区的生态容量有限，农庄的经营对象也日趋高端化，也体现了农庄的经营从数量上要效益转向从质量上要效益，具体表现在接待人数下降了，而经营收入还呈增长态势。

经营模式解析

从经营主体的角度来看，这 3 个案例地的经营分别为股份合作制模式、个体农庄模式、五体联动模式，具体情况详见表 5-3。

不同的经营主体形成各异的投融资模式、决策方式和分配体制。大桥生态农庄股份合作制模式的经营主体是企业集团，通过股权融资，利益主体为股东、按股分红，责权利关系明确。企业通过农庄基地运营，决策有制度保证。对周边农户以间接带动为主，主要体现在：①提供就业岗位；②提供农业方面种植技术；③带动相关产业的启动，比如农庄周边建有多家农家乐饭店、贩卖农产品和旅游商品小店等。

杨墩休闲农庄个体农庄模式的经营管理由个体农庄业主自己负责，业主对于农庄的规划、投资建设及经营决策等都需由农庄业主自行决定，利益主体也是个体农庄业主。而带动农户增效主要是农户通过参与农家乐旅游的工作获得。

七里乡五体联动模式相对前面 2 类模式更为复杂，其涉及的利益相关者有：政府、公司、旅行社、合作社和农户。各利益主体各司其职，建立联动共生机制。政府起主导作用，目的是通过旅游业这个抓手，推动乡域经济的整体发展。模式的经营主体是农户、公司和旅行社。农户通过开办农家旅馆、酒店、观光采摘园来开展经营；公司通过经营酿酒、农副食品加工等项目获得利益；旅行社则主要通过引进客源，从中适当分红。在不同阶段，利益相关者起到不同的作用。在规划建设阶段，政府通过邀请专家学者编制规划，联合旅游、农业、交通等部门进行基础设施投资建设、市场推广，通过招商引资进行项目建设，制定发展农家乐的引导政策，鼓励农民积

2006~2010 年 3 个典型案例接待人数和经营收入基本情况　　　　表 5-2

年份 (年)	大桥生态农庄				杨墩休闲农庄				七里乡村旅游点			
	接待人数		经营收入		接待人数		经营收入（门票）		接待人数		经营收入	
	数量 (万人次)	增幅 (%)	数量 (万元)	增幅 (%)	数量 (万人次)	增幅 (%)	数量 (万元)	增幅 (%)	数量 (万人次)	增幅 (%)	数量 (万元)	增幅 (%)
2006	51.80		1491.39		7.53		23.21		16.00		680.00	
2007	78.20	51.00	2358.04	58.10	11.95	58.70	193.00	731.50	28.00	75.00	807.00	18.70
2008	123.10	57.40	4399.10	86.60	16.07	34.50	409.18	112.00	32.00	14.30	1059.00	31.20
2009	156.20	26.90	4789.20	8.90	25.93	61.40	236.42	-42.20	41.00	28.10	1550.00	46.40
2010	133.10	-14.80	4071.60	-15.00	19.42	-25.10	538.06	127.60	44.00	7.30	1767.00	14.00

3 类典型经营模式的比较分析

表 5-3

	大桥生态农庄	杨墩休闲农庄	七里乡村旅游点
模式	股份合作制	个体农庄	五体联动
经营主体	"公司+基地+农户",实行股份制,4家企业参与,对农户以带动为主	个体业主	农民经营为主,"政府+公司+旅行社+合作社+农户"五体联动参与
投融资模式	股权融资、贴息贷款	独资	政府各部门联动投资,农家乐经营户自主投资
决策方式	有制度保证,一股一票,民义决策,综合协调	个人决定为主	决策权往往由乡村干部占有,农户通过合作社、村委会反映意见和建议
分配体制	利益主要是股东,按股分红	利益主体是农庄业主	公司独资,旅行社、农户比例分红
市场营销模式	口碑宣传、网络营销、节事营销、品牌营销	口碑宣传、网络营销、节事营销	政府公关为主,口碑宣传、网络营销、节事营销
人力资源管理	有完善的招聘、培训、薪酬、考核制度,以人为本	有招聘、培训、薪酬、考核制度,但不完善	从业人员登记在册,定期培训
顾客档案管理	有	无	无
环境保护管理	开发太阳能发电、小型风力发电、沼气、秸秆气化等清洁能源项目;利用湿地保护、生物膜处理等技术	开发"猪—沼—果"循环生态农业模式	农户利用太阳能等清洁能力、生态湿地处理农家乐生产和生活污水等
信息化管理	建立数据平台,实现资源共享、实时监控	通过全球眼实时监控	通过全球眼实时监控

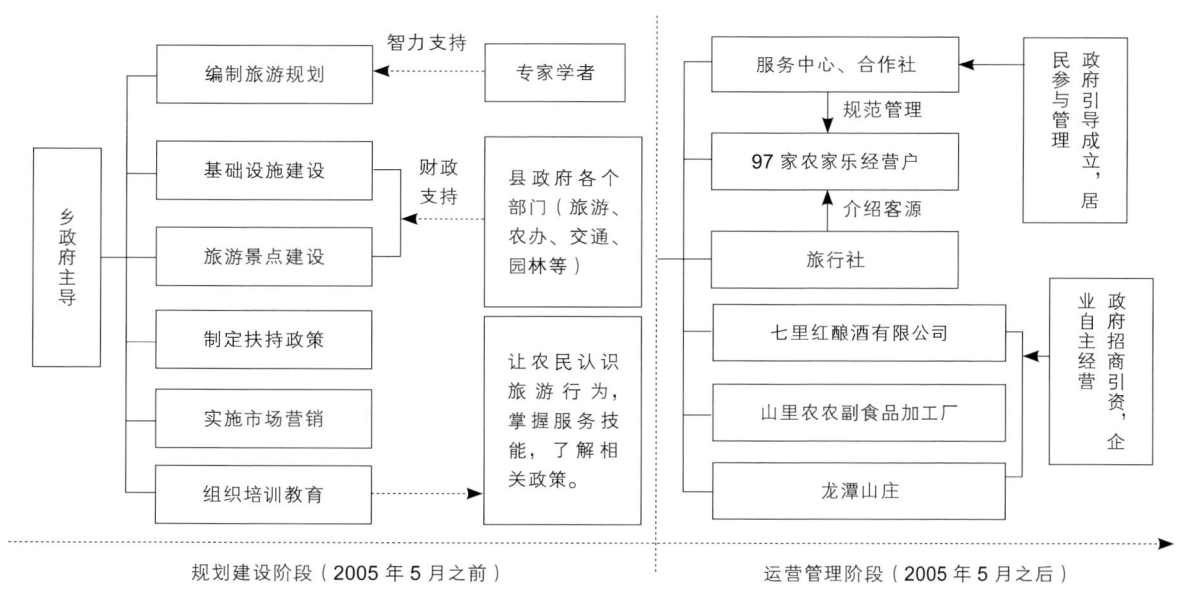

七里乡五体联动经营模式

极参与旅游业。进入运营阶段之后，具体操作一般是通过村委会组建农家乐服务中心以及村级合作社，作为协调者，统一培训和规范管理，并对3家公司、97家经营户进行监督和协调。

借鉴与启示

坚持经营主体多元化，促进农业多样化发展

为了保持农业园区的多样化和特色化，应该根据当地的资源情况、经营者的实力和组织形式，宜大则大，宜小则小，坚持经营主体多元化，并尽可能保证作为弱势群体的农民能参与到休闲农业的开发与经营。

对于经营主体是股份合作制公司的经营模式，责、利、权关系明确，可以发展大型综合性、高科技的休闲农业观光园区。而经营主体为个体业主的经营模式，可以发展特色、精品农业，把核心竞争力放在"点"上，不必求全求大。经营主体是农户的五体联动模式，需要政府部门发展农业的决心和引导，更需要乡镇干部的发展理念，建立有效的引导机制和扶持政策，倡导多种的经营业态，避免同质化的恶性竞争，做到"一村一品、一户一特"，"小而精"。

建立健全的投融资模式，扩大融资渠道

浙江3类园区的不同投融资模式，表明浙江农业的投资主体多元化、融资方式多样化，既有政府部门联动投资模式，又有企业股权融资模式，也有个人贷款投资。通过比较分析，股权融资发展前景最好，有待推广。个人投资容易陷入融资能力不足的局面。对于五体联动模式，可以促进政企民多方合作，创建"政府主导、企业主力、农民参与"的多方复合投资模式，即政府投资基础设施建设，搭建平台，吸引企业进行规模投资、农户股权投资，但需要政府正确对待各方利益相关者的关系，建立互相合作机制。

建立公平的决策方式和分配机制，实现多赢局面

不管是哪类经营模式，对社区的尊重和持续带动是其可持续发展的根本因素。公平的决策方式和分配机制体现在居民都能参与当地旅游的各种事务，如规划、开发、建设和经营管理。

以企业、个体业主主导的开发模式，有时会出现当地居民只是旅游服务行业的廉价劳动力，利益主体是旅游企业或个体业主，形成"外来者赚大头、当地人赚零头"的局面，不利于当地社区的可持续发展。五体互动模式在运营过程中，如果不注意农民的利益，常常出现由于利益主体中占相对优势的主体的现象，如政府、企业、旅行社等侵占农户的利益；一些地方干部利用职权把大量游客安排在自己经营的餐馆、农舍用餐与住宿、购物和体验，导致贫富不均。

建立有效的管理组织，实现制度化、规范化发展

3类经营实体的管理组织严密度、规范化程度依次减小，脆弱性增大。股份合作制模式在财务、人力资源、市场营销、顾客维护、环境保护、信息化等方面，相比于个体农庄、五体联动模式，更规范、更有效。对于休闲农业，品牌营销、顾客服务质量管理是影响经营成效的关键因素，尤其要注重顾客满意度的提升。与此同时，经营实体的日常事务管理，如财务管理、人力资源管理等，也要不断完善，避免因不完善的财政体制、员工素质层次低导致的经营不善等问题出现。

5.2 农科典范：北京朝阳区都市农业示范园总体规划设计

项目概况

园区面积 1100 亩，用地为基本农田，种植蔬菜、玉米、小麦；地上无任何障碍物；地处温泉带，有地热资源。园区北面、东面靠小坝河（温榆河的支流），南面人工排水沟，西面东高路。

规划建设定位

规划区域对于北京未来城市发展所特有的生态和社会经济服务功能，使其性质与功能定位远超出区域本身，而是应该立足服务于首都生态圈建设、生态休闲旅游空间拓展和区域生态经济体系的发展和完善。其建设的意义在于通过生态景观、农业科技、旅游产业与循环经济体系的规划设计，充分发挥园区的农业生态综合服务功能及生态经济综合效益。

规划平面图

鉴于以上分析，本规划将园区性质与功能定位为：集农业科技、绿色生产、文化展示体验、生态体验、养生康体、会议度假等多种功能为一体的现代都市农业孵化园区。

规划构思与总体布局

园区借鉴中西方景观园林的规划思想，因地制宜，采用自然式与规则式相结合的营造手法，总体设计采用组团式布局，功能集中，动静有序，针对市场的不同需求，营造开放式公共活动空间和封闭式的私密休闲空间。总体规划以农耕文化为主线，按时间序列串联传统农业文化与现代农业文明，连通追本溯源（农耕文化体验区）、源远流长（生态湿地观光区）、天地人和（综合接待服务区）、以农为本（都市农业孵化区）四大主题园区。总体布局成"一轴、两环、四区、八景"。

一轴，园区的入口主干道，是整个园区规划布局的竖向轴线。

两环，一是指连通四大功能分区的内部传统农耕文化和科技文化游览线，二是环绕园区外围的生产、观光、人行、步行路线，共同形成园区规划的两个环线。

四区，指重点开发建设的四大主题功能园区，即都市农业孵化区、农耕文化体验区、综合接待服务区、生态湿地观光区。

八景，指规划区域内具有标志意义的八大景观节点。即：

姜水晓月：姜水湖畔，赏月上梢头。
神农沐曦：神农亭上，沐初晨旭光。
绿海畅情：农科的海洋，畅享现代农业的成果。
京华流韵：住老北京四合院，品京味优雅生活。
濮上渔歌：垂钓湖畔，人鱼共乐，共话和谐。
卉池沉芳：夏日莲荷竞艳，冬来莲藕飘香。
花言物语：花色渐欲迷人眼，花香缕缕沁人心。
果色天香：春来花满树，秋来百果香。

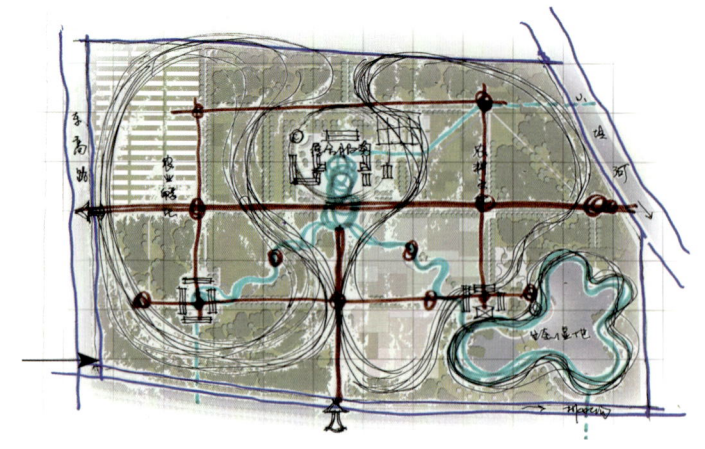

规划创意图

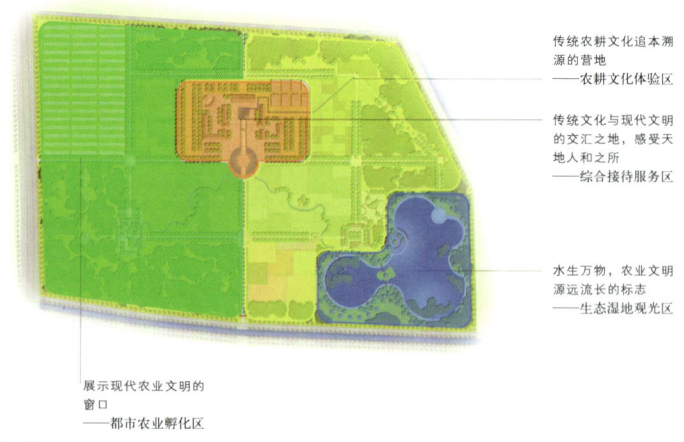

规划分区图

规划鸟瞰图

神农亭

五谷园

生态湿地观光区

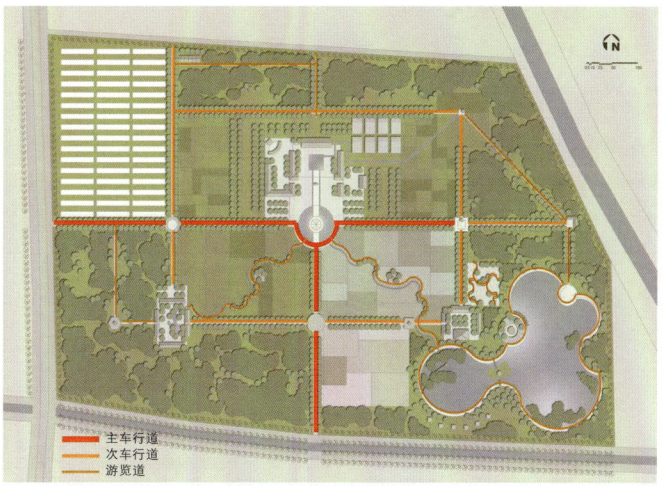

道路系统规划图

综合服务区

浙江余姚新大陆农业科技园区总体规划

项目概况

新大陆农业科技园区拟建于浙江省余姚市泗门镇谢家路村北 2km 处，杭州湾南岸围垦区内。其中心位置地理坐标为东经 121°00′，北纬 30°12′。地块南靠谢家路七塘江，北濒杭州湾，东邻相公潭村，西接夹塘村和楝树下村。拟用地 340hm² （合 5100 亩）。其中，九塘以南 1580 亩属谢家路村管辖，九塘以北 3520 亩为围垦中的滩涂，由余姚市海塘除险治江围涂工程指挥部统一管理。

指导思想和原则

1. 规划指导思想

以科学发展观为指导，以建设和谐乡村社会为目标，根据社会主义新农村建设的 20 字方针，以发展滩涂现代农业为抓手，以优化产业结构、可持续利用海涂、促进城乡交流和提高人民生活水平为重任，通过由优良品种、先进技术和科学模式系统化构成的现代农业综合示范，高效利用围垦滩涂，带动周边地区农业发展和农民增收；通过农业文化挖掘和展示，推动传统农业变革，延伸产业链，促进城乡一体化建设步伐，为杭州湾南岸的快速、健康发展树起新标杆。

2. 规划原则

（1）与余姚市国民经济和社会发展规划、土地利用规划、农业发展规划相衔接。科技园区用地规模大，辐射范围广，区内有多种资源，有多种产业形态。所以，在进行科技园区规划时务必要全面加以考虑，保持区内各产业的全面发展，处理好保护与开发的关系。

（2）保持特色，因势利导。首先要保持"农业园区"的特色。要清醒地认识到农业园区的使命，看到"农业园区"与风景名胜区、旅游度假区、文物保护区的差异性，充分挖掘农业元素中经济、社会、生态效益的积极成分，形成自身特色，充分重视科技性与示范性，为地域农业的现代化发展做出贡献；其次要从地域特征、时代特征、产业特征中总结出"新大陆"特征，通过原创性工作，开发建设风格独特、功能强大、效益良好的特色园区。

（3）保持生物多样性和有机发展的原则。严格保护区内的自然和人文资源，加强土地保护。在种植、养殖、旅游休闲建设上要因地制宜，注重循环经济、生态经济的发展，注重经济发展和环境保护之间的平衡。

（4）有计划、有步骤地增加科技园区内各类产业和各项事业的科技含量。在充分保护土壤、大气、水体环境的基础上，在蔬菜、花卉、果树栽培，休闲渔业、休闲旅游等产业发展过程中，重视研发投入和科技推广，在旅游设施、工程设施建设等方面注重节约，提倡生态，追求绿色。

（5）既有长远规划，又有近中期工作安排。近中期规划项目尽量切实可行，但规划内容不要过分细致，要承认将来发展有一定的不可预测性。

规划定位

1. 功能定位

新大陆农业科技园作为一种新的农业园区形态，不同于一般意义上的高新农业科技园区和农业（乡村）旅游区。首先它是一个集农业现代化生产、科研成果转化、农资信息交流，并具有开发经营、博览示范、知性教育、农业观光旅游等多功能的多元化产业基地，同时它又是杭州湾地区滩涂农业新文明的窗口和试验区，现代滩涂农林科技博览展示的重要场所。

因此，新大陆农业科技园的功能定位是：面向杭州湾南岸及类似滩涂区域，进行滩涂生态农业技术研发和模式化适用技术集成示范，为滩涂快速高效利用提供新的模式；挖掘和集中展示区域农特产品，实施生态化生产，发展超市农业、品牌农业和放心农业，增加传统农副产品的附加值；挖掘和集成榨菜文化、河姆渡文化、滩涂农耕文化和现代农业科技文明，开发都市居民和中小学生的游览观光、科普教育和休闲度假产品。

2. 发展目标定位

杭州湾滩涂现代农业新品种、新技术、新模式的展示、培训、示范基地；

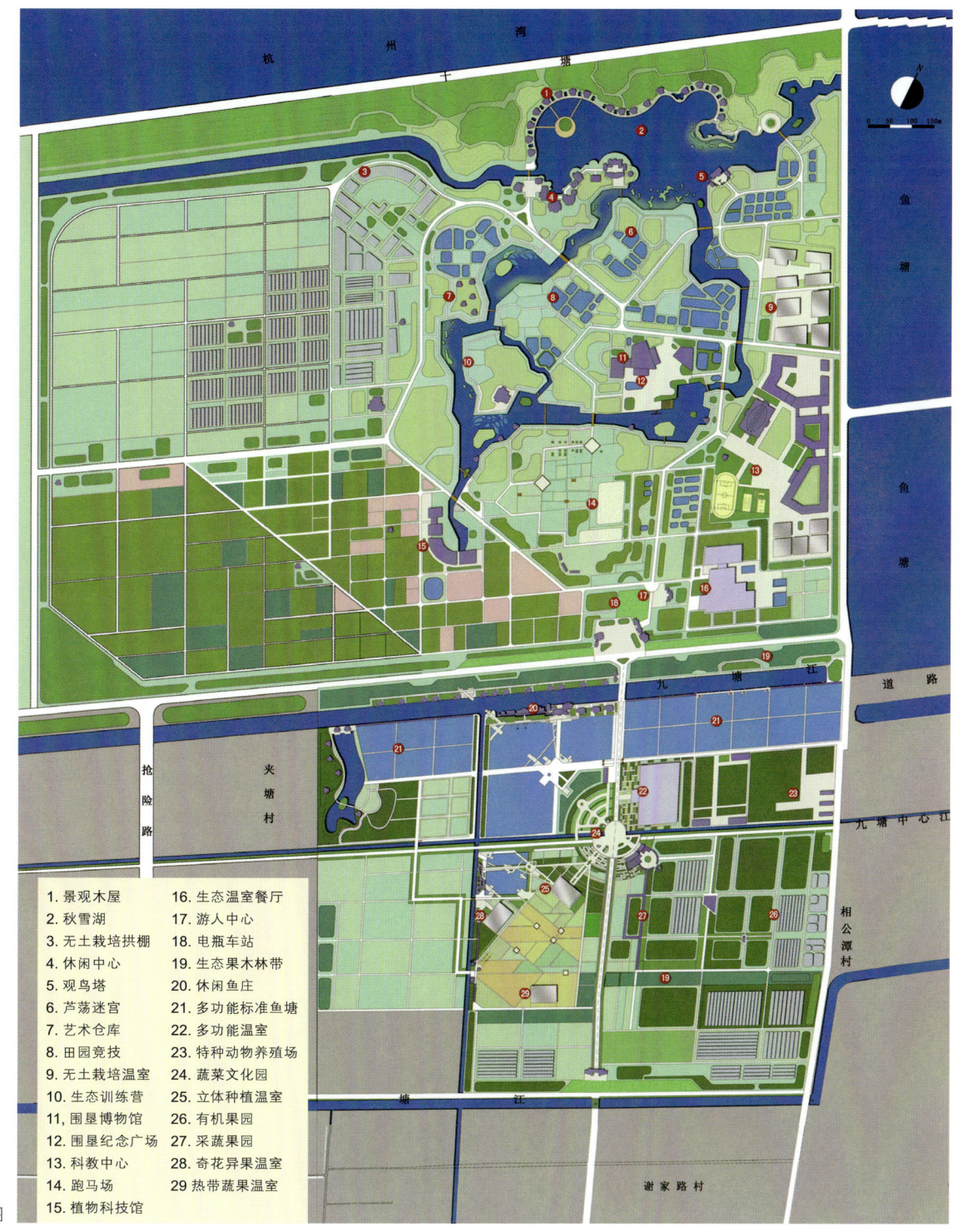

规划总平面图

长三角地区城市中高端消费人群的精品菜篮子、果盘子；

长三角地区城市居民的乡村自然生态康乐中心；

国家级大中小学生农业科普、科教基地。

功能分区

根据园区性质及土地利用可能性，划本地块为高新农业研发、农业科教培训、生态农业展示、湿地农业实验、容器育苗示范、盐生植物引繁、休闲渔业示范、循环农业示范、蔬菜 GAP 示范、精品园艺展示、市民园艺体验和综合接待服务等 12 个区，具体内容如下：

新大陆农业科技园区功能分区表　　表 5-4

序号	功能区名称		主要建筑内容	用地面积（亩）	
1	核心区	高新农业研发区	无土栽培蔬菜温室、无土栽培花卉温室、研发中心配送中心	70	1610
		农业科教培训区	科教中心、拓展训练营、实训苗圃、后勤服务、气象观测所	170	
		生态农业展示区	围垦博物馆、围垦纪念广场、农耕时代园、工业社会园、现代农业园	360	
		湿地农业实验区	景观生态林、秋雪湖、鱼塘花园、湿地养身中心、艺术仓库、滨江烧烤、生存训练营、田园竞技、芦荡迷宫、观鸟塔	1010	
2	示范区	容器育苗示范区	塑料拱棚、田间管理房	610	3490
		盐生植物引繁区	引种试验区、种质资源保存区、植物科学馆、栽培技术展示区	920	
		休闲渔业示范区	仿野生垂钓场、休闲渔村、多功能鱼塘、休闲长廊	470	
		循环农业示范区	特色动物饲养场、有机果园、沼气站、农业废弃物资源化处理场	235	
		蔬菜 GAP 示范区	榨菜间作套种模式化栽培示范、GAP 技术体系科普展示廊	335	
		精品园艺展示区	蔬菜文化园、多功能温室、主题温室、林冠栈道、滨江花世界、创意种植区、浅水戏鱼	290	
		市民园艺体验区	农事小屋、劳作体验	320	
		综合接待服务区	入口标志、休闲木屋、温室餐饮文化区、游人中心、生态停车场、电瓶车站	310	
合计				5100	

景观结构图

功能分区图

湿地农业实验区
容器苗示范区
高新农业研发区
农业科教培训区
生态农业展示区
盐生植物引繁区
综合接待服务区
休闲渔业示范区
循环农业示范区
蔬菜经营区
GAP
精品园艺展示区
市民园艺体验区
核心区
示范区
核心区：该区是农业园区内技术含量相对较高的生产示范区。包括高新农业研发、农业科教培训、生态农业展示和湿地农业展示等四个区，总面积1610亩。
示范区：该区是农业园区内技术应用推广的生产示范区。包括容器苗示范、盐生植物引繁、休闲渔业示范、循环农业示范、蔬菜GAP经营、精品园艺示范、市民园艺体验和综合接待服务等八个区，总面积3490亩。

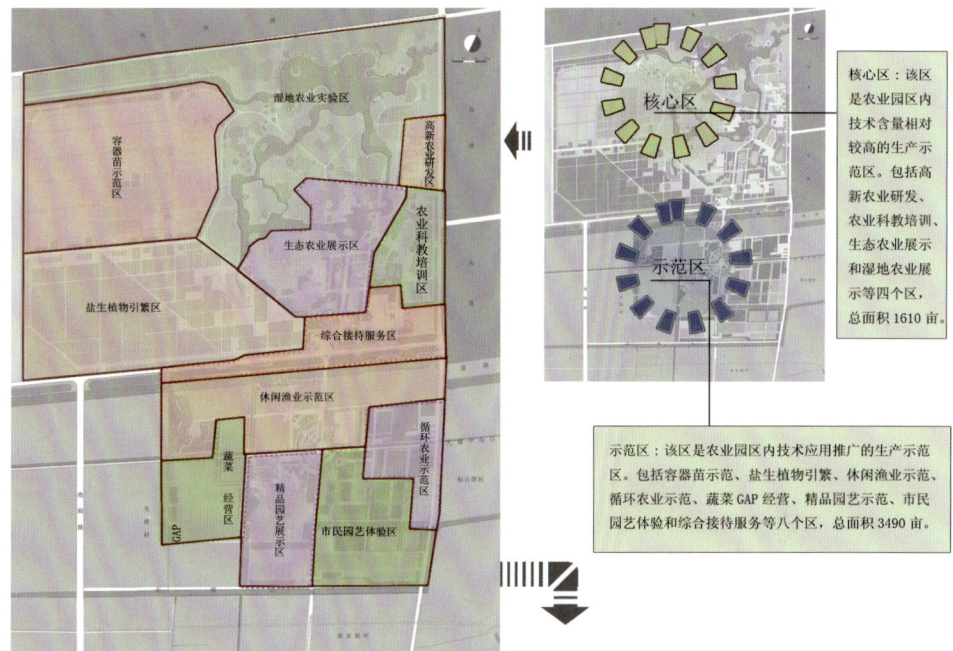

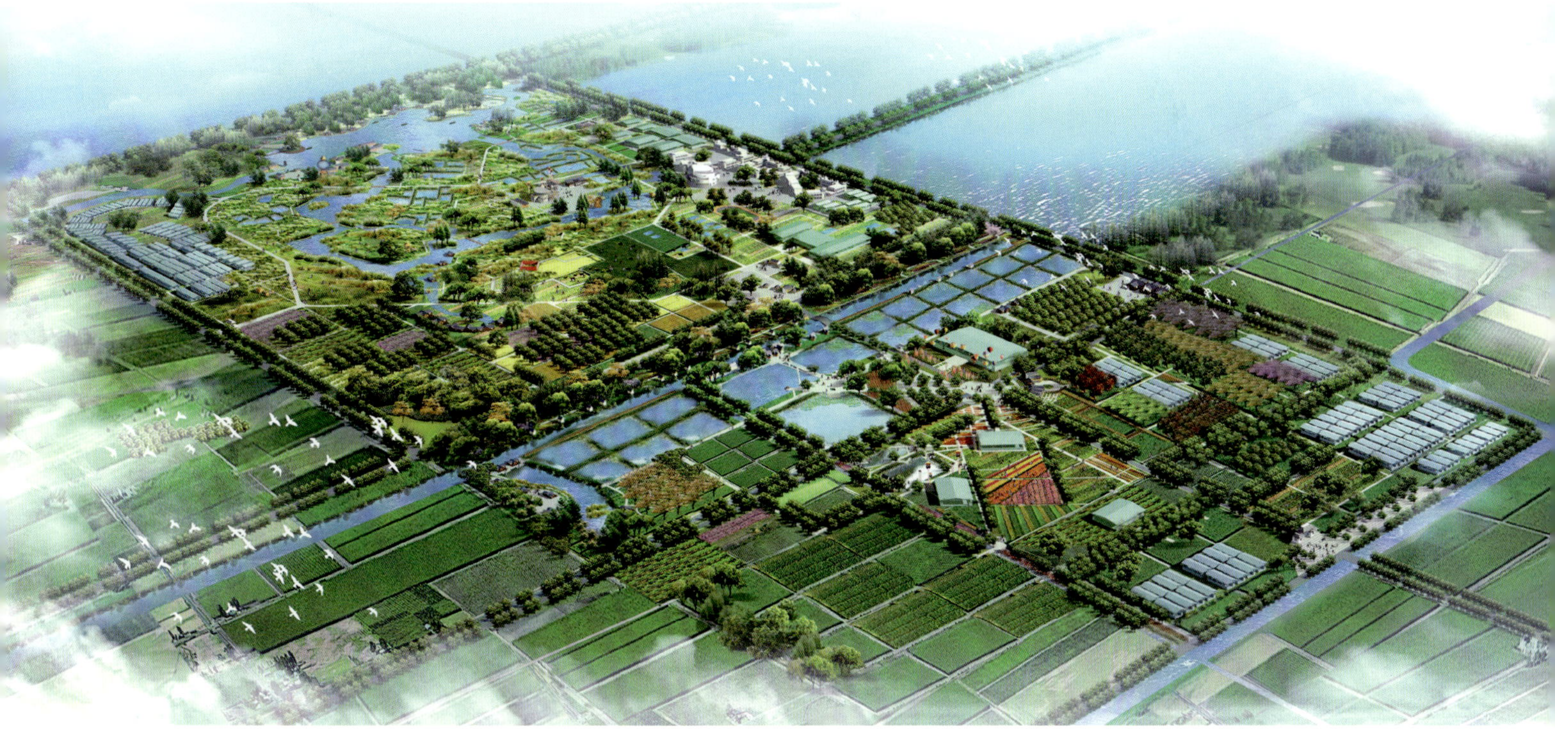

效果图

山西祁县乔家大院千朝农谷总体规划

规划范围

项目位于山西省晋中市祁县东观镇，在祁县东北角，东邻太谷，北邻清徐，三县交界处，太茅路以东，规划总面积30000亩，其中核心区面积2700亩，高效农田产业区27300亩。

规划定位

从山西省"一核一圈三群"城市发展格局来看，园区应强化在以太原都市区为核心的太原市都市圈发展中的重要地位，增强该区域的竞争力和吸引力，使其成为太原"一小时通达"城市圈中的重要绿色地标。

环境条件是园区发展的大背景，应以开发公司为主体，利用统筹城乡、新农村建设等政策支持，实现土地集约，结合规模化农业生产，营造独特的休闲度假的环境。将项目建设成为百年晋商文化与现代高科技的农业"硅谷"，山西省农业与旅游业发展结合的重要典范。依托科技创新，推行循环经济，发展生态产业、休闲旅游产业，努力把园区建成集农业产品培育孵化、科技示范推广、休闲旅游等多功能于一体的现代化农业科技示范园区。

空间布局

基于园区基质与产业发育格局，整个园区以"生产·生活·生态"为主要指导思想，空间布局分为核心区和高效农田产业区两大板块。

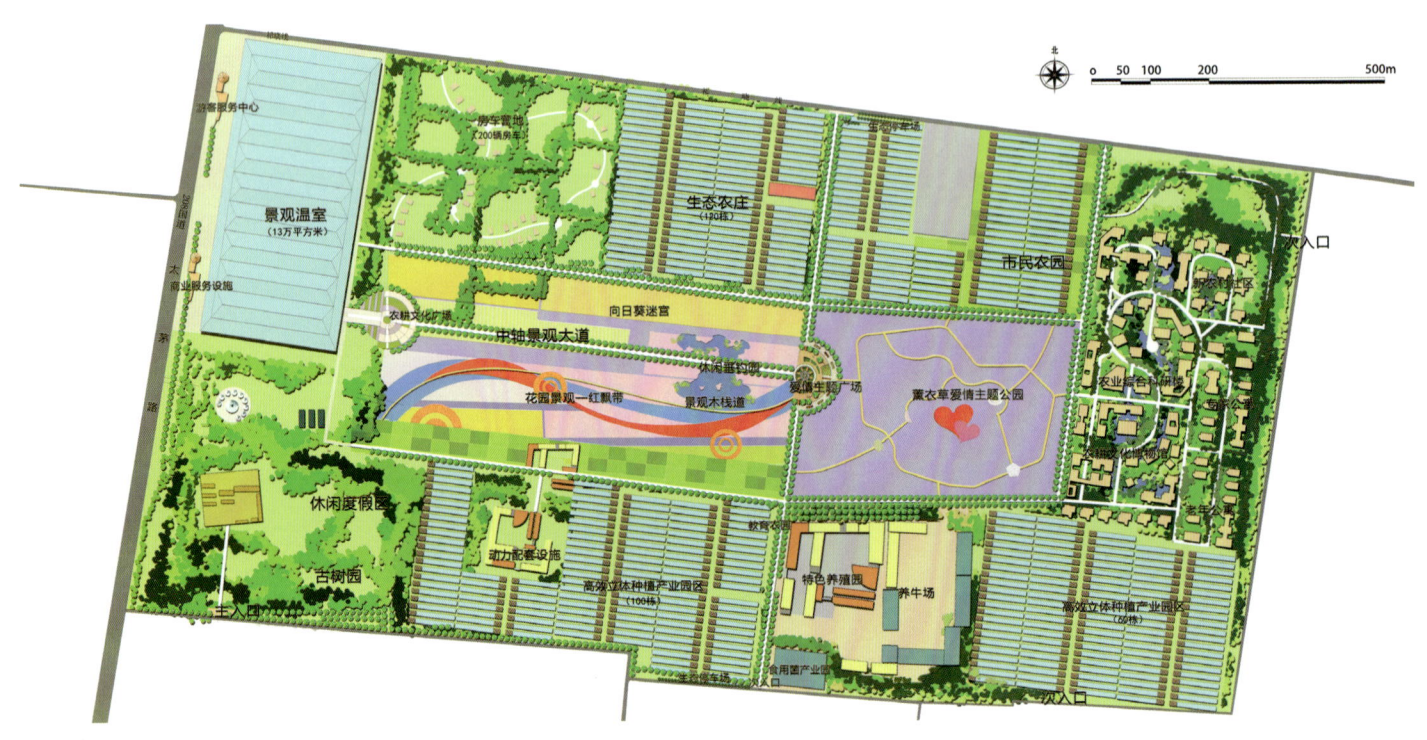

平面图

核心区以多元化旅游项目和产品为目标构建"两轴八区"空间体系。

　　两轴：东西景观轴线廊道和南北生态轴线。

　　八区：分别形成景观温室、千朝花园休闲度假区、房车营地度假区、高效立体种植产业园区、高效养殖产业园区、生态农庄种植体验区、香草植物游览体验区、新农村社区。

　　高效农田产业区积极引进推广高、精、尖农业技术，开发培育名、新、特农产品，提高传统农作物的品质，增强晋中市农业产业发展后续力，打造具有当地特色的"精品"和"亮点"，同时又是平原地区现代农业新文明的窗口和试验区，祁县高效农田和休闲农业开发的精品样板项目。

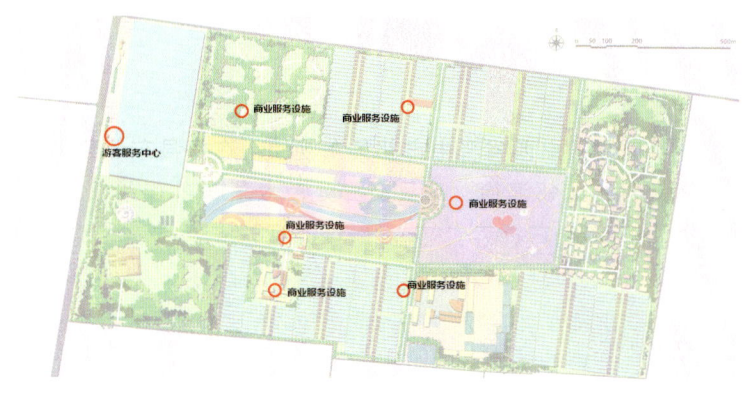

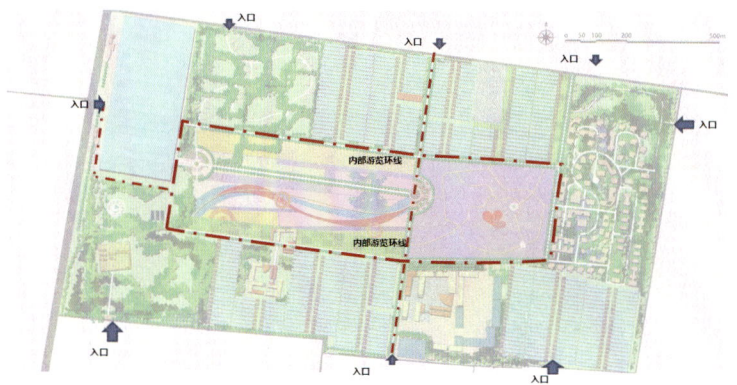

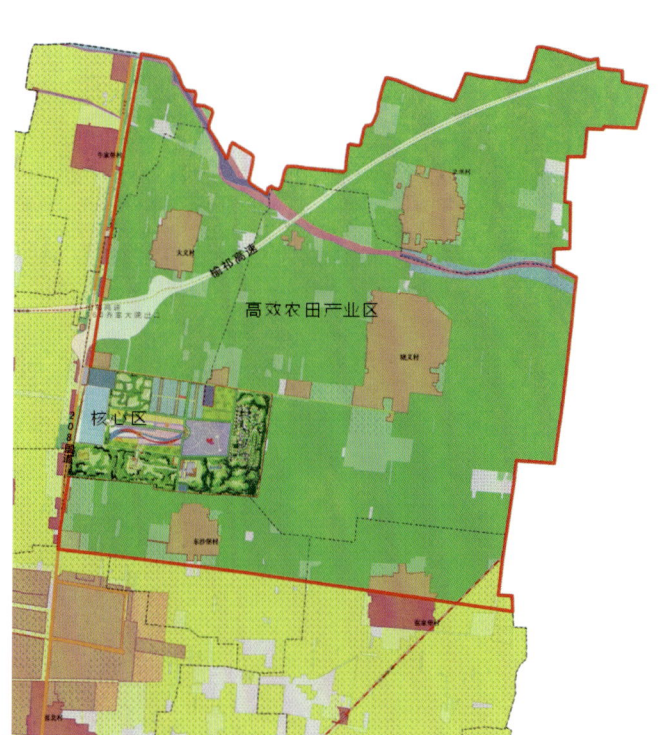

山西祁县千朝现代农业科技示范园总体规划

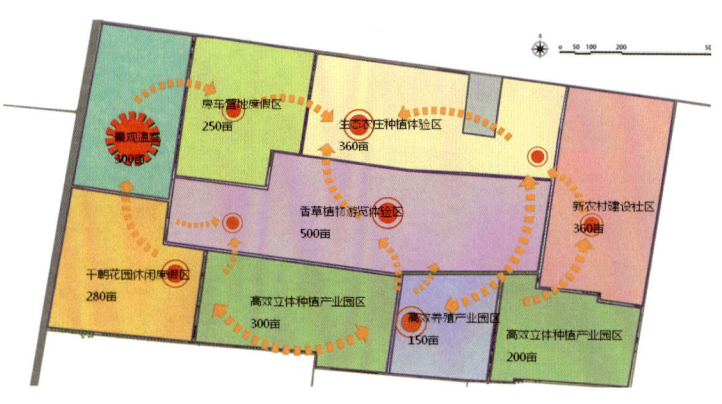

5.3　休闲农业：贵阳市花溪区龙井休闲农业示范区总体规划

项目概况

（1）规划范围

项目位于贵阳市花溪区青岩镇，项目地紧邻历史文化名镇——青岩古镇，规划总面积 13.81km²。

本项目与青岩古镇相邻的地理现状，为二者的旅游开发奠定了互补与统一的基础。青岩古镇和龙井村构成二元中心轴状区域发展空间，在贵阳市旅游业跨越式发展的现阶段，是区域寻求突破的新机遇。

（2）地理位置

本项目位于贵阳市花溪区青岩镇龙井村，距省会贵阳市 43km，位于"贵阳—青岩—惠水"公路（110省道）重要节点上，北距贵阳市传统重点旅游区花溪区 13km，南距黔南州农业大县惠水县 26km，距贵阳机场仅 38km，具有良好的区位条件和便利的交通条件。

（3）自然条件

1）气候气象

项目地所属区域的年降雨量在 1100～1200mm 之间，相对湿度为 81%，全年无霜期 273～280 天。在贵阳市大力打造"避暑之都"品牌的效应之下，该区域良好的气候条件不仅有利于开展多种旅游活动，也是"避暑经济"快车的重要引擎。

2）用地条件

现状用地主要分为山地、林地、旱地、水域、水田、菜地、石林地以及建设用地等主要用地类型。

规划区现状用地水土条件良好，有利于自然生态环境的优化，具备成为旅游休闲度假区的良好条件。总体土地与地势利用价值相对较高，有利于高起点的规划开发建设。

3）水文环境

规划区域内主要是自产式水资源，由地表水和地下水两部分组成。发源于大苗山的龙井在区域内形成四个出水口（泉眼），补给稳定。天然降水多以渗入、蒸发和山洪的方式流失。当地居民除龙井村外，包括青岩古镇以及周边村寨的饮用、生活和农业生产用水均主要取自地下水。当地村民保持着古朴的农耕生产生活方式，以及对大自然的敬畏与保护，是龙井至今水质优良的重要原因。

4）土壤植被

规划区域在青岩第一高峰大苗山（海拔 1223m）山麓的龙井村、新关村范围以内，处于地质构造与现代地貌作用形成的背斜山下。土壤类型主要有黄壤、石灰土、水稻土，土壤显中性、微酸性。

青岩镇平均森林覆盖率为 13.29%，但镇域范围内的主要林地集中于大苗山山脉沿线，其地带性植被为中亚热带常绿阔叶林。此外，植物分类专家还在规划区域范围内发现了国家一级保护植物掌叶木，以及珍稀树种青岩油杉、古银杏树等。该项目区内的植被资源优势是未来旅游规划与发展的亮点之一。

（4）生态景观

1）生态分析

规划区域内以及周边的山脉肌理呈南北走向，连续分布，景区内北部、南部和西部三方为高地，中东部为平谷，南北走势形成"抱拳"之势，呈半封闭的空间，有藏风聚气之势。

而区域内多样的地形变化，包括平地、缓坡、山林、丘陵、独峰以及小规模的石林，赋予项目地产品设计与景观营造较大潜力。

2）景观分析

项目规划区域内植被茂密，以中高山林地景观为主。地块西部山地坡度较陡，景观特色以山地景观为主，而东部地势平坦，以田地景观为主。地块中部以村落和农田为主的景观之上复合了多个泉眼与多股溪流，虽然目前尚未形成明显的滨水景观，但可通过规划构建网状模式的水景，赋予规划的核心区域以整体景观的"灵动"之气。而地块北部是中山林地与缓冲山地，地形多样而复杂，具备综合性的景观特色。

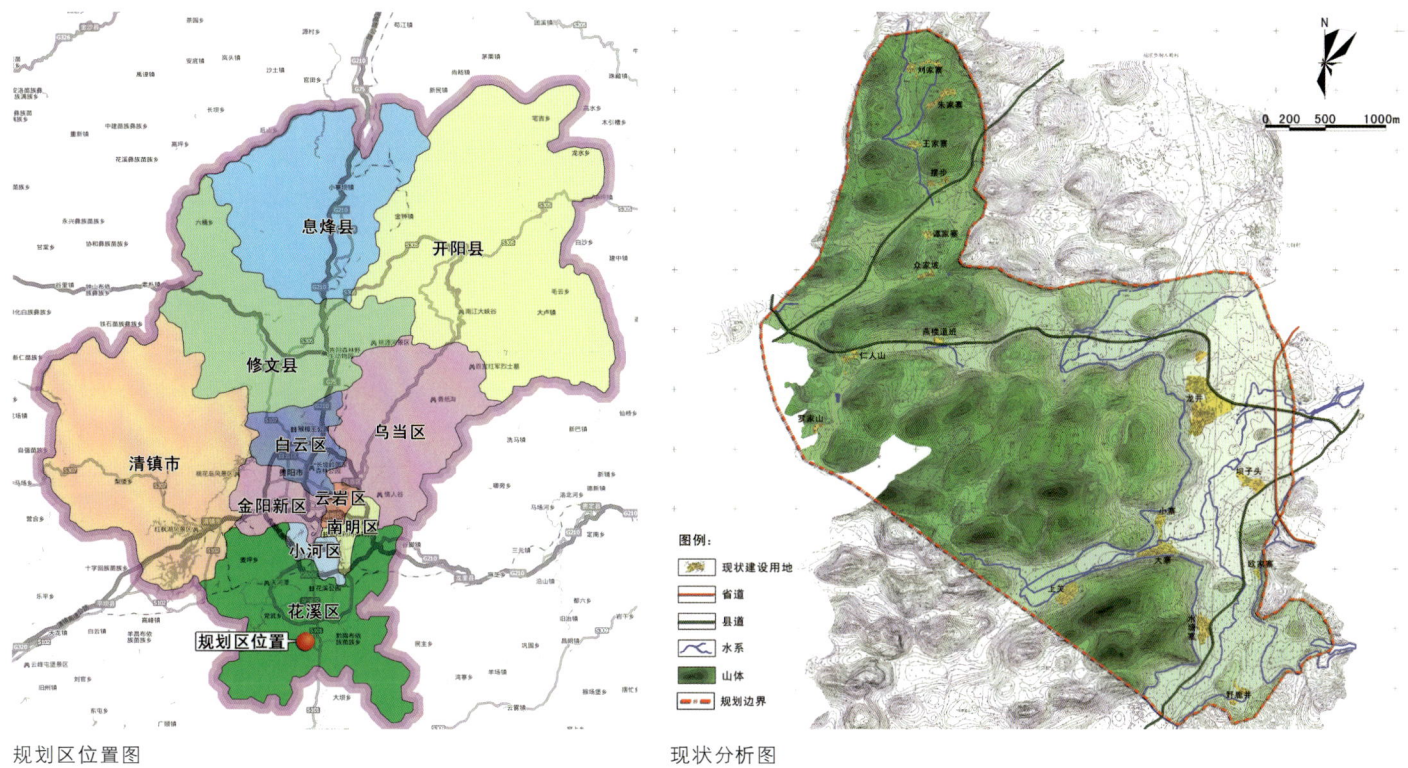

规划区位置图　　　　　　　　　现状分析图

总体定位

本项目将充分利用与青岩古镇联动发展的优势，结合布依族文化、乡村田园、温泉等资源和良好的生态背景，把握旅游发展趋势，打造复合观光、休闲、保健、度假、商务功能为一体的国际标准、国内一流水准的乡村生态度假型旅游区、贵阳都市乡村度假基地。

空间布局与分区规划

（1）总体空间布局

项目的功能分区与布局，必须充分考虑"宜山"和"源水"两大原则。通过"掇山"和"理水"等园林景观规划设计手法，将总体规划区域划分为六大功能板块。结合地形地貌特点与现有的公共交通体系，构建"一心一轴一网五区"的总体空间布局。

1）一心

"布依农园"中心区，该区块是项目区体现"精彩"之处，以生态体验、农耕参与、休闲娱乐、餐宿接待、景观营造、农户安置等为主导功能。

2）一轴：陆路交通轴

结合现有贵（阳）惠（水）公路和青（岩）燕（楼）公路，在整个项目地内部构建的一横两纵，"之"字形轴线。承担项目规划地内的主要交通功能，双向通车，起到连接和区块划分功能。轴线两边通过行道树和植物种植设计来提升景观质感。

3）一网

水系景观网基于泉源保护、水体改造和水系设计，在一期规划的观光核心区内部形成网状结构的水系景观。通过水源展示、小型水面造型、多层跌水设计等理水手法，一方面改造核心区较为平缓的地形，一方面构建多样的水视野，增加项目区景观的灵动感与层次感。

（2）分区规划

1)"云栖竹径"山林度假区：作为园区的山林休闲度假公园，既是园区的企业度假区，也是老年产业集中区。

2)"动感时尚"运动体验区，作为园区的山野运动区，融高端山野运动、布依民俗运动和运动度假居住于一体，着力为游者营造"时尚"与"运动"氛围。

3)"风云际会"智会休闲区：以"智慧·聚会"为主题，作为生态农业旅游核心区的备用发展地块，以商业街区、商道文化展示作为主导功能。

4)"流光溢彩"温泉休闲度假区：有效利用温泉资源发展养生、度假旅游，凸显"健康"理念。另外修建部分养生度假物业，以旅游高端接待和度假物业为主导功能。该区域是水游乐休闲(温泉/冷泉)、康复疗养、高端度假居住及健康商业等集中的区域。

5)"花海果乡"乡村休闲游乐区：是新园区区内的花卉果树的规模化产业基地，同时也是园区的乡村旅游度假区和婚庆产业基地。

一期规划总平面图

一期规划效果图

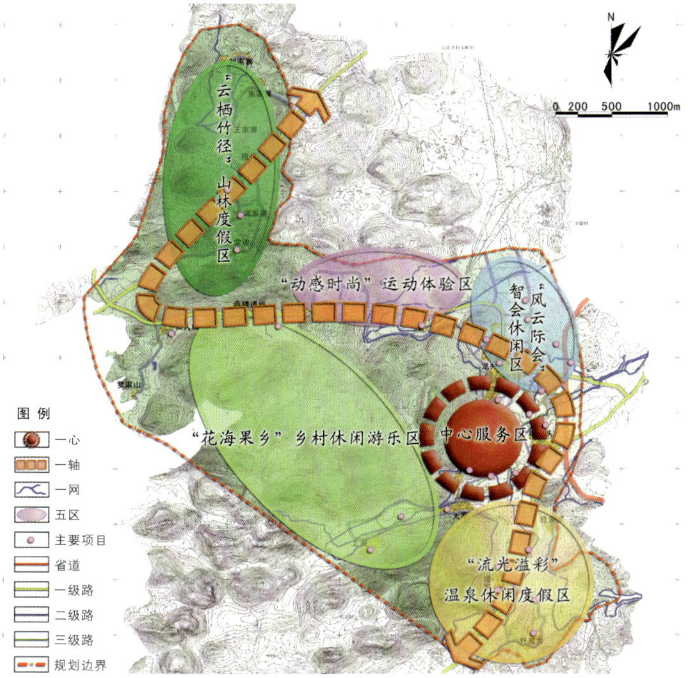

总体空间布局与分区

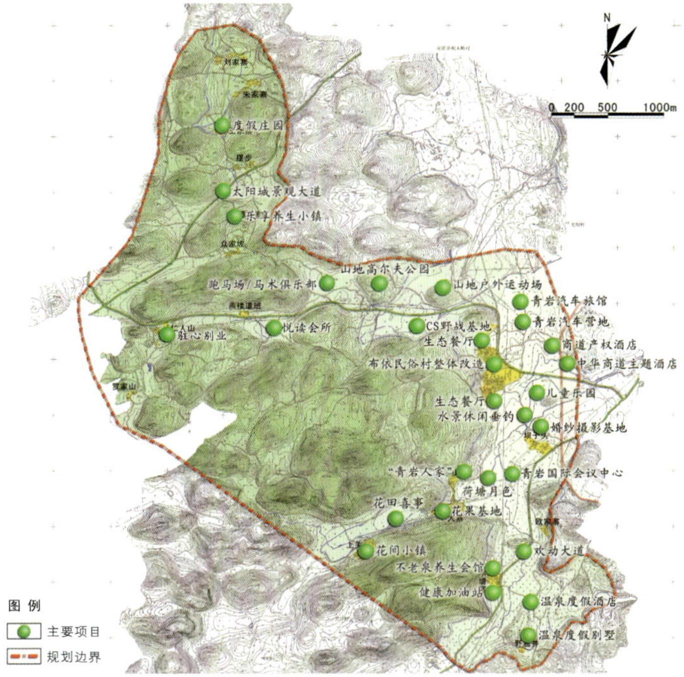

项目分布图

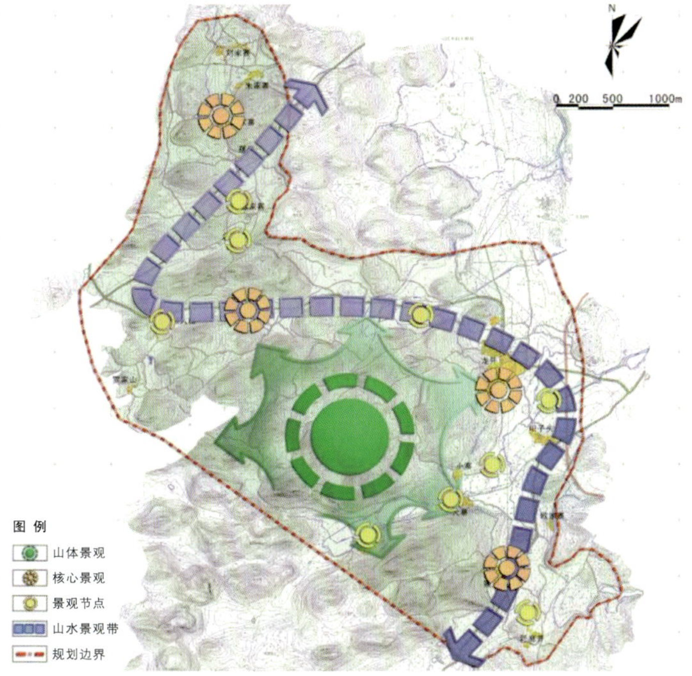

景观规划图

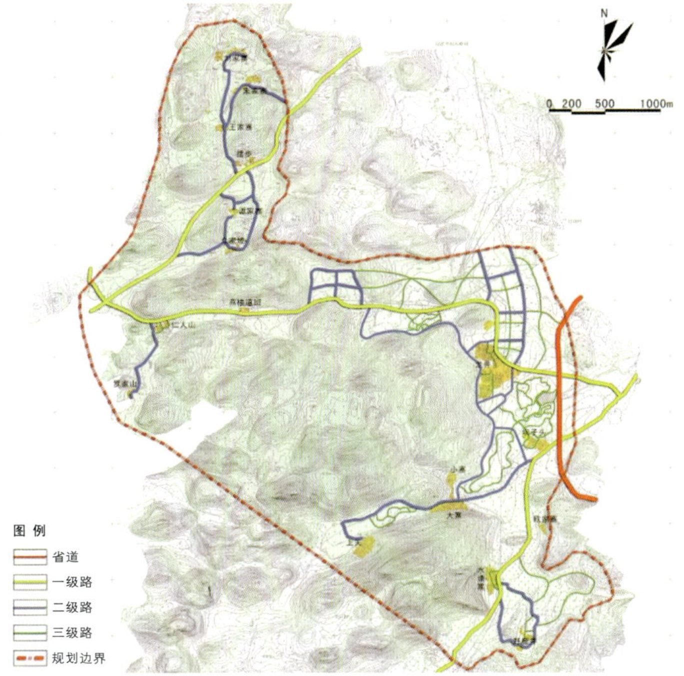

交通规划图

5 农业产业向园区集聚：都市农业促进城镇化建设的有效模式

5.4　都市农庄：北京意大利农庄规划设计

农庄简介

农庄原址在顺义区南法信十里堡，面积260亩，1999年11月成立，借鉴意大利现代生态农业高新技术，百余种果树新品均精选于意大利本土。近六年来，"意大利农场"品牌经营初见成效，纯正的意大利休闲农业和加工酿造工艺及餐饮文化有机融合在一起，已拥有国外驻京使馆、商务机构及企业的外籍人士及国内成功人士在内的忠诚客户群体。

现状分析

由于机场扩建，农庄搬到东紧邻京密路，南临北六环，交通很方便的顺义区马坡镇白各庄。其周边分布众多消费群体，尤其京密沿线有大量中高档别墅群，有强大的消费市场，地理位置优势明显。

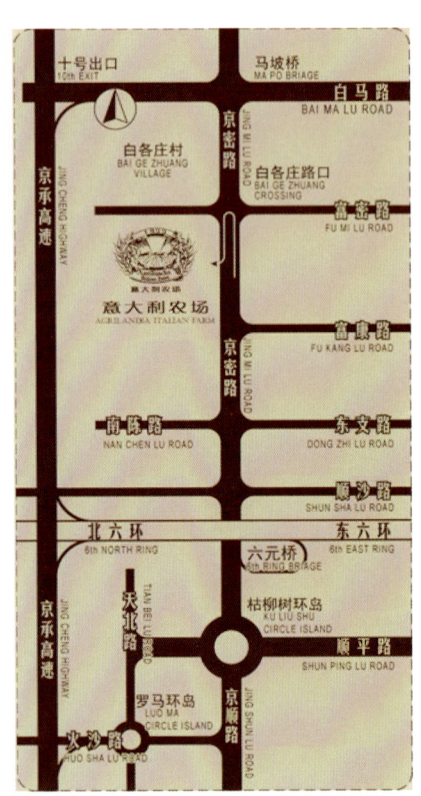

规划区位图

新址面积206亩，主要有耕地、养鱼池及闲置地组成，地势平缓，土质较好。目前已有一组中心服务建筑及足球场的规划，并已建好农庄大门、简易餐饮棚、垂钓池、仓库等。

规划设计原则

（1）农场定位为中高端市场服务，针对游人的需求品位设计休闲项目。

（2）文化意境的塑造是环境设计的重点，给人留下足够的思维想象空间。

（3）在景观的连续性、完整性与其丰富度、节奏化之间寻求完美的平衡与统一。

（4）体现的风格为意大利乡村景观，宁静亲切，自然有趣。

规划设计理念

一提起意大利总让人不禁想起足球、歌剧、葡萄酒。为了充分体现这些异域的文化特色而又不失农场亲切自然的风格，设计中摒弃了华丽的罗马柱、水风琴、大型的喷泉雕塑、几何对称图案等文艺复兴和巴洛克造园艺术鼎盛时期意大利典型花园别墅的样式，而是选取其中的一些造园要素，如：林荫道、修剪的黄杨绿篱、悬铃木和玫瑰花、植坛草坪、小的喷泉石作、小巧玲珑的木亭及鸟笼、碎石小路等等……把这些要素融入农庄的果园中，使其处处体现着意大利文化，而又具有自己独特的魅力。庄园应设计成：

风情园：风格独特的意大利风情园。
景观园：果树栽培服从于园林景观。
生态园：充分体现植物多样性。自然、生态、和谐。
科普园：新品种、新栽培方式，努力建成一个科教基地。

总体规划空间结构

整个农庄总体规划为"一个中心—两环—两轴—局部辐射式"的空间结构。

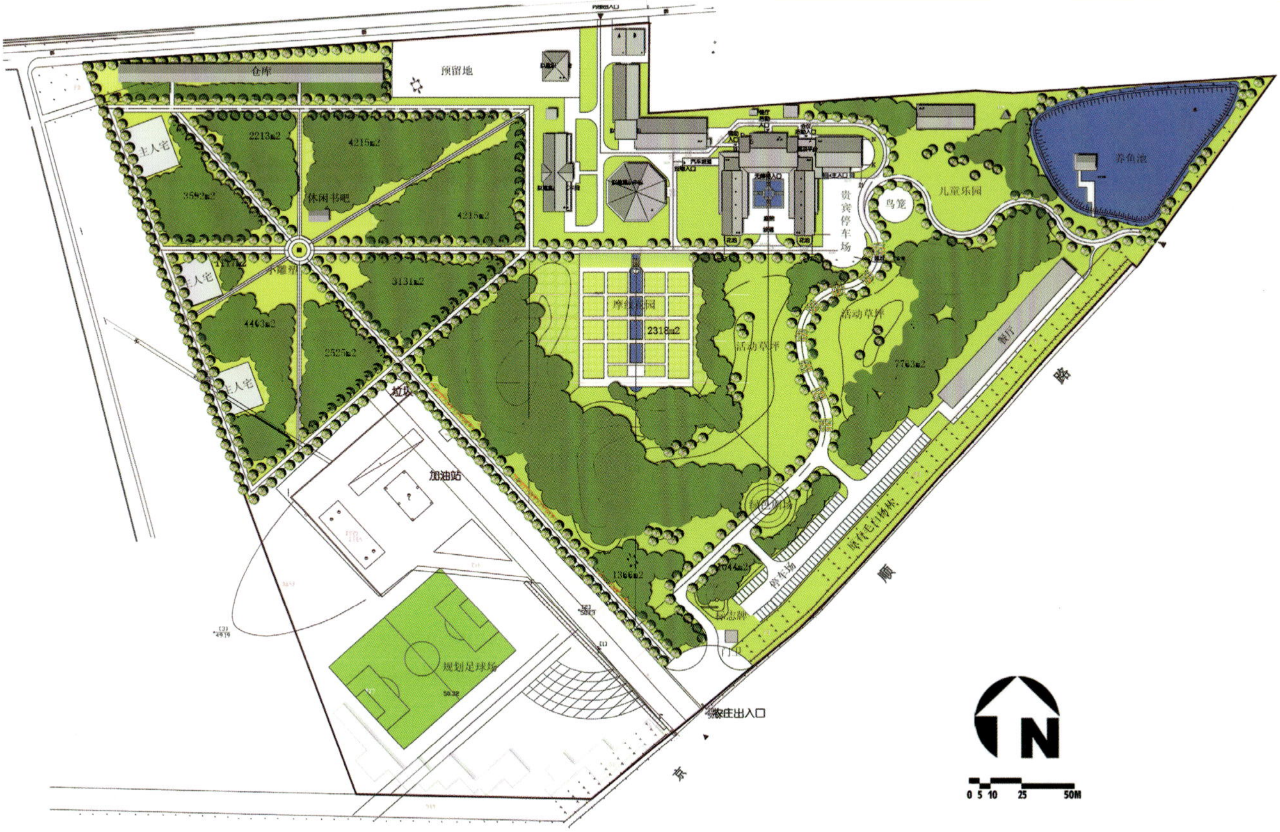

农庄总体规划设计平面图

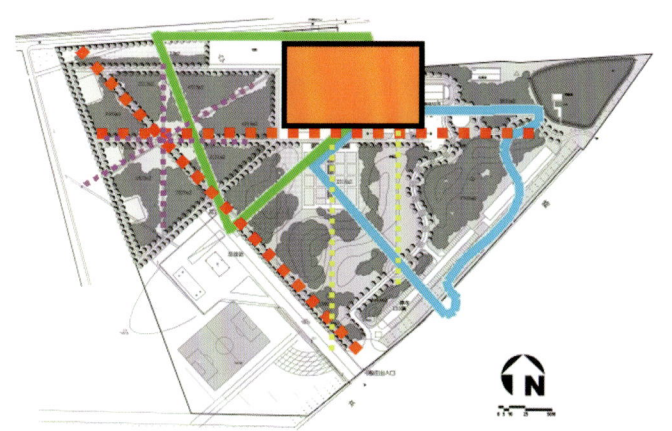

农庄总体规划空间结构图

农庄总体规划分区

5　农业产业向园区集聚：都市农业促进城镇化建设的有效模式

农庄标识

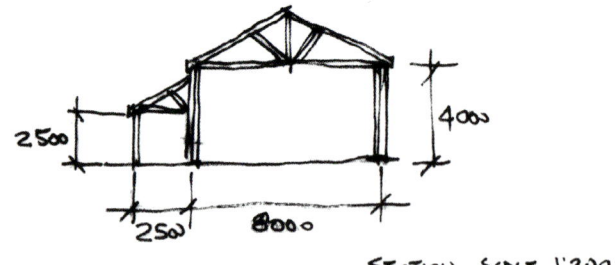
农庄主体建筑立面

会所服务区作为一个中心；围绕休闲娱乐区、生产采摘区的环路构成两环；生产采摘区内部步行路采用意大利文艺复兴时期代表图案中心辐射式，辐射式道路中心与会所、主大门相通的道路构成两条景观轴线。

功能分区

整个农庄分为三个区——会所服务区、休闲娱乐区、生产采摘区。

（1）会所服务区：是一组三面围合的清水砖坡屋顶建筑，内饰散发着浓浓的意大利气息。有意大利餐、中餐、酒窖及互动式制酒作坊、客房、贵宾停车场等。内庭院有一水景喷泉，作为视觉焦点。

会所服务区种植特色：种植面积小，相对精致。建筑墙壁上展示篱壁式园艺栽培果树技术，花坛以修剪的摩纹和花卉为主。

（2）休闲娱乐区：位于园区外部，相对热闹。设计风格是大片的树林草地，起伏的地形，意喻意大利南部的丘陵。草地中点缀简约的木亭、鸟笼，人们可以在草地上随意活动。主要有绿色小剧场、摩纹花园、儿童乐园、简易餐饮棚、垂钓池、入口林荫停车场等。其中绿色小剧场：是一处丰富景观的小空间，模仿意大利文艺复兴时期的绿色雕刻剧场，但又富于新意，用芭蕾苹果与黄杨篱的园艺造型围合，缀花草地中隐藏小播放器，来营造意大利歌剧的氛围。

休闲娱乐区种植特色：树型较好的果树与景观树种搭配成自然群落式种植。靠近京密路一侧密植乔灌木，以遮挡噪声及灰尘；内部则树林草地，舒缓的缀花草坪；靠近会所服务区的绿地地势较低，是由黄杨修剪的摩纹花坛与流水叠瀑组成的小花园，透过会所餐厅的窗户，可清晰地观赏外面的花园、悬铃木下的秋千、色彩鲜艳的果子。对现有水池生硬的石岸加以整理，池中种植莲花、蒲苇等水生植物，增加涌泉既丰富景观又解决了鱼池的加氧问题。而贯穿其中的主路是一条体现意大利烂漫风情的玫瑰花廊。

（3）生产采摘区：位于园区内部，相对安静。不同品种的果树被三叉戟式的小路分割，形成不同风格的小果园。规划二期有温室，这样全年都有果可摘。在果林深处设计一个小木屋，作为休闲书吧。喜欢清静的人们可以在这里喝一杯清咖啡，读一本喜欢的书，看落英缤纷、莺飞草长……在三叉戟小路的中心，也是两条景观轴的交叉点，设计一个标志性的方尖塔，既有宗教意义，又兼顾景观的需求。

生产采摘区种植特色：规则式种植，主要栽种意大利引进的新品种，露地果树栽植面积规划：梨20亩，樱桃10亩，李树10亩，桃8亩，杏5亩，苹果5亩，温桲1亩。

在林下栽植驱避性植物及宿根花卉，既丰富了景观又起到良好的生态作用。

目前，农庄已成为一家以种植、养殖为依托，以产销"农场绿色食品"为特色，以意大利餐饮为载体，集种植、养殖、加工业、农业观光、商务交流、休闲度假、餐饮娱乐为一体的生态型综合农场。

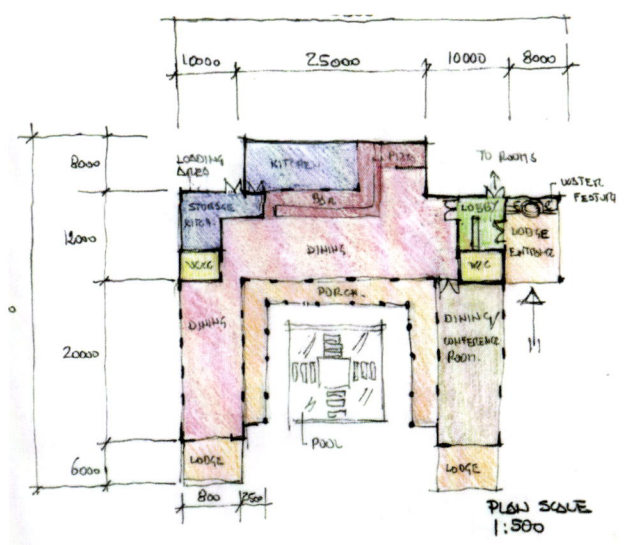

农庄主体建筑平面图 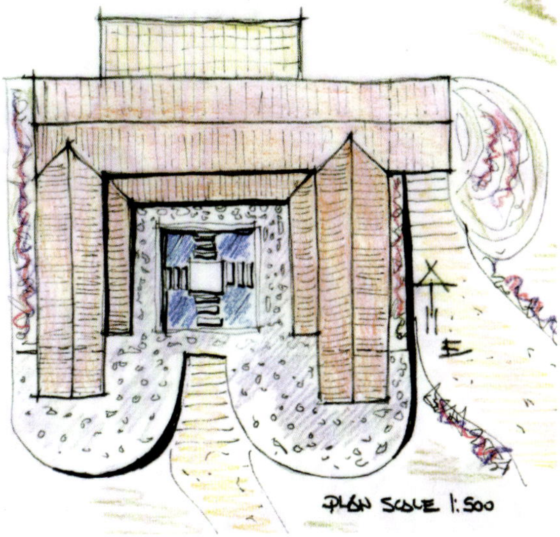　　　　　　　　　　农庄主体建筑屋顶平面图

农庄主体建筑鸟瞰

5　农业产业向园区集聚：都市农业促进城镇化建设的有效模式　　079

5.5 生态 休闲 教育：温州平阳县栏杆桥水乡田园

地理位置：园区位于温州市平阳县万全镇栏杆桥村，平瑞塘河畔，用地总面积738亩，其中一期158亩，二期112亩，三期468亩。项目紧邻104国道，有村庄公路直接通达园区。

园区现状：园区以种植为主，主要有水稻、油菜花、番茄、瓯柑、豌豆、芥菜、韭菜等。水系发达，紧邻平瑞塘河，空气清新。周边有栏杆桥、古榕树、伍氏宗祠、吴兴旧家、观音亭等观光景点。

园区定位："田园观光、休闲度假"

以大面积种植的彩色水稻、红黄秋葵等特色植物和油菜、向日葵等辅助农作物为吸引物，发展水乡农业观光游；以塘河、龙舟文化为主要吸引物，附以沿河游道、亲水平台、儿童娱乐等项目，发展湿地观光游；以特色餐饮、特色养殖、特色农事体验及拓展训练等休闲参与项目为依托，发展休闲度假游。

总体思路：项目区发展应立足区位和资源优势，科学决策，合理布局，突出创意生态农业，强化产业联动和资源整合，引领农业旅游发展方向，树立生态农业创新实验区和特色样板休闲旅游园区。规划构建以平瑞塘河、村庄资源为基底，生态农业产品为主要支撑，"龙舟文化"为旅游主线，以特色种植、特色餐饮、特色体验为吸引和产业链，集观光农业、农事体验、生态湿地、休闲度假、养生餐饮、科普教育、会议拓展、休闲体育等功能的平阳著名生态农业观光园。

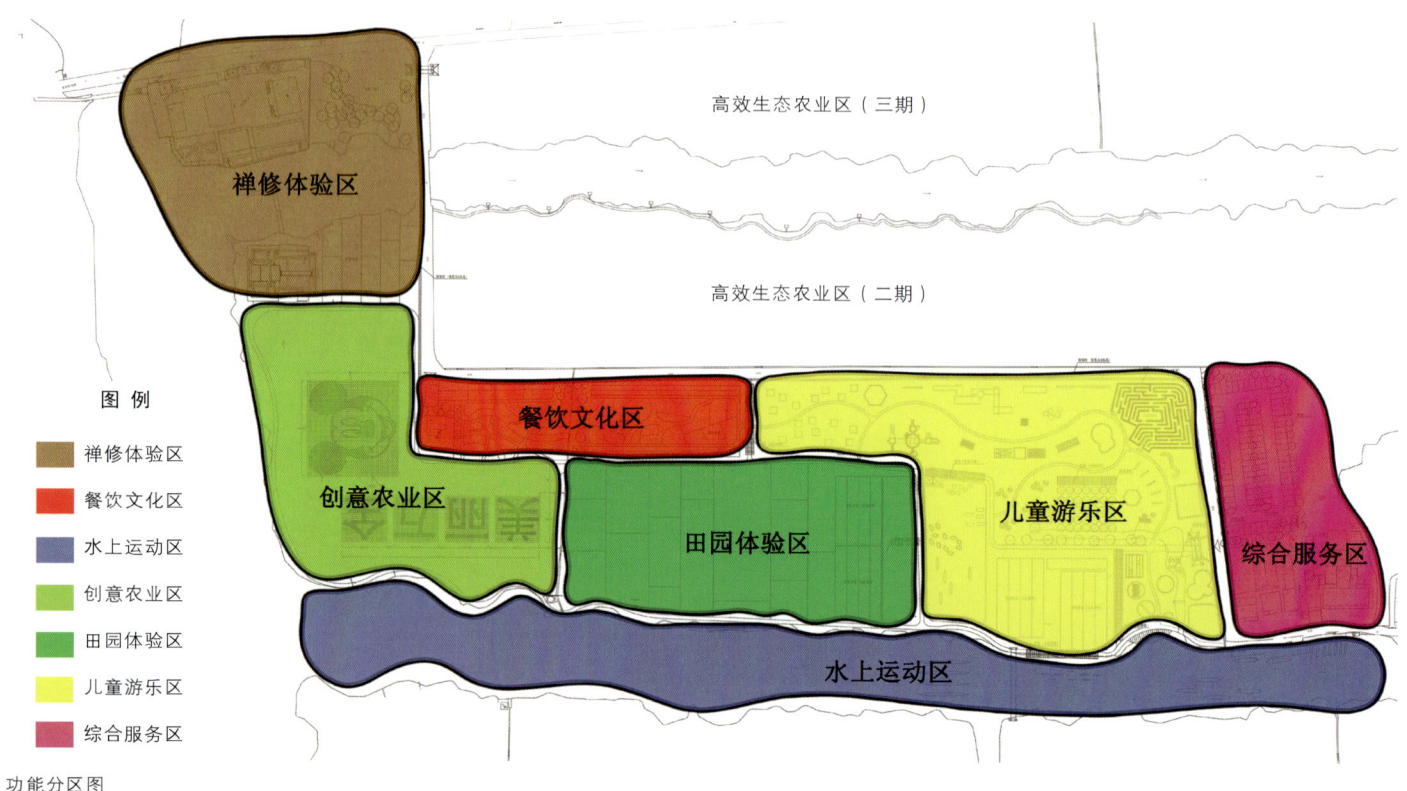

功能分区图

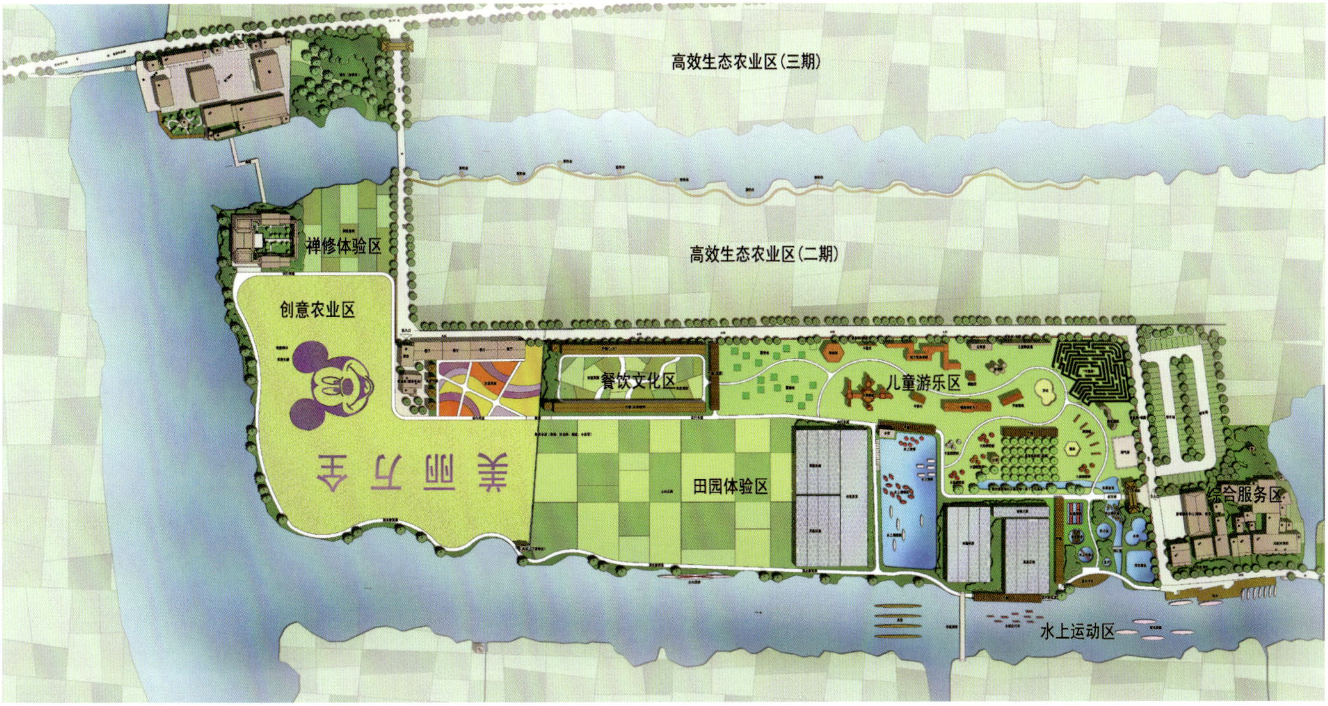

园区总平面图

园区鸟瞰图

5 农业产业向园区集聚：都市农业促进城镇化建设的有效模式

园区实景鸟瞰

水乡田园大门

园区停车场

游船码头

赛龙舟

水上乐园

手摇船

小龙虾垂钓区

大型淘气堡

大型儿童游乐场

勇者游戏

沙场

水上梅花桩

田园乐趣

独木桥

游戏区

高空滑索1

高空滑索2

传统磨坊

传统制粉

卡丁车

跑马场

绿色长廊

铁索桥

土灶区

自助烧烤区

骑行乐趣

5 农业产业向园区集聚：都市农业促进城镇化建设的有效模式

平阳流水白农耕文化园设计

园区位于温州市平阳县昆阳镇水亭社区前爿村西边，被评为温州十大最美农庄、平阳县青少年活动实践基地、春泥计划基地、乐游户外亲子活动基地。园区占地200余亩，起步建设于2012年，2013年作为水亭社区乡村旅游综合体之一的景点，进行了重新规划和完善建设，2013年国庆节正式对外营业，2014年春节期间，园区平均每天客源量为5千余人次，平常节假日2千余人次。园区主要包括鸟巢农耕文化展示馆、民俗艺体验作坊（打年糕、磨豆子、做索面、搓草绳、编竹篮、炒茶叶等）、小动物观赏园、土灶烧烤区、四季花卉和采摘果蔬种植等，分散布置建设索桥、水车、风车、磨坊、舞龙、动画雕塑及儿童户外游乐器械等项目，园区四周有流水白山庄、龙戏潭瀑布、休闲度假木屋、民宿艺术村（由旧房子改造）、马蹄笋种植基地、栀子观光产业园等景点。

大门入口景观

全景图

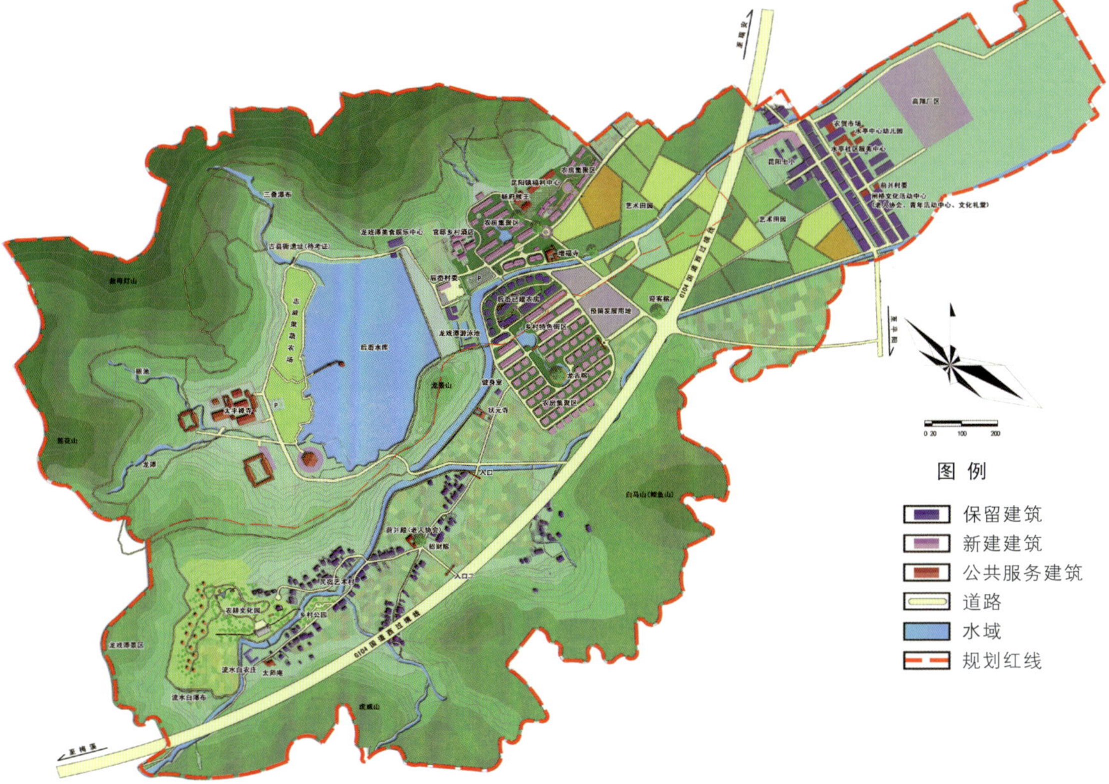

总平面图

特色标识

典型民居现状

民宿艺术区民居改造模式：
1. 保留地方建筑特色元素及色彩。
2. 建筑上的线路进行整理，保证建筑外观无杂乱线路。
3. 建筑立面采用高级防水涂料按原色彩粉刷。
4. 门窗破旧的更换为仿古木窗或现代塑钢均可，但要注意与原建筑风格协调。
5. 建筑山墙一层用仿古青砖贴面，并改造雨檐及窗台，增加立面层次。
6. 靠近山体的建筑周围做截洪沟或排水沟，墙角及散水做防水处理。
7. 庭院用当地石材砌筑矮墙，强调庭院空间，矮墙外围做绿化软化墙角。
8. 用当地河卵石砌筑绿化花坛。
9. 庭院绿化可采用果树及蔬菜或当地特色花草。
10. 庭院增设葡萄廊架、休闲桌椅等设施。
11. 庭院铺装采用透水铺装。
12. 采用当地特色生产生活工具改造成景观小品，如石磨盘、石缸、石槽等。
13. 民宿经营户悬挂红灯笼，作为经营标志。

民居改造模式图

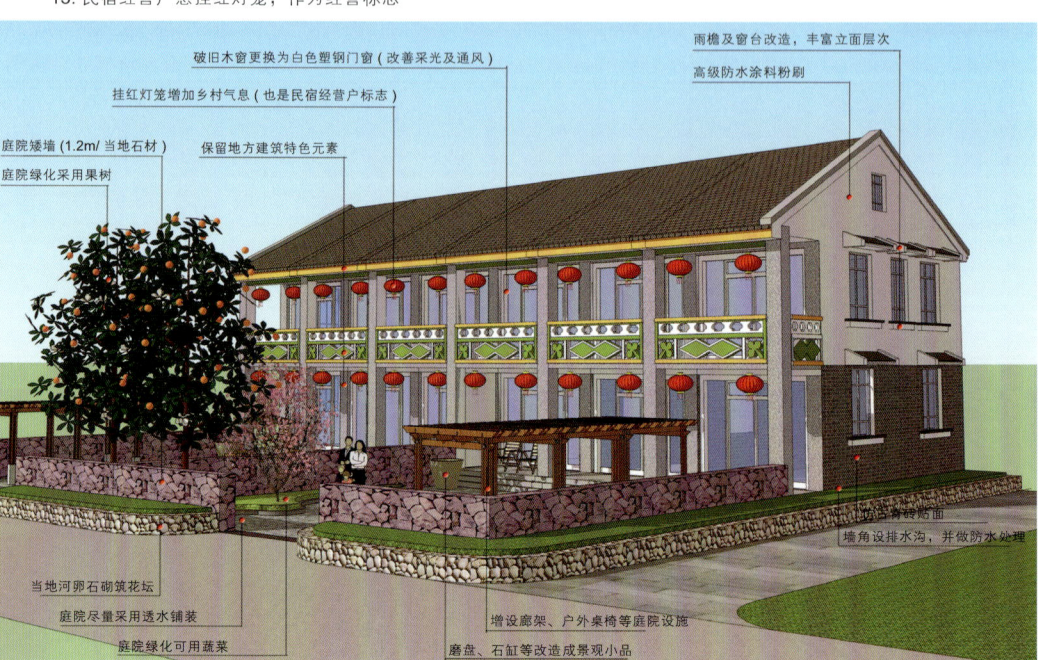

改造后效果

088　为城镇化设计都市农业

产业布局规划图

风车

打年糕

搓草绳

农耕文化展示馆

丝丝索面情

编竹篮

磨豆子

丝丝索面情

舞龙

5　农业产业向园区集聚：都市农业促进城镇化建设的有效模式

5.6　创意农业：北京昌平世界草莓博览园

世界草莓大会由国际园艺学会发起，是全球草莓界的最高级别盛会，每四年举办一次，世界草莓大会是展现世界最新科技前沿成果的学术盛会，也是引领世界草莓产业发展趋势的风向标，具有广泛的国际声誉和影响力，被誉为"草莓界的奥运会"。2012年草莓大会成为北京首个世界级农业展会，昌平世界草莓博览园作为大会举办地，规划布局"一区、一场、一园、两中心"，即精品草莓产业示范区、主会场、草莓博览园、培训展示中心与加工配送中心。

大会主题为"健康、发展、共享"，寓意新鲜草莓、健康生活、共同发展。为更好地带动昌平草莓产业发展，第七届世界草莓大会突破往届办会模式，创造性地将学术会议与博览活动紧密结合，按照"以会兴业、以会兴城、以会惠民"的办会宗旨，全力打造世界一流的草莓科技创新和产业化平台、全国领先的现代草莓种业基地，形成以"草莓文化"为核心的城市文化品牌体系。来自60多个国家和地区的1000多名草莓专家和相关代表参加了这次盛会。作为"草莓奥运会"主场馆的草莓博览园作为昌平新地标，常年对公众开放。

2013年3月至5月，"首届北京农业嘉年华"在北京昌平兴寿镇的草莓博览园举办，区域初步规划为"三馆两园"结构。三馆为：创意农业体验馆，草莓科技展示馆、精品农业展销馆；两园为：主题狂欢乐园、采摘体验乐园。在这里，蔬菜森林、西红柿迷宫、梦幻花乡、欢乐农庄等与农业紧密相关又充满趣味性的特色主题展带领市民掀起一场农业嘉年华。农业嘉年华将园艺景观、博览展示、创意体验、狂欢娱乐等融为一体，并由开幕式、草莓炫舞音乐节、万名青少年农业嘉年华欢乐行、创意农业体验等十项主要活动组成，为北京市民提供70余项互动活动。

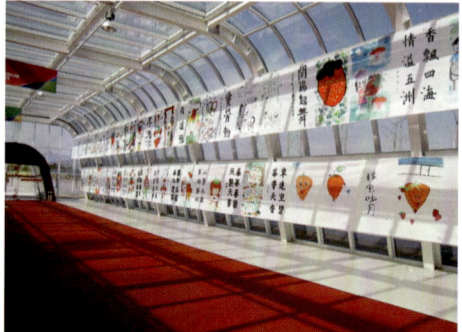

5　农业产业向园区集聚：都市农业促进城镇化建设的有效模式

万拓庄园——为您开启有机耕读之门

庄园简介

庄园位于青云高速出口，远离市区 40km，全程高速交通便利，坐落于即墨市南泉镇王演庄北村，占地 1000 多亩，自然环境优美，泉水资源丰富，土地资源原为林区和休耕三年以上耕地、土壤肥沃，阳光充足，种植条件达到有机标准。

庄园蔬菜林果，不用任何化肥或农药，使用蚯蚓、秸秆等有机肥料，人工除草，使用昆虫信息素群集诱捕技术物理除虫，生物链式自然生长。

30亩的蚯蚓场地养殖专为庄园用于生产有机肥料和供应蚯蚓种。

菜地里莺飞虫鸣，庄园里惠风和畅，每一分地都环绕在五彩缤纷的花朵中间，收获健康蔬菜的同时收获身心的愉悦和对自然循环的了解。

一分地、一口缸、一棵果树、一份心情，圆你一个田园梦，古有桃源耕乐，怡然自得；今有万拓庄园，孩童嬉乐；

万拓庄园内每个季节提供四种以上时令蔬菜，可满足一户家庭春夏秋冬蔬菜供应，园区采用纯天然无公害精细化托管，蚯蚓肥、生物链式培育，专业农事顾问一对一指导。本地专为青岛某部队常年供菜，不仅被列为生态农业示范基地，而且是科普教学、休闲娱乐的好地方。

规划理念

这是一份与自然之间沟通交流的"纽带"，一份赠送亲朋好友最自然纯净的礼物。给自己一点时间，收获一份自然的馈赠；把回到田间耕作看做是一种伸展，让我们的内心在伸展中恢复自然的弹性。这也是万拓体验式农业园区不进行任何蔬菜配送仅供采摘的根本原因。

功能分区图

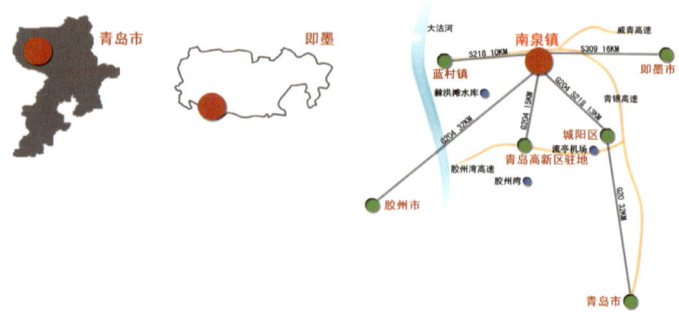

区位分析图

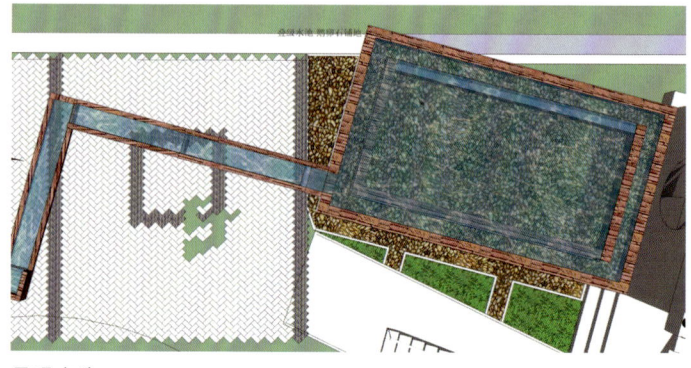

景观水池

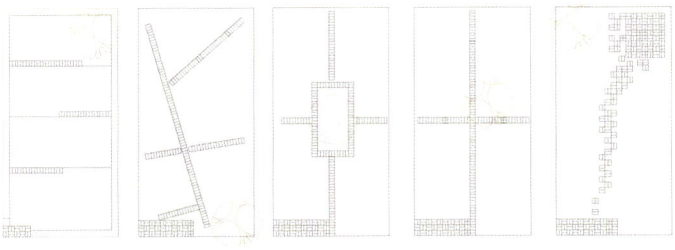

市民农园样板线稿

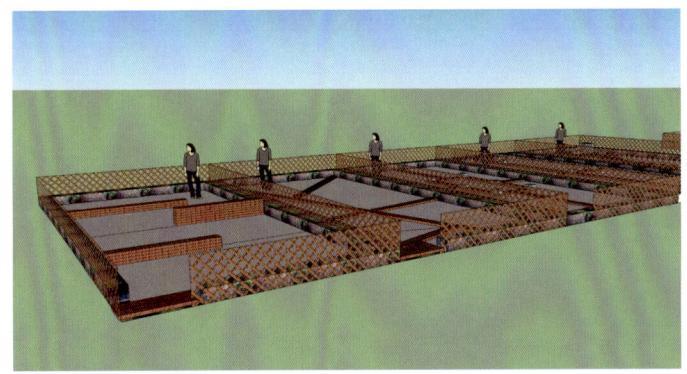

市民农园效果图

一份净土，一本好书，一次悟本的耕种，一次愉悦的采摘，适时的换一种心境，收获一种欣喜和温婉的活力、提炼一种宁静和俗世喧嚣中久违的自己。

万拓愿景

让每一个家庭都能得到供应持续的真正健康营养的生态有机食品；

期望每一位会员都能力行耕读文化"诵读诗书勤耕田园结硕果，感应天地崇尚自然修身心"。

万拓农夫计划：

（1）庄园提供：每份一分地 [$50m^2$ + 公摊（路 + 景观）= $66.6m^2$] 的有机净土、种子、水、劳动工具及必要的人工。

（2）每份地 2200 元 / 年租地费用，可种植收获九种蔬菜，可满足一户家庭春夏秋冬蔬菜供应。

市民农园样板参考效果

（3）耕读并举的会员农夫，将获得有机肥、农耕日历、轮作间作、植物的相生相克、黄金组合等技术支持。

（4）会员期间免费采摘新鲜、无污染的有机蔬菜及公共地上成熟后的农产品。

（5）会员可以带孩子来体验生态文明的地方；知道食物从何而来，怎样生产健康产品，有机会参与种植和养殖。

（6）参与园区组织的国学教育讲座、教会孩子感恩父母感恩天地的感恩晚会，以及各种寓教于乐的园区娱乐活动。

万拓寄语

当你每次来到庄园时，收获的不仅是健康和知识，更重要的是对本源的思考和对田园耕读生活的回归。

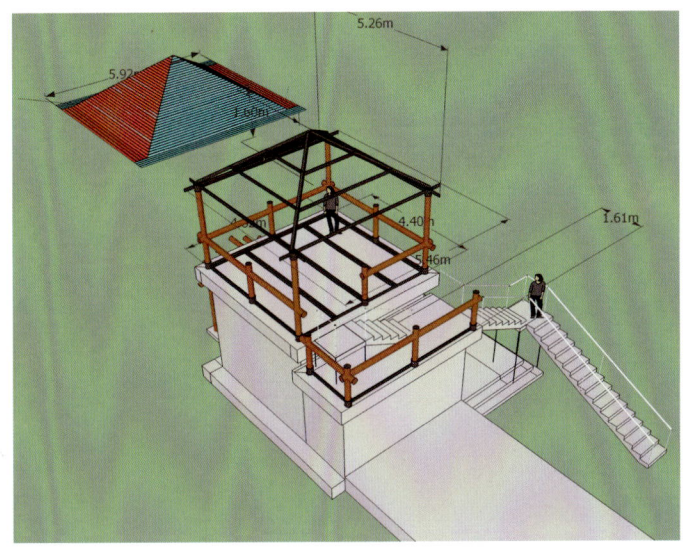

旧有房屋改造观景亭效果

参考文献

[1] 蔡建明，杨振山. 国际都市农业发展的经验及其借鉴 [J]. 地理研究，27(2)，2008.
[2] 蔡建明等译校. 增长的城市 增长的食物—都市农业之政策议题 [M]. 北京：商务印书馆，2005.
[3] 范子文. 德国的市民农园 [J]. 世界农业，1998(7).
[4] 俞菊生. 中国都市农业：国际大城市上海的实证研究 [M]. 北京：中国农业科学技术出版社，2002.
[5] United Nations Development Programme. Urban Agriculture:Food，Jobs，and Sustainable Cities Publications,Series for Habitat，II[J]. vol1.1 UNDP, 2006.
[6] Luc JA Mougeot. Urban Agriculture:Concept and Definition[J]. Urban Agriculture Magazine, 2000.
[7] 郭焕成，郑健雄. 海峡两岸观光休闲农业与乡村旅游发展 [M]. 北京：中国矿业出版社，2004.
[8] 高旺盛、陈源泉、梁龙. 论发展循环农业的基本原理与技术体系 [J]. 农业现代化研究，2007(6).
[9] 吕明伟，孙雪，张媛. 休闲农业规划设计与开发 [M]. 北京：中国建筑工业出版社，2010:73.
[10] Hjalager A M. Agricultural Diversification into Tourism: Evidence of A European Community Development Programme[J]. Tourism Management, 1996,17(2):103-111.
[11] Nilsson P A. Staying on Farms——An Ideological Background[J]. Annals of Tourism Research, 2002,29(1):7-24.
[12] 尹衍波. 略谈国外农业旅游的发展 [J]. 世界农业,2005(8):14-17.
[13] Graham Busby,Samantha Rendle. The Transition from Tourism on Farms to Farm Tourism[J]. Tourism Management, 2000,21 :635-642.
[14] Nancy G McGehee, Kyungmi Kim. Motivation for Agri-Tourism Entrepreneurship[J]. Journal of Travel Research,2004,43(2):161-170.
[15] Aliza Fleischer,Anat Tchetchik. Does Rural Tourism Benefit from Agriculture [J].Tourism Management,2005,26: 493-501.
[16] 郭焕成，吕明伟. 我国休闲农业发展现状与对策 [J]. 经济地理，2008,28(4):640-645.
[17] 朱博文. 国外家庭农场的发展经验和启示 [J]. 新疆农垦经济，2005,2:69-731.
[18] 文化，王爱玲，陈俊红. 聚焦都市农业：农业在首都经济发展中的地位与作用 [M]. 北京：中国经济出版社，2005.
[19] [加] 穆杰特 著，蔡建明等译. 养育更美好的城市——都市农业推进可持续发展 [M]. 北京：商务印书馆，2008.
[20] 张占耕. 都市农业的功能拓展 [J]. 光明日报，2001，7(24).
[21] 俞菊生. 都市农业的理论与创新体系构筑 [J]. 农业现代化研究，1999，20(4):207-210.
[22] 俞菊生，张占耕，白尔钿等. "都市农业"一词的由来和定义初探 [J]. 上海农业学报，1998,14(2):81.
[23] 邓蓉，王伟，韩宝平. 北京都市农业发展的理论研究 [J]. 北京农学院学报，2001,16(2):60-65.
[24] 关海玲. 都市农业发展理论与实证研究 [M]. 北京：知识产权出版社，2010.
[25] 王涛等著. 北京都市农业发展的理论与政策 [M]. 北京：中国农业出版社，2007.

夜天子 四

山东文艺出版社

他马上打断这位捕头的话,领着他去见刑部员外郎钱顺。刑部员外郎钱顺是个年过五旬的胖老头,笑眯眯的好似弥勒佛。可是他的脾气却着实不大好,一听这些人来自葫县,是特意押送那位受到当朝首辅张大人亲笔批示予以严办的官员来南京受审的,当即就骂了起来。

钱员外郎拍案怒道:"谁让你们把人送到南京来的?"

那捕头吓了一跳,赶紧跪下答道:"回员外郎大人,我们徐大人说,葫县地方太小,大牢人手不足,这叶小天的死党颇众,万一有人劫狱,恐怕会误了朝廷大事,所以……"

"闭嘴!谁叫你们把人送过来的,不过是那徐伯夷阿谀奉承罢了!"钱顺又骂了一句,拿起那封公函看了看,咧开嘴巴,好像含了一口黄连似的迟疑半晌,才恶狠狠地瞪了这个葫县捕头一眼,喝道:"你等在这里!"说完,袖起那封公函便扬长而去。

那捕头跪在地上好不委屈,心道:"是你们南京刑部下令抓人,我们千里迢迢辛辛苦苦地把人给你们送来,倒招来你们一通臭骂。你们衙门大,官职高,也不能这么欺负人吧?真是岂有此理!"

钱顺拿着公函急急忙忙找到刑部郎中燕起,燕郎中一听脸色就沉下来了,他倒没有开口骂人,脸色阴晴不定半晌,要过公函来又仔细看了一遍,顿时冷笑一声,道:"这个徐伯夷,自作聪明!当真是个成事不足,败事有余的蠢货!"

钱顺苦着脸道:"燕大人,人都已经送来了,如今可如何是好啊,要不……咱们先把他关进大牢,观望一下风声再说?"

燕郎中瞪了他一眼道:"扯淡!这个什么叶小天,只是一个芝麻绿豆大的官儿,关起来倒不打紧。可你不要忘了,是谁批示要把他抓起来的!"

钱员外试探地道:"大人是说……"

燕郎中冷冷一笑,道:"你关了叶小天不打紧,可若消息传到有心人耳中,他会怎么看咱们?谁知道那些通着天的大人物,会不会因此认为这就代表着你我的立场和态度!"

钱员外倒抽一口冷气,道:"不错!张居正暴病而卒后,朝中风起云涌,倒张势力甚嚣尘上,如果这个时候咱们被人认为是张居正一党抑或是心向张居正的人,那咱们可就要倒大霉了!还是大人您思虑周详,那么依大人之见,咱们现在应该怎么办呢?"

燕郎中眼珠微微一转,拍了拍手中那份公函,阴险地道:"这种事,你我怎么能做得了主呢?还是请尚书大人决断吧!"

"高!实在是高!"钱员外郎只是心思一转,就明白了燕郎中的意思,不由得挑

第一章

烫手的山芋

一

南京城虽然是六朝古都，可是比起大明苦心经营百余年的北京城来，此时无论是富庶繁华还是庄严气派自然都是远远不如的，然则作为一座历史名城，尤其是其鲜明的江南特色，使它充满并不逊于京城的魅力。

如果是作为一个游客来到南京城，叶小天少不得要信马由缰，好好欣赏一下这座历史名城的景致，尤其是赫赫有名的秦淮河，那是一定要去见识见识的。

可这一遭叶小天却是作为囚犯被押进南京城的，他哪里还有那份闲情逸致，况且就算他想观光，那押送他的人员也不允许啊。

一进南京城，叶小天心里有些紧张起来，可是他怕太阳妹妹和毛问智担心，表面上还得做出一副满不在乎的模样。

囚车来到刑部衙门前，十多个捕快吆喝着让叶小天下车，轮到太阳妹妹时，这些捕快的态度马上和气了许多。对于蛊毒，其他地方的人或许听都没听说过，可在葫县，他们却是久闻其名，谈"蛊"变色。

当日在徐伯夷的逼迫下，他们不得不把太阳妹妹也锁起来，可是对这个娇俏可爱的小姑娘，却人人畏如蛇蝎，生怕不知不觉间就着了她的道儿。其实太阳妹妹身上还真藏了一道保命的蛊，只是不到生死关头，她又岂会浪费在这些阿猫阿狗身上。

守门的衙差验过了他们的腰牌和公函，把他们带进刑部衙门，把叶小天三人暂且押在班房里，一个葫县捕头便揣着王主簿和徐县丞联名签署的公函，由一位差官引他去见刑部衙门的管事官。

那差官先把他领去见了一位主事，那位主事有个很俗气的名字：杨富贵。杨主事看都没看公函，只听这位葫县捕快一说来历，他的脸上就露出一种很怪异的表情。

第四卷

得意金陵

第六十一章 悲催的国舅 — 253

第六十二章 再补一刀 — 257

第六十三章 千夫所指 — 261

第六十四章 老虎身上的跳蚤 — 266

第六十五章 冤家路窄 — 270

第六十六章 绸缪 — 275

第六十七章 小人中山狼 — 280

第六十八章 菩萨蛮 — 285

第六十九章 大圣偷桃 — 290

第七十章 再相逢 — 294

第七十一章 如今休去便休去 — 298

- 第三十一章 荒唐月老 127
- 第三十二章 护身符 131
- 第三十三章 无法实现的赌约 135
- 第三十四章 一大早 140
- 第三十五章 女儿心思 144
- 第三十六章 酒色之徒 149
- 第三十七章 捉奸要双 153
- 第三十八章 智离如意楼 158
- 第三十九章 设计 162
- 第四十章 喜事不欢喜 166
- 第四十一章 吏部一日游 170
- 第四十二章 祸水东引 174
- 第四十三章 刑部守门 178
- 第四十四章 刑部两日游 182
- 第四十五章 再向礼部行 186
- 第四十六章 不期而遇 190
- 第四十七章 会同馆开张 194
- 第四十八章 柯枝来使 199
- 第四十九章 不经意间 203
- 第五十章 哥抗不住啊 207
- 第五十一章 进退两难 212
- 第五十二章 自做主张 216
- 第五十三章 点头不算摇头算 220
- 第五十四章 再使一计 225
- 第五十五章 当机立断 229
- 第五十六章 撕破面皮 233
- 第五十七章 一心向西 237
- 第五十八章 幕后黑手 241
- 第五十九章 小天亮剑 245
- 第六十章 摆你一道 249

目录

第四卷　得意金陵

第一章　烫手的山芋　003
第二章　原来如此　007
第三章　轻烟楼上　011
第四章　一场大戏　015
第五章　众里寻他　019
第六章　赈灾施粥　023
第七章　我本将心托明月　027
第八章　如此义演　031
第九章　不如化缘　036
第十章　小天出招　040
第十一章　狮子抢绣球　044
第十二章　各取所需　048
第十三章　长江后浪　052
第十四章　不翼而飞　056
第十五章　追索赈银　061

第十六章　捉『鬼』特工队　065
第十七章　豁然开朗　069
第十八章　神探叶小天　073
第十九章　茅塞顿开　077
第二十章　人赃并获　081
第二十一章　丈人驾到　085
第二十二章　棒打鸳鸯　090
第二十三章　一入侯门深似海　094
第二十四章　另辟蹊径　099
第二十五章　借宝贝　103
第二十六章　赏花灯　107
第二十七章　天外飞仙　111
第二十八章　花好月圆夜　115
第二十九章　红颜祸水　119
第三十章　通州驿　123

起了大拇指。燕郎中微微一笑，揣起那份由徐伯夷亲笔写就的公函，便往南京刑部尚书芮川的签押房走去。

芮尚书正坐在签押房里悠然自若地品着茶，燕郎中把那封公函递上去，芮尚书从头到尾看了一遍，面不改色地放到了一边，似乎毫不在意。

燕郎中垂手问道："大人，咱们刑部原只是命令葫县对此人严加看管，切勿令其闻风逃逸，谁晓得葫县那些官们只顾阿谀媚上，竟然把人给咱们送过来了，大人您看咱们该如何处置才好啊？"

芮尚书端起茶盏，慢吞吞地呷了一口，说道："这批捕令嘛，确实是咱们刑部下达的，他们把人送来也没什么。既然已经送来了，那就收下嘛。"

燕郎中忙道："是！那……咱们暂且把他关入大牢？"

芮尚书慢条斯理地道："关入大牢……那也不妥！"

燕郎中听到"关入大牢"四字，还以为他答应了，刚要应一声"是"，忽又听他说了下半句"那也不妥"，燕郎中差点儿闪了自己的腰，忙又问道："那依大人之见呢？"

芮尚书又呷了口茶，清了清嗓子，道："这不是还没判嘛！凡是官员，一日不曾定罪，就仍旧是官，怎么可以羁押在大牢里呢？嗯……如果是在葫县，那他此时应该是在家里听候处置，或者等到京里使者到了，把他带去京城受审。如今既然来了南京城……"

芮尚书低下头，又慢吞吞地呷了口茶，燕郎中眼巴巴地看着他，恨不得冲过去把那一盏热茶一股脑儿倒进他嘴里，省得他一句话掐三段，活活能把人憋死。

芮尚书又呷了口茶，慢条斯理地道："那就……先让他在驿馆里住下吧，嘱咐他不可离开城池便是，其他的……咱们就先不要管了，等着京城那边进一步的消息吧。"

"是！是！下官明白了！"

燕郎中暗暗骂了一声"老狐狸"，便点头哈腰地退了出去。

· ※ · ※ · ※ ·

南京城的驿馆规模仅次于京城，而且极具南方特色。马头墙，青黛瓦，鳞次栉比，有池有水，仿佛一座大型园林。

驿馆里面此时挺热闹，叶小天和太阳妹妹、毛问智三人一进院子，就见东山墙下有一张石桌几张石凳，两位头系方巾、身着襕衫的中年文士正在兴致勃勃地对弈，旁边还有几人捧茶观战，谈笑风生。

行不多远，就见前方又一堵粉刷如雪的墙，墙上有一个方形的大木窗，窗棂是花瓣状的木格，窗子开着，里边坐着两个头戴皂绦软巾垂带，身穿圆领宽袍青袍的男子，正一边品着酒，一边摇头晃脑地听一名绯裳女子抚琴。

再往前走，一道小桥流水，垂萝青青，跨过木桥，就见溪边柳下，一群人正坐在席上兴致勃勃地烧烤。

"烧烤"一词古已有之，春秋战国时代便有记载，秦汉时候就广为流传，正在溪边烧烤的人用的就是自汉代以来最常用的长方形陶制烧烤炉。那烧烤炉四足抓地，两边有半圆形把手，炉上架着一排铁钎，铁钎上的肉串发出令人垂涎欲滴的香气。

毛问智挠挠脑袋，惊叹道："哎呀哎呀，要不大家喜欢当官呢，敢情当官还有这么多好处啊！这牢坐的，听曲儿、下棋、吃烧烤，这比当大老爷还舒坦。大哥啊，俺觉着吧，这样的牢坐一辈子都不嫌腻，你以后也别做官了，咱就坐牢吧，这也太舒坦了。"

叶小天看了一眼前边带路的驿卒，对毛问智小声道："你别胡说八道！这哪是牢房，这是驿馆，这里边住的都是南来北往的官员，几品官都有呢，你安分些。"

七拐八绕的，他们在一座小院落前停下了，那驿丞道："到了，这儿就是你们的住处。一日三餐想吃什么，你们可在每日餐前到膳房下单，厨房做好后自会给你们送来。如果想出去游玩，切记亥时之前一定要回来，因为亥时之后大门就关了。"

叶小天顿时愕然，对于官员住进驿馆的待遇，叶小天略知一二，不要说他是一个待罪的官员，就算他只是路过此地暂住驿馆，一个小小的典史能分配到一间斗室居住就不错了，又怎么可能有这样的优待：独门独院，还可以点餐，这……分明是三品以上官员的待遇啊。

第二章

原来如此

一

那驿卒离开后,太阳妹妹走到叶小天身边,疑惑地道:"小天哥,这……这究竟是怎么回事呀?他们凶神恶煞地把咱们捉了来,却不用去坐牢吗?"

叶小天脸上漾出了一丝笑意,道:"管那么多做什么?呵呵,这院子虽小,房间倒还宽敞,你们去,各自挑间房子,叫厨下送些热水来,一会儿沐浴更衣,我便领你们去逛逛南京城。既来之,且安之!"

太阳妹妹心粗,毛问智心大,眼见叶小天泰然自若,他们两人也就有了主心骨,当即快快活活地答应一声,便雀跃着冲进了小院。

叶小天却没进去,一路上他没受什么虐待,衣袍虽然略脏,却也不至于蓬头垢面见不得人,便信步走开,一来瞧瞧周围环境,二来想打探一下朝廷近来是否出了什么大事。

他被当作重犯押到南京,处境却突然出现这么大的变化,而抓捕他的命令来自上头,那就一定是上头发生了什么变化。他还不清楚朝廷里究竟发生了什么,可以确定的是,他所遭遇的离奇变化必定与朝廷上的变化有着莫大的关系。

徐伯夷兴奋地把他押来南京送死,他却在这里享起了清福,待那些捕快把这个消息带回葫县后,想到徐伯夷一脸难看的表情,叶小天便忍不住笑出声来。

款步走去,叶小天兴致上来,信口唱道:"春景最为头,绿水清泉绕院流。桃杏争开红似火,王留,闲来无事倒骑牛,村童扶策懒凝眸。为甚庄家多快乐?休休,皇天不负老实头。"

叶小天这段唱字正腔圆,味道十足,较之戏台上的优伶也不逊几分,他这里余音方歇,旁边忽然有人接了一句:"我做庄家不须夸,厌着城里富豪家。吃的饭饱无处去,水坑里面捉蛤蟆。哈哈……"

这人这段唱词与叶小天所唱的那段曲儿是同一场戏里的,而且此人唱得比叶小天更具韵味，叶小天不觉好奇地望去，却见一人唱着曲儿，正满面笑容地向他走来。

这人三十出头，白面微须，方面广额，瞧来仪表堂堂，令人一见便生好感。他笑吟吟地向叶小天拱了拱手，道："不想竟在此处遇到同好，不知足下高姓大名，可也是寄住于此吗？"

馆驿本应是来此公干或路经此处的官员住宿的公馆，但是到了此时，纲纪远不如立国初期严格，有些官员的家眷、亲友到外地时，也常入住当地馆驿，如此一来不但在旅费花销方面要节省许多，而且馆驿是官员们的临时居所，环境和安全也比客栈高出许多。这些官员的家眷、亲友入住馆驿则称"寄住"。

叶小天笑道："小弟姓叶，叶小天，贵州葫县典史，因故暂居于此。不知兄台是……"

那人见叶小天小小年纪，根本没想到他会是官员，只道也是某位官员的亲友借住馆驿，一听他自报身份，居然是位典史，不由微露讶然之色，道："原来足下是典史，失敬失敬。在下姓汤，名显祖，临川人氏，因父执辈里有人做官，觍颜在此借住些时日。"

叶小天笑道："原来是汤兄，汤兄方才那一句唱，可是韵味十足啊！"

这一句可是搔到了汤显祖的痒处，两人都好戏曲，不觉便走在一起攀谈起来。

听这汤显祖说起自己来历，却也是出身书香门第，自幼便有才名，而且所学颇杂，不仅精通诗词之道，天文地理、医药卜筮也皆有涉猎，十四岁时便中了秀才，二十一岁考中举人，此后便一直游学天下。

叶小天听他叙说来历，惊叹道："汤兄果然博学，以汤兄的学问，在仕途上该当是望拾青紫如草芥了，何以迄今不考进士呢？"

汤显祖听他一问，一声冷笑，神态之间便显出愤懑之色。叶小天一见便知别有隐情，马上知机不问了。汤显祖沉默片刻，却主动答道："科举，本为选才取士的途径，今时今日却已沦为达官贵人们营私舞弊、保其子孙富贵的一场骗局，而不以才学论人了。"

叶小天道："此话怎讲？"

汤显祖淡淡地道："万历五年，汤某也曾参加科举。可巧，当朝首辅张江陵的次子张嗣修也参加那一科的考试，因汤某在士林薄有幸名，首辅大人便希望汤某能与他的儿子往来，配合他科举中第，我没答应，结果触怒首辅大人，自然是名落孙山了。"

汤显祖接着道："当时，有一个叫沈懋学的人答应了，结果他被取为状元，而首辅大人的儿子张嗣修则中了榜眼。到了万历八年，汤某再度赴试，不巧得很，这一次张首辅的三子张懋修又要参加科举，首辅大人让他叔父来笼络汤某，为其子做陪衬，汤某依旧拒绝，这一遭，首辅大人更是肆无忌惮，堂而皇之取其子为状元，而汤某自然再度名落孙山。"

叶小天惊讶地道："张江陵名满天下，不想竟然做出这种事，小弟却是闻所未闻。"

说到这里，叶小天不禁望了汤显祖一眼，暗生钦佩之意。张江陵权倾朝野，谁敢背后非议他，这汤举人一介书生，胆量却大。

汤显祖看到叶小天的眼神，恍然笑道："叶兄弟可是觉得你我初识，汤某便有诽谤首辅之言相告，有些交浅言深了吗？"

叶小天微微一笑，汤显祖道："怎么叶兄弟你还不晓得，张江陵已然因病过世了吗？"

叶小天对此还真的一无所知，登时站住脚步，愕然道："张江陵过世了？"

汤显祖颔首道："不错，前不久刚刚过世。张江陵死后的第四天，由他举荐入阁的潘晟便受人弹劾被迫辞职，此后，弹劾张党的奏疏便接二连三，再无一日停歇，被张江陵弹压许久的人全都蹦出来了。"

汤显祖叹了口气，道："现在有人说，张江陵并非勤于国事，疲病而死，而是因为耽于女色，常服虎狼之药而殒身。只是朝廷为了体面，才弹压此事不提，以病故颁告天下。还有人弹劾张江陵侵占辽王府第，大肆收受贿赂，又弹劾说有地方官府为了巴结他，屡屡动用公款为他大建私第……嘿！当真是宦途险恶啊。"

叶小天道："这些事，究竟是真是假？"

汤显祖略一沉吟，道："十之八九都是真的。想要弹劾一位威望隆重、名满天下的首辅，若是捕风捉影，岂不反被张党捉住痛脚？不过，在汤某看来，张江陵虽私德有亏，于大节却无损！"

叶小天道："汤兄是说……"

汤显祖道："张江陵乃不世出的一代奇才，负豪杰之才，为政十年，海内安宁，国富兵强。尤长于用人，筹边御敌，如在目前。"

"想他平都蛮之乱，用凌云翼平罗旁之乱，并拓地数百里；用李成梁、戚继光委以北边，辽左屡捷，攘地千里；用潘季驯治水而河淮无患。居正之功如是，虽有威权震主之嫌，较之严嵩判若黑白矣，实为一世良相！"

"依汤某看来，身为宰相者，这才是他最重要的方面，没有必要按圣人的要求来约束他，一个能做大事的人，也绝不可能成为圣人。能成为圣人的，都做不了大事。"

"所以其私德固有瑕疵，却无损于大节。然则如今以私德抨击他的人，又岂是为了公义呢？不过是以其道德瑕疵来攻击他的政策，而张江陵的政策无疑是朝廷力挽颓势的良策，一旦因此招致毁损败坏，后果不堪设想。"

叶小天听到这里，对汤显祖不禁肃然起敬。这个汤显祖的个人前程，可以说全因张江陵的一己私念而葬送，可在墙倒众人推，无数人落井下石的时候，他还能如此公允地评价此人，当真是胸怀磊落，光霁日月。

叶小天于是大赞汤显祖，汤显祖摆手笑道："叶兄弟谬赞了，一是一，二是二。所谓持公之论，不过是凭自己的良心说话罢了。汤某一生为人，但求对得起自己的良心，便也活得坦然了。"

汤显祖又向叶小天问起他的来历，叶小天把自己的事情对他一说，汤显祖哈哈大笑起来，道："叶兄弟，以我看来，你所料定然是不错的。某虽不知你因何入狱，可下令抓你的人必是张党。"

"如今张党成了过街老鼠，昔日不遗余力地巴结他们的人，这时都在落井下石，只求撇清关系，谁会在这时来处理你，以使自己招人误会呢？你就安心住下去吧，眼下京里那些大人物正忙着争权夺利，地方上的大员们都在观望风向，只有待一切尘埃落定，才会有人想起你来，这番博弈除非张党大胜，否则你必然化险为夷。"

叶小天笑道："我也是这么想的，张江陵垮台，固然令人扼腕叹息，于我个人而言，却是一桩大大的好事。"

汤显祖欣然道："我还要在南京长住一段时间，今与叶兄弟一见如故，正好时常往来。如今汤某正要出去见几位朋友，叶兄弟可要同去吗？"

叶小天迟疑道："这个……汤兄的朋友叶某并不认得，冒昧前往，只怕不妥吧？"

汤显祖神秘地一笑，道："无妨无妨，若是论起身世地位和熟识程度，汤某与那些人也不便往来了。这些人都是喜好戏曲的人，与汤某趣味相投，大家凑在一起，也只是看看戏、唱唱曲儿，自娱自乐罢了。"

叶小天欣然道："既如此，那请汤兄稍候，叶某洗漱一番，换身衣裳，咱们同去。"

第三章

轻烟楼上

一

　　轻烟楼，金陵十六楼之一，高基重檐，凌绝尘上，栋宇宽敞，雅士云集，乃是一处权贵子弟时常聚集的所在。

　　汤显祖只是一个举人，纵然家境富裕，也不可能时常出入这种地方，叶小天一见这轻烟楼的模样，就晓得汤显祖先前所言不假，他那些朋友定然是南京城里非富即贵的世家子弟。

　　不过，叶小天对这些人并无所求，既然大家都是因为同一爱好凑到一起，那就只当朋友相处便是了。

　　汤显祖带着叶小天轻车熟路地直上二楼，到了一处轩，就见七八个青年俱都散座席后，饮酒作乐，恣情欢谑。前方一张正方形的大红地毯，地毯上正有一人在唱戏。

　　杂剧有旦、末、净、杂四种角色，旦角又分为正旦、外旦、小旦、大旦、老旦、搽旦、贴旦，主要是女优来唱。末则包括正末、小末、冲末、副末、外末，主要由男优来唱。净是丑角和喜角，杂是除了以上三类之外的演员。

　　如今正唱戏的就是个正末，一听那词儿，叶小天这个资深戏迷就晓得，这是唱的一出《汉宫秋》。那些正在饮酒作乐的人见汤显祖来了，也不起身，只是笑着向他招了招手。

　　汤显祖对叶小天道："来，咱们先听着。"

　　二人在一张酒桌后坐下，那小二大概早得了吩咐，不等人问，便送上一桌酒菜。汤显祖自斟一杯，对叶小天笑道："你不要客气，我这些朋友都散漫得很，你只管听戏喝酒，不用睬他们。"

　　说完，汤显祖转向旁边一席的一位公子，大声介绍道："这是我刚结识的一位朋友，姓叶，也是擅唱曲儿的。"那公子笑着向叶小天点了点头，扬了扬手便算打过招呼了，依旧轻敲膝盖，随那戏曲节奏摇头晃脑地哼唱着。

叶小天平民出身，一向不太讲究那些烦琐的礼节规矩，自从入了官场，却是不得不讲究。如今一见这些人如此率性，甚觉投缘，便在汤显祖旁边坐下，自斟自饮，听曲为乐。

待那正末唱完退到一边，叶小天才晓得这人竟然不是戏子，而是汤显祖这些朋友中的一个。趁他兴冲冲地下场饮酒，接受他人品评的时候，汤显祖对叶小天道："此人姓张，张泓愃，乃是南京兵部尚书家的三公子。"

叶小天听了不由耸然动容，汤显祖这些朋友果然非富即贵，这人居然是个尚书家的公子。那张泓愃张公子端起一杯酒，笑吟吟地向叶小天走过来，道："这位朋友面生得紧，头一回来？"

汤显祖笑道："这位朋友来自贵州，姓叶，也是个擅曲儿的。"

"张公子！"叶小天想要起身拱手，张泓愃把手往他肩上一搭，把他摁坐下来，大大咧咧地道："坐着坐着，随意就好。叶贤弟是贵州人？"

叶小天道："不是，小弟到贵州才不过两年，以前一直住在京城的。"

"哦？"张泓愃双眼一亮，道："北边来的？要说这杂剧，还是北边唱得最地道，来来来，你快露上两手。"

叶小天推辞道："方才听张兄唱了一段，功底之深厚，小弟我可是万万比不了的，就不要献丑了吧。"

那张泓愃哪里肯依，道："不要客气，你既来了，就一定要唱上一段的。来来来，干脆咱们哥儿几个合唱一段，嗯……就唱《梧桐雨》吧。蒯兄，你擅长女声反串，你来扮杨贵妃。我来饰唐明皇。汤兄，你就扮杨国忠吧。枕花、枕花，别喝了，你扮高力士。快点！瞧你那德行，活脱脱就是一个太监……"

汤显祖摇头笑道："本朝自开国以来，就没几出拿得出手的戏，唱来唱去，还是那几出杂剧，终有一日，我得写几出可以传之后世的好戏来……"

一边说着，他就站起来，对叶小天道："好啦，兄弟你也别客气了，这些朋友都是性情中人，闲来无事，唯独痴迷于戏曲一道。来来来，咱们一块唱一出吧。"

叶小天推辞不过，好在这出戏他也熟的，便站起来与他们合演这出戏，叶小天就扮了安禄山，这出戏里除了唐明皇，就数安禄山和杨贵妃戏份最重，扮杨贵妃的那位荆兄忸怩作态，假声细嗓，十分投入。叶小天见他如此放得开，便也不再顾忌，把那安禄山调戏杨贵妃，两人勾搭成奸的情景演得惟妙惟肖。

其他几人看这两人合作，几度笑场停唱，好在他们就是为了自娱自乐，倒也不怕有看客把瓜子茶壶都丢上来大喊"退票"，众人嘻嘻哈哈唱完了这出戏，已经像是极熟悉的朋友一般。

那几人连连夸赞叶小天唱得好，大家切磋品评着，喝一阵酒唱一段戏，会账离开酒楼时，已然是酩酊大醉。叶小天是新来的，所以喝酒还有所节制，虽也有些头昏脑涨，比起他们还清醒些，便架着汤显祖，摇摇晃晃地往楼下走。

这时候，三楼一阵脚步声响，恰有几位玉带锦袍的公子哥从楼上走下来，一瞧他们喝得满面通红、酒气熏天的模样，那几位公子登时站住。头前一人露出鄙夷神色道："张泓愃、乔枕花，果然是你们几个，方才在楼上我就听见有人鬼哭狼嚎的，还以为是谁。"

这人一身玉青色袍服，头束方巾，身材修长、唇红齿白，竟是一个难得的美男子，只是嘴角总是微微地撇着，倨傲之态难以掩饰。

张泓愃扬起醉眼看了看他，撇嘴道："哎哟，我当是谁，原来是小公爷，失礼，失礼啊。这社稷江山，有小公爷这样的青年才俊替大家守着，我等无所事事，自然要尽情享乐啦，哈哈……"

那人脸色一沉，像只骄傲的孔雀般昂然下楼，淡淡哼道："一群纨绔，让开！"

张泓愃喝得醉醺醺的，身子摇晃不止，那玉青色袍服的小公爷走到他旁边时，厌恶地用手帕捂住了鼻子，后边马上抢上一人，把张泓愃往旁边一攘，道："让开，好狗不挡道。"

"你……你……神气什么，阿谀奉承的小人，你再怎么巴结，难道你还能变成小公爷？嘿嘿，小公爷了不起啊，不就是有个了不起的老祖宗嘛……"

那攘开他的那人怒目回头，刚要喝骂，小公爷淡淡地道："你跟个醉鬼计较什么？"他马上满脸堆笑地扭过头去，殷勤地扶住那位小公爷，道："小公爷说的是，与他们计较，反而降了小公爷您的身份，小公爷您慢着点儿……"

汤显祖被叶小天扶着下楼，打个酒嗝道："那……那人是魏国公家的小公子，拍……拍马屁的那个厚脸皮是刑部芮……芮尚书的公子……"

叶小天也知道在大明的勋戚功臣之中，以魏国公徐达这一脉最为了得。徐家一直最受朱明皇室的信任，势力庞大，堪称功臣第一家，想不到方才那位玉衫公子就是徐家的小公爷，倒真是一表人才。

对于这场小冲突，叶小天并不以为意，几个人下了楼，眼见得一个个酩酊大醉，分明是骑不得马了。守在外边的家仆跟班们见状，忙又去张罗马车。就在这时，一个盲人突然出现在张泓愃的面前，手里端着个破碗，乞求道："好心的大爷，赏点小钱吧。"

张泓愃醉眼蒙眬地刚要掏钱，却被叶小天一把拦住了。

叶小天上下打量那盲人几眼，揶揄道："大哥，你扮盲人也太不用心了吧？虽然你并不是真瞎，可你走路的时候，这根盲杖怎么也应该在地上点几下做做样子吧。还有，你跟个鬼似的闪出来，很吓人的！你知不知道？你看看你的眼睛，就这么一直往上翻着,都酸出泪来啦,闭上眼睛难道就不能装瞎了?"

那盲人被叶小天一顿数落,登时恼羞成怒,上翻的眼白也恢复了正常,怒道:"有钱你就赏几文,没钱就滚!用得着这么羞辱人吗?做乞丐也是有自尊的。"

叶小天嘲笑道:"你有自尊?你看看你,不缺手不缺脚,身材强壮满面红光,你干点儿什么养活不了自己,偏要做那不劳而获的乞丐,你还有自尊可言?"

张泓愃听他们这么一吵,才知道自己差点儿上当,勃然大怒道:"原来你骗我,看老子不掌你的嘴!"踉踉跄跄就要上前,那乞丐一看,撒腿就跑。

张泓愃喝醉了酒,不依不饶地还在吵骂,忽然又有几个衣衫褴褛的人走到他面前讨钱讨吃的,张泓愃怒道:"滚滚滚!都给我滚!你们这群该死的骗子,方才那人好歹还举个破碗,你……你们连碗都没有,还想骗老子。"

叶小天看着那几个面有菜色的乞丐,脸色慢慢冷峻下来。一见张泓愃抬手要打,叶小天一把拦住他道:"张兄,切勿动手,这次这几个,只怕是真的生计无着的人了。"

张泓愃醉眼蒙眬,口齿不清地道:"何……何以见得?"

叶小天向前一指,道:"你看!"

张泓愃抬眼一望,就见长街上扶老携幼,正涌来大批难民。

第四章

一场大戏

一

张泓愃听说眼前这几位真是难民,便有些难为情,往怀里顺手一掏,摸出一把散碎银两,很慷慨地往前一递,道:"拿去,张某今日大醉,方才一再看走了眼,权当赔礼了。"

那几个难民一一接了张泓愃的银子,正脚步虚浮而来,左右探看,瞧那面善的人便上前乞求讨饭的难民们,立即蜂拥而来,把他们几人围在中间,七嘴八舌地诉苦讨饭。

张泓愃、乔枕花、荆蒯几人皆不得幸免,就连汤显祖也被人围起来。叶小天入狱时已经换上了囚服,到了南京后方才换回他的便袍,身上没有银子,便向那些难民询问,方知是太湖发了大水,淹了周围数千亩田地,而朝廷正值动荡之期,赈灾措施不够及时,那些家园尽遭大水淹没的难民只得四处逃散乞活。这些难民是头一批进入南京城的,后边还有不下数千上万人陆续而来。

这时,两辆驷马高车从轻烟楼的后院里驶出来,敞篷的马车颇具上古遗风,头一辆车上两个人,一个正是身着玉色轻衫的徐小公爷,与他并肩而坐的则是一个剑眉星目、英气勃勃的黑衣男子。后面那辆车上,则是刑部尚书芮川之子芮清行和另一个青年男子。

瞧见张泓愃等人醉态可掬地被一群叫花子围住,正在那儿散财,徐小公爷的嘴角又撇了起来,不屑地道:"小恩小惠,沽名钓誉!"

张泓愃醉意正浓,没有听清,叶小天却听得清楚,恰好他身上没钱,那些难民也没围着他,叶小天立即上前两步,正色道:"小公爷,小恩小惠同样是恩惠,若不能兼济天下,哪怕只救一人,那也是善举。要说起来,小公爷您的家族世镇南京,如果小公爷您肯出来攘助百姓,必定可以救得更多人,何以一毛不拔,反而嘲笑那些肯向贫穷百姓慨施援手的人呢?"

徐小公爷地位崇高，还从未被人这样当面指责过，被叶小天一说，不由怔住。坐在徐小公爷旁边的那个黑衣男子饶有兴致地看了叶小天一眼，微微露出笑意。

徐小公爷怔了一怔，方才反应过来，冷哼道："蠲免、折纳、赈济、赈贷、施粥、调粟，一应救灾事宜，乃是朝廷的事。我等岂可越俎代庖？"

叶小天道："朝廷自有规制，有时难免力不从心，权贵缙绅念同胞之情爱物仁民，慷慨解囊，救治灾民，难道不是应有之义吗？小公爷若无此心亦无此力，却也无人强迫于你，但是嘲笑他人却是万万不该。"

徐小公爷被他说得脸上有点挂不住了，这时后面那辆车上先前大拍马屁的芮清行冷笑一声道："一群不思进取、每日沉迷于淫词浪曲的纨绔，也配在小公爷面前谈什么仁者爱人！你们这般小恩小惠，邀买人心，能救得几人？小公爷除非不出手，否则必然能救助无数百姓，德泽广披，万家生佛。"

徐家的家教其实挺严，徐小公爷手头虽然阔绰一些，但那零花钱却也不可能救助太多百姓，一听黄清行这番话，心里便有点打鼓："这牛皮吹得大了吧？我爹倒是有钱，可他哪能以私财赈灾，以他的身份，忌讳太多了。如果是我出面，我哪有钱赈济得了这么多的灾民，看这样子，这灾民数量可不少啊。"

叶小天听了微微一哂，睨着徐小公爷，眸中满是不屑，心中却想，若能激得这位小公爷出面赈灾，不管他本意如何，终究可以救下许多百姓。如果他吝于财货，正好叫他闭嘴，免得在此聒噪。

徐小公爷正是年轻气盛的时候，尤其是在金陵城里，向来只有别人捧着他恭维他，何曾受人鄙视过？这时不但叶小天用一种嘲讽的眼神看着他，张泓愃、乔枕花等人也凑过来，一脸不屑地瞟着他。那些难民，居然也用一种对为富不仁者的厌弃眼神看着他，真是是可忍孰不可忍。

徐小公爷腰杆一挺，伸手一拍扶手，振声道："你不信吗？本小公爷便设棚施粥，倒要看看，是你们救的人多，还是本小公爷救的人多。"

张泓愃一向与他不合，不过徐家的门槛太高，张泓愃虽然贵为尚书家的公子，一向也是以吃瘪的时候居多，难得有个名正言顺与徐小公子一决高下的机会，当即说道："当真？小公爷，你不会是光说不练的假把式吧！"

徐小公爷大怒，腾的一下站了起来，伸手向前一指，道："那我就跟你赌一赌，你看到了没有，就前边那座石牌坊，你我两人明日起各在一侧设粥厂，谁先断了粮，谁救助的灾民自然就少，那谁就输了。"

徐小公爷的打算是：我零花钱少，你更少，好歹我的积蓄比你多，便都拿出来也要挣回这个面子。谁料张泓愃并不胆怯，输就输，反正输给魏国公府的小公爷也不丢人。

张泓愃把胸一挺，道："成！我跟你赌了！小公爷，你要是输了怎么办？"

徐小公爷冷笑道："我会输，笑话！"

叶小天越看越有趣了，反正他是看戏的不怕事大，马上接口道："小公爷，话可不能说得太满，万一的事，终究还是一种可能，如果你输了怎么办？"

徐小公爷还没说话，张泓愃已经抢先说道："小公爷，如果你输了，就在重译楼摆一桌酒席，宴请我们兄弟几人，如何？"

叶小天一听，这赌注也太轻了吧，只不过一桌酒席，你是尚书家的公子啊，难道没赴过宴吃过酒吗？怎么就这么馋？

他却不知，这重译楼是大明官方专门用来接待外宾的酒楼，虽然如此，却也并非任何人都不能在那里摆宴，比如说小公爷两"跟班"之一的关小坤又或者是小公爷本人，就可以在那里摆宴。

关小坤是南京礼部尚书家的公子，而礼部正好管着会同馆，重译楼则归会同馆管辖，他要在重译楼摆酒，重译楼的官方管事自然会大开方便之门。

而徐小公爷则是因为魏国公府世镇南京，百余年经营下来，人脉势力遍布全城，是货真价实的南京第一家，徐小公爷要在那里摆酒，自然也不是难事。

可是这对其他人来说，就是身份、地位的象征了。你再有钱，也未必就有资格在重译楼摆酒，你再有权，人家不给你行这个方便，你也不可能坐在那里举杯畅饮。而面子，又恰恰是这些高官子弟最在乎的事情，所以在叶小天看来不过是一席酒，对一向好面子的这些官宦子弟来说，却是顶顶重要的事情。

一听如果输了要让他摆酒赔罪，徐公子登时有些犹豫了，坐在他旁边的那位黑衣公子依旧微笑不语，倒是坐在后车里的关小坤和芮清行不知轻重地挑衅起来："好！我们输了就在重译楼摆酒谢罪，如果你们输了那又如何？"

张泓愃借着酒劲，用力一拍胸脯道："从此以后，你们四人到了哪里，我们便退避三舍，永不朝面！"

一场赌局，就此确定！

当下，徐小公爷等人驱车离去，张泓愃等人的家丁小厮也赶了车马来，张泓愃等人摩拳擦掌、大呼小叫的上车，纷纷回家取私房钱去了，誓要与徐小公爷斗个高低，只要能让徐小公爷灰头土脸，他们在石头城就算是扬名立万了。

徐小公爷家教甚严，在外边怎么威风摆谱都没关系，要是想让他跟他爹魏国公要钱赈灾，就为赢一场赌局，恐怕他老爹得让他去祖祠跪上一天。如今赌局已立，他越想越觉忐忑，生怕输了这一局，到时下不来台。

到了徐国公府门前，徐小公爷下了车，先向那黑衣公子告了声罪，把关小坤和芮清行拉到一边，小声道："这件事成不成啊，咱们可是当众打的赌，真要是输了，我徐麒云可丢尽脸面了。"

关小坤和芮清行忙道："小公爷，您尽管放心，论身家，他们能跟小公爷您比，何况我们两兄弟也不会置身事外啊，这件事，我们兄弟便是头拱地也得帮小公爷赢了他们。"

徐小公爷听了心中略安，用手指了指他们两个，警告道："我可告诉你们，今儿我可是被你们两个架上虎背的，如果这个赌我真输了，我可不饶你们！"

关小坤和芮清行又是连连拍胸脯保证，徐小公爷这才点了点头，道："那你们这便去准备吧，明日一早，粥棚一定得搭起来！"

关小坤和芮清行连声答应，驱车离去。徐小公爷回转身来，向等在一边的黑衣公子摇头失笑，用不以为然的口吻道："这两个家伙，什么赌局啊，都是些小孩子游戏，倒让李兄见笑了。"

黑衣公子微微一笑，道："纵然是场游戏，能够因此救助灾民，也是件好事嘛。上天有好生之德，行善便是积福。"

徐小公爷道："那是，那是！哈哈，跟着他们胡闹，倒是怠慢李兄了，李兄请。"

徐小公爷和黑衣公子转过徐国公府前阔达九丈的蟠龙照壁，正要进府，前方忽见一双女子牵着马站在那儿。头前一个素衣女子腰插短剑，英姿飒爽，一见徐小公爷，便气哼哼地道："徐世兄，你家这大门口可是真难进啊！你不在家，本姑娘愣是进不了你魏国公府的门，在这儿站了半天。"

徐小公爷抬眼一看，惊喜地叫道："世妹，怎么是你？"

那位黑衣公子一直都是一副万事无牵无挂、一切不系于心的恬淡模样，瞧见展凝儿时，眸中虽然微现欣赏之色，却也依旧是一副飘逸模样，可是待他看清俏生生地站在展凝儿身后的夏莹莹时，一向淡然的眸中却陡然射出两道炽热的光芒。

第五章

众里寻他

一

展凝儿上一次从中原回去，路遇徐伯夷，并被叶小天"晃点"了一回，从此解下不解之缘，此次是到南京来为魏国公贺寿的。

贵州那些土司老爷们虽然是地方上的土皇帝，可他们的安危富贵终究还是要受到中原那位真龙天子的影响，所以他们也会同朝廷的权贵保持某种程度上的联系。

不过，这种联系并不频繁，而展凝儿更不是双方一直以来的联系人。这一次她来得匆忙，什么信物都没带，到了南京城，两眼一抹黑，不知该到何处去打听叶小天的消息，这才想到了徐家。

徐家乃大明第一世家，每日宾客如云，守门的兵丁哪记得她是谁，她又拿不出任何信物，连封拜帖都没有，是以就被拦在了门外。

徐麒云比展凝儿年长不了几岁，展凝儿上次来魏国公府，就是由徐麒云负责款待的，二人一直以世兄、世妹相称，因此徐麒云一眼就认出了她。

展凝儿迎上前道："世兄，你可算回来了，我这腿都快站断了。"

徐麒云笑道："世妹说笑了，你怎么来了？"

展凝儿道："我今次来，是有一件事情要请你帮忙。"

展凝儿侧了侧身，示意夏莹莹上前，对徐麒云道："这是我的结义姐妹，姓夏。她……她的一位好友因故被羁押到南京来了，可你们这南京城衙门口太多，我们也不知道他被关押在哪里，那些差官又一向不理人的，没奈何，只好请你帮忙了。"

徐麒云一瞧夏莹莹的模样，顿时眼前一亮。

其实贵州三虎各具姿色，展凝儿的模样实也不差，不过展凝儿英气重了些，而中原地区的男子大多喜欢那种看起来娇娇怯怯弱不禁风的女孩。徐麒云一瞧夏莹莹那尖尖的下巴，水灵灵的大眼睛，吹弹得破的雪白肌肤，娇若细柳的袅娜身姿，自然特别对胃口。

不过徐麒云毕竟是国公府的子弟，世间奇花见得多了，只是惊艳了一下，马上就恢复了彬彬有礼的模样，向夏莹莹颔首微笑道："夏姑娘好。"

"咳！你们打算就站在这府前攀谈吗？"那黑衣男子一双星目一直盯在夏莹莹身上，听到这里，忽然上前说了一句。

徐麒云恍然道："不错不错，徐某真是怠慢了，两位姑娘，请请请，快请府中叙话。哦，对了，我还忘了介绍，这位仁兄姓李，李玄成，乃当今国舅。"

当今皇帝万历年岁也不大，他母亲李太后的这位幼弟，年纪只比他大了几岁。李太后能以小门小户家的女子身份被选入宫中，直至成为皇后、太后，自然百媚千娇、天香国色。她这幼弟与她一母同胞，又岂能长得差了，当真是丰神如玉、清俊温文。

夏莹莹正有求于人，便没露出她的刁蛮性子，依着中原礼节，向这位国舅爷敛衽行礼。李玄成连忙伸手去搀，手刚伸出去便觉不妥，忙又缩回来，尴尬地笑道："姑娘不必拘礼，请，快请入府。"

徐麒云看见李玄成的局促模样，不禁暗暗失笑："这位国舅爷自幼向道，据说早有心出家入道潜心修行，不想一见这位夏姑娘竟这般失态，莫非竟是一见钟情，喜欢了人家？"

徐麒云把展凝儿和夏莹莹请进府去，听她们把叶小天的身份、情形说了一遍，压根就没把展凝儿口中这位忠肝义胆、两袖清风、为民请命、耿直忠良，却被奸臣构陷、含冤入狱的青天典史和刚才在轻烟楼前遇到的那个煽风点火、架秧子起哄，害得他不得不与人赌上一局，眼看要赔光所有私房钱的混账联系起来。

徐麒云满口答应道："你们放心，南京城衙门虽多，可有权接收犯官的却也不多。今日天色已晚，此时派人去，恐怕各衙门已经没了人，待明日一早，徐某就派人去各衙门口帮你们打听打听，你们且安心在我府上住下。"

展凝儿也不见外，道："如此，就多谢世兄了。"

李国舅咳嗽一声，道："两位姑娘既然久居贵阳，那可难得来南京一趟了。不如李某明日为两位姑娘做个向导，游一游南京城如何？"

夏莹莹暗暗着恼："小天哥正在牢里受苦，喝着凉水啃着窝头，谁有闲心陪你游什么南京城，这个国舅爷好不知道理。"

她不高兴地斜了李玄成一眼，俏颜冷淡地道："小天哥下落尚不可知，小女子可没心思游览南京城。"

李玄成神色一动，忙道："小天哥？姑娘姓夏，那人却姓叶，不知姑娘与他……"

展凝儿游历过中原，知道这些中原人规矩多，尤其是达官贵人们，特别看重礼教，如果知道叶小天是夏莹莹的情郎，且两人往来并未得到家中同意，夏莹莹就为叶小天千里跋涉如此奔走，会被这些迂腐的中原人看轻了。莹莹性情天真，不知天高地厚，若为此事起了纠葛未免不美。"

她马上牵了牵夏莹莹的衣角，不动声色地道："哦，叶典史曾经救过夏姑娘的性命，两人结为异姓兄妹。是以这一次叶典史落难，夏姑娘才这般着急。"

夏莹莹眨了眨眼，心道："小天哥舍命相救的那个人不是你吗，怎么编排到我身上来了，什么异姓兄妹，我和小天哥的关系见不得人吗？"想是这么想，她也知道展凝儿这么说必有原因，因此就没作声。

李玄成一听，慨然道："既是夏姑娘的义兄，那明日李某就陪两位姑娘一起去各处衙门打探他的下落。"

夏莹莹一听这话，神色顿时一霁，脸上也有了些笑模样。

徐麒云无奈地看了李玄成一眼，心道："国舅爷，你凑的什么热闹啊，你从京城来，这南京城里认识你的就没几个，难不成你还每到一处，便亮一亮你的国舅爷身份？再说了，咱大明的文官最讨厌的就是皇亲国戚和太监，一见到皇亲国戚和太监，他们就跟斗鸡碰见了斗鸡似的，生怕错过好机会，你以为他们会买你的账吗？"

徐麒云暗暗叹了口气，原本还有点敷衍展凝儿的意思，如今这位不通世务的国舅爷也插了一杠子，他想不用心也不成了。

· ※ · ※ · ※ ·

刑部主事杨富贵坐着二人抬的绿呢小轿颤颤悠悠地往家里走去。后面不远处，一个年轻人牵着一头比驴子大不了多少的滇马，马背上坐着一个佝偻着肩背的老者，不远不近地跟着。

马背上的那个老者眯缝着眼睛，阴恻恻地看了眼前边的绿呢小轿，腰更弯了些，低声道："此人那儿，能打听到消息？"

牵着马的少年人道："冬长老，苏循天跟咱们说得很清楚，人是押到刑部的，我刚才一直在刑部门口盯着，这人就是从刑部出来的官，不会错。"

马背上的老者轻轻点了点头，眯着眼睛又盯了一眼那顶绿呢小轿，轻轻捋了捋胡须。

"老爷，您到家了。"

两个轿夫停下轿子，一打轿帘，杨富贵弯腰从轿里走出来，两个轿夫便抬起轿子走了。

杨富贵只是个刑部主事，家里养着轿夫未免招摇了些，所以他是租轿子，每日早晚只负责抬他上衙放衙，很多官职较低又喜欢摆谱的官员都是这样。

杨主事迈着老爷步，一步三摇地正要进门，肩膀忽然被人拍了一下。杨主事不悦地回过头，见面前站着一个身材高大的黑袍老头儿，头顶半秃，肉头鼻子，眯眯着眼睛，一副很不讨人喜欢的模样，旁边一个清秀少年扶着他，似乎是他的孙儿，便不耐烦地道："你们干什么？"

冬长老笑眯眯地问道："请问，你是在刑部做官的？"

杨主事突然神色一僵，眼神呆滞起来，用缓慢的毫无起伏的声调道："是！"

冬长老道："有位名叫叶小天的典史，被人从贵州葫县送来，可是你们刑部收押了？"

杨主事还是面无表情，缓缓地道："叶小天……我记得，此人并未关进大牢。"

华云飞一听，急忙问道："没有关进大牢？难道你们已经杀了他？"

杨主事对他的话充耳不闻，似乎这一刻除了冬长老的声音，他根本听不进任何人说话或者任何声音。冬长老也急了，忙问道："他已经被行刑了吗？"

杨主事道："没有行刑，他现在住在驿馆。"

冬长老年轻时也是游历过天下的，这方面的见识比华云飞更多些，不由呆了一呆，奇道："驿馆？他不是被押到南京受审的吗，怎么住进了驿馆？"

杨主事道："秦失其鹿，群雄共逐之。如今大局未定，谁来理会一个小小典史的闲事。这叶小天运气好，想必是没有大碍了。"

他的思维虽被冬长老用蛊毒控制了，除了冬长老目无所见、耳无所闻，神情呆滞，但思维还是正常的，居然还习惯性地之乎者也。冬长老和华云飞对视了一眼，不约而同地松了口气。

冬长老喜上眉梢地问道："那馆驿在什么地方？"

杨主事又目光呆滞地回答了，冬长老和华云飞便匆匆离开了。

过了一阵儿，杨主事家的院门吱呀一声开了，杨家娘子从院里出来，奇怪地看了一眼呆立在门前的男人，又看了看前方路上正走得摇曳生姿的一位小娘子，气冲冲地扭住男人的耳朵，喝道："给我进来！你个老东西，眼巴巴地盯着人家小娘子看什么？不怕丢了你的魂儿！"

院子里传出刚刚清醒过来的杨富贵一连串的惨叫："哎呀，娘子放手，放手哇！我没看，我没看什么小娘子啊！真是奇怪，我刚刚好像真的丢了魂。哎呀，我说的是真话呀……"

第六章

赈灾施粥

一

石牌坊左右,各自建起了一片粥棚。棚下各自架了几口大锅煮粥施粥,四方难民闻讯而来,把粥棚围得满满当当。

两家各有家丁维持秩序,大声吆喝着:"我家公子大发善心,拿出私财赈粥济民。你们都排好队,按顺序来,人人都有份儿,不要抢。那个人,你再不守规矩,就把你赶出去。"

张泓恒昨日酩酊大醉,如今却已清醒了,他站在一张条凳上,眺目远望,不由大惊失色,道:"怎么这么多人?"回头再看看棚下堆着的粮袋子,不禁有些忐忑起来。

乔枕花在一旁打气道:"张兄,你不用担心,我看他们那边的粮食也不是很多,鹿死谁手,尚未可知呢。"

张泓恒下意识地往徐小公爷那边的粥棚望去,恰好徐麒云站在一张条凳上,也正有些担心地往这边望来,两人目光一碰,立即像斗架的公鸡似的,各自冷哼一声,同时挺起胸脯,做信心十足状。

关小坤跑到张泓恒这边看了看,又从人群里挤回去,笑逐颜开地对徐麒云道:"小公爷,我偷偷数过了,咱们有二十袋粮食,他们才只十五袋,嘿嘿,我看,到明天他们就没米可用了。"

张泓恒道:"扯淡,就算他们大手大脚,有钱就挥霍,手头也该略有积蓄吧,怎也不至于连一天都撑不下来,想是今天只买了这么多,咱们大意不得,你算过了吗,咱们几个凑起来的钱,若按一日十几袋米的速度,可赈几日之灾?"

一旁芮清行抢着道:"五六天总是有的,小公爷放心,他们绝对撑不过咱们。哼哼,跳梁小丑,岂能登大堂之雅。萤虫之光,也能与日月争辉?"

张泓恒那边,荆蒯指挥购粮、运粮、施粥,忙活得满头大汗,秩序好不容易井然起来,他回到棚中一屁股坐到凳上,四下看看,忽然有所发现,道:"咦?老汤呢,还有那个小叶怎么都没来？"

柳君央垂头丧气地道："他们不来就不来吧，那两个家伙都是在馆驿里打秋风占便宜的主儿，能有几文钱？原也指望不上他们的。"

叶小天和汤显祖还真的想去施粥现场看看，略尽绵薄之力，之所以来得晚，是因为他们一出驿馆就遇到了冬长老和华云飞，耽误了。

冬长老和华云飞昨夜问清了馆驿所在，再赶去馆驿时，已经过了亥时，馆驿关门了。两人既知叶小天住在这里，没有受到虐待，便也不肯硬闯进去，免得再给叶小天增加麻烦，是以把那几十个扮行商的勇士都找来，就在馆驿周围守了一夜。

天明时分，汤显祖和叶小天带着太阳妹妹和毛问智一早出门，正要去轻烟楼前施粥现场，华云飞和冬长老就迎了上来，彼此见面，各自兴奋不已。叶小天道："你们怎么来了，家里一切可好？"

华云飞不认得汤显祖，便把叶小天拉到一边，道："家中自然无事，大哥，我们这次来，带了三十几个勇士，你在这里没事吧，要不要救你回去？"

叶小天摇头道："京中出了大事，我这案子，只怕要拖得大事化小、小事化了了，没必要反把一件小事搞成大事。如果我随你们离开，那就是负罪潜逃，这事儿就大发了。"

叶小天把他和汤显祖的分析对华云飞说了一遍，华云飞对叶小天的分析不甚了了，但也听明白了此番叶小天到南京乃是有惊无险的局面，登时松了口气。叶小天看看他和冬长老，担心地道："你和冬长老都来了，遥遥怎么办？"

华云飞道："家里都安排下了，还特别嘱咐大亨帮忙照看呢，你放心吧，对遥遥，我们只说大哥你又带人进山剿匪去了，那小丫头乖得很。"

叶小天听到这里，方才放心。

葫县山上，偌大一座庄园，现在只有遥遥一个小主人了。

天光大亮，遥遥揉揉眼睛，迷迷瞪瞪地醒了过来，怔怔地躺了一会儿，没有等到小天哥哥习惯性地赶来道早安，捏她的小鼻子，遥遥才突然想起，小天哥已经去山里剿匪去了。

遥遥马上掀开被子跳起来，趿上蒲草的软底拖鞋，走到墙角洗脸盆前自己净面洗漱。罗月儿早就起来了，正在外间屋里忙碌着，听到屋里的动静，进来一看，遥遥跟小大人儿似的，正在自己洗漱净面，连忙赶过去伺候。

被罗大亨特意派来照顾遥遥的桃四娘睡在外间，听到声音，忙也为遥遥张罗起早餐来。遥遥刷了牙净了面，来到外间屋时，丰盛的早餐已经准备好了。遥遥在桌边坐下，礼貌地道："四娘，月儿姐，你们都坐，一起吃。"

桃四娘和罗月儿都知道这位小主人的脾气，从不把她们当下人看待，因此也不推辞，便在左右坐了下来。遥遥看看天色，问罗月儿道："月儿姐，什么时辰了？"

罗月儿知道她想问什么，笑道："你放心吧，先生巳时才到，还早得很呢。"

遥遥听了放下心来，这才放慢了吃饭的速度。

门口，大个子和福娃儿探头探脑地往里边看了看，圆滚滚的福娃儿就跑进来，亲昵地蹭了蹭遥遥的膝盖。大个子摸了摸自己的脑袋，很识趣地站在了外面，躬腰垂手的样子，瞧着特别可笑。

"哥哥不在家，你们都要乖乖的，知道吗？可不许惹事，也不准下山，不要把院子里搞得乱七八糟的，要不然我会生气的。"遥遥伸出一根小指，点着福娃胖嘟嘟的脸颊叮嘱。福娃儿伸出大舌头，舔了舔她的小指，也不知听懂了没有。

遥遥越来越懂事了，尤其是跟着先生读书识字以后，她好像一下子就开了窍，不再像以前一样整天梦想着嫁给哥哥，刻意地按水舞的教诲，扮出一副大妇模样了。但是在她心里，哥哥依旧是她最亲的人，是用坚强的身躯为她撑起了一片天空，这一点永远都不会变。

哥哥不在家，她不可以撒娇，不可以哭鼻子，她要格外乖巧，让哥哥出门在外少操心。也许她的这种故作老成的成熟，在罗月儿和桃四娘眼中依旧是在扮小大人儿，显得稚嫩可笑，可她心里满满的都是感恩、爱与温情。

小天哥在遥遥那颗小小的童心里既是兄长也是父亲，更是她不甚了然只朦胧懂得一些的一生的依靠，而这些，她不需要外人明白，外人也永远不会明白。

·※·※·※·

徐麒云本来只想派个人去帮夏莹莹打听打听那个叶小天的下落也就是了，谁知三国舅李玄成却自告奋勇要帮展凝儿和夏莹莹去寻找叶小天的下落，这一来徐麒云也不得不用心了，特意派了一个管事与他们同去。

他们倒没有浪费太多工夫，因为他们去的第一个衙门就是南京刑部，那位管事亮出魏国公府的身份，马上被员外郎钱顺请进签押房询问来意。刑部每天经手的大案无数，一个小小典史的案子钱顺本不应该记得，但叶小天这事儿太特殊，这可是张江陵亲笔批示严办的，南京刑部为此颇为重视，谁知风云突变，现在反倒闹得不知该如何收场，是以他对此事记忆犹新。

一听魏国公府过问此人，钱顺心里便是一惊，这个芝麻绿豆大的官儿果然通着天，张江陵亲笔批示抓捕，现在魏国公府又来过问，却不知魏国公府究竟是站在哪一边儿。

钱顺旁敲侧击地询问了一番，那国公府的管事比他还要油滑三分，答得滴水不漏。钱顺问了半天，依旧不得要领，只好吞吞吐吐地说出叶小天现被安置在馆驿，听候上头处置。

魏国公府的管事得了准信，马上起身告辞，李玄成和展凝儿、夏莹莹分别坐在外面的两辆车上，正在等候消息，听这管事说叶小天没有押入大狱，而是安置在馆驿里面，连忙又奔了驿馆。

只是等他们赶到驿馆时，叶小天已经离开了，他们又扑了个空。而且那馆驿里的人也不知道叶小天去了哪里，展凝儿和夏莹莹执意要在馆驿里等他，李国舅对此倒是不置可否。

他对莹莹一见倾心，只想亲近讨好，这馆驿之中风景甚是优雅，倒也是个绝好去处，便陪着她们留在了馆驿之中。

这李国舅生性恬淡，自幼向道，经常跟家里说要出家修道，可惜这一颗道心自从遇见莹莹便立即沦陷了，奈何襄王有梦，神女无心，莹莹的一颗芳心何尝不是完全寄托在了叶小天的身上。

叶小天此时已经和汤显祖带着太阳妹妹、毛问智、华云飞、冬长老等人赶到了轻烟楼外长街牌坊外的施粥棚。他们赶到的时候，张泓恒、乔枕花、柳君央等人正围在一起紧张地商量着什么。

汤显祖和叶小天挤进去，汤显祖笑道："很热闹啊，救助这么多灾民，善莫大焉。来来来，这是我和叶兄弟的一点心意，你们可别嫌少啊。"

汤显祖掌上托着几锭散碎银两，这里边还真有叶小天捐出来的一部分，叶小天身上没钱，但华云飞和冬长老带了些，这时也拿出一部分聊表心意。谁知张泓恒等人看了一眼，虽未露出"嫌少"的模样，却是一脸的无动于衷。

汤显祖奇道："怎么，几位不是真的嫌少吧？"

张泓恒叹了口气，愁眉苦脸地道："汤兄，灾民的数目比我们预料的还要多，我看这十五袋米只够一天用的，原估计我们怎么也能撑着六七天，看这样子，最多四天，我们的私房钱就要花光了，你这点银子连半天都撑不下来啊。"

汤显祖呆了一呆，道："那咱们不是要输定了？"

叶小天听到这里却马上想到了一个迫在眉睫的问题，顿足道："那你们还只买一天的粮食？哎呀，你们这些甩手大少爷，真是不当家不知……快！快去买米啊，粮价马上就得涨，再不买怕连三天都撑不下来！"

第七章

我本将心托明月

一

不出叶小天所料,当他们急急赶到粮店的时候,那粮店伙计正从里边出来,啪的一声把一张新的粮价牌挂在了门上,瞥着眼睛向他们一瞧,一副"不好意思,你来晚了"的模样。

"有没有这么邪门啊?"张泓愃这几位公子哥儿从小就没下过厨房也没逛过店铺,都是些衣来伸手、饭来张口的二世祖,哪里想得到难民与粮食之间还有联动关系。

眼见粮商坐地起价,张泓愃愤愤不平地道:"本公子还不买了呢,走,咱们另换一家粮店看看。"

"且慢!"叶小天拦住他,苦笑道:"张兄,无商不奸啊,那不奸的都已倒闭了。眼下可拖延不得,还是赶紧买吧,用不了多久,这粮价还得涨。"

张泓愃对叶小天倒是挺信任的,听了他的话,略一犹豫,咬牙道:"那就买!全都买成粮食,这些奸商!"

张泓愃一边骂着,一边从怀里掏出钱袋,有些肉痛地递给一个家丁,吩咐道:"赶紧去,全都换成粮食。"

当张泓愃等人押运着粮食回到赈粥棚时,徐麒云带着关小坤和芮清行摇摇摆摆地走过来,嘲笑道:"怎么,瞧着粮食不如我那边多,一下子都买回来了?你以为这样就能吓住我吗?嘿嘿,想跟我斗,就等着从此退避三舍吧。"

乔枕花和柳君央互相看看,忍不住捧腹大笑起来,他们这一笑,把徐麒云等人笑得愣住了,关小坤讷讷地问道:"你们……笑什么?"

蒯鹏有心不说,可实在是看不惯徐麒云得意扬扬的嘴脸,再说他们回来的时候那粮店已经又把粮价涨了三成,就算徐麒云他们马上赶去,恐怕等他们赶到的时候,这粮价也涨了一倍了。

蒯鹏便道:"难民进了城,米乡遭了灾,任是哪一条,都会引起粮价大涨啊!难道你们不知道？唉！有些人哪，还总以国之栋梁自居呢，动不动就嘲讽我等是一群纨绔，却没想到比我们还不明白民间疾苦……"

徐麒云脸色大变，怔了片刻，再也顾不得蒯鹏的挖苦，立即冲关小坤和芮清行嚷道："快！快去买米！你们这两个蠢货……"几个人匆匆便走，身后汤显祖等人放声大笑起来。

张泓愃眉飞色舞地道："小公爷，我可等着你在重译楼摆酒设宴了啊！"

等到傍晚时分，徐麒云才带着关小坤、芮清行快快不快地回来，身后有家丁推着一车子粮食，比起张泓愃他们先前运回的粮食，看起来数目差不多。

徐麒云他们赶去附近粮店时，恰遇到粮食再次涨价，他们不甘心被宰，又往更远处去寻粮店，这一耽搁，粮价涨得更高了，等他们终于下定决心要把钱全部换成粮食的时候，那些嗅觉灵敏的粮商又开始限购了。

如此这般，他们花了高价，还得从不同的粮店一点点地购粮，这才抢购了一车粮食回来，要不然就凭他们几个人的家底，真比张泓愃等人殷实得多。

一见他们回来，张泓愃等人少不得又是一通冷嘲热讽，可嘲笑过后张泓愃也是心里没底，低声埋怨蒯鹏道："老蒯，你这人就是沉不住气，若是不点破此事，便任他们得意一天又何妨，到明日他们买的粮食更少，咱们就赢定了，现在看，胜负尚未可知呢。"

蒯鹏自觉理亏，摸了摸鼻子，支支吾吾地说不出话来。汤显祖解围道："你也不要埋怨老蒯了，若是晚上一日，不过是便宜了那些奸商赚得更多，这些大发难民财的奸商当真是面目可憎。"

张泓愃之所以施粥济民，其实是为了和徐麒云一较高下，倒不是真的如何悲天悯人，听汤显祖这么一说，便有些悻悻地道："那些奸商固然可恶，可若因此败在徐麒云的手里，我这脸可就丢大了。"

汤显祖看了看粥棚下的粮食，估量了一下，按照现在敞开了供应的情况，大概只够三天半的用量，而徐麒云棚下的粮食数量也差不多。双方都有人时不时就到对方棚下查看，想把米粥弄得稀点儿做做手脚也不可能。

汤显祖蹙眉思索片刻，眼珠一转，兴冲冲地："如此坐吃山空也不是办法，我倒有个好主意！"

张泓愃赶紧问道："什么好主意？"

汤显祖挺起胸来，得意扬扬地道："募捐义演！"

·※·※·※·

傍晚时分，粥棚最后一次施粥后便关闭了。

汤显祖和张泓愃等人已经商量妥了明日在鸡鸣山下义演募捐的细节，叶小天自然也要参与。他喜欢听戏，可还从未想过有朝一日能粉墨登场，是以也是兴致勃勃。

汤显祖与南京城里几家剧社都有联系，去何处借服饰，表演哪些曲目，谁来饰演哪个角色，大家一一商定，便各自分头准备去了。汤显祖去剧社借服装、锣鼓乐器等，叶小天让华云飞和毛问智、太阳妹妹跟去帮忙，自与冬长老返回驿馆。

叶小天刚一进门，一个驿卒便迎上来，欠身问道："叶大人？"

叶小天答应一声，那驿卒便欢天喜天地叫了一声，一转身便风也似的跑开了。叶小天好不纳罕：这驿猝发的什么疯，你既然在等我，总该告诉我一下究竟出了什么事吧？

叶小天和冬长老莫名其妙地跟在后面，到了自己住处，就见那驿卒眉飞色舞、叮叮当当地掂着十几枚大钱儿从院子里出来，后边紧跟着走出两人，叶小天一瞧那两人登时呆在那里。

夏莹莹可不似叶小天一般反应，她已经在这里等了一天，茶都换了四次了，一见叶小天，不禁悲喜交加，欢呼一声"小天哥"，便似乳燕投林一般，忘情地扑进了他的怀抱，嘤嘤地哭泣起来。

李玄成走得不及两人迅速，此时刚从院子里出来，一见他心仪的那位姑娘扑在一个年轻男子怀里放声大哭，脸色登时变得极为难看：这么大的姑娘，不要说是义兄，就算是亲哥哥，也不该有如此亲昵的举动吧？

李玄成不悦地对展凝儿道："展姑娘，你说那人是夏姑娘的义兄？怎么他们……"

展凝儿看到夏莹莹扑在叶小天怀里，叶小天轻拍她的肩背，柔声安慰的模样，心里酸溜溜的，便道："是义兄啊，可你没听说过，干柴烈火好做饭，干兄干妹好做亲吗？"

李玄成一听，脸登时就黑了。

"小天哥，我回红枫湖的这些天，你有没有想我？"

"当然想啊！一天至少两百次。"

"才两百次啊，不够，我要三百次！"

"我上午想你两百次，下午想你两百次，晚上再想你两百次……"

"呃……"

展凝儿和李玄成听得都快吐了。

夏莹莹听了却是心花怒放，只觉满腹相思、别离之苦，全都值得了。夷狄少女率直无邪的性格在她身上体现得淋漓尽致，她根本不在乎旁边还有展凝儿和李玄成，只顾对叶小天问寒问暖撒娇卖痴，那双柔软的手臂缠在叶小天颈上就没拿下来过，是被叶小天半拖半抱地进了院门。

如果李玄成初见夏莹莹时她便是这副模样，李玄成只怕早就鄙夷不屑地走开了，可这一天相处下来，夏莹莹那山间鸣泉、雪峰白莲般大异中原女子的清丽娇俏已经深深镌刻在他的心里，如今眼见莹莹如此娇憨，他只恨被她搂住的男子不是自己，又哪里生得出半分嫌隙。

眼见夏莹莹眼里心里只有一个叶小天，根本把他当成了一段无知无识的木头，李玄成心头又妒又恨，一直以来自以为清静恬淡的修为都飘到了三十三天之外，只得咬着牙根向他们告辞。

奈何夏莹莹痴缠在叶小天身上，对他的离去根本毫不在乎。叶小天摆脱不了莹莹，也无法起身向他告辞，只能报以无奈的苦笑。李玄成心魔已起，看在眼里，只当是叶小天对他的嘲讽，更是心头暗恨。

展凝儿苦笑着把脸臭臭的李国舅送出驿馆，回到房中一看，夏莹莹已经从痴缠在叶小天身边，变成了坐到他的腿上。展凝儿的俏脸登时也臭下来，双手叉腰，没好气地道："你们够了没有，当我是死人吗？"

叶小天这些天被人从葫县一路押解到南京城，乏是乏了些，可先前一通大补，那血气依旧旺得很，莹莹饱受相思之苦，如今久别重逢，再顾不得矜持模样，偎进怀里一通痴缠，眼见展凝儿进来，不由长出一口气："可算来了救兵。"

叶小天赶紧在莹莹后腰处轻轻拍了拍，示意她站起来，夏莹莹这才不情不愿地嘟着小嘴从他身上离开。

叶小天抖了抖袍子，收腹含胸地站起来，向展凝儿道："这一番，可辛苦了你。"他已听莹莹说过如何从家里离开，自然要向凝儿道谢。可这一谢，远近亲疏便分明了，展凝儿心中难过，鼻子一酸，险些流下泪来。

为情所苦的又何止是她一个，李玄成被展凝儿送出门去，未及寒暄几句，甚至未等他登上车子，人家便匆匆返回了，被魏国公府奉若上宾的国舅爷，在人家眼里竟不如一个小小典史。

李玄成登上车子，怅然望一眼驿墙上探出的一枝凌霄花，恨恨地自语道："我堂堂国舅，竟被她弃如敝屣！轻人如此，着实可恼。"转眼想起她那可人模样，一颦一笑，莫不撩动心头情丝，些许懊恼又如雪狮子见火般尽数消融了，只得怅然长叹一声道："我本将心托明月，谁知明月照沟渠……"

第八章

如此义演

一

晚饭之前，华云飞、毛问智和太阳妹妹就回来了，小院里顿时人满为患。

用过晚餐后，叶小天便牵起莹莹的手，到馆驿中散步聊天。这馆驿中有不少官员都是带着家眷来的，妇人、孩子都有，叶小天与夏莹莹漫步其间，倒也不至于太过显眼。

叶小天道："你就这么跑出来，家里一定担心，他们一定会追到葫县向我兴师问罪的，一旦得知我的消息，也就能猜到你来了南京，恐怕他们此时就在来南京的路上了。"

夏莹莹睨了他一眼，道："你怕呀？"

叶小天认真地点了点头，道："嗯！我怕，我怕他们再把你从我身边带走。"

夏莹莹听了，心中一抹柔情涟漪般荡漾开来。她轻轻偎依到叶小天身边，傍着他一条胳膊，把脸颊轻轻贴在他的肩头，低声道："我想你，我也不想老祖宗难过，不想爷爷和爹娘生气，可我不知道该怎么办，我就是想见你。"

叶小天站住脚步，轻轻环住她的腰肢，柔声道："我明白，这是我的错。等我解决了眼下这桩难处，我就找机会回山一趟，跟那些老家伙摊牌，一定要他们答应咱们，咱们永远在一起！"

"嗯！"

夏莹莹抬起头，深情地凝望着叶小天，眼睛在月色下仿佛一双黑宝石。柳枝婆娑，将阴影轻轻拂动在她如玉的颊上，美得不可方物。两人对视着，心灵似乎被无形的电流刺激着，一阵悸动。

忽然，叶小天就环紧了莹莹的腰肢，俯身亲吻下去。

莹莹唇舌的香甜，叶小天已不是第一次品尝，但每次都令他沉醉其中。莹莹整齐细密修长的睫毛微微颤动着，含羞草般闭拢起来，水润鲜嫩的唇瓣任由叶小天吮吸着，忽然张开双臂，环住他的脖子，笨拙而热烈地回应起来。

"咳！"

展凝儿出现在不远处，好像完全不知道两人先前的亲密似的，用硬生生的声音道："莹莹，这儿一共三间房，咱们是住在这儿呢还是回魏国公府？要不然去附近客栈住下也好！"

"嗯，左厢房，凝儿、莹莹、哚妮，你们三个住，好不好，稍嫌挤了些，不过还住得下。"

"好！"

莹莹和哚妮扑闪着一双美丽的大眼睛，神情说不出的相似，柔和地答应着，展凝儿臭着一张脸不说话。叶小天咳嗽一声，又转向另一侧："老毛啊，你和冬长老睡右厢房吧。"

毛问智毫无异议地道："成！那云飞呢？"

叶小天道："出门在外，我摆的什么谱啊，我这间屋还算宽敞，难道叫你们三个挤在一起？云飞和我睡一间房好了。"一听叶小天这么说，华云飞、毛问智和冬长老自无异议。

院子里隐隐传来一阵丝竹之声，也不知是哪位骚人还在赏乐，分配了住房的众人纷纷散去。叶小天站在堂屋里，无语地望着自门口洒进客厅的一地清霜，心中也如那一地清霜般悲凉。

"三个姑娘一间房，这是老天根本不给我机会呀，我就是有南京城墙一般厚的脸皮、燕子矶般大的胆子，也不敢偷偷摸进去哇！"

"凝儿这死丫头，分明是怨恨我选了莹莹没有选她，把莹莹看得死死的，害得莹莹就像那天上的月亮，似乎一伸手我就能摸到，偏偏遥不可及。怨我吗？这事怨我吗？谁让你亮出来的家世那么吓人，你要是跑江湖卖艺的，现在都在为我暖床了！"

"苦哇！"

叶小天一声长叹，垂头丧气地回到自己的寝室，就见华云飞正在为他铺床。一瞧华云飞那刚劲挺拔的背影，叶小天忽然又想到了那一夜哚妮铺床的香艳旖旎，于是走到桌边，斟满一杯凉茶。

想了想，他放下茶杯，捧起茶壶痛饮起来……

· ※ · ※ · ※ ·

"咿……呀……"

蒯鹏扮的窦娥粉墨登场,说是戏场,也不过就是在鸡鸣山下闹市街头圈出来的一块空地,蒯鹏戴着纸壳糊的一副枷,泣泣悲悲地道:"大人哪,如今是三伏天道,若窦娥委实冤枉,身死之后,天降三尺瑞雪,遮掩了窦娥尸首。"

叶小天扮的监斩官道:"这等三伏天道,你便有冲天的怨气,也召不得一片雪来,可不胡说!"

"好呀好呀!"

夏莹莹拍手大赞:"小天哥哥唱得真好!"

展凝儿没好气地翻了个白眼,道:"好什么好,他这是唱吗,这是念白。"

这是蒯鹏扮的窦娥已经唱起来:"你道是暑气暄,不是那下雪天;岂不闻飞霜六月因邹衍?若果有一腔怨气喷如火,定要感到六出冰花滚似锦,免着我尸骸现;要什么素车白马,断送出古陌荒阡?"

夏莹莹不高兴地嘟起嘴道:"小天哥这一场扮的是监斩官嘛,他要是扮窦娥,一定唱得好。"

展凝儿拉着长音,揶揄地道:"是……反正你小天哥做什么都是好的,要不然,昨儿晚上也不会有人半夜三更搂着我的脖子,跟小猪似的乱啃一气,还一个劲儿喊'哥哥'了。"

夏莹莹一听,脸腾的一下红了,好似明净的美玉突然染了一层胭脂,羞得左顾右盼,指着太阳妹妹道:"竟有这种事?哚妮,是不是你,快说,是不是你?"

哚妮昨晚上还真做春梦了,听她这一问,不觉心虚起来,哪知道是不是自己梦中忘形,赶紧摆手,红着脸道:"不是我,不是我,我才没有呢。"

展凝儿气道:"好了你们,赶紧募捐了!"

汤显祖等人吹拉弹唱,叶小天和蒯鹏在场上卖力地演着,而展凝儿和夏莹莹以及太阳妹妹则是负责募捐的人。

戏场旁边,立着汤显祖手书的"募捐赈灾,群策群力"八个大字,夏莹莹和太阳妹妹一人胸前挎着一个募捐箱。正看戏看得津津有味的一个百姓见夏莹莹和太阳妹妹过来,马上就想溜之大吉,不想却被展凝儿拦住了退路。

太阳妹妹甜甜地道:"大叔怎么称呼?"

那百姓支支吾吾地道:"我……我叫萧千岳!"

夏莹莹道:"好名字,大叔捐点款吧,行善积德,福报子孙啊!"

萧千岳立即苦起脸道："几位姑娘，不是我不想捐啊，现在的米一天一个价，粮店还限购，我家有十三口人，全靠我一个人赚钱养家，也很苦啊。"

太阳妹妹瞪大一双漂亮的大眼睛，道："哇！你家这么多人口，全靠你一个人养啊？那是真的很苦。"

萧千岳道："是啊是啊，我爹我娘，我家娘子，还有我，我五个孩子……"

展凝儿冷冷地道："大叔，这才九口人吧？"

萧千岳道："还有我家娘子的四个孩子。"

展凝儿和夏莹莹、太阳妹妹一起瞪大了眼睛："这还要分开算的？"

萧千岳道："是啊，我是续弦，娘子是再婚嘛。"

夏莹莹恍然道："哦，原来是前夫的孩子……"

萧千岳叹了口气，道："唉！穷人知道穷人的苦，这里还有三文钱，算是我捐的好了，多了真的没有啦。"

萧千岳摸出三文钱，塞到太阳妹妹的募款箱里，摇头叹息而去。

展凝儿道："穷人能有几个钱，你们不会找那穿戴阔绰的人募捐吗？"

夏莹莹转眼一看，喜道："这个有钱！"马上向一个胖得很圆润的员外迎过去，甜甜地道："这位员外，灾民遍地，嗷嗷待哺，还望员外慨施援手，让他们有口饭吃啊。"

那胖员外一听就皱起了眉头："你让我捐我就捐，我的钱难道是大风刮来的？"他上下看看夏莹莹，双眼一亮，微露邪意地道："不过，如果你这么漂亮的姑娘，肯陪老夫睡一晚的话，你说捐多少，我就捐多少，嘿嘿嘿……"

他一面说，一面便拿手去勾夏莹莹的下巴。夏莹莹还真没有被人调戏的经历，除了叶小天那一次。在那以前，她每到一处，都有几个如狼似虎的堂兄弟护拥左右，哪有不开眼的敢调戏她，是以呆呆地站在那里竟然没有反应过来。

等那胖员外的手指都探到她下巴底下了，莹莹才惊醒过来，"哎呀"一声抽身便退，结果还是被那胖员外在滑溜溜的娇嫩颔下勾了一下。

"你找死！"

夏莹莹柳眉倒竖，杏眼圆睁，抬腿一踢，正踹在他的裆下，踢得那胖员外哎哟一声就直了眼睛，佝偻着身子侧倒在地。

夏莹莹甩开募捐箱，一双牛皮小靴毫不客气地向那胖员外招呼下去。太阳妹妹也一把丢开募捐箱，冲上去帮手，展凝儿自不用说，自己的好姐妹都被人轻薄了，还能看着？

叶小天扮监斩官，端坐案后，刚刚举起一根红签，沉声喝道："时辰已到，行……"

忽见台下三女正围殴一位中年胖大叔，叶小天一怔，赶紧一提袍裾，飞快地跑过去，乌纱帽上两只桃叶状的帽翅一闪一闪的。满面悲愤地跪在地上仰天等死的蒯鹏和举着鬼头刀扮刽子手的乔枕花，都愕然向他们望来……

第九章

不如化缘

一

叶小天跑到近前，急声问道："怎么了，莹莹，出什么事了？"

刚刚还提着裙裾像头愤怒的雌豹似的夏莹莹，马上摇身一变，化作一只温柔的小猫，偎到叶小天身边，委委屈屈地道："那个坏人轻薄我。"

"什么？"

叶小天一听勃然大怒，喝道："闪开，你们俩闪开，让我来！老贼，竟敢轻薄我的女人，老子是募捐义演，又不是卖身，你这是找死啊！"

叶小天那唱戏专用的厚底官靴砰的一下就踢在那胖员外的屁股上，胖员外立即痛得杀猪般尖叫起来。

张泓恒等人根本就不是正儿八经的艺人，完全是一群戏迷票友，眼见这厢打得热闹，也不管什么募捐大戏了，锣鼓家伙登时换了一个曲调，铿铿锵锵地奏起了"打戏"的调子，围观百姓纷纷喝彩："好哎！"一时掌声雷动。

这厢更闹得不可开交，几个巡弋街头的捕快赶了过来。近来城中难民渐多，官府怕治安败坏，是以派遣了大批捕快每日巡弋街头，及时处理各种意外。捕快们提刀上前，大声喝道："闪开，闪开，谁人街头打闹！"

他们闯进人群，一眼看见叶小天，顿时便是一愣，眼前这人穿的……这是官袍吗？却不知是哪一朝哪一代的官，根本不认识呀，有点像戏服。

再一看旁边那三位姑娘，众捕快又是一怔，这三位姑娘一个比一个靓丽可人，看她们的气质举止就不是小门小户家的姑娘，却不知为何抛头露面，其中两个姑娘还挽着袖子，露出白生生的一截手臂，当真够粗野。

那胖员外鼻青脸肿地从地上爬起来，一见那几个捕快如见亲人，马上叫道："邢捕头，快！快把他们抓起来！他们这哪是募捐哪，根本是明抢啊！老夫不愿捐款，他们就大打出手啊！"

那领头的邢捕头一听这话，顿时虎起一张面孔，喝道："来人啊，把他们抓起来！"

"谁谁谁，谁要抓人？"

"窦娥"脖子上歪歪斜斜地插着一根"斩"字令牌冲过来，往腰间胡乱摸了摸，摸出一块"锦衣卫南镇抚司右千户所百户荆鹏"的腰牌，往邢捕头鼻子底下一亮："你要抓人，我借你一个狗胆！"

这些公伯侯的二世祖，成年以后大多在锦衣卫当差，荆鹏就是锦衣卫南镇抚司的一个百户，平日也不用上衙当值，只领一份俸禄，但他是货真价实的锦衣卫。那些捕快们哪敢招惹这班豪门少爷，他们不主动出来惹事就谢天谢地了。

最后那员外只能自认倒霉，跟着几个捕快灰溜溜地离去。

这时候太阳妹妹突然一声尖叫："哎呀，募来的钱都没啦！"

众人循声望去，就见混乱之中两个钱箱都踩破了，里边为数不多的善款，也被看热闹的百姓捡得一干二净。

· ※ · ※ · ※ ·

临近黄昏的时候，汤显祖一行人筋疲力尽，也不换下戏袍，便拎着锣鼓铙钹赶回施粥棚下。徐麒云那边早从这边的家丁、伙计口中得知他们今日去募捐义演了，瞧他们灰溜溜的样子，少不得又是一通嘲讽讥笑。

徐麒云不在，这可是位小公爷，头一天为了赌局他亲自出面，在这站了一天，第二天就没有再来了，只让关小坤和芮清行在这里看着。这两人说起来也都是高官子弟，但为了拍小公爷的马屁，自然甘心做了狗腿子。可这两人此时也不在，自有他们府上的家丁和厨子在那里烹粥、施粥。

张泓恒等人自重身份，当然不能跟人家的家丁下人计较，在棚下怏怏坐下，问道："今日募得多少？"

乔枕花数了数，答道："不足一百文，嘿！就算此前募款箱不曾被人偷走，一共也不足三百文。"

汤显祖讪讪地道："往日里看戏的人挺多啊，却不想一到让他们捐善款的时候，就一个个不见了影子。"

荆鹏发牢骚道："这法子看来不成啊！老汤，好歹我也是个锦衣卫百户，这要叫同僚看见，少不得奚落我一番。真要募到了钱也就罢了，募不到钱还要受人奚落，我何苦来哉？"

就在这时，关小坤和芮清行领着几个家丁得意扬扬地走来，后边那几个家丁抬着一口箱子，看样子极是沉重。他们到了棚下，把那箱子放在一张桌上，关小坤往这边示威似的看了看，一抬手便打开了箱子。

"哇！好多银子！"

棚下的人立即一片哗然，站在近前的难民们也骚动起来。张泓愃站起来看了看，见那口箱子里亮澄澄一片，果然全是银锭，不由变色道："他们从哪儿弄来这么多银子？他们家里给的零花钱？打死我都不信！"

关小坤高声道："乡亲们，都看到了吗，这都是我们和徐小公爷募来救助你们的银两。一场洪水，满城饿莩，我等看在眼中，岂能无动于衷，你们放心，这个粥棚，我们会一直开下去，不叫你们饿死一人！"

"善人哪，大善人哪！"

许多百姓感激地跪下去磕头。

芮清行向张泓愃这边傲然看了一眼，高声道："有人自不量力，也学着咱们做善事呢。做善事是好事，可也得量力而行。没那个金刚钻，就别揽瓷器活。你们募来那点钱能买多少米？赈粥？拿去养鸡还差不多。"

关小坤高声笑道："哎，你知道就好，也不能说破嘛。人家本来就是在沽名钓誉，当然要做做样子啦。不过，就算是做做样子，好歹也算是在行善，咱们就不用太苛求了。"

蒯鹏大怒，一瞪眼睛就要冲过去揍人，叶小天和汤显祖连忙把他拦住。夏莹莹气愤地看着对面那伙得意扬扬的人，道："这些人怎么这样嘛，真是的，你们为了救人真的想尽办法了，我知道你们尽了心，不要在意他们说什么。"

美人的宽慰，令几人大感舒心，可一想到赌局将要失败，张泓愃还是沮丧得很，怏怏地道："这一遭只怕是输定了，奇怪，他们从哪儿搞来得这么多银子，向他们家里老的求助？不应该啊。"

蒯鹏想了想，道："不错！他们能弄来这么多银子，必有蹊跷，我去查查。"

叶小天道："你怎么查？"

蒯鹏道："你以为我这锦衣卫是假的？哼哼，这点事我还查不明白，南京地头我还混吗？"

轻烟楼上，一道皂色身影长身玉立，扶栏望向这边，无形的风，掠起他脑后的飘带，仿佛仙人凌尘。楼中一个怀抱琵琶的丽人葱指轻弹，望向他的眸子禁不住地露出一丝倾慕之意。

只是，这丽人虽美，却也自知身份卑贱。在这样一位身份高贵、举止脱俗的贵胄公子面前颇有些自惭形秽，不要说求个长相厮守，便只是一夕之欢，却也不敢稍萌妄想。

那脱尘超俗、天上仙人一般的佳公子，自然就是李国舅，远远的虽然听不见施粥棚处双方说些什么，对双方斗法的情形却也看得分明，眼见叶小天一班人落了下风，李国舅举起手中玉杯，轻呷一口，唇边露出淡淡迷人的笑意。

正在抚着琵琶的乐伎被他迷人的微笑扰得芳心一乱，指下的乐音便有些凌乱。她赶紧定了心神，脸红红地向那白玉一般皎洁明净的公子偷偷一窥，却失望地发现，人家根本没有回头看一眼。

李国舅慢慢品着美酒，心中略生得意。关小坤和芮清行募款的法子是他教的，他就是想让那位仙妃般绝艳无双的夏姑娘亲眼见到叶小天的狼狈和无能，他要让夏姑娘知道，他才是值得倚靠的男人，他才是可以为这朵奇花遮风避雨的参天大树，而叶小天……

李国舅的唇角倨傲地扬了起来："不过是一截无用的废柴罢了！"

"哎，要是人家的首饰戴在身上……"夏莹莹为难地看了叶小天一眼，道，"我当时是假装沐浴，潜水离开湖心岛，偷偷上的二姐的船，没有贵重首饰……"

展凝儿摊了摊手道："你好歹还有首饰呢，我从来就不打扮。"

叶小天笑道："就算你们戴了首饰，我也不能要的。咱们做善事，尽了力就好，总不能叫你们把心爱的饰物都捐出来。"

张泓恒道："不错！赢我要赢得光明磊落，输也要输得理直气壮。女儿家的心爱珍饰，将来都是要做嫁妆的，张某要是靠你们捐出珍爱之物才赢了他们，岂不更丢脸了，我张某人才不屑为之！"

这厢正说着话儿，蒯鹏一溜烟儿地赶了回来，连声道："我知道了，我终于弄清楚了，我知道他们从哪儿捞来的银子。"

几人赶紧围上去，连声道："快说说，他们想了什么法子？"

蒯鹏道："你猜他们从哪儿弄来的银子？嘿！关小坤和芮清行居然去'化缘'了！"

众人异口同声地道："化缘？"

蒯鹏道："不错！关小坤他爹是礼部尚书，芮清行他爹是刑部尚书，都是位高权重，小公爷更不用提了，他爹根本就是南京城的土皇上，关小坤和芮清行假借这几位父辈的名义招摇撞骗，去那些豪门权贵家里一一勒捐，这才弄来的银子。"

第十章

小天出招

一

张泓恒拍案道:"好大胆,他们这么干,就不怕损了他们父亲的官声?枕花,你爹是御史,你看要不要……"

张泓恒向乔枕花递了个眼色,露出一丝阴险的笑容。蒯鹏道:"张兄,咱们就算把这事给他们捅出去,他们顶多受到父辈的一顿斥责,而且赈灾行善,朝廷也是提倡的,纵然手段有些不妥,又能有什么严惩?可咱们却是实打实输了啊。"

张泓恒不耐烦地道:"那你有什么好办法不成?"

蒯鹏道:"张兄,许他们做初一,就不许咱们做十五吗?"

张泓恒神色一动,道:"你是说……"

蒯鹏道:"他们已经占了先机,不如明儿咱们也去各方权贵家里化化缘,划拉一圈儿弄些钱回来先挽回颓势再说。他们已经搜刮了一圈儿,总不能厚着脸皮再去搜刮一次吧?"

"嗯……"

张泓恒沉吟片刻,抬头看向几个伙伴,乔枕花和柳君央都点了点头。

刑部员外郎钱顺皮笑肉不笑地听着张泓恒的慷慨陈词,只管笑眯眯地呷茶,脑海中却在回想着昨日见到芮清行的情形:

芮清行跷着二郎腿,一脸傲气地道:"钱大人,募捐赈灾,乃是仁义之举。小侄如今正全力以赴,可惜力量有限,只好向世叔你来求助啦。您要是让我空手而归,小侄倒没什么,就怕我爹会不太高兴,听说大人你三年任满,正谋求继续留任?"

钱顺听他语含威胁,心中暗恼,却又不想为此跟尚书大人真起了什么芥蒂,只好强带笑容道:"好好好,这等善事义举,我自然是要参与的。却不知……捐多少合适，还望贤侄你给个数，呵呵，钱某也是靠俸禄过日子的人，多了只怕拿不出来啊……"

张泓愃说了半天，见钱顺悠然出神，不禁问道："钱大人？你在听吗？"

"啊？哦，听到了，听到了，呵呵，好！好啊，做善事嘛，应该的，有钱出钱，有力出力，共襄义举嘛……"

钱顺笑容可掬地站起身来。张泓愃的老爹是兵部尚书，官再大也管不到他的头上，更重要的是，张泓愃的老爹就快到了荣休的年纪了。这人不必得罪，却也不必在意，敷衍一下就是。

乔枕花、柳君央、蒯鹏那里也都碰到了类似的情形。人以群分，小公爷和他那些朋友大都是手握实权的大官或者勋戚子弟，而张泓愃这伙人中之所以以张泓渲为首，就是因为他爹的官儿最大——南京兵部尚书。

可管军的人对地方上的影响实在小了些，其他几人父辈的官职更小，而且他们认识的人，关小坤那些人也都认识，那些人已经去搜刮了一遍，这些官员缙绅都已有些不满了，乔枕花他们再去还能有好结果不成？

如果是他们的父亲出面，这些人或还给些面子，只凭他们这些小辈儿，那些人纵然官职比他们的父亲低些，却也不至于如此低三下四。南京城的那些缙绅也是这样，缙绅人家谁没个亲朋故友在朝里当官？却也不至于太把他们放在眼里。结果，张泓愃、柳君央等人兴冲冲而去，回来时却要么怒火满腔，要么垂头丧气。

轻烟楼上，张泓愃怒气冲冲地道："真是岂有此理，他们这是打发叫花子呢，最多的才给了我二十两，现在已经粮价暴涨，斗米千钱，本少爷的面子就这么不值钱？"

柳君央幽幽地道："知足吧，张大少爷，你还好啦。人家给你爹面子，还肯掏钱出来，你瞧我这……"

柳君央捧起一堆衣物，道："瞧见没有，这都是些尚书、侍郎啊，平时里我都是称伯道叔的长辈，也好意思一毛不拔，居然拿些旧衣服出来就把我打发了，还美其名曰赈灾济民，人人有责，有钱出钱，有力出力。"

柳君央把那堆鞋帽衣带愤愤地一扔，就听楼梯处脚步声响，乔枕花举着一幅打开的画儿走上楼来。张泓愃惊诧地道："乔兄，你这是做什么？"

柳君央双眼一亮，道："好一幅《观音大圣图》，乔兄这般郑重，莫非这是什么古董？哎呀，不会是画圣吴道子的遗世大作吧？"

乔枕花白了他一眼道："瞪大你的狗眼看清楚，这不有落款吗？吴道子，我呸！墨迹都还没干呢！"

柳君央低头一看落款，不由念了出来："通议大夫、协理詹事府詹事兼翰林院侍读学士，黄浩然！"

乔枕花道："喏，看见了？我还生怕我爹知道，趁着我爹今天不在御史台，这才去翰林院、御史台跑了一圈儿，向那些老先生们募捐，结果那些平日里没完没了地在笔头上忧国忧国的学士们就给了我这么一堆玩意儿。"

乔枕花把肩头背着的袋子往地上一扔，里边露出好多画筒，乔枕花道："一个个不是送的字就是送的画，这些玩意儿能当饭吃？黄大学士手头没有现成的作品，都不舍得掏银子出来，居然现写了一幅！"

乔枕花越说越恼，作势就要把那幅画团成一团，叶小天手疾眼快，一把将他摁住，道："乔兄且慢！"

乔枕花白了他一眼，道："你喜欢啊，送你。"

叶小天接过那幅画，仔细打量起来，夏莹莹气呼呼地道："小天哥，这破玩意儿你还看它做什么，可惜此去贵阳太过遥远，要不然我要家里帮忙，好过让你们低三下四去求那些无良缙绅和官员。"

叶小天目光闪烁，微微摇头，黠笑道："这世上只有坏主意，没有坏东西。只要能有个好主意，石头也能卖出金子价！"

众人面面相觑，失望已经太多，他们不敢再抱着希望向叶小天询问了，生怕又是一场空欢喜。展凝儿看着叶小天嘴角微翘，笑得坏坏的模样，却脱口说道："你又想出什么坑人的主意了？"

· ※ · ※ · ※ ·

各个衙门前面都会竖着几块板报模样的木板，上边还建有遮雨檐，有些需要公示于众的消息就会张贴在那上面。忽然有一天早上，出入各处衙门的人意外地发现在公示板上出现了一份非官方贴出的"揭贴"。

先是有人浑不在意地看上两眼，登时被那"揭贴"上的内容吸引住了，再后来便广而告之，越来越多的人挤到公示板前去看，一时间各个衙门都开始议论起了张泓恒、乔枕花等人为赈灾筹粮举行义卖的事来。

南京兵部尚书张乐天自然也听说了儿子的义举，听那小吏把衙前揭贴详详细细对他禀报了一番，张乐天挥手让那小吏退下，没好气地道："这个小子，胡乱出的什么风头，他懂什么赈灾，居然还要义卖，真是不知所谓！"

兵部左侍郎杨思笑道："太湖大水，周围受灾百姓数十万众，朝廷虽然拨了赈粮，奈何正值朝廷多变之秋，诸事操作缓慢，借助民间之力赈灾济困，为朝廷分忧，好事嘛。令公子以天下为己任，是尚书大人你教导有方啊。"

张乐天摆手苦笑："这孩子一向只会胡闹，他能做什么正经事了。老夫只盼他不要把这赈灾义卖变成一场闹剧，贻笑大方，那就知足了。"

驿馆里面，一处柳荫下面，展凝儿看看左右，虽然远处有人走动，还是有些心慌慌地瞅着叶小天，道："你把我叫到这儿来干什么？"

叶小天嘿嘿地笑，一脸谄媚，好像一只摇着尾巴等着主人丢下骨头的小哈巴狗，他还搓着手，一脸很怪异的神气，道："凝儿姑娘，有件事，我想麻烦你一下。"

展凝儿下意识地退了一步，险些被脚下堆砌的怪石绊倒，一跤跌到旁边的河沟里去："你……你你……你要干什么，你有话好好说，别搞出这副怪样子来成不成？我麻得慌。"

叶小天却没觉得自己有什么不对，就是觉得有愧于凝儿，现在又有求于凝儿，所以表现得格外亲切了些。叶小天咳嗽一声，道："凝儿姑娘，你上次代表令尊为魏国公贺寿，对南京城的使相千金、命妇贵女们，也该结识了一些吧？"

展凝儿警惕地道："认识，干吗？"

叶小天下意识地舔了舔嘴唇，看在展凝儿眼中更显猥琐了："咳！那么，你这次来，怎么没跟她们见见呢？"

展凝儿撇嘴道："见她们做什么？一个个娇柔作态拿腔作调的，人家最不耐烦和这样的女人在一起。"

叶小天正色道："凝儿姑娘，这可是你的不对了，一地有一地的风俗，一地有一地的习惯，中原女子娇羞内敛，自然不及贵阳女子爽朗直率，但同样不乏兰心蕙质的好女子嘛。"

展凝儿怯意渐去，没好气地瞪着他道："你到底想说什么？"

叶小天凑上前去，道："是这样，凝儿姑娘……"

展凝儿往身前一指，竖起柳眉道："你就站那儿说，别鬼鬼祟祟的。"

叶小天无奈，只好站住，对她悄悄说出一番话来……

第十一章

狮子抢绣球

一

李玄成是皇亲国戚，张居正死后，万历皇帝已然开始亲政，这国戚一脉的势力也就水涨船高了，虽说大明对国戚抑制得比较厉害，可是能跟太后说得上话的人，对皇帝多少总会有些影响。

因此，魏国公见这位国舅爷与自己的幼子一见如故，乐得让他们多多来往。徐家多年来一直是勋臣第一家，可不全是靠祖上余荫，历代子孙都很注意经营人脉，所以这些天，徐麒云最主要的任务就是陪伴李国舅。

施粥赈民那事，徐麒云只去过一次，然后就全权交给关小坤和芮清行负责了，他只管每日陪伴李玄成游山玩水。可这两天李玄成似乎有什么心事，时常精神不振、闷闷不乐，徐麒云就更上了几分心思。

这日约李玄成出来，徐麒云暗忖一连去了几处名胜，李玄成都不感兴趣，去逛秦淮河，群雄逐鹿，"百花"争艳，这位国舅爷还是看不入眼，想来真是因为他自幼醉心于神仙术、一心求道的缘故。

既然这样，他对名山大泽必然会感兴趣，徐麒云便想带他去栖霞山一游。两人走过院落，院旁几个轿夫坐在那儿聊天，闲谈的几句话偶然传入他的耳中，徐麒云一听，猛然站住了。

就听一个轿夫道："今儿早上抬咱们老爷去守备府，听刑部芮尚书府上的轿夫说，兵部张尚书公子要在百膳楼搞什么赈灾义卖，这可是个稀罕事，卖东西我听过，义卖还是头一遭儿。"

另一个轿夫道："少见多怪，所谓义卖，还是卖东西，只不过这卖东西的钱，都是用来做善事的，不能落入自己腰包，是为义卖，听说杭州府当初为筹抗倭军饷，就有人搞过这事，不新鲜。"

徐麒云道："你们说什么，张泓愃要搞义卖？"

那几个轿夫这才发现小公爷走过来了,赶紧起身行礼,连声称是。徐麒云冷笑一声道:"这几个小子倒能折腾,义卖?他们有什么东西可以拿来卖的,就凭一个做善事的由头,就能让人乖乖掏钱?"

李玄成微笑道:"徐兄,我看这栖霞山不去也罢,不如去看看他们如何义卖,倒比游山玩水更有趣些。"这话正中徐麒云的下怀,徐麒云道:"既然国舅也觉得有趣,咱们就去瞧瞧。"

当下徐麒云和李玄成便骑了马,带了七八个侍卫,向百膳楼赶去。

百膳楼外,舞狮队、舞龙队在锣鼓喧天声中卖力地表演着,四周聚集了无数的百姓,人山人海。

须臾,场中又燃起了鞭炮,硝烟滚滚,震耳欲聋,许多小孩子捂着耳朵尖叫欢呼,等那鞭炮声一停,顾不得大人的提醒警示,便一窝蜂地冲上去,踩着满地的鞭炮碎屑,捡那没有炸响的臭子儿。

关小坤和芮清行袖手站在路边,看着如此盛大热闹的场面。关小坤失笑道:"他们在搞什么?这么折腾,就不怕没人买账时下不来台?"

正在这时,后面有人拍了关小坤的肩膀一下。关小坤回头一看,见是徐麒云和李玄成,不由惊喜地道:"哎哟,小公爷,国舅爷,您两位怎么也来了?"

徐麒云皱着眉头看看百膳楼,道:"这不是你家的产业吗,怎么借给他搞什么义卖?"

身处江南的官宦人家大多经商,但经商毕竟是贱业,不好宣之于口,尤其是利用官员身份的便利为自己牟利,就更要隐秘些,是以就连芮清行都不晓得这间酒楼是关家的产业,听到这里不由诧异地看了关小坤一眼。

关小坤道:"这间酒楼平时也不是我在打理,我也不晓得他们租下来要在这儿搞义卖啊,这不我也是偶然听闻此事,才赶来看看。不晓得他们想卖什么,听说此前他们去往缙绅权贵家里募捐,被人家用些破烂就给打发了,不会就是义卖那些破烂吧?"

说到这里,关小坤忍不住笑出声来,李玄成轻摇折扇,微笑道:"想知道他们究竟要搞什么鬼,看看不就知道了,走,进去瞧瞧。"

关小坤一听,忙道:"国舅爷想看热闹,那好,我马上给您安排一处上好的雅间!"

李玄成道:"不!咱们就坐大厅!"说完折扇一收,当先走去。关小坤先是一愣,继而恍然,忙道:"对!对!对对!咱们就是要亲眼看着他们丢人现眼!"

叶小天指挥着整个义卖活动,根本没有注意李玄成、徐麒云等人的到来。叶小天拍着胸脯向张泓恒保证过,按照他的主意,一定可以筹来大笔银钱。张泓恒等人听了之后,也觉得叶小天这个主意非常靠谱,所以特意选择了这百膳楼搞义卖。

这百膳楼就在重译楼不远处,据说百膳楼的大师傅就是重译楼里退休的官厨,或许就算是重译楼的饭菜也未必就比其他大酒楼的饭菜好吃,但是胜在难得。这厨子以前做的菜,可是只有外宾和接待外宾的官员才能吃到的,物以稀为贵嘛,所以这百膳楼的生意还不是一般的好。叶小天听张泓愃介绍之后,就特意选择了此处作为义卖现场。

叶小天道:"好了,差不多了。让舞狮队进大厅,把看客们引进去,咱们这就准备……"

他正说着,忽然一阵馊臭味传来,叶小天不禁掩住了鼻子,抬眼望去,却见两辆运垃圾泔水的车子从旁边经过,臭味传来,众人纷纷掩鼻闪避。叶小天道:"怎么这个时辰还有人运垃圾泔水?"

蒯鹏是锦衣卫,对此了解一些,道:"难民越来越多,为防出现意外,南京城已不准再有难民涌入,因之进出都困难了许多,是以这段时间,城中的马桶、垃圾、泔水桶等运出城一次耗时极多,一早上是运不完的,拖到下午的都有。"

这时候那运泔水的车子已经慢腾腾地驶了过去,叶小天挥了挥面前难闻的气味,道:"好了,咱们这就开始吧。"

两头金睛雄狮且舞且行,向大门洞开的百膳楼内舞去。一进大门,就是一道长长的门厅过廊,门厅过廊左右各有一间空房,那是客人的车夫下人等候主人的地方,一向都用屏风隔着,今日百膳楼被包了场,那两厢自然是空的。

看热闹的百姓纷纷跟了进去,百膳楼内披红挂彩,两侧立着四个大字,还是汤显祖亲笔所写,只不过从"募捐赈灾,群策群力",变成了"义卖赈灾,群策群力"。

大厅最前方有一个高约三尺直径三丈有余的圆形台子,那是唱戏唱曲儿的地方。台下本来有许多散席,如今排得很是整齐,两只舞狮就从两排桌椅间宽宽的过道舞向前去,一个雄狮抢绣球,狮立而起,定在台前。

台上帷幔一拉,一身青衫、颇显俊俏的叶小天堪堪出现,恰好处在二狮抢绣球的中心位置,那颗大红绒球仿佛就挂在他胸前似的,这个亮相颇为帅气,登时赢得了一个满堂彩。

这百膳楼高有三层,二三层都是雅间,一层大厅上方的空间是一直通到楼顶的,二三层的雅间环绕于四周,朝向大厅的一侧都用金钩挂着帷幔,若是想看大厅中舞乐,便钩起帷幔,想安静叙话就放下垂幔。

此时那些帷幔都是挑起来的,每一处雅间里,都有一位衣着华美的大家闺秀,旁边还侍立着两三个丫鬟侍婢。那些大家闺秀们或手摇团扇或拈着果脯,好奇地望着下面大厅。

其中只有一间雅室里坐着三个人,三个人都临窗栏而坐,关切地看着楼下,正是展凝儿、夏莹莹和太阳妹妹。

叶小天春风满面地向台下众百姓拱手道:"多谢各位仁人义士前来捧场,咱们这场赈灾义卖,现在就算是正式开始啦!"

两头雄狮把狮头一摇,将那颗红绣珠望空一抛,狮口一张,突地喷出两个焰火花炮,烟花喷溅,花炮炸响。叶小天右臂向空一探,恰好把那只由空中坠下的红绣珠的璎珞抓住。

烟花散去,两头雄狮已经绕到后台,台上独留叶小天一人,手中擎着一颗红球。

"哇!小天哥好棒啊!"

夏莹莹做西子捧心状,两眼红心闪闪。

太阳妹妹虽未说话,可是看她激动得两颊绯红,也是一副春心萌动的样子了。

展凝儿撇撇嘴,向她们泼冷水道:"这是义卖,又不是唱戏,出风头!真无聊!"

说是这么说,她又往台下看了叶小天一眼,心中暗道:"这个该死的臭家伙,还真的……挺潇洒、挺……好看的呢!"

眼见叶小天如此一幕,李玄成和徐麒云不约而同,一个向下撇起左唇角,一个向下撇起右唇角,同时露出不屑的笑容。

这时就只是桌椅板凳一阵乱响,那些看热闹的百姓轰轰隆隆地退场了,如同退潮一般,逃得比准都快。什么义卖,他们不懂,他们只知道这是为了赈灾,既然是赈灾,想必是要钱的,他们生恐逃得慢了就会被人宰上一刀,是以争先恐后,落荒而逃。

李玄成和徐麒云坐在侧厢座位上,听到旁边的动静,扭头一看,不由哑然失笑。见此情景,关小坤捧腹大笑,芮清云已经笑得打跌,坐都坐不稳了。二楼三楼的那些闺阁千金们也被这一幕惊呆了,一位姑娘手中拈着的果脯失手跌落,从三楼掉下来,被抢着退场的百姓一脚踩个稀烂。

张泓愃见状,笑容顿时僵在脸上,低声对柳君央道:"我说小柳,小叶子这一招究竟行不行啊?再要失败,咱们可丢脸丢到姥姥家去了……"

第十二章

各取所需

一

对台下出现的状况，叶小天不以为然，依旧稳稳地站在台上，待喧哗嘲笑声渐渐消停下去，才朗声说道："各位，今天的慈善义卖，一定会有一些你们意想不到的贵客前来，只是……贵人嘛，自然都是比较忙的，所以会晚一些……"

李玄成听到这里，脸现狐疑之色，低声自语道："瞧他如此笃定的样子，究竟在搞什么鬼？"

这时，叶小天突然往台下一指，笑道："喏，这不，已经有贵客到了。"

徐麒云等人纷纷向门口望去，张泓愃等人也是精神大振，马上站了起来。

酒楼门口，两个身穿圆领便袍的男子鬼鬼祟祟地溜了进来，其中一个拿着扇子，把鼻子以下都遮起来了，另一个戴着六合一统瓜皮小帽，一直低着头，好像正在地上找蚂蚁。

进入大厅以后，这人才以袖遮面，悄悄抬头。两人一个对视，登时一愣，虽说两人都只露出了上半边脸，可是他们是极熟悉的人，天天在一个衙门里办公，还能认不出来？

"钱员外？"

"燕郎中？"

别误会，这员外不是那缙绅富贵人家的员外，这郎中也不是那挂牌问诊的郎中。这位员外，是刑部员外郎钱顺，而这郎中，则是刑部郎中燕起。

钱员外道："嘘……"

燕郎中也道："嘘……"

钱员外尴尬地道："低调，低调！"

燕郎中道："是啊，是啊。"

二人一齐转身看向厅中，齐齐吓了一跳，原来大厅中所有的人都在看着他们，就连头顶上那些二三楼的雅间里都有人看着他们。二人赶紧低下头，灰溜溜地找个位置坐下。

芮清行远远地看着，有些疑惑地道："那个胖老头有点眼熟，怎么一时想不起来呢。"

这时候，陆续又有一些人进入大厅，钱员外和燕郎中也在悄悄打量四周，见陆续在周围坐下的人大多不认得。过了半晌，钱员外忽然轻轻"啊"了一声，道："那个人，那个人我认识，好像是太仆寺方大人家的管家，他来干什么，莫非也想参加义卖？"

燕郎中偷偷看了一眼，纳罕地道："不会吧，就算太仆寺富得流油，也轮不到他一个太仆寺官员的管家发威吧？他能有多少积蓄，他……"

说到这里，燕郎中突然明白了什么，脸上顿时露出懊恼神色。这时，钱员外也明白了，看一眼燕郎中，恨恨地低下头，暗骂自己："我真蠢哪，何必亲自出面，派个管家或者亲眷替我来不就好了？幸亏还有燕郎中给我陪绑……"

台上，叶小天早把那红绣球放到一边，眼见陆陆续续有许多人像黄花鱼似的溜着边儿进来，各寻座位坐下，也不等那些位置全都坐满，便道："各位，多余的话我就不说了。缺衣少食的灾民，正盼着善心人士去解救他们，时间紧迫。今天我们拍卖的这些东西，说贵不贵，说不贵也贵。说它不贵，是因为它不值多少钱，说它贵，是因为捐献它的人，献出的是一片爱心！我们今日拍卖的，就是这些善心人捐出的东西，一会儿在座的各位可能会有人看中同一样东西，那样的话就价高者得啦。规矩就是这么简单，好啦，义卖现在正式开始！"

毛问智双手托着一条陈旧的腰带走上台去，关小坤嗤的一声笑了出来，李玄成却不再悠然自若地摇扇了，他的眉头锁成了一个大疙瘩，隐隐有种不妙的感觉。

叶小天接过那条腰带，双手托着，向台下展示了一番，高声道："诸位，你们可知这条腰带是什么人的？这是吏部右侍郎孟大人捐出的腰带，是孟大人亲身用过的腰带！"

叶小天道："孟侍郎就是系着这条腰带参加科考，一举中榜的。"

毛问智大声帮腔道："对！"

叶小天道："孟侍郎当年任监察御史巡按山东，就是系着这条腰带微服私访，一举扳倒为恶的当地权奸，扬名天下的。"

毛问智道："对！"

叶小天道："孟侍郎就是系着这条腰带，步步高升，直至成为吏部侍郎的。"

毛问智道："对！"

"不对吧……"

展凝儿轻轻皱起了眉毛，小声对夏莹莹道："穿官袍的时候，应该有专门配合官服的腰带啊。"

夏莹莹双手托着下巴，津津有味地看叶小天义卖，只觉郎君手臂一抬、眉梢一扬，都说不出地好看，听展凝儿在耳边这么一说，便不以为然地道："嗨！管它呢，做生意嘛，当然得往大里吆喝喽！"

展凝儿忍不住低头笑了。

台下，叶小天历数了这条腰带陪伴孟侍郎走南闯北所立下的无数丰功伟绩，以及伴随他步步高升的仕途历程，最后说道："孟侍郎不日就要调往京城，到京城吏部任职了，骤闻太湖大水，心忧地方百姓啊。可孟大人两袖清风，家无余财，这才忍痛割爱，将这条伴随他一生的腰带捐献出来，希望各位善心人士踊跃出价，您买下来的可不仅仅是一条腰带，天地有灵！您的义举善行，必得苍天厚报！起价，一百两银子！"

钱员外咳嗽一声，以扇遮面，大声道："一百一十两。"

旁边燕郎中马上道："一百二十两！"

钱员外偷偷横了燕郎中一眼，道："一百三十两！"

燕郎中小声道："钱员外，孟侍郎对我有提携之恩，他的腰带拿来拍卖，要是无人问津，孟侍郎面上须不好看，我若佯装不知此事，孟侍郎面前也不好说话，你就高抬贵手，让给我吧。"

钱员外道："燕郎中，明人面前不说暗话，想当年咱们俩一块儿进的刑部，都任主事，如今你可比我官职高。要论资历，我也早该再升一步了，奈何上头一直没有空缺，如今孟侍郎要往京城任职，我正想活动活动，事关前程，你看……"

燕郎中："一百四十两！"

钱员外冷哼一声，道："一百五十两！"

旁边有人高呼一声："两百两！"

这一下，钱员外和燕郎中都没了声音，两百两银子，他们当然拿得出来，只是别人是派了管家或者亲友乔装而来，可以尽情地喊价，他们两个是冒冒失失自己来的，如果这价喊得太高，不合适啊。

最终，这条腰带以三百四十两的价格成交了，钱员外郎和燕郎中都不认识买腰带的人，估计定然是哪个官员的亲友或管事。

说实话，要谋官职，三四百两银子是绝对不够的，可这却是一个良好的开端，否则你有钱都未必能搭上人家这条线，想给人家递钱的人多着呢，人家未必会收你那一份。

如今却不然，太湖水灾，张泓恒等人四处募捐，这些官绅随便拿些破烂就把人打发了，事情到此原也没有什么，谁能想到张泓恒等人竟然"废物利用"，搞起了义卖啊。

如果这些破烂卖不出去，这些捐物的官员必然名声受损，落一个为富不仁的骂名，于他们脸面上极不好看。可如果真有人高价买下，那又不同了，于这捐物的官员而言，他是两袖清风，而东西卖出去了，百姓得到了实惠，也会念他们的好。

当然，总会有人酸溜溜地说些什么别人高价买些破烂是变相贿赂，巴结奉迎上官什么的屁话，可是在赈灾济民的大义名分面前，谁敢公开说这样的话，那就是要"千夫所指，自取灭亡"啊，他们顶多腹诽一下，又有什么关系。

而这些捐物的高官大员们不可能不关心一下这场事关他们名誉的义卖会，究竟有没有人买走他们所捐的物品，花了多少钱，这样一来，再想和这位高官权贵搭上线，那就容易多了。

叶小天又捧出一方磨损严重的砚台，朗声道："这块砚台呢，是崇正书院山长、南京督学孙逸飞先生所用之物。"

叶小天没有再多做介绍，就这一句话就够了。官员们都有儿子，想要儿子有出息，最好的路甚至是唯一的路就是科举，而要走科举，就绕不开学政大人这一关，想必会有很多官员愿意花上一笔钱，为他的儿子做笔感情投资的。

"三百两！"

叶小天甚至都没有提出底价，直接就有人报了个三百两的价格，真是可怜天下父母心哪。

"三百五十两！"

"四百两！"

价格喊上五百两时，只剩下两个竞争者了，两人战意凛凛地盯着对方。

其中一人道："这位仁兄，孙先生是我家公……是犬子的恩师，为人弟子，要是连恩师的账都不买，那是要被人戳脊梁骨的，为了犬子，这方砚，我志在必得！"

另一人道："不好意思，舍弟正要拜到孙先生门下求学，还有比重金买下方先生的雅物更好的见面礼吗？还请仁兄你高抬贵手。"

"不抬！五百五十两！"

"你不抬也得抬！六百两！"

张泓愃坐在一边，张口结舌半晌，猛地一拍大腿，笑骂道："这样都行？哈哈，叶小天这小子，有一套啊！"

华云飞一直静静地站在一边，听到张泓愃这句话，不由微微一笑，心中暗道："有一套？我大哥还有第二套呢！"

第十三章

长江后浪

一

　　李玄成、徐麒云等人眼睁睁地看着叶小天拿起一件件毫不起眼的破烂，经他唾沫横飞地一通解说，台下便有人不断踊跃竞价，大把的银子流水一般送上去。张泓愃已经向酒楼紧急借调来一口大箱子，专门用来盛银子了。

　　徐麒云看得目瞪口呆，半晌才醒过味儿，气急败坏地道："这样也成？"

　　李玄成脸色阴郁，半晌之后却有些无奈地一笑，轻轻道："此人倒真有几分歪才。"这时李玄成心中对叶小天却是真的佩服起来，这个点子，他是绝对想不到的。

　　芮清行冷着脸看着台上眉飞色舞的叶小天，又看看一旁兴高采烈，不时向他们投以挑衅目光的张泓愃、柳君英等人，他很清楚地知道，这一次他们输定了。

　　关小坤咬着牙根，冷冷地看着台上发生的一切，悄悄转身走开了。这家百膳酒楼是他家开的，楼里寻常的伙计不知道他是少东家，但店里管事的人是清楚的，关小坤找到一个管事，把他拉到一处僻静的房间里，悄悄叮嘱起来。

　　眼见楼下义卖的场面如此热烈，二三楼雅间里的那些闺阁千金们也都凑起了热闹，楼上不时响起一阵叽叽喳喳的说笑声，展凝儿也暗暗松了一口气，嘴上却不饶人，冷哼一声道："这小子，倒有些歪门邪道的本事。"

　　夏莹莹笑嘻嘻地道："二姐，这可不是歪门邪道，这是正大光明地抢银子，被抢的人还得心甘情愿，这就是本事！"展凝儿没好气地白了她一眼，没有说话。

　　太阳妹妹好奇地道："小天哥这一手着实出人意料，没想到那些不值钱的东西，真的有人肯花大价钱去买。可是，小天哥此举已经大获成功了，为什么还要凝儿姐姐找来那么多的名门闺秀呢？"

　　展凝儿叹了口气，道："这还用说？谁嫌银子多了会咬手啊。不过……事情到此本来完满得很，不如见好就好。他偏要我去……如果没人响应的话，那先前挣来的面子可又要丢光了。"

义卖暂停，开始休息了。

一楼大厅的后台，张泓愃等人喜笑颜开地冲过去，一头扑在那装了近八成满的一箱银锭子上面，哈哈大笑起来："赢定了！赢定了！这一下小公爷在我们面前可再也抖不起威风来了。"

毛问智笑道："这还没完呢，喏！"毛问智从角落里捧出一口大筐。那筐里乱七八糟地装着一些书画、绣帕、团扇、荷包等物，看起来至少绝大多部分都是女人家用的东西。

张泓愃从银箱上爬起来，兴冲冲地道："果然用对办法，石头也能卖出金子价。咱们还要继续吗？"

叶小天提着一只茶壶，一边对着壶嘴儿喝茶，一边走了过来。方才他在台上卖力地吆喝了半天，可是喊得口干舌燥了。叶小天微笑道："那些使相千金、命妇贵女们都已被咱们请来了，你若不继续，不怕被她们挠花了脸？"

张泓愃哈哈地笑了起来，道："你也知道，那些人肯花高价买那些破烂，是醉翁之意不在酒啊。我只担心这些千金小姐们捐出来的东西不像刚才那么好卖，那样的话还不如见好就收。"

叶小天对张泓愃道："张兄，你以为小弟只把揭贴贴到了各个衙门口？"

张泓愃惊奇地道："难道不是吗？还贴到了哪里？"

毛问智也是一怔，揭贴是他和华云飞负责贴的，没记得还贴过别处啊。毛问智生怕是自己耽误了什么，赶紧问道："大哥，你让我和云飞贴到各处衙门口的，不都是跟官员们有关的消息吗？这些闺阁千金也有物品义卖的消息，可没让我们往外张贴啊。"

叶小天胸有成竹地微笑道："这个消息不用张贴，自然会有人替咱们传到有心人耳中。"毛问智、张泓愃等人面面相觑，不知道叶小天这葫芦里究竟卖的是什么药。

一个小丫鬟提着裙子跑上二楼，匆匆推开门进了一处雅间，气喘吁吁地道："小姐，陈公子和雷公子都来了，正坐在左边第四桌呢，朱公子也……也到了。"

那位小姐看来只有二八年华，容颜秀丽，她一直矜持地坐在栏边，假意不关心楼下的拍卖，眼睛却不断地往楼下睃着，奈何此时楼下热闹得很，大厅中坐满了人，人头攒动，哪里找得到她想寻找的目标。

听到丫鬟禀报的这句话，她才放下心来，面上却依旧做出一副不以为然的模样，淡淡地道："哼！人家走到哪儿，他们就追到哪儿，真是讨厌！"

侍立在她身后的两个小丫鬟也听到了刚跑进来的小丫鬟的禀报，其中一人对另一个小声说道："陈公子、雷公子和朱公子得了信儿果然来了，他们都是咱们家小姐的仰慕者，这种讨咱们家小姐欢心的好机会，他们哪会放过呀。"

小姐听在耳中，虽然依旧一脸的矜持，唇角却骄傲地勾了起来。

对面一间雅间里也有一位千金小姐，旁边侍立着几个丫鬟。这位小姐满头珠玉，衣料华贵，一看就是大富人家的姑娘，估计比对面那位小姐的家境和地位还要高，只是她的姿色过于平庸，脸上还有几个麻点。

她闪目向楼下观瞧着，神色隐隐有些焦急。她看了半晌，还是没有找到想找的人，忍不住小声问一旁的丫鬟，道："你真的安排好了？我怎么看不见人呀？"

旁边那丫鬟道："小姐，您就放心吧，咱们府上的阿大和阿二早就到了，喏，您瞧，这不就坐在那儿，坐在他们中间的那个人，就是雇来帮着喊价的人。"

这位小姐定睛一看，顿时松了口气，狠狠地向对面那位秀丽的姑娘瞟了一眼，骄傲地扬起了下巴，心中暗道："哼！我就是拿出自己的私房钱，把我捐的东西再买回来，也不能姐妹们看我的笑话，尤其是你这个狐媚子！"

台上的义卖在休息了一阵之后继续进行了，各路官员派来的义卖人大多已经完成使命，陆续走掉了，可台下的客人并不见减少，反而有越来越多之势。这时，义卖再度开始，展示的就是团扇、绢花、荷包、字画、绣帕等物了。

对于这些东西的叫价，与方才大有不同，方才常常是一件东西五六个甚至七八个人一齐喊价，陆续抬高价格，而这一次每展示一件物品，说明它的来历后，最多也就两三个人喊价，有的甚至只有一个人喊价，可是哪怕只有一个人，都生怕价喊低了不卖给他似的，拼了命地往上抬价。

叶小天这厢刚说了一句："这是宣城伯的爱女浅然姑娘亲手所写小令一首……"

言犹未了，台下便是声嘶力竭一声吼："五百两！"

"好！有眼力！"

叶小天马上向他一指，也不等是否再有人喊价了，马上宣布："这首小令归你了！"

那人一身锦袍，后边跟着两个魁梧的家丁，手里各提着一个沉甸甸的包袱。叶小天事先散出消息时说得明白，只要现银或金子，不收银票。倒不是叶小天信不过他们的银票，实在是手续太过繁琐。

此时的票号，主要是给大商家提供汇兑便利，免得他们持大量金银货币往来各地，个人存取款业务是不办理的。纵然凭张泓恒等人的身份，票号肯予通融，一下子提取太多也需提前打招呼，如果是未到期的银票还要给票号倒付利息。他们这笔钱是用来救命的，第二天就要用，根本取不出现银，若直接拿银票去买粮食，大部分粮铺又找不开。

这人带着两个家丁兴冲冲地上了台，把银子交给毛问智，如获至宝地接过那首写在薛涛笺上的字迹娟秀的小令，满面红光，咧嘴大笑。

三楼一间雅间里，一个以团扇遮面，只露出一双妩媚双眸的少女轻轻啐了一口，含羞地缩回了身子，看来这首小令就是她写的了。

一时间，那些团扇、绢花、荷包、诗词，都以远比第一轮义卖更高的价格被人疯抢起来，如果恰好碰到某位姑娘有好几个追求者，而每个人都不愿在心上人面前示弱退让，那价钱更是喊得人心惊肉跳。

钱员外和燕郎中此时还没走，这两个倒霉蛋是自己来的，不像别人喊价可以随心所欲，价太高了他们不敢喊，怕被有心人盯上，可价喊低了又没人让他们，结果一件合适的东西都没买到。

他们本想等下半场再说，却没想到这下半场卖的竟然全是女子的一些小物件。两人对这些东西自然不感兴趣，正要快快离去，不想才走出几步，就见证了众人一掷千金的豪奢场面。这些官二代富二代们，真是比他们的老子更舍得挥霍，为了讨佳人欢心，简直是不惜一切。

钱员外摇头嗟叹道："这些不知天高地厚的年轻人哪！哎，这是为成有情郎，先舍无价宝吗？幸亏我儿子不在其中，不然真要把老夫活活气死了。"

燕郎中捋着胡须，慨叹道："年轻人嘛，想法怎么可能和你我一样。老夫年轻的时候，何尝不是与他们一样，眼中除了所爱的女子，再也放不下任何东西。她要我去跳河，我就跳河，她要我扑火，我就扑火呀。"

钱员外颔首道："是啊！这些年，咱们都成了古稀老人了，想起来真是岁月无情催人老啊。"

两人相对唏嘘片刻，忽又一怔，猛然想起方才的竞争，二人顿时把脸一板，相互冷哼一声，拂袖而去。

第十四章

不翼而飞

一

义卖大获成功，最后摆在台上的是整整三大箱银子，白花花的银锭散发着耀眼的光芒。张泓恒、柳君央、蒯鹏、汤显祖等人喜出望外，进而忘形地在台上唱起了曲儿。

徐麒云悻悻地转身要走，却被关小坤一把拦住："小公爷，咱不能走。"

徐麒云横了他一眼，臭着脸道："不走还待如何，难道还要上前恭喜一番？"

关小坤道："不错！咱们不但要上前恭喜，还要请他们马上赴宴。"

徐麒云大怒，道："你小子究竟是哪边儿的？"

李玄成隐隐明白了关小坤的意思，便对徐麒云道："小公爷打算毁约吗？"

徐麒云道："大丈夫一言既出，驷马难追，我答应了的事，绝不毁约。"

李玄成轻笑道："这就是了，这样的话，关兄此举就是为小公爷你着想了。"

徐麒云奇道："此话怎讲？"

李玄成道："小公爷上前道一声喜，便显出了小公爷你的胸襟气魄。早请他们赴宴了结此事，也省得张泓恒得意忘形，借此宣传啊。"

关小坤道："是啊！此前张泓恒并无胜算，所以并未对外张扬。如今却不然了，今日之后，就算张泓恒不说，也难保柳君央和蒯鹏那两个大嘴巴对外张扬，那时小公爷你再请他们赴宴，可不知要有多少人要来看咱们的笑话了。"

徐麒云听了，恍然道："不错，是这么个理儿。"他挺起胸膛，很光棍地向前迎去。徐麒云走到张泓恒面前，拱了拱手道："你能想出这样的法子，徐某佩服！"

张泓恒没想到一向高傲的徐麒云会放下身段，不觉有些意外。徐家的地位高出他张家许多，徐麒云肯向他低头，张泓恒顿时有了面子，便也不想得寸进尺，忙拱手道："哪里，哪里，这都是兄弟们帮忙，若非这位小天兄弟出此妙策，张某定要输给小公爷了。"

徐麒云有些意外地看了一眼叶小天，强笑道："不管怎样，我是输了！依照赌约，这便请你去重译楼赴宴，向你摆酒谢罪。"

张泓愃一怔，道："这么快？"

芮清行气冲冲地道："怎么，你还想拖着这件事羞辱我们不成？"

张泓愃拂然道："张某是得理不饶人的人吗？只是这些银两，我得先找个地方存放起来。"

关小坤道："这有何难，请这店里伙计帮忙，把这些银两先运到国子监去吧，那儿离这又不远，还有官兵把守，可谓万无一失，便在他们库房里暂存一天又有何妨。"

这些官宦子弟都在国子监读过书，关小坤和张泓愃、柳君央现在还是国子监的监生。他们都清楚国子监的情形，这么一大笔银子，暂存于国子监确实很安全，便道："好吧，那就把银子运去国子监。"

这时楼上的闺阁千金们还没离开，酒楼中也有些人还未退场，徐麒云被他们看得很不自在，虽然他们并不清楚徐麒云与张泓愃打赌的经过，可徐麒云还是有一种正被众人指指点点暗中讥笑的感觉。

他恨不得立刻离开此地，便道："那你就派人把银子运到国子监吧，咱们这就去重译楼。徐某马上履行诺言！"

芮清行补充了一句，道："此事之后，你们可不要到处张扬，坏我们小公爷的名声。"

汤显祖讥笑道："芮公子不必口口声声都把小公爷抬出来，我看怕丢面子的人是你吧？"

张泓愃好不容易让小公爷落了一次下风，却不能广为张扬，未免有些"锦衣夜行"的遗憾。不过两家的地位差距太大，还真不能把小公爷往死里得罪，经此一事，小公爷再也不能在他面前趾高气扬，这也就行了。想到这里，张泓愃自然是满口答应。

张泓愃回首道："蒯兄，你看……"

蒯鹏会意，颔首道："你放心吧，我押运银子去国子监，然后再到重译楼去找你！"

蒯鹏好歹是个锦衣卫百户，比其他几个公子哥老练精明一些，此事自然交给他办最妥当。南京城里固然不会有人劫道，可这毕竟是三大箱银两。叶小天想起方才楼外舞狮的时候周围有不少捕快巡弋，最近南京城里难民太多，只要有人聚集的地方，必然有大批的捕快，官府对此警惕得很。

叶小天便对张泓愃道："张兄，可以让楼外的捕快们协助护送一下。"

张泓愃点头称是，忙又叫人出去知会那些捕快。若是在这些捕快们负责的地段出了大案，这些捕快罪责难逃，况且楼里这几位又都是高官子弟，那些捕快自然满口答应。

崩鹏向酒楼讨来三只大锁，把那银箱锁了，叫来几个力大魁梧的伙计，用绳索把那箱子捆绑整齐，插入两根大杠，四个伙计抬一口箱子，齐发一声喊，吃力地抬起箱子，便往外边走去。

这时展凝儿、夏莹莹等人已从楼上下来，夏莹莹根本不理会现场还有这么多人，她像只小燕子似的飞上台去，挽住叶小天的手臂，喜滋滋地道："小天哥，你好厉害呀，人家在楼上看着，欢喜得心都要炸了！"

叶小天笑着在她鼻头上刮了一下，道："那叫心花怒放！"

夏莹莹向他扮个鬼脸，笑嘻嘻地道："当我不知道这个词吗？人家心里欢喜得比心花怒放还要怒放，那就只能像烟花似的炸开了。"

叶小天哈哈大笑起来，太阳妹妹从一开始对自己的定位就很低，眼见叶小天和莹莹亲热，并不吃醋，只是走上前来，甜甜地赞道："小天哥，你真的好棒！"

展凝儿的心态就奇怪得很了，叶小天和夏莹莹山水相隔难以相见时，她为他们千里奔走，往返传讯，毫无怨言。夏莹莹想见叶小天时，她就绞尽脑汁，帮莹莹想逃出红枫湖的主意，可是真见他们腻在一起时，心里又特别不是味道。

这时眼见二人亲热，展凝儿心里就似打翻了一口醋坛子，少不得酸溜溜地嘲讽两句："这算什么大本事，既不能经国济民，又不是决胜沙场，不过是些旁门左道的小把戏，有什么了不起。"

夏莹莹虽然天真烂漫，却也不傻，自然明白二姐为什么总是在不合时宜的时候出现，说些不合时宜的话。她不着恼，只向展凝儿扮个鬼脸，道："经国济民，决胜沙场与我有什么相干？在我心里，小天哥这就是天大的本事了！"

她们这厢斗着嘴，十几个伙计已经抬着银箱出了大厅走进门厅过廊。崩鹏紧随其后，刚刚迈步上了台阶，身后突然有人喊道："崩鹏，你等一下。"

崩鹏回头一看，关小坤快步追上来，自怀中摸出一件东西，递给他道："方才忘了给你。"

崩鹏接过来一看，见是一块腰牌，也未细看上边写的什么，便皱眉道："这是什么玩意儿？"

关小坤傲然道："出入重译楼的信物，不然，你以为你进得去吗？"

崩鹏一窒，他虽然是锦衣卫，可重译楼也不是他能随便进的，毕竟是专门招待外臣的所在。崩鹏冷哼一声，揣起那块腰牌转身就走。

关小坤在他身后呸了一声，道："不过是走狗屎运赢我们一场，得意什么。"

崩鹏听在耳中，脚下一抬，突然变成了唱戏的台步，唱道："呀、呀、呀猛望见，便、便、便铁石人见了也可怜。他、他、他袋内有弯弓，壶中无只箭；待、待、待要布展怎地展？铮、铮、铮两三番迸断了弓弦。走、走、走一骑马逃入榆科园。来、来、来两员将绕定榆科转，见、见、见更狠似美良川！单雄信大败于此，俺尉迟恭赢了也！哈哈哈哈……"

蒯鹏这一段唱得意扬扬，把关小坤的鼻子都气歪了，他冷哼一声，转身就走。蒯鹏洋洋得意地唱着，迈步出了百膳楼。守在百膳楼外的一群捕快立即迎了上来，领头的捕头正是先前想把叶小天等人抓走的个邢捕头。

虽说当日蒯鹏扮窦娥，可这当捕头的人眼光何其毒辣。刑捕头认出了蒯鹏，赶紧上前赔笑道："百户大人，您老好兴致，这段唱得着实地道。"

蒯鹏哈哈一笑，道："原来是你啊，帮我把这些银子运去国子监吧，有劳。"

邢捕头赔笑道："应该的，应该的！百户大人，请！"

当下一群捕快簇拥着那三只银箱，便往国子监而去。

重译楼的格调档次自然是金陵十六楼中最高的，尤其是这里有最好的官伎侍酒唱曲、歌舞助兴。虽然酒菜未必就比别处更加鲜美，可仅凭这些，就足以令人飘飘然了。

尤其是这一席酒是徐小公爷的谢罪酒，张泓愃等人更觉得与往昔酒宴大不相同，众人畅饮，最后除了叶小天和华云飞、毛问智三兄弟，竟是个个酩酊大醉。

·※·※·※·

翌日一早，叶小天起床后，本想着先去取了银两，再去各处粮铺购粮，却不想昨日义卖大获成功的消息已经传开，有个佟掌柜运粮进南京后便想着大赚一笔，他听闻消息，竟然跑到驿馆来求见他了。

佟掌柜想着与其一家家粮铺地分卖粮食，不如一块卖出去，如此少赚一些却也值得，省事。张泓愃等人都是官宦子弟，门槛太高，他一介商贾进不去，才来馆驿求见叶小天。

叶小天一听自然大喜，这也省得他处处奔走一家一家地砍价了。他和佟掌柜商量好价格，便兴冲冲地去找汤显祖。头昏脑涨的汤显祖在睡梦中被叶小天硬拖起来，几人一并去找张泓愃。

张泓愃也高卧不起呢，听叶小天说明来意后，他死狗般赖在榻上，有气无力地道："我的头都快炸了，晚些再过去吧。你们去找蒯鹏，他有钥匙，让他带你们去国子监取银两。"

叶小天和汤显祖无奈，只好离开张府，又去蒯鹏家里。蒯府家人把他们引到蒯鹏的卧室，众人一进屋便嗅到一股浓重的酒气。两人把呼呼大睡的蒯鹏唤醒，把他从被窝里强拖出来。

蒯鹏迷迷糊糊地任由他们摆布着,洗漱穿戴。整个过程中,蒯鹏一直处于半睡半醒的状态。好不容易把这位爷弄得有点人样了,眼见他骑不得马,他们又把他架上佟掌柜的车子,一行人便奔了国子监。

有蒯鹏带路,他们很顺利地就进了国子监,此时那些长住学校的太学生们正在上课,书声琅琅。蒯鹏此时已经清醒了些,领着汤显祖、叶小天和佟掌柜先去见了分管住宿、膳食和仓储的国子监司业乐翎——乐先生,跟乐司业打过招呼,便去了仓库区。

到了仓库区,蒯鹏迷迷瞪瞪地看了看,用手一指,道:"就是这间。"

这间库房因为存了银两,乐司业把门钥匙也给了他,蒯鹏取出钥匙,半天都没对准锁眼。汤显祖等得不耐烦,一把抢过来打开了门,蒯鹏被叶小天扶着跟跄进去,指着墙边道:"喏,都……都在那儿。"

叶小天道:"佟掌柜,让你的伙计来帮把手,云飞、老毛,你俩也去帮帮忙。"

华云飞和毛问智答应一声,与佟掌柜的几个伙计走过去,用力去抬一口箱子,这一抬几个人险些闪个跟头,毛问智怪叫一声,道:"哎呀妈呀,怎么这么轻?"

华云飞脸色一变,松手绕到箱子正面,一摸那锁,骇然发现那锁鼻儿都被人撬开了。华云飞急忙掀开箱子,登时大叫道:"大哥,不好,这箱子都空了!"

"什么?"

叶小天大吃一惊,急忙松开蒯鹏,快步抢上去。

蒯鹏骤然失去扶持,站立不稳,一屁股就坐到了地上。

叶小天冲过去一看,箱中空空如也,当真是空的。

叶小天急忙冲到墙边,顺手一摸,锁头还好端端地挂在上面,可是锁鼻儿业已被人撬开。叶小天急忙掀开箱子往箱中一看,不由得眼前一黑,眼前这口箱子也是空空如也!

第十五章

追索赈银

一

整整三大箱银两，全都不翼而飞。

蒯鹏的酒意彻底吓醒了，他满头大汗地跑过去，不死心地把那空空的箱子又仔细翻了一遍，大声咆哮起来："善款也敢偷？老子的银子也敢偷？银子存在国子监，也能被偷？"

任他喊得如何响亮，可那银子是不会自己变回来的，三口箱子还是空的。国子监司业乐翎闻讯赶来，弄清情况之后，脸色变得极其难看。

因为参与这项义举的有国子监的学生，此事宣扬开来对国子监来说也是一件好事，而且国子监安全得很，他才答应为张泓愃等人暂存银两，可这才一夜的工夫，银子就在国子监被盗了，国子监岂不落了最大的嫌疑？

蒯鹏一把扯住乐司业，吼道："银子存在你国子监，如今三口银箱都被撬开，可这仓库的大门却完好无损，还用说吗，定然是你们国子监有人监守自盗，这件事你们必须得给我一个交代。"

乐司业拂然变色，道："因为你们寄存的是银两，本官特意把仓库钥匙给了你，如果要说有人窃取了银子，最有嫌疑的也不该是我国子监。"

蒯鹏大怒，道："你放屁！不是你们难道还是我？你把钥匙给了我，难道你就不能有第二把？我还有箱子的钥匙呢，如果是我，何不连箱子也用钥匙打开，偏要硬生生撬开？"

乐司业冷笑道："如此一来，你才好嫁祸给我们国子监啊。"

蒯鹏怒不可遏，挥拳就打，被叶小天一把拦住，汤显祖也冲上去，抱住蒯鹏的胳膊，把他强拉到一边。

乐司业一见蒯鹏想要对他动手，气极反笑道："你们锦衣卫真是好威风啊，你窃了银两，却栽赃给我们国子监，现在还要仗势欺人不成？老夫倒是忘了，指鹿为马、颠倒黑白，可不正是你们锦衣卫最拿手的本事吗？"

蒯鹏气得暴跳如雷，怒吼道："老汤，你放开我，我打死这个老东西。"

如今的锦衣卫可比不得当年威风，现在最得势的是文官。不管是锦衣卫也好，皇亲国戚也好，一旦得罪了文官，那就像捅了马蜂窝似的，不管跟他有关系没关系，那些文官们就像打了鸡血似的，前仆后继地冲上来狂轰滥炸，骂不死你也把你恶心死。

更何况乐司业是国子监的官员，不但在士林中颇有威望，而且他教的那些学生很多都有不俗的家世，蒯鹏这一拳真要是打下去，恐怕就不是捅马蜂窝那么简单了，而是一头冲进了马蜂窝。

汤显祖深知其中厉害，又岂敢撒手，听蒯鹏一说，他抱得更紧了。叶小天道："够了，蒯兄，此时吵吵闹闹的有什么用，不如报官吧。"

蒯鹏被汤显祖抱着，指着自己的鼻尖道："报官？我做的就是官，你让我报官？我锦衣卫被人坑了，居然去找捕快办案，我还嫌自己不够丢人吗？"

叶小天无奈地道："那你想怎么样？动用你锦衣卫的人来办案？你们南镇抚不是主管卫内军纪和匠户的吗，办得了案子？"

蒯鹏用力挣了两下，没有挣开汤显祖的搂抱，便道："放开我，你放心，我不揍他，放开！"

汤显祖这才松了手，蒯鹏呼呼地喘了几口粗气，渐渐冷静下来，道："就算我们南镇不是专司侦缉的探子，总也比六扇门里的货色高明几分。这个案子，我一定查得明白，如果真是他们国子监的人下的手……"

蒯鹏冷冷一笑，睨向乐司业的眼神颇为凶狠。乐司业傲然扬起下巴，道："想查我们国子监？我看，你还是先洗清你自己的嫌疑吧。"

蒯鹏一听又暴跳起来："我有屁嫌疑！你们国子监的墙比牢墙还高，大门口有兵丁守卫，三大箱子银子啊，得十多人抬，老子偷？老子怎么偷？老子会五鬼搬运法吗？"

叶小天听了神色一动，道："对啊！箱子在这，银子没了，偷银子的人一定是搬不动整箱的银子，又或者是无法把那么大的箱子直接运出国子监。"

叶小天来回地踱着步子，紧张地思索着，徐徐地道："如果是有人把银子化整为零，一批批运走，那么他不管是零散地运出国子监，还是偷了银子之后再化零为整地运走，都不可能是从院墙上运出去的。"

他这么一说，蒯鹏也冷静下来，道："不错。如果是零散地运出去，那高墙内外必须有人配合，墙外还得有车子，有装银子的箱子，这个过程短不了。国子监内晚上有兵丁巡逻，墙外有捕快和更夫，最近南京城内难民遍布，捕快巡弋得更是频繁，如果是从墙头运走，早被发现了。如果是整箱的银子，他们就是踩着梯子都搬不上去！"

汤显祖恍然道："所以，那贼只能把银子从门口运走！"

叶小天霍地转向乐司业，道："司业大人，国子监这等所在，谁人出入是否有所记载？"

乐司业一听，这么一说，还是怀疑到了国子监身上，心中十分反感，可这失窃案就发生在国子监，他根本无法回避，只得悻悻地道："自然有记载，不过，如有出入，顶多也就是记个名字，不可能记其他的。"

叶小天微笑起来，道："这就足够了，昨天银子运来时，已经将近傍晚，夜里相信也是禁止出入的，那么中间这段时间就不会太长，在这段时间内，如果有人运了大车的东西离开，或者反复出入多次，相信守门的人必然记得清楚。"

蒯鹏喜上眉梢，道："不错！如果有人在这段时间运过成车的东西出去，又或者一个人反复出入，再不然就是一大群人一起出去过，那么他们就是最有嫌疑的人。"

乐司业冷笑道："说来说去，你们还是要查我国子监？"

蒯鹏怒道："怎么，你国子监就查不得？你再三阻挠，莫非是做贼心虚？嘿！这门锁完好无损……"

叶小天打断他的话道："荆兄，门锁完好无损，并不能证明什么，这种锁很容易打开，不瞒你说，给我一件合适的工具，我都能捅开。司业大人好心帮我们寄存银两，我们不可胡乱攀诬国子监，令司业大人为难。"

乐司业听他这么说，本已气得发青的脸色渐渐缓和下来。

叶小天趁机向乐司业长施一礼，诚恳地道："司业大人，您是学官，教书育人的道理，您比我们这些后生小子要明白得多。这些银子是用来赈灾救民的，盗银的人可谓丧尽天良啊！"

"如果这笔银子找不回来，不知有多少难民的处境将雪上加霜。您维护国子监的心情，在下可以理解，可是眼下银子确实失窃于此。您要想洗脱国子监的嫌疑，就更该配合我们，查出这真正的窃银大盗来。"

乐司业听了不禁沉吟起来，半晌之后，方缓缓说道："此事，乐某做不得主。我要禀报祭酒。"

叶小天道："有劳司业大人！"

乐司业狠狠横了蒯鹏一眼，拂袖而去。

蒯鹏冷笑道："看他做贼心虚的样子，那窃贼必然出自国子监无疑。"

叶小天安慰道："真相还未大白，蒯兄不必这么说。"

那佟掌柜的眼见一桩大生意飞了，好不懊丧，不耐烦地上前道："几位，不好意思，既然你们的银子已经不见了踪影，这笔买卖咱们也就做不成了，告辞！"

叶小天也有些泄气，向他拱了拱手，眼看着佟掌柜的出去，忽然想起一事，顿足道:"不行,不能让他这么走。"

汤显祖和蒯鹏一怔,齐声道:"怎么?"

叶小天道:"佟掌柜地离开后,必然会把此事张扬出去。如今这事扑朔迷离,尚未查个清楚。若是张扬开来,不免有人会猜疑国子监中有人作案,也会有人猜忌你我,假借义卖赈灾的名义敛财,实则中饱私囊。"

"对啊!"

蒯鹏恍然大悟,道:"我去追他,叫他嘴巴严实点儿。"

蒯鹏说着快步追了出去,他是锦衣卫,那佟掌柜的不过是个商贾,只要他吩咐过了,那佟掌柜一个生意人,断然不会再多嘴,再也没有人比这些小民更明白"祸从口出"的道理了。

不一会儿,国子祭酒田明道匆匆赶来。田祭酒的脸色比乐司业还要难看,在来此之前,他已经严词训斥过乐司业一顿。可事已至此,他也没有别的办法,善款是要追查的,但他最在乎的是维护国子监的名誉,否则一旦传出消息,说国子监的太学生们或者传道解惑的先生们窃取善款,国子监必然声名扫地。

田祭酒赶到现场,听蒯鹏气呼呼地把事情一说,便道:"好!本官让乐司业配合你们,去查一查昨晚出入国子监的人。不过,你们须得小心从事,如果此事张扬开来,哼!"

田祭酒一声冷哼,蒯鹏的狂妄之态顿时敛去,他忽然意识到,后果不仅仅是丢了善款这么简单了。

别看田祭酒是个教书的,可国子监是培养官员后备力量的最高学府,能入学国子监的人,最低也是个举人,这些人出去后,要么做官,要么是地方上极有影响力的缙绅,国子祭酒和西席先生,那可是云泥之别。

第十六章

捉"鬼"特工队

一

田祭酒这番话自然是极有威慑力的，真要把他惹恼了，不要说挪鹏是锦衣卫，就算张泓愃那样的尚书之子，他也全不在乎。

他甚至不用自己出面，只要煽动一番，让那些很容易热血起来的太学生们慷慨激昂地扛着孔圣人像跑出去游街示众，那就会立即成了轰动全国的大事件，只怕就连张泓渲、柳君央等人父辈的官位前程都要受到影响。

汤显祖也是读书人，自然清楚在文官当道的年代，这位国子祭酒的能量，连忙向他再三保证，绝对会把国子监的声誉放在第一位，那位田祭酒这才拂袖而去。

他要乐司业陪同叶小天等人查案，是因为揽下这桩差事的就是乐司业，结果惹出这么大的麻烦，自然不能让他置身事外。

乐司业也知经此一事，田祭酒对他大为不满，可事到如今他也别无他法，只得悻悻地陪着挪鹏、叶小天等人前去查案。

这国子监共有四道门户，但平时只开前后两道门。国子监里有祭酒、司业、监丞、典簿等官员，这都是负责管理的官员，此外还有太学博士、学正、学录等人，这才是真正负责教学的老师。

除了这两种人，还有厨库、案管、监学、胥长、胥佐、贴书等吏人，巡夜、更夫、花匠、厨子等杂役。国子监里甚至还有一处书库，负责刻印经史典籍，因为刻印精美、纸质精良，国子监书库是整个江南最大的刻印馆，这里自然还有很多工人。

虽然国子监人员的组成如此复杂，可傍晚时分出入国子监的人还是不会太多。乐司业臭着一张脸，带着他们先去了前门，叫守前门的胥佐取来昨日出入人员的名册仔细检查了一番，又向那胥佐询问自昨晚挪鹏运来银两后，直到今晨出入的人员有无特殊情况发生。

那胥佐不知道发生了什么事，但是见司业大人神情凝重，却也不敢怠慢，他仔细回想了一番，肯定地回复道："司业大人，真的没有，昨晚出入此门的一共四十多人，最多的也只是三四人同行，无人携带重物，更无人以车马运送东西。"

蒯鹏按捺不住，问道："可有人反复出入？"

那胥佐道："这个，我却不记得了，如果有人反复出入，这流水册子上也自有记载。"

蒯鹏刚要去翻册子，叶小天已道："方才我已看过，只有一人进出过两次，理由是酒后遗落了东西在酒馆。"

汤显祖蹙眉道："只有两次，那不可能了。"

华云飞和毛问智在这方面更无所长，一直跟在叶小天身后，并不发表意见。

乐司业见名册上没有疑问，不由松了口气，他嘴上强硬，心里还真担心是哪个学生或者是哪个执役注意到了他们昨日运来的银两，一时动了贪念将银子窃取，那样丢人的还是国子监。

叶小天略一沉吟，道："走，咱们再去后面瞧瞧。"

他们又穿过整个国子监学区到了后门，出入后门的人更少，一共不过二十多人，更无疑问。

仔细检查过后，蒯鹏不死心，又让乐司业带着去看左右两道平时并不开启的门户。那两道门因为平时不开，锁头都生了锈，仔细看那锁眼，绝对没有新鲜的擦痕，自然也不可能开启过的。

毛问智忍不住道："大哥，这可奇了，左右两道门没开过，前后两道门没有可疑的人出入过，这银子还能飞上天不成？"

蒯鹏阴沉着脸色道："如果银子不曾运出去，那么……"

叶小天和汤显祖对视了一眼，一句话到了嘴边，却都没说出来。

如果银子没有运出国子监，那自然是还在国子监内。

乐司业显然也明白了蒯鹏的未尽之语，脸色难看地道："怎么，难道你们还想搜我国子监？"

叶小天叹息了一声，异常诚恳地道："乐司业，您老德高望重，桃李天下。道德文章，无不让人钦敬。如今这桩案子，若不查个水落石出，不止无数难民受苦，国子监和乐司业您的声名令誉也不可避免地受到玷污……"

乐司业道："成了成了，你不用说了，老夫……答应你便是！"

· ※ · ※ · ※ ·

水井旁有一架辘轳，一个头戴四方平定巾、身穿杂色盘领衣、脚穿蒲草鞋的粗犷大汉小心翼翼地爬进井口，站到一只水桶里，慢慢松开双手。

上边一个身穿短褐、裤褶、外套搭护的年轻人吃力地摇头轱辘，将那绷得笔直的绳索一点点放下去。

忽然，那年轻人脱了手，哎呀一声跳开，那轱辘的摇柄急旋起来，井下传来一声惨叫，那年轻人赶紧扑到井口，探头向井里望去，大声道："老毛，你没事吧？"

轱辘上的绳索到了尽头，绷紧不动了，紧接着，那绳索颤悠起来，过了半晌，一只大手猛地探出了井面，扣住井沿一块青砖，紧接着一个人猛地蹿了上来，半截身子还在井里，便趴在井口，嘴里汩汩地流出一汪清水。

水井不远处，两个身着曳撒、头戴圆沿遮阳帽的监生手摇折扇，好奇地看着这井口的一幕。

"年兄，这些人不是司业大人找来灭鼠除蟑螂的吗？井里也会有耗子或者蟑螂？"

"啊！贤弟从小生活在城里，自然有所不知，为兄少年时曾寄住在乡下姥姥家，倒是知道一些，这耗子是能潜水的，或者因此，他们才打扫得如此仔细吧。"

"年兄真是博学，哎呀！井里居然会有耗子，这……这咱们平时饮的茶……哎呀，想想都要作呕。"

"哎，眼不见为净嘛。说起来，为兄在国子监已经两年多了，雇人灭鼠除蟑螂的事儿还是头一遭见，祭酒、司业各位大人，对我等学子真是关怀备至啊。"

"是啊，是啊！"

那从井口爬出来的人正是毛问智，至于在上边放轱辘的就是叶小天了。毛问智咕噜噜地吐了一地井水，向叶小天有气无力地摇了摇头，道："大哥，底下没有。"

叶小天眉头一挑，道："再找！"

他们都换了平民的衣服，百般无奈的乐司业帮他们找了一个借口：灭鼠除蟑螂，清洁国子监。他们得以名正言顺地搜查起来。

不远处，蒯鹏拿着一根长长的用三根竹竿续接绑在一起的杆子，抬头看看大杨树上那个足有锅盖大小的老鸹窝，用力向上一捅，鸟窝翻了，几只鸟蛋从树上掉下来，其中一颗鸟蛋正打在他的脑门上，蛋液流了一脸。

旁边几个监生用很怪异的眼光看着他，蒯鹏抹了把一脸的黏液，拎着竹竿灰溜溜地走开了。

另一处地方，两座高大的房舍，汤显祖和华云飞各自从一间房子的屋脊处冒出头来，遥遥地对望着摇了摇头。很快，他们就下了房子，扛着梯子奔向另一处建筑，爬上爬下，好不繁忙。

两个监生正躲在一间房里吃酒，桌上有几道小菜。

这两个监生一个年约三巡左右，颌下三绺微须。另一个却只十六七岁，眉清目秀，柳肩柔媚，此刻竟坐在那个年长的监生腿上。他挟一口菜给那年长的监生，那年长的监生呷一口酒,渡一个"皮杯"给他,如此狎昵,显见是有着不同寻常的关系。

"咣嘡!"

门开了,叶小天和毛问智出现在外面,两个监生吓呆了,那眉目清秀有些男生女相的小监生坐在学长怀里,愣是忘了分开。那年长的监生双手搂着那小监生的细腰,嘴巴嘟着,正要渡一口酒过去,突见门口出现两个人,吓得怔在那里,嘴巴依旧嘟着,酒却从嘴角簌簌地流下来。

"不好意思,打扰两位了。"

叶小天咳嗽一声,道:"奉乐司业差遣,我们兄弟是来打扫房舍,灭鼠除蟑螂的,只是检查一下,很快就走,不会打扰两位太久的。"

叶小天向毛问智一扬下巴,毛问智立即走进去,摸摸被底,拉拉抽屉,翻翻衣柜,放在窗边的花盆儿他也搬起来看了看,伸手一薅,竟然抓住那蓬兰草,连花带土地拽了出来。

毛问智吓了一跳,赶紧把花塞回去,扭头看看那两个监生呆若木鸡,并未注意自己的举动,赶紧佯装无事地走开。毛问智连笔筒都倒过来检查过了,向叶小天摇摇头,叶小天客气地笑道:"打扰了,打扰了,两位请继续。"

等毛问智出去后,叶小天很体贴地替这两位掩上了房门,两个监生依旧搂作一团,目瞪口呆地看着门口。

茅厕里面,蒯鹏鼻孔里塞着纸团,气急败坏地拿竹竿在"金汤"里搅来搅去,一边搅一边咬牙切齿地嘀咕:"老子就不信了,这银子只要还藏在国子监,我就一定能把它翻出来!"

外边忽然响起脚步声,蒯鹏吓了一跳,赶紧把竹竿竖在一边,宽衣解带,做撒尿状。一个监生走进来,站在蒯鹏旁边,一边解手,一边好奇地看着他,蒯鹏扭过头,向那人咧嘴一笑,鼻孔里露出两个白乎乎的纸团。

那监生以为碰到了神经不正常的人,吓得打个哆嗦,差点尿在袍子上……

第十七章

豁然开朗

一

叶小天等人把国子监翻了个底朝天，最后筋疲力尽地回到失窃现场。其实偌大一所国子监，他们本不该搜得这么快，但国子监虽大，能藏银子的地方却有限，而且人群集中的地方也不可能藏银，这样一来搜得就快了。

回到失窃现场后，几人互相看看，都面露沮丧之色。乐司业冷冷地道："如何？现在可以洗脱我国子监的嫌疑了？"

蒯鹏已经懒得跟他说话，乐司业冷笑一声，昂起头，不屑地离去。蒯鹏越想越恼火，狠狠一拳打在门上，骂道："这一遭不止打赌输了，还要背上一个以行善为名诈骗善款的臭名，真是倒霉。"

毛问智揉揉鼻子，对叶小天讪讪地道："大哥，咱们午饭还没吃呢，忙活一天了，先去吃点东西吧？"

叶小天白了他一眼道："你就知道吃，老实待着。"

叶小天走到蒯鹏面前，缓声说道："蒯兄，你别急，你把昨日送银子过来的情形跟我好好说说，一路上都是什么情形，可曾遇到过什么特别的人物，一点也不要疏漏了。"

汤显祖也凑过来，道："对，你说说看，咱们集思广益，说不定会发现什么破绽。"

蒯鹏已经不抱希望了，懒洋洋地道："有什么特别之处？我让百膳楼的伙计抬着银箱出了酒楼，邢捕头就带着十多个捕快迎上来了，那些捕快护着这些伙计，一路往国子监来。

"离百膳楼最近的衙门就只有这国子监了，只隔三条街，我们一路过来，虽说外围有捕快盯着，我都没有松懈过，一直看着他们，沿途就没停……对了，在第二个路口停了一下，因为那时正好有支迎亲队伍路过。"

汤显祖眼神一亮，道："迎亲队伍？会不会有人趁乱靠近银箱？"

蒯鹏道："怎么可能，伙计放下银箱后，就守在四角，外边还有一圈捕快，谁能靠近？就算是神偷，偷个一锭两锭银子还有可能，能在众目睽睽之下把三口银箱掏空？等那迎亲队伍过去，我们就继续走，一直到这仓库门口，再没停过。"

汤显祖不死心地道："沿途再没碰到过什么特殊的人或事？"

蒯鹏快快地道："没有。到了国子监，正遇上乐司业，我亮出锦衣卫腰牌，对他把情形说了一下，一开始他还不大乐意，后来听说参与其事的还有他们的学生，这才答应了。他把我领到这处库房，取出钥匙开了门，让我把箱子抬进去，钥匙给了我，我就离开了。银子放在这种地方，又不是轻巧玩意儿，我哪想得到会出事。"

叶小天蹙着眉头听着，等蒯鹏说完，仔细思索半晌，并未觉察任何异处。叶小天返身走进仓库，仔细观察仓库内的情形，杂物都堆放在墙边，华云飞和毛问智也曾翻过的，什么都没有。

叶小天又走过去仔细看了看那几口箱子，尤其是被撬压的锁鼻处，又抬头看看，发现这库房除了大门，就只有高处一个不大的小窗户，那窗户有一人多高，伸着手都够不到窗沿。

叶小天走到仓库外边，四下看了看，绕到房山头时，见高处有一扇小窗，因为这仓房不是正南正北的房子，此处山墙向阳，所以在这里开了扇窗子。窗下有一摞青砖，叶小天便踩着青砖，上去观察那扇窗子。

窗沿上全是灰，窗棂上还结了蛛网，伸手用力一推，那窗户纹丝没动，叶小天仔细一看，这才发现窗子被钉子钉死在窗框上，那钉子早已锈蚀，也没有新开的痕迹，不禁摇摇头，又从砖堆上跳下来。

蒯鹏沮丧地道："没发现什么吧？要不要把这事告诉泓愃？"

汤显祖叹了口气，道："你不告诉他他也会知道的，可他知道了又有什么用？这笔银子还是不翼而飞了。"

这时候，有两个杂役抬着一张桌子走过来，那是梨木做成的桌子，很沉重，桌下还有两个书柜，两个杂役抬得很吃力。走到这处仓库门前时，后边那个杂役忍不住叫道："老牛，歇会儿，歇会儿，我手没劲儿了。"

前边那个姓牛的是倒背着双手抬着桌沿，听后边那人一喊，便停下脚步，把桌子放下，转身嘲笑道："这才走了几步啊，又歇？你这身子，都让你媳妇给掏空了吧？"

后边那个杂役笑骂了一声，活动着手腕道："你在前边还好些，我一迈腿就顶在柜子上，当然吃力了。"听到这里，叶小天忽然抬起头，异样的眼神直勾勾地盯着他们。

这两人并未发现叶小天的异样，聊了一阵子，便又抬起桌子，慢慢地向前走去。

叶小天下意识地跟了上去，果如方才那人所言，他没拿工具，只凭双手抬桌子，因为身子离桌子太近，只一迈步膝盖便顶上柜子，只能迈着小碎步，所以异常吃力。

二人抬着桌子，渐渐走出了前边的月亮门，转过拐角不见了。叶小天还站在那儿，直勾勾地望着他们离去的地方出神。华云飞和毛问智互相看看，走上去问道："大哥，怎么了？"

叶小天喃喃地道："抬不动，歇一会儿。抬不动，歇一会儿……"

毛问智道："大哥，你管他们歇不歇呢，再说，你这么点动静，他们也听不见啊。"

叶小天突然一回身，冲到蒯鹏面前，一把抓住他的肩膀，迫不及待地道："蒯兄，你刚才说，你们出了酒楼之后，那些伙计就抬着银箱，直到第二个路口碰上迎亲队伍，这才歇了一会儿，之后一直到这里，再没停过？"

叶小天激动之下，抓得蒯鹏的肩膀生疼，蒯鹏察觉叶小天的异状，见他神情激动，满面红光，如何还不明白他已有所发现，不免有些紧张起来，连忙应道："不错！"

叶小天道："你所说的没有停过是什么意思？是一路抬着银箱，一直走到这仓库门前，中间都不曾把银箱放下休息过？"

蒯鹏想了想，肯定地道："对，一路再没停过，银箱没有离肩，脚下也没停过，怎么了？"

叶小天松开双手，欢喜地道："我明白了，我明白了！不对，说不通，说不通啊！嗯？说得通的，应该说得通的，可是……"

叶小天忽然返身向仓库里跑去，几个人都知道他必定有所发现，连忙一窝蜂地跟进去，就见叶小天冲到墙角，又掀开银箱，翘着屁股，大半个身子都探了进去，也不知道在找什么。

蒯鹏茫然道："他在找什么？什么明白了，又说不通说得通的？"

毛问智挠了挠头皮，道："俺也不晓得，如果俺知道，俺也有大哥那本事了。"

蒯鹏听了，不禁给了他一个大大的白眼。叶小天从箱子里抽回身子，迎着窗户射进的阳光捻了捻手指，欢喜不禁地道："我明白了，我终于明白了！"

蒯鹏忍不住道："你明白了什么？"

叶小天满面喜色地道："我再确认一下！"说完飞也似的从蒯鹏身边跑过去，等蒯鹏等人追到外边，就见叶小天正在山墙下搬砖。

他蹲在墙根底下，很小心地搬着砖，拿着一块青砖，便像看宝贝似的看看，然后放在一边，再拿起一块，仔细看看，再放在搬开的那块砖上面，很快他就清理出了一块地面，又盯着地面认真地观察起来。

眼见叶小天这番举动，汤显祖神色一动，突然露出喜悦的神情，脱口道："我明白了，哈哈哈，我也明白了！"

这一回蒯鹏真急了，顿足道："我说你们究竟明白了什么，快点告诉我啊，我都要急疯了！"

汤显祖微笑道："我只猜出了七八分，哈哈哈，究竟如何，你们还是等小天兄弟告诉你们吧。"

这时候，叶小天已经站起来，对蒯鹏道："蒯兄，麻烦你再走一趟，把乐司业和这里的管库都找来。"

蒯鹏按捺不住地道："小天，你究竟发现了什么？"

叶小天笑吟吟地道："便告诉你也无妨，不过一会儿乐司业他们来了，我不免还要再说一遍，还是你请他们来了，我再一并说吧。"

蒯鹏被叶小天逗引得心痒，只好急匆匆去找乐司业。乐司业刚向国子祭酒田明道禀报了今天的搜索情况，听说国子监已经基本摆脱了嫌疑，田祭酒的脸色好看了许多，但还是训斥了乐司业几句。

乐司业自知理亏，自然唯唯诺诺地称是，等田祭酒数落完了，乐司业从祭酒房里出来，刚刚长出一口气，蒯鹏就找来了。乐司业听说叶小天发现了破案的关键线索，不由心头一惊："别是绕来绕去，又疑到我国子监头上了吧？"

乐司业不敢怠慢，急忙叫上管库的胥吏，急急赶到失窃仓库的房山墙处，还没等他问话，叶小天已经抢先问道："司业大人，窗下这堆砖头，是谁放在这儿的？"

这等小事，乐司业哪会知道，他怔了一怔，回头看向管库，管库想了想，也是毫无印象，叶小天道："这库区都有谁负责，请足下马上把他们都找来，一个也别落下。"

哪管库不明就里，但是司业大人既无异议，他当然照办，马上一溜小跑儿地离开，不一会儿就把负责库区管理的所有杂役全都叫了来，一共七个人，这其中就包括方才抬桌子的那两个人。

叶小天向他们一问，七个人全是脸现茫然。他们都没往房山墙处堆过砖头，不过，也从未注意过房山墙处什么时候多了一堆砖头，谁会注意这些东西呢。

叶小天听他们一说，终于哈哈大笑起来："我明白了，原来如此！原来如此！"

第十八章

神探叶小天

一

乐司业忍不住道:"原来怎样,你到底明白了什么?"问到这里,乐司业突有所觉,忙摆摆手,对管库的胥吏及众杂役道:"好了,没你们的事了,都退下吧。"

管库胥吏和众杂役纷纷散去,乐司业迫不及待地问道:"你究竟明白了什么?"

"我明白了很多事!"叶小天目中精芒流转,显然是突然想通了一件大事,兴奋之中却在强作平静。

叶小天道:"咱们先说这失窃案。不管动手的人是傍晚进的库房,还是半夜进的库房,他们潜进仓库,撬开银箱,把银子一锭锭地拿出来,再运出国子监,都是根本不可能的。可是……如果他们运的不是银子呢?"

叶小天目光一扫,微露得意之色,蒯鹏、乐司业、毛问智和华云飞齐齐一愕,失声道:"不是银子?"

唯有汤显祖脸上笑容越来越盛,显然叶小天的话已经和他心中所悟统一起来,他的推断是没错的。

叶小天道:"不错!不是银子!如果……他们运的只是砖头,只是把一堆砖头从箱子里搬出来,再一一运到房山头上一放,那就容易多了。这个过程很短,也不必运出国子监。"

乐司业低头看看地面上那一堆青砖,估量了一下它的数目,差不多正好填满三口银箱的样子,他一脸怪异地抬起头道:"砖头,你们运来的是砖头?"

蒯鹏恼道:"怎么可能,我运来的是银子!"

乐司业冷冷地睨了他一眼,道:"你当时可没打开箱子叫老夫验看。"

蒯鹏大怒,道:"难道老子讹你不成?"

叶小天道:"司业大人没说错,蒯兄,你运来的的确是砖头!"

此言一出,众皆大骇。蒯鹏急了,刚要说话,叶小天已抢着道:"不过,蒯兄你也不知道运来的是砖头,你始终以为你运来的是银子。而银子,已经被人调了包!"

蒯鹏张大了嘴巴,喃喃地道:"怎么可能,怎么可能,是谁调的包,什么时候调的包?"

华云飞想了想,提出了另一个疑问:"大哥,如果银子还没运到国子监就被调了包,换成了砖头,那他们为何又不嫌麻烦地撬开银箱,再把砖头搬出来?"

汤显祖忍不住笑道:"就因为银子已经变成了砖头,他们才要想方设法地偷出去啊!"

乐司业和蒯百户、华云飞等人一脸茫然,毛问智却没浪费那个脑筋,他瞪着一双大眼盯着叶小天,情知他必有解释。

叶小天笑道:"不错,想必汤兄业已想通了其中的关节。就因为银子已经被换成了砖头,所以他们才要偷出去。如果箱子里还是银子,他们情知运不出国子监,反而未必会动手了。"

几人还是一脸茫然,汤显祖道:"贤弟,你还是从头说起吧。"

叶小天欣然道:"是这样,银箱在百膳楼里就已经被人调了包,换成了砖头!"

蒯鹏失声道:"不可能!醉仙楼里那么多双眼睛看着,我一直押着银箱出的酒楼,之后马上有捕快们帮我押运,这么多人看着,怎么可能……"

叶小天道:"蒯兄,你先听我说下去,等我说完,你且看我说的对是不对。"

蒯鹏马上闭上了嘴巴,用力点点头。

叶小天道:"他们如何调的包,说实话,我现在也不清楚,我之所以断定银箱是在百膳楼里调的包,是从我发现这库中银箱里装的其实是砖头开始的,也只有在百膳楼里就被人调了包,才有这个可能。"

叶小天长长吸了口气,道:"我们一直在想银箱是什么时候失窃的、在哪里失窃的,被偷走的银子又是如何运走的,却一直忽略了一件事,那就是抬银箱的人!"

蒯鹏喃喃地道:"抬银箱的人?难道那些伙计有问题?可是……还有我和捕快们看着,他们怎么可能把银子换掉?"

叶小天道:"这个秘密,我现在还不清楚,不过我却能断定,银箱被他们抬出百膳楼时,就已经被他们换掉了。那三箱银子,每一箱都重量惊人,需要四个伙计抬起,尚且吃力得很……"

蒯鹏、华云飞等人回想起在酒楼里的时候,那些伙计扛起木杠,脚下迈着沉重的步子向外走时的情景,不觉点了点头。

叶小天道:"蒯兄说过,路上你们只歇过一次,就是迎亲队伍经过的那个路口,之后再也没有停过,一直抬到这个仓库,从那个路口到这个仓库之间路程还很长,那些伙计刚刚抬起银箱时就那么吃力了,怎么出了酒楼就变成了一身神力,沿途都不用歇歇?"

蒯鹏脸上露出憬然神色，汤显祖微笑道："银箱抬出酒楼后，他们变轻松了，那是因为在抬银子出酒楼的过程中已经掉了包。"

华云飞道："既然银子早就被他们调包了，他们何必费尽周折再来偷一遍砖头？难道还有另一伙贼？"

汤显祖道："不！就是同一伙人！他们来偷砖头，是因为只要我们打开箱子，发现里边装满砖头，马上就能猜到银子是在百膳楼里被人调包的。因为出了酒楼之后蒯兄特别警觉，又有捕快押运，这一路行来，他们根本没机会再做手脚。"

蒯鹏恍然大悟，道："我明白了！如果银子是在国子监失窃的，那么那些贼绝不会闲极无聊，偷了银子之后再放一堆砖头进去，所以，箱中只要有砖头，咱们就能确定是在何处被人做了手脚，从而找出真正的嫌疑人。所以他们一定要把砖头再偷出去，制造银子是在国子监失窃的假象。"

乐司业听到这里大感兴奋，他现在可是浑身轻松，国子监的嫌疑终于彻底洗清了。一时间，乐司业也是血脉偾张，兴奋不已。这贼忒狡猾了些，他现在也恨不得马上把这贼揪出来了。

叶小天道："没错！所以，这次窃银案，其实是分成两个阶段，第一个阶段，是用砖头换掉真银子，他们想窃银，只能在这一阶段进行。第二个阶段，是处理掉冒充银子的砖头，从而泯灭证据，栽赃陷害！"

汤显祖道："所以，他们一定要再偷一次，把砖头偷走，才能避免暴露。"

叶小天道："我是见那两个杂役搬桌子，力气耗尽几度停下歇息，才想到那些伙计抬银箱时就有问题。可是如果银箱那时就出了问题，总也不该是空的啊，空箱子飘飘荡荡的一路抬来，恐怕蒯兄和捕快们早就发现有异了。然而我们在这库房里见到的，却是空箱子，压箱的东西呢？"

汤显祖道："贤弟方才再度检查箱子，想必就是为了验证这个问题。"

叶小天道："不错！我仔细检查，在箱中发现许多刮痕，在箱角缝里还发现一些砖沫。而原来我们翻看箱子，找的只是银子，根本不会注意这些细节，即便有所发现，也只会认为箱子以前装过别的东西。"

叶小天抬起一只脚，在砖垛上踩了踩，道："这时我才想到房山头上这堆不起眼的青砖，很可能就是用来压箱的东西，我特意把它们搬开看了看，地面的痕迹也是新的，显然堆放不久，而管库的胥吏和杂役们，却没有一个知道这堆青砖的来历，若年深日久，他们记不起这堆砖头的来历还情有可原，只是近日之事，他们也想不起来吗？结果自然呼之欲出了。"

毛问智摩拳擦掌地道："走！咱们马上去百膳楼找银子！"

·※·※·※·

百膳楼外，大路对面屋檐下，叶小天几人站在那里，看着对面的百膳楼。乐司业也跟了来，此时若不能弄个明白，他是吃不香睡不好了。汤显祖奇怪地道："我还是想不通，他们在百膳楼里是怎么调的包呢，那银箱可一直在我们的视线之内啊。"

叶小天道："只要能确定问题出在这里就好，至于究竟是怎么调的包，让他们亲口交代就是了。"

乐司业忍不住插口道："你想让他们亲口承认调包了银子？"

叶小天道："他们当然不会承认，可我若是在酒楼发现了那笔银子呢？"

叶小天微微眯起了眼睛，道："一家酒楼，生意再好，也不可能有那么多的现银存在酒楼里。再者，那些银子都有不同银号的铸印，很容易被我们抓住实据。你别忘了，那里边还有一些是以黄金器皿抵价的，更是无从抵赖的铁证！"

乐司业眉头一皱，道："他们调包了银子，还能不及时运走？"

叶小天道："我赌的就是他们还来不及运走！自从金陵城涌进大批难民，满街都是巡检捕快，夜里又实行宵禁，他们做贼心虚，敢轻易运银子出去？何况他们已经抹去了国子监库房里的证据，自有侥幸心理。咱们发现得又早，所以这银子还未运走的可能极大！"

乐司业颔首道："有道理！"

叶小天微笑道："我叶小天说话，自然有理有据！"

这时，蒯鹏领着一票锦衣卫，气势汹汹地赶了来……

第十九章

茅塞顿开

一

蒯鹏因为兴奋，呼吸有些急促，他对叶小天道："我把人带来了，还顺道通知了泓愃、老柳、老乔他们，一会儿他们就到！你说吧，咱们怎么干？"

叶小天道："怎么干？直接冲进去，搜！"

华云飞讶然道："大哥，你做事一向稳重，向来讲究谋而后动，如今怎么……"

叶小天没好气地道："刀都架到脖子上了，还等什么，往里冲！"

"好！"

这话真是太对蒯鹏的胃口了，他马上对那些锦衣卫小校道："兄弟们，冲进去，按照我的吩咐，上上下下、里里外外地给我仔细搜，只要搜出贼赃，我请你们吃酒去！"

那些锦衣校尉也兴奋得很，他们闲极无聊，已经很久没事做了，当即就按着刀，雄赳赳气昂昂地冲进百膳楼。

"各位爷是要用餐吗，是坐散座还是要个雅间……"这时还没到用餐高峰期，酒楼里的客人并不多，一见一大群锦衣卫冲进来，马上有个小二迎上去，殷勤地问道。

蒯鹏伸手一推，蛮横地道："滚开！"

"哎哟！"那伙计仰面便倒。

蒯鹏把绣春刀一拔，向前一指，厉声喝道："给我搜！"

那群锦衣卫四散而去，高声叫道："都别动，站着！站着！锦衣卫办案，全都给我老实点儿。"

乐司业见此情景，隐隐觉得有些不妥，他皱了皱眉，对蒯鹏道："你这么做，可是滥用职权了啊。"

蒯鹏满不在乎地道："不过是一家酒楼罢了，就算有些背景，敢跟我锦衣卫做对不成？若是搜不到东西，我向他们赔个不是，若是搜出赃物，管他有多大背景，敢坑老子！嘿！嘿嘿！"

蒯鹏的老爹就是锦衣卫南镇抚司的镇抚使，寻常的权贵人物他还是镇得住的。

"你们干什么？"

一个百膳楼的管事沉着脸迎上来，见蒯鹏身着锦衣百户的飞鱼服，便走到他面前，向他拱拱手，不卑不亢地道："不知我们这酒楼犯了哪条王法，竟然劳动你锦衣卫的人前来办案拿人？"

蒯鹏向他翻了个白眼，不屑地道："就凭你也配质问本官？哪儿凉快你哪儿呆着去！"

那管事气得脸上一红，咬了咬牙，强自忍下这口恶气，压低了些声音，道："这位大人，你们这么大张旗鼓地上下搜查，我们还怎么做生意？实不相瞒，我们这百膳楼，可是礼部关尚书的产业，不看僧面看佛面啊……"

"你说什么？"

蒯鹏目芒一缩，急声道："你这百膳楼，是礼部关尚书的产业？"

那管事以为他怕了，微微露出得意之色，轻轻点了点头，道："不错！"

蒯鹏慢慢转向叶小天，眼神亮得吓人："关尚书，是关小坤的爹！"

叶小天一听这话，猛然明白过来，如果银子是有人在百膳楼被调了包，不管他们用的什么法子，都绝对离不开百膳楼的帮助，或者就是百膳楼做的手脚。可百膳楼开了很多年了，就算这笔银子的数目再庞大，百膳楼的人有家有业，又岂敢妄自下手，对于他们的动机，叶小天等人一直想不明白。

可是如果这百膳楼是关尚书的产业，是关小坤命令百膳楼的人做的配合，那就完全说得通了。关小坤有足够的理由这么做，凭他狂妄跋扈、不计后果的二世祖性格，也干得出这种事来。

蒯鹏激动得脸都红了，挥舞着绣春刀大吼道："都愣着干什么，不用理会他们，搜！给我搜！给我挖地三尺！"

这百膳楼有四位管事，另一位管事闻讯从后边匆匆走出来，到了大厅后恰好听到先前那位管事向蒯鹏说出这百膳楼的幕后东家是礼部关尚书，这位管事顿时脸色一变，急忙又退了回去。

大厅里连客人带伙计，再加上锦衣卫的人马，此时场面混乱得很，一时也无人注意到他的倏来倏去，而此人正是当日被关小坤唤去密语过的那个管事。

虽然南镇抚的锦衣卫不是缇骑，也没有多少搜捕经验，但办起案来倒也有模有样。他们把人都赶到大厅，不许任何人胡乱走动，从一楼开始往上搜，每个楼层路口都派人把守，防止有人蹿来蹿去。

"干什么，你们干什么？蒯鹏，原来是你到我家酒楼生事！"关小坤从后面匆匆走了出来，脸色青白地道："蒯鹏，你带人到我家酒楼闹事，把客人都惊扰了，这个损失，你赔得起吗？"

蒯鹏抱起双臂，嘿嘿地冷笑起来："关小坤，你果然在这里，这酒楼是你家的？我怎么从没听你说起过？"

关小坤冷冷地道："我为什么要告诉你，我和你很有交情吗？姓蒯的，马上带着你的人给我滚，否则，就算你有个当镇抚使的爹，我也叫你讨不了好去！"

关小坤强作镇定，其实心中已是极为慌乱："他们怎么可能找到这里来，怎么可能这么快就找过来，这要是被他们搜出银子，可就糟了！"

关小坤不是什么有城府的人，不要说乐司业、汤显祖和叶小天，就是蒯鹏都能看得出他此刻的色厉内荏。蒯鹏冷笑一声，道："让我滚？可以啊，你把赈灾银子交出来，我马上就滚！"

关小坤变色道："什么赈灾银子？"

蒯鹏只是冷笑，眼下最要紧的是拿到证据，在拿到证据之前不宜透露太多，这个道理他还是明白的。

关小坤跳起脚来："啊！莫非你们以义卖之名弄到的那些银子不见了？蒯鹏，你监守自盗，贪了银子，现在想栽赃给我？你这是诽谤！姓蒯的，你今天不给我说个清楚，我绝不放过你！"

蒯鹏冷笑道："就算你肯放过我，我还不肯放过你呢！"

关小坤回首对那管事道："去！告诉我爹，就说锦衣百户蒯鹏到咱们家的酒楼闹事来了！"

蒯鹏揶揄道："你这么气急败坏的，莫非是做贼心虚？"

关小坤怒道："放屁！我行得端，坐得正，有什么好心虚的？"

叶小天在他们吵闹的时候，一直在大厅里走来走去，他从前边的戏台一直走到大门外，再一步步走回来，左顾右盼，东摸摸西摸摸，似乎在找什么东西。这时，他正站在门厅处，忽然冲里边喊了一声："云飞，老毛，你俩抬张桌子过来！"

"哦！好的！"

毛问智才不管这是谁家的酒楼，马上挑了一张尚无客人使用的饭桌，和华云飞一前一后地抬着，向叶小天走去。厅中正在争吵的蒯鹏、汤显祖等人不约而同地向他们看去，不明白叶小天在搞什么，而关小坤看到他们的这个举动，却露出了惊慌之色。

华云飞和毛问智抬着桌子走进门厅，这时从蒯鹏他们站立的角度，即便有意注视，也已不容易看清门厅内的情形，他们便走近了些，继续看着。叶小天倒退了几步，等华云飞和毛问智把桌子抬到面前，突然道："往旁边走！"

"啊？旁边？"毛问智茫然看了看旁边，旁边就是隔断门厅和左右耳房的座屏，根本无路可走。叶小天微微一笑，伸手一推那座屏，坐屏竟从中分开，原来这座屏就是门，里边就是食客的仆从下人暂歇的耳房。

叶小天道："进去，放下桌子，搬两张椅子出来。"

"哎！"

毛问智也不多问，横着跨出一步，用胳膊肘儿一拐，那已弹回的座屏式门户再度打开，他和华云飞跨进耳房，放下桌子，各自搬了一张椅子，又从里边出来，看着叶小天。

叶小天脸上的笑意越来越盛，道："走出去，到了外边再回来！"

华云飞和毛问智二话不说，搬着椅子就向外走去。身后厅中，蒯鹏见此一幕，一下子跳了起来，大叫道："我知道了，我知道了，我知道那银箱是怎么被调包的了！"

华云飞和毛问智在叶小天的指点下闪进耳房再出来，动作自然慢了一些，可若是那些伙计抬着银箱经过这里，他们是极熟悉这厅中布置的，如果在耳房中早已备下一模一样且捆扎停当的箱子，他们迅速往里面一闪，放下银箱，抬起假银箱就走，当日百膳楼是被包下来的，耳房里又没有别人，那真是迅速之极。

可是，站在大厅中的人当时没把注意力放在他们身上，他们不是站在大厅中线上，也看不到这瞬忽之间的动作，蒯鹏却是一直跟着的，这个调包的动作再快，也不该瞒过他的眼睛呀。

汤显祖刚想到这里，蒯鹏已经风车般一转，指着关小坤怒道："就是你！老子走到门厅时，是你喊住了我，送我一块出入重译楼的腰牌，这银箱就是你喊我回头说话的时候被你的人调包的。"

叶小天方才让华云飞和毛问智把桌子抬进耳房的时候，关小坤已经脸色一白，神情大变，但是蒯鹏转身质问的时候，他已强自镇定下来，跳脚道："你血口喷人！就凭我家门厅的座屏是能推开的门户，便要强栽罪名给我？嘿！这官司就算打上朝廷去，也指认不了老子的罪名！"

叶小天迈步走到厅中，一把拉住满面激愤地想上前动手的蒯鹏，对关小坤微笑道："关公子，你说的固然不假，可是，如果我还有一个叫你无法否认的证据呢？"

关小坤对狡诈如鬼的叶小天已是又气又怕，忌惮不已，听他这么一说，心头便是一跳，结结巴巴地道："你……你有……你有什么证据？"

第二十章

人赃并获

一

叶小天刚要说话，张泓恒、乔枕花、柳君央带着一群家丁风风火火地冲了进来，一进大厅就嚷："赈银失窃了？究竟怎么回事，老蒯，老蒯，你快给我说个清楚，是关小坤干的？"

蒯鹏正迫不及待地等着叶小天揭开谜底，忙道："你们先别吵，站一边去，听小天说！"

张泓恒、乔枕花等人愣了愣：蒯鹏此人性情粗犷，且一向目中无人，什么时候对一个人这么顺从了？而且看他的样子，似乎很听叶小天的话啊。

叶小天向他们颔首一笑，算是打过招呼了，又转向关小坤道："这证据很容易找到，义卖那天，银箱是由你这酒楼的八名伙计一路抬回国子监的，只要我能证明银箱不是在国子监失窃的，那这八个人就难逃干系，是吗？"

关小坤脸色难看之极，犹自嘴硬道："你如何证明？"

叶小天道："那些伙计抬着银箱离开酒楼后，只在一个路口因为碰上迎亲队伍正在路过，停下歇息了片刻，此前此后，那银箱就再未离过他们的肩膀。如果我现在找一口同样的箱子来，里边装满银子，你那些伙计只要能照着当日的路线抬着银箱再走一遍，一路并不歇息，我叶小天向你叩头认罪！"

叶小天初时说话语气还缓和，说到后来时已是声色俱厉。关小坤仿佛被一只无形的拳头迎面重击了一下，猛地退了一步，脸色惨白。

汤显祖悠然道："当日押运银两的可不止蒯鹏一人，还有邢捕头等十多个捕快，就算蒯鹏记得不清楚，十多个捕快也不可能都记差了，所以，可以把他们找来做人证，全程跟随，确保你的伙计能走得一丝不差！"

关小坤本来还想狡辩，听到这里再也无言以对了。叶小天微笑着转身蒯鹏和乐司业道："现在，我明白他们去国子监库房把砖头从箱子里搬出来的时候，为什么要把三口箱子都撬坏,而门锁却完好无损了。"

张泓恒、乔枕花等人听得莫名其妙,忍不住插嘴道:"砖头?什么砖头?"

蒯鹏不耐烦地道:"一会儿我再给你们细说。"

蒯鹏迫不及待地向叶小天问道:"你快说,为什么?"

叶小天道:"不是因为他们开得了门锁,却开不了箱子的锁,故弄玄虚是一方面,而最主要的原因是……银箱被他们换过了,你身上的钥匙已经打不开那几口箱子,所以他们要把锁头撬坏,当我们发现银两被盗后,谁还会闲极无聊,去尝试用钥匙打开那已被撬开的锁头呢?"

蒯鹏拳掌相交,兴奋地道:"不错!不错!我若现在回去试试,我的钥匙必然是打不开那些锁头的。哈哈,你这头脑,当真精明已极,居然可以想到这么多。"

叶小天笑道:"其实我不明白的还有许多,比如,他们没有出入过国子监,是从哪儿找的人帮忙,那些人又是从哪儿找到的仓门钥匙,不过,这些都不重要了,反正他会告诉我们的,对不对?"

叶小天说着,悠然转向关小坤,此时关小坤已然脸色苍白如纸,似乎站都站不稳了。

"大人,三楼搜遍了,没有!"

"大人,二楼搜遍了,没有!"

"大人,一楼……"

蒯鹏正兴奋欲狂,坏消息却一个接一个地传来,蒯鹏的脸色顿时阴沉下来。

蒯鹏对自己手下抄家的本事还是非常信得过的,况且那是一笔数目庞大的银两,不是一根针,哪能藏得那么容易,除非是被人抢先运出去了。如果是那样,尽管他们掌握了不容抵赖的理由,只怕这官司还有得扯皮。要知道关小坤他爹可是礼部尚书,而且他背后还有一个小公爷呢。

"银子已经运走了吗?"叶小天也是心中一沉,可他看了关小坤一眼,突然又否决了这个想法。

"不可能!如果银子已经运走,关小坤此时就不应该出现在百膳楼!如果银子已经运走,就算我的理由能驳得他哑口无言,他也一定会抵死不认,可他现在的慌张,绝不仅仅是对我的推测无言以对……"

叶小天斩钉截铁地道:"银子还没运走!"

他说这句话时,一直紧紧盯着关小坤的神色变化,关小坤没有令他失望,那刹那之间的惊恐落入叶小天眼中,叶小天心中大定,对蒯鹏道:"绝不会错,银子还在百膳楼!"

蒯鹏现在对叶小天已经佩服得五体投地,马上吩咐道:"重新给我搜,梁上床下,哪怕是一只马桶都不要放过，给我仔仔细细地搜。"

那锦衣校尉对叶小天的话不太服气，要论抄家，再没有人比他们锦衣卫更擅长的了，而他们方才就是按照抄家的标准搜的，怎么可能有所遗漏，可百户大人已经吩咐了，只好领着人重新杀回楼上。

张泓愃振臂一挥，道："老乔，君央，带着你们的人，咱们一起搜！"

"你……你们，凭什么，你们有什么资格……"关小坤慌慌张张地说着，可是底气严重不足，已经根本起不到任何作用。

"搜，茅厕也给我好好搜一搜，拿竿子把底下给我搅一搅！"崩鹏当真是打算掘地三尺了，他在国子监时就这么干过，现在还想这么干，只不过这回有小弟代劳，不用他亲自跑去搅粪坑了。

厨房门口，毛问智、华云飞并肩站在那儿，望着厨房里面。百膳楼这大厨房的面积相当大，几乎相当于前面大厅三分之一的面积，五十多个灶台，因为不是饭时，这时只有二十多个生着火，一些厨子和帮工正在备菜，案板上、水案上摆着各色食材。

叶小天走过来，向厨房里看了看，问道："这里搜过了吗？"

毛问智道："还没，银子怎也不会藏在这种地方吧？"

叶小天道："不搜怎么知道，一个地方也不放过，搜！"

"好！"毛问智挽挽袖子就和华云飞走了进去，一个大厨不快地道："你们是干什么的，跑到伙房来乱翻什么？"

马上就有一个锦衣卫迎上去，手腕一翻，亮出腰牌，道："锦衣卫拿贼，少废话，一边儿去！"

"锦衣卫拿贼？"那大厨愕然看着毛问智"哗啦"一声拉开一口大抽屉，双手插进去，在那冰块冻着的鱼鲜里翻着，那里头连个侏儒都藏不下。

叶小天走进去，慢慢巡视左右，他从早饭之后就再没吃过东西，忽然看到一盘炸好的丸子，顺手拿起两个丢到嘴里，忽然注意到旁边一只泔水桶是空的，叶小天指了指那只泔水桶，一边嚼着肉丸子，一边对一个帮工含糊不清地道："你们这厨房的泔水桶怎么都是空的？这一白天都没生意做吗？"

那帮工道："我们百膳楼生意极好，怎么可能没生意，泔水刚刚运走了。"

叶小天眉头一皱，道："这个时辰才运泔水？"

那帮工道："近来出入城池盘查甚严，所以收泔水的有时傍晚才到。"

"哦！"叶小天又拿起一个肉丸子丢进嘴里，忽然注意到有两个帮工合力抬着一只泔水桶刚刚打开厨房的后门，叶小天道："收泔水的才来？"

那答话的帮工道："是啊！"

叶小天注意到他一闪即逝的紧张，突然心中一动，他马上拍了拍华云飞的肩膀，朝毛问智大声喝道："这边，快！"说完快步向厨房后门儿赶去。

后门外小巷内停着几辆驴车，车上装着一些泔水桶，马夫们持鞭站在一边。地上放着二十几只泔水桶，几个醉仙楼的伙计正合力将一只只泔水桶抬起来，吃力地往车上放。

叶小天冲出后门，见此情形，大喝道："不许抬走！把泔水都放下！"

那些伙计骤见从后门冲出好几个人，其中还有两个锦衣卫，不由有些惊慌失措。一个锦衣卫冲上去，骂道："你耳朵里塞了驴毛吗，没听见我们的吩咐？把桶放下！"

这锦衣校尉说完抬腿就是一脚，正踹在那泔水桶上。那正抬着泔水桶的两个人哎呀一声，手中的泔水桶失手跌落，侧翻在地上，泔水流了一地，一枚枚银锭也从桶中散落出来。

毛问智眉开眼笑地道："哈，找到了！找到了！"

这时，关小坤也从后门跟了出来，一见这般情形，转身就跑。叶小天叫道："抓住他！你们看着银子！"叶小天急急撂下这句话，就和华云飞向关小坤追去。

关小坤沿着长长的水案逃去，一路把些鱼鲜蔬菜盘碟大碗向身后的叶小天和华云飞掷去，阻碍着他们追赶，仓皇地逃进大厅。蒯鹏正提着刀站在大厅上左顾右盼，忽然听到远远地传来叶小天一声大喊："抓住他！"

蒯鹏抬头一看，恰见关小坤从后面仓皇地逃进来，马上快步迎了上去。关小坤见状，慌不择路，沿着一侧楼梯逃向二楼，可是才爬上几阶楼梯，恰又见张泓恒和乔枕花从楼上走下来。

关小坤像困兽一般左逃右窜，可惜四面八方都是张泓恒几兄弟和锦衣卫的人，最后被迫逃上戏台，被渐渐逼近的张泓恒等人团团围住。关小坤脸色苍白，满头冷汗，颤声道："我……我……你们要干什么？"

叶小天追上来，大声道："银子找到了！就是他干的！"

张泓恒几人一听，登时都用凶狠的目光瞪向关小坤。张泓恒一边挽着袖子，一边冲关小坤狞笑起来："姓关的，你有种！说吧，你现在是想死呢……还是想死呢？"

第二十一章

丈人驾到

一

百膳楼门口立着一面"打烊"的牌子，门口还站了四个伙计，防止有人进入。大厅中早已乱作一团粥，关小坤鼻青脸肿地瘫在地上，张泓恒等人累得气喘吁吁，蒯鹏犹自不解气地狠狠踢了关小坤一脚。

"你们够了，当着我的面，还敢动手！"

徐小公爷面沉似水地冷喝了一声。他是被关小坤派去的人紧急请来的。关小坤一见叶小天等人闯进百膳楼，就马上派人去请徐麒云了，这种事他当然不敢让自己的父亲知道，能找的只有徐麒云。

徐麒云和芮清行当时正陪李玄成在府上喝酒，关小坤自言有事没有去，却不料竟然出了这等意外。一听消息，徐麒云立即快马而来，李玄成和芮清行也陪他一起来了，到了这里才知道真正情形。

张泓恒睨了徐麒云一眼，冷冷地道："小公爷，关小坤不该揍吗？"

徐麒云长长地吸了口气，脸色难看地道："杀人不过头点地，你还要怎样？"

蒯鹏眉梢一挑，道："小公爷的意思是，我该就这么算了？"

徐麒云沉默片刻，道："关小坤此举固然……固然大大不妥，不过……我希望你们能放他一马。"

张泓恒和乔枕花等人对视了一眼，没有说话。毛问智气往上冲，刚要插嘴，却被叶小天一把按住。

李玄成缓步上前，对张泓恒等人拱手道："关小坤此举确实卑劣，说他触犯了王法那也没错。不过，给他一个教训也就够了，你们几位不会真的想把他送进大牢吧？"

张泓恒听到这里，不觉犹豫起来，他看了看乔枕花和柳君央，两人脸上的冲动之色也正渐渐敛去。

的确，要送关小坤进大狱，那容易得很，如今人赃并获，又有他们这么多人包括国子监的乐司业为证，纵然关小坤是尚书之子，也无人能给他脱罪。可是，如果真把关小坤送进大牢，势必把关尚书变成他们几家的死敌。

他们的父辈虽然未必就怕了关尚书，可是因此树立一个政敌，时时刻刻毒蛇一般窥伺在暗处，等着找他们的把柄，那处境必然也为难得很。张泓愃等人固然年轻气盛，可毕竟是官宦子弟，自幼耳濡目染，很懂得权衡利弊。

李玄成微微一笑，道："我相信经此一事，关小坤会接受教训。而且，这件事不可能瞒得过关尚书，关尚书获悉此事后，对他的儿子也一定会严加管束。张公子，得饶人处且饶人啊！"

乐司业缓缓走上前，对张泓愃道："泓愃！"

张泓愃正在国子监读书，忙向乐司业施礼道："乐老师。"

乐司业道："关小坤道德败坏、行为恶劣，我国子监是不能留了。帮他盗出青砖，栽赃国子监的人，老夫也不会放过。不过，老夫希望关家能主动让他离开国子监。你和关小坤，都是监生，这件事虽与国子监无涉，一旦张扬开来，却难免损及国子监的声誉，希望你能慎重考虑。"

"这个……"

张泓愃迟疑起来，可真正破获此案的是叶小天，他就此息事宁人，叶小天同意吗？张泓愃探询地看了叶小天一眼，叶小天微笑道："司业大人所言有理，张兄，退一步，海阔天空！"

"好！带上银子，我们走！"张泓愃终于让步了，乐司业深深地望了叶小天一眼，居然向他长揖一礼："足下的恩情，乐某记在心上了！"

汤显祖、叶小天等人离开百膳楼，毛问智犹自愤愤不平，一出百膳楼，就对叶小天道："大哥，那个姓关的，就这么便宜他了？"

叶小天看看张泓愃的背影，微笑道："以关小坤的身份，判了刑也未必就受罪。而他做出这种事来，就算不判刑，你以为他老子能轻饶了他？"

毛问智道："可是……"

叶小天拍了拍他的肩膀，道："有句老话说得好：刚极易折！忍得一时，方能容得一世。如果妥协得到的好处更多，何必还揪住不放呢？"

百膳楼大厅里，关小坤狼狈地爬起来，凑到徐麒云面前，擦一把鼻血，讪讪地道："小公爷……"

徐麒云脸色一沉，冷冷地道："我今天来，为你低声下气地求恳于人，只是因为你我兄弟一场。我万万没想到，你为了赢得赌局竟然干出这种事来，连我都跟着你蒙羞！"

关小坤脸色一变，道："小公爷，我是怕咱们输了……"

徐麒云把袖子一拂，寒声道："徐某羞与你这等人为伍，从此你我，再不相干！"徐麒云说罢转身便走，李玄成深深地望了关小坤一眼，也跟着徐麒云走了出去。

芮清行犹豫了一下，对关小坤道："输就输了，何至于……你……唉！你呀……"

芮清行长叹一声，追着徐麒云去了。关小坤呆呆地站在那儿，望着徐麒云扬长而去的背影，一副失魂落魄的模样。这时，百膳楼的一位管事走到他身边，低声道："少爷，老爷已经知道你的事了，老爷要你马上回府！"

关小坤一听，脸色顿时变了……

· ※ · ※ · ※ ·

金陵街头，夏老爷子骑在马上左顾右盼，发愁道："金陵城这么大，咱们上哪儿去找莹莹？我说老五啊，你确定莹莹会来金陵？"

他的五儿子赶紧策马走近，道："爹，我打听过了，叶小天是被押到金陵来的，小妹肯定是来找他的啊，没错！"

夏老爷子挠了挠头，道："这人海茫茫……"

夏老五道："爹，你放心，妹子来金陵是寻叶小天的，咱们只要找到叶小天，还怕不能找到小妹？"

夏老爷子欣然道："对啊！快去打听打听，刑部衙门在哪儿。"

他刚说到这里，正好徐麒云和李玄成、芮清行三人迎面走来。夏老五马上用马鞭向他们一指，粗声大气地道："嗨！问件事，刑部衙门怎么走？"

他指的正是李玄成，李玄成见他们全都穿着夷狄边族的袍服，一个个形容粗犷，问路也不下马，言语太不礼貌，心中很是不喜，脸色微微一沉，根本没有答话。

芮清行的老爹就是刑部尚书，听说是找刑部的，不免多看了他们两眼，阴阳怪气地道："刑部是什么阿猫、阿狗都能进的吗？你们要想告状，找金陵府去。"

"哎哟，老子问个路而已，你们鼻子不是鼻子、脸不是脸的，欺负我们是外乡人吗？"夏家的人也是蛮横惯了的，芮清行这一番冷言冷语，夏老五如何忍受得了，他一腾身就从马上跃下去，一把揪住了芮清行的衣领，用鞭梢敲着他的脑袋道："小子，再给你家五爷装蒜试试！"

徐麒云是听说关小坤出事匆忙从家里赶来的，连个家丁也没带，但他在金陵城跋扈惯了，哪里容得别人如此嚣张。徐麒云脸色一沉，冷声道："你们这些人哪儿来的，到了金陵城还敢如此嚣张！"

莹莹的六个亲哥哥全都来了，一看这架势，其他五人纷纷下马，气势汹汹地涌上来。这几人个个剽悍，徐麒云一看心下也慌了，这要是被几个不知天高地厚的人打一顿可不冤枉？

徐麒云也不晓得这些外乡人知不知道魏国公府的大名，但眼下也只有报出自己的身份了，他正想说出自己身份，国舅李玄成忽然一把扯开腰带，"哗啦"一下脱去了外袍，冷冷地道："你等胆敢目无王法？"

夏老五两眼一直，失声叫道："哇！龙袍！"

李国舅一听脸就黑了。夏老爷子当年是游历过江湖的，见多识广，他用马鞭敲了儿子的脑袋一下，骂道："扯淡！这是蟒袍！"

夏老王恍然道："哦！原来是个王爷！"

李国舅实在忍不住了，他揪住自己的衣袖，把袍上的金丝绣纹展示给他们看，气急败坏地道："瞪大你们的狗眼看清楚，这不是龙，也不是蟒，这是飞鱼！"

也难怪夏家几兄弟不认识，其实除了南京、北京这两处锦衣卫时常出没的地方，其他地方的百姓甚至官员，也常把飞鱼服错认成蟒袍甚至龙袍。

万历皇帝的爷爷嘉靖帝也曾错把飞鱼袍认错了。那是嘉靖十六年的时候，嘉靖帝已经当了十六年皇帝，有一天嘉靖帝设宫宴，兵部尚书张瓒穿着嘉靖帝赐给他的飞鱼服兴冲冲地赴宴来了。

嘉靖帝一看张瓒的穿着就勃然大怒，质问道："你是兵部尚书，二品官，为何竟敢僭越，身穿蟒袍？"

张瓒吓了一跳，赶紧解释道："陛下，臣穿的不是蟒袍啊，是陛下您赐给臣的飞鱼服啊。"

嘉靖皇帝这才明白自己搞错了，这飞鱼服上所绣的飞鱼头生双角，体形似蟒，与蟒唯一的区别是加了鱼鳍和鱼尾，区别太不明显。连皇帝都能搞错自己臣子的服饰，更不要说夏家这几兄弟了。

锦衣卫的高级官员可以着飞鱼服，与此同时，皇帝还可以把它作为赏赐，赐给一些文武大臣皇亲国戚，李国舅便获赐这飞鱼服。

李玄成本想亮出飞鱼服震慑一下这几个外乡人，谁知他们不识货，一口叫出个"龙袍"来，李玄成只得赶紧解释一番，这事被人误会了可不大好。

夏家几兄弟面面相觑，根本不明白明明就是一条蟒或者是龙，怎么非要叫飞鱼，夏老爷子已经惊奇地叫了出来："你们是锦衣卫？"

李玄成彻底没脾气了，怏怏地道："你说是就是吧，你们找刑部，究竟有什么事儿？"

夏老爷子哈哈大笑，道："久闻你锦衣卫神通广大，这件事正好请你帮忙，老夫的爱女被那混账的叶小天拐带到金陵城来了，听说，这叶小天就押在刑部。你若能帮老夫找到爱女，老夫自有重谢！"

夏老爷子向长子递个眼色，夏老大立即从怀里摸出一锭赤金，在掌心里掂了掂。李玄成一怔，失声叫道："叶小天？请问……令爱……令爱叫什么名字？"

夏老爷子捋了把大胡子，大声道："老夫姓夏，我那女儿，闺名莹莹！"

李玄成双目一亮，仔细看了夏老爷子一眼，心道："他是夏姑娘的父亲？原来夏姑娘是外族女子，难怪性情举止与我中原女子大不相同。他说什么，叶小天拐带了他的女儿？"

李玄成马上满面堆笑地迎上去，向夏老爷子长揖一礼，毕恭毕敬地道："原来是夏老爷子，晚辈李玄成，恰好认得您的女儿，夏老爷子您放心，寻找令爱的事包在晚辈身上了！"

第二十二章

棒打鸳鸯

一

轻烟楼上,叶小天、张泓恒等共计八人,满满当当坐了一桌,首席位置坐的就是叶小天。

叶小天当然明白这一席上哪个座位是首座,不要说他现在是戴罪之身,就算他还是典史的身份,又岂能跟在座的这几位公子哥儿比?大概也就只有汤显祖和他一样是举人身份,但他有官身,算是勉强高出汤兄一筹。

叶小天自然不肯坐首座,却被张泓恒和乔枕花硬按在那里,然后左右陪着他坐下了。这些高官子弟们固然有些狂妄自大又目中无人,可他们一旦真心佩服了某人,却也是毫不在乎对方的官职和身世的。

众人坐定,张泓恒率先举起杯,春风满面地对叶小天道:"叶贤弟,如果不是你,我们几个可筹不到这么多银子,必然要受徐麒云等人一番折辱了。如果不是贤弟你,我等也必然找不回这些银子,少不得要千夫所指,留下骂名。幸亏贤弟聪明睿智,替我等洗刷冤屈,揪出关小坤那等小人,这杯酒,我们敬你!"

叶小天笑道:"张兄,你这么说,可要捧杀兄弟了。你我兄弟意气相投,在这件事上更是一荣共荣、一损俱损,于公于私,小天都该竭尽所能,张兄这般客气的话那就见外了。"

张泓恒哈哈大笑,道:"行了,我酸,你也酸得可以。那咱们就不说客套话,是兄弟的,就干了这一杯!"蒯鹏等人纷纷举杯应和,大家一起满饮了一杯。

张泓恒又斟满一杯酒,对叶小天笑道:"我听汤兄说,叶贤弟你是做官的?不知你这次来金陵,是要往何处为官,如果就是金陵城,那便最好了,你我兄弟以后正可常常聚首。"

这些人都是因为共同的爱好才凑到一起的,先前张泓恒等人只是听汤显祖提了那么一句,并未在意叶小天的出身和来历,此时才真正问起,也是真心把他当成自己兄弟的缘故。

叶小天叹了口气，苦笑道："小弟这个官啊，真是说来话长……"叶小天把他来金陵的前因后果说了一遍，别看张泓愃等人平时一副轻佻模样，到底是官宦人家，其中利害一听就明白了。

张泓愃呵呵地笑了起来，道："如此说来，贤弟你就不用担心了。张江陵已经垮台，朝廷上正在清算他的余党。你是张江陵亲笔批示要抓捕的人，这就成了你的护身符，没有人敢冒着被人疑为张党的风险找你麻烦。"

乔枕花的老爹是御史，对朝廷动向也了解得很，安慰道："张兄所言甚是，不过朝中动荡若斯，一时之间却也没人顾得上你了，你就安心待在这里吧，等张党得到清算，清理张党腾出的官位都有了主儿，才会有人想到你的事，这时间可就不好说了，也可能一两个月，半年一载也不稀奇，有时候啊，大人物扯起皮来可是旷日持久。"

柳君央笑道："你们这两个没心没肺的东西，当叶贤弟和你们一样不求上进吗？这件事啊，我看你们该跟家里的老爷子说说，虽然他们不是正管，可是出面过问一下，叶贤弟的事便也能早些了结。"

张泓愃拍着胸脯道："这没问题，虽然我老爹是兵部的，可是去其他衙门说句话，别人也得卖他个面子。何况，叶贤弟这事动静不大，又不牵扯到太高的权位，为兄一定帮得上忙。"

叶小天一听大喜，连忙举杯道："如此，小天就多谢兄长了。"

· ※ · ※ · ※ ·

这顿酒众人吃得十分快意，等到酒席散去，叶小天、汤显祖、华云飞和毛问智带着几分酒意，说说笑笑地走回驿馆，老远就见驿馆门口站了几个人，几人正在东张西望。

灯光映在他们身上，正是展凝儿、太阳妹妹和冬长老。此时已近年关，虽然江南节气不算寒冷，但毕竟比不得春夏，三人身上都披了披风，在台阶上走来走去。

叶小天等人还没到，说笑喧哗声便已传了过去，冬长老还眯着眼看呢，展凝儿已经迈开一双悠长的大腿迎了上来。展凝儿气冲冲地道："叶小天，你到哪儿灌猫尿去了，直到这个时辰才回来！"

毛问智大着舌头道："大……大哥，我看凝儿姑娘说话的语气，可是像极了你的老婆！"

展凝儿狠狠地瞪了他一眼，华云飞赶紧后退一下，提防展凝儿一脚踢飞大嘴巴毛问智时，以便接住他。谁料展凝儿只是瞪了毛问智一眼，便又看向叶小天，顿足道："莹莹被人带走啦！"

叶小天略有酒意，听展凝儿大发娇嗔，正想调侃她几句，一听这话，顿时呆在那里，他不敢置信地道："莹莹被人带走了？被什么人带走了？你……你怎么不看住她？"

叶小天马上幻想到了一个可怕的场面：从小被家人保护得太严密，以致烂漫天真、不知人间险恶的夏莹莹被人贩子拐走，而后受尽凌辱，甚至卖入青楼。一时间叶小天吓得汗都下来了，酒意登时醒了。

展凝儿恨恨地道："我看着？我拿什么看着，人家老子来领他闺女回去，我有什么理由拦着？"

叶小天一听这话，先是松了口气，继而却更加绝望了。如果莹莹被人贩子拐走，处境可能会很可怕，但若及时施救，却也不无抢回来的可能。可是被她老子带走，他该怎么办？

华云飞道："展姑娘，夏姑娘的父亲来了金陵？他把夏姑娘带回红枫湖去了吗？"

展凝儿道："我怎么知道他把莹莹带去哪里了，他们是傍晚时分才来的，这个时辰应该来不及出城了，对了！是那个徐小公爷带夏老爷子他们来的。"

叶小天诧异地道："徐小公爷？你说徐麒云？夏老爷子怎么认识他的？"

展凝儿没好气地道："你问我，我问谁？反正人家老子来领人，我是没法拦，现在人已经被带走了，你看着办吧！"

·※·※·※·

翌日一早，魏国公府。

叶小天、汤显祖、毛问智和华云飞四人站在街对面。

叶小天的眉毛挑了挑，道："为何魏国公府守门的是兵丁？不是家丁？"

汤显祖道："那是，魏国公府在我大明，地位十分超然。以兵卒守门，除了皇宫和王府，也就魏国公府才有这般待遇。"

华云飞道："大哥，咱们怎么办？"

叶小天长长吸了口气，道："先礼后兵！"

毛问智道："如何先礼后兵？"

叶小天道："你们且等在这里，我去交涉！"

一盏茶的工夫之后，哇的一声惨叫，叶小天被魏国公府的四个侍卫从台阶上扔了出来，腾云驾雾地飞出老远，咚的一声摔在地上，华云飞和毛问智赶紧上前将他扶起。

叶小天被摔得七荤八素，只觉眼前金星乱冒。当初他去靖州时，恰好有个借着故旧关系去杨家打秋风的人被杨府家丁从台阶上丢下来，想不到当日他未遭遇这种待遇，今日却在魏国公府给补上了。

汤显祖上前两步，关切地道："叶贤弟，你没事吧？"

叶小天干笑道："我没事，想不到魏国公府的人这么霸道，我想跟他们先礼后兵，可他们根本不给我'礼'的机会啊。"

毛问智摩拳擦掌地道："大哥，人家不跟你讲理，你的礼就没用了，不如咱们冲进去吧！"

"万万不可！"汤显祖变色道，"不可莽撞！这可是魏国公府。"

这时一个披着鹤氅的青年人自魏国公府缓缓地走出来，后边还跟着几个魁伟强壮的家将。看到叶小天，那人停住脚步，温和地问道："你要见舍弟麒云？"

毛问智粗声大气地道："你小子是干什么的？"

一个家将喝道："大胆，这是我们世子！"

魏国公世子举手制止了家将的吆喝，对叶小天和蔼地道："关小坤的事，家父已有所耳闻。关小坤如今已经被他父亲禁足家中，舍弟也已受到家父的训斥，现如今正在祖祠悔过，这件事到此为止，好吗？"

叶小天道："世子，在下不是为了这件事来的，在下的女伴昨晚被她父亲带走了，而当时领她父亲到驿馆来的就是令弟。在下想见女伴一面，故而想向令弟打听一下他们父女的去处。"

世子微微一怔，恍然道："原来是这样。我明白了，昨日与舍弟同去的是当朝三国舅。舍弟受到家父责罚后，国舅爷大概觉得有些无趣，便搬去镇远侯府了。呵呵，镇远侯府此前听闻国舅到了金陵，也曾盛情相邀来着。据我所知，确有一位姑娘和他的父兄受三国舅相邀，也去了镇远侯府。如果你想找那位姑娘，可以到镇远侯府问问。"

这时一辆驷马高车驶到府前，又有人牵来几匹马，世子向叶小天颔首示意，登上了马车。那些家将们则翻身跨上战马，护着魏国公世子扬长而去。

汤显祖凑到叶小天身边道："刚才这位就是魏国公世子徐弘基，此人谦和知礼，颇有君子之风，倒不是他那浮浪无行的兄弟可比的。他这番话，应该不假。"

叶小天蹙眉道："他说的这镇远侯，又是什么人？"

汤显祖道："这镇远侯是夏国公顾成一脉。当年顾成平四川、战贵州、征讨云南，升迁为贵州都指挥同知，镇守贵州十余年，佩征南将军印，讨平叛乱数百起。

"靖难之役时，顾成任左军都督，讨伐燕军，兵败投降，被送往北平，辅助守城。成祖即位后，封镇远侯，赐铁券，又到贵州镇守，平定了思州、思南的田氏两大土司，分立八府，改土归流，甚是了得。他的子孙是世袭侯爵的，不过，顾家侯爷现在应该在北京才是，却不知留守金陵侯府的又是何人。"

叶小天摩挲着下巴，沉吟道："这顾家和贵州颇有渊源啊！他顾家祖上镇守贵州，连思州、思南那两条大龙都给降住了……好！我倒要看看，他顾家后人，降不降得住我这条小泥鳅！"

第二十三章

一入侯门深似海

一

"镇远侯一脉现如今住在北京城,但每一代都会派个嫡系子弟镇守金陵祖宅,金陵的镇远侯府现在当家的是这一代镇远侯的三叔,顾三爷的长女嫁给了大国舅,和国舅家是亲戚。"

华云飞很快就向邻居打听了顾家的情况回来,叶小天颔首道:"原来如此!"

华云飞道:"大哥,我看那李国舅对夏姑娘似乎不怀好意啊。"

叶小天冷哼一声道:"你当我看不出来?莹莹对我说过与他相识的种种,这小子对莹莹一直殷勤,后来得知我和莹莹的关系,这才死心。不过,他如今碰到了莹莹的父亲,那就不好说了。"

毛问智道:"是啊!这李国舅身份比你贵重,地位比你高,长得比你俊,又没有二十年尘世之缘的约束。俺仔细想了想,如果俺有一个女儿,俺也宁愿让她嫁给国舅爷。"

叶小天和华云飞一起看向毛问智,毛问智瞪着大眼道:"哥,俺只是实话实说。"

叶小天没好气地道:"所以很不中听。"

毛问智揉了揉蒜头鼻子,识趣地不吭声了。

叶小天转向侯府大门,慢慢锁紧了眉头。

华云飞道:"大哥,你看咱们是'先礼后兵',还是……"

叶小天摇摇头道:"如果你是李国舅,你会不会防着咱们寻来?"

华云飞道:"当然会,我一定知会门子,不予通报。"

毛问智忍不住插嘴道:"如果有人寻来,还要乱棍打将出去。"

叶小天道:"所以,咱们直接找上门去,只能打草惊蛇,不但见不到莹莹,只怕他们还会防范更严。"

华云飞道:"那怎么办,李国舅一旦讨得夏老爷子欢心,对大哥你可大大地不利。"

叶小天想了想，道："走！咱们到侧面去，看看能不能偷偷进去！"

镇远侯府右面高墙下，华云飞左右看看，见路上没有行人，马上向毛问智打了个手势。毛问智一个骑马蹲裆势，双手手掌交叠，低喝道："来！"

华云飞轻如灵猿，纵身一跃，单足在毛问智手上一踩，毛问智嘿的一声长身而起，双手用力向上一托，华云飞借势蹿起一丈多高，手搭墙头引体向上，但他随即就滑脱了手掌，落在地上。

叶小天忙上前道："没抓稳？你没事吧？"

华云飞摇头道："小弟不是没抓稳，方才只匆匆一扫，院中就有十几条凶猛的恶犬，亏得我闪得快，否则它们已经狂吠起来了。"

毛问智惊道："顾家养了这么多狗？那可怎么办？"

叶小天蹙起眉头想了想，道："走，咱们再想办法！"

一家小酒馆内，叶小天和毛问智等了许久，终于看见华云飞走了进来。华云飞进了酒馆四下一扫，看到叶小天和毛问智，便走过来，在他们身旁坐下。

叶小天问道："买到了？"

华云飞摇摇头道："没有，官府对砒霜管制甚严，药铺里没有自家坐堂医开出的方子，根本不卖。而坐堂医开方子是要先诊病把脉的，用不到砒霜绝不会开进去，真就用到这方药，开出的用量也极少，还得实名入册。"

毛问智插嘴道："许他们以厚礼呢？咱们多花钱还不行吗？"

华云飞看了他一眼，道："若因砒霜害命，买的、卖的皆是死罪。你说那药铺的郎中、掌柜、伙计们，要多少钱才肯答应？"

毛问智顿时语塞。

叶小天突然一拍额头，自语道："我真是糊涂了，何必一定要买砒霜，冬长老和太阳妹妹或许会有办法。走，咱们回去。"

· ※ · ※ · ※ ·

顾府里面，此时顾三爷、李国舅、夏老爷子和夏莹莹及她六位兄长正在打边炉。十个人分成两桌，红彤彤的炭火烧得屋里热气腾腾，火锅里沸水翻滚，香气四溢。

李国舅拿起一双公筷，挟起一片其薄如纸、其白如玉的鱼肉片在沸水中涮了涮，放进夏老爷子面前的小碟里，微笑道："老爷子，您尝尝看，跟羊肉比起来，别有一番滋味呢。"说着，他又把一碟蘸料殷勤地推到夏老爷子面前，夏老爷子蘸了蘸佐料，细细品尝着，轻轻点了点头。李国舅又转向一旁始终嘟着嘴的夏莹莹，笑容可加温柔了："莹莹姑娘，你也尝尝。"

李国舅平生第一次为一个女子动心,可是知道这少女已然心有所属后,他只能黯然封闭了自己的感情。虽然他对叶小天不屑一顾,觉得他根本配不上仙子一般的莹莹姑娘,可人家两情相悦,他又能如何?

谁料天从人愿,夏家老爷子竟然到了金陵。这时他才知道,对莹莹姑娘与叶小天这段感情,夏家是坚决反对的。李国舅当真是喜出望外,在他的观念里,父母坚决反对的婚姻,便百分百没有成功的可能。如此一来,他的希望之火又熊熊燃烧起来,而且比原来更加炽烈。

顾三爷把这一幕看在眼中,微微一笑,轻轻侧身凑到夏老爷子耳边,轻声道:"夏大人,咱们这位国舅爷相貌、品性都是一等一的好,出身家世就更不用说了,他可是当今太后最宠爱的幼弟,我看他和令爱如金童玉女,般配得很哪。"

夏老爷子是贵州土司,得朝廷授官为指挥使,所以顾三爷称其为夏大人。夏老爷子看了看李国舅,再看看女儿,捋着胡须轻轻点了点头,有些意动了。

说起来,他的宝贝女儿确也到了适婚的年龄,可惜因为自幼娇惯和过分宠爱,贵州地面上的那些公子少爷们大多避之如虎,莹莹固然是国色天香,可别的美丽少女纵然比她差些,却也不至于差得太多。

那些土司少爷们一想到和这位莹莹姑娘结为连理,偶尔有个争执冲突,就有几十上百个大舅哥冲上门来打架,就头疼得很,他们宁可娶一位姿色稍逊于莹莹的姑娘,也不愿受到这么大束缚。

到如今,只有果基格龙那个傻大个不畏凶险地追求他的爱女,果基家的身世也是不凡,夏老爷子自然是乐见其成了,谁知他的宝贝女儿却喜欢叶小天。叶小天家世差些也就算了,反正他夏家也不指着靠女儿联盟其他势力。

可是叶小天是生苗尊者,只有二十年尘缘,这就不是他所能够忍受的了。谁不希望自己的儿女一生幸福安乐?二十年后,他的宝贝女儿才三十多岁,外孙们都还没有成年。

如今见这李国舅一表人才,家世出身都是一等一,无可挑剔,而且身为国戚,几乎不会受到官场势力更迭的影响,可以与国同休永享富贵。如今皇帝已经亲政,回头少不得要赐国舅一个爵位,起码也是一个侯爵。若是嫁了他,自己的宝贝女儿就是侯爷夫人了,有何不好?

想到这里,夏老爷子笑眯眯地点了点头,暗暗生出促成二人的心思来。

※ ※ ※

汤显祖没有跟着叶小天去镇远侯府,此时他已回到驿馆。

驿馆门口,两个驿卒正往门上贴着门神,一旁还有几个驿卒正往灯竿上挂着成串的红灯笼。门口有小贩挎着篮子,叫卖着瓜子、花生、玉兰片,街对面搭着几个彩棚,棚下有人叫卖着琉璃喇叭、拨浪鼓和竹马,还有人摆摊叫卖爆竹和烟花,过年的气氛已经越来越浓了。

汤显祖停在驿馆门口,静静地看了一阵儿,举步迈进驿馆,意气不觉有些消沉。这时节交通太不便利,他游学在外,想回家一趟甚是艰难,今年又得独自在异乡度过了。

因为接近年节,寄住在驿馆里的人少了许多,显得有些冷清。汤显祖漫步园中,忽然看见一位少女静静地立在一株垂杨柳下,看着潺潺的流水出神。汤显祖看着她萧索单薄的背影,忽然产生了一种同在异乡为异客的感觉,不觉缓步走了过去。

"展姑娘……"

"啊!汤大哥!"

展凝儿慌忙敛去难过的表情,硬挤出一个笑脸来。

汤显祖呵呵一笑,道:"展姑娘,你有心事?"

展凝儿道:"哪有什么心事,只是……只是陪着莹莹来了中原,眼见年关将近,不能还乡,略有惆怅之意。"

汤显祖笑了笑,道:"是吗?是因为过年回不了家,不是因为叶贤弟?"

展凝儿慌乱地道:"怎么可能,我……我为什么要因为他而……惆怅?"

汤显祖对展凝儿很有好感,他喜欢展凝儿的爽朗大方,相较于夏莹莹,展凝儿和他相处的时间更长,自然交情更深一些。此刻,他眼见她为情所苦,不由说道:"展姑娘,我知道你与夏姑娘情同姐妹。不过择选夫婿是一辈子的事,这种事不能让的。"

展凝儿听他直白说出,脸不由一红,不过她到底是直率性格,不善矫饰,羞窘之后,干脆坦然承认了,黯然低下头,幽幽地道:"谈什么让不让的,叶小天……本就是喜欢她的。"

汤显祖道:"可我并未看出他不喜欢你。"

展凝儿突然一惊,霍地抬起头来。

汤显祖道:"情场如战场,你让一步便满盘皆输。想当初,我那夫人也是喜欢她表兄多一些,眼见都是人家盘子里的菜了,还不是被我一口吃下?这么多年下来,我那娘子滋润着呢,早忘了她的青梅竹马是谁啦。"

展凝儿结结巴巴地道:"这……这也行吗?我怕……我觉得……要是莹莹……我……"

汤显祖微笑道:"你怕莹莹不开心?呵呵,那就要看,你是舍得夏姑娘,还是舍得叶小天了。你尽管表白你的情意，如何取舍，最终还是叶贤弟来决定，就算负了她，那也不是你决定的吧？"

"不是我……不是我……"

展凝儿的眸子蓦然亮了起来。

第二十四章

另辟蹊径

一

展凝儿听了汤显祖的一番话,好似开了一窍。其实未必是汤显祖这番话如何的有道理,而是她心里一直就舍不下叶小天。可是女儿家的矜持和她与莹莹之间的姐妹情义,使得她在获悉叶小天与莹莹两情相悦的情形后便只能退缩,再没勇气表达她的感情。

汤显祖的一番话,等于在她心灵的天平上加了一块倾向于她自己的砝码,不管这番话究竟有没有道理,都给了她莫大的勇气。即便是自欺欺人,她也在自我催眠中选择了顺从汤显祖的说法。

展凝儿的心意刚刚定下来,就见叶小天回到了驿馆。展凝儿长吸一口气,心口怦怦跳着迎上去,露出一个甜美的笑脸,道:"小……叶……小天!"

虽然已经打定了主意,可是让她喊声"小天哥",可实在难为情。展凝儿迟疑了一下,还是结结巴巴地喊了叶小天的名字。

"哦!凝儿姑娘,你看到太阳妹妹了吗?"叶小天一见展凝儿便急急问道,根本没有留意她努力向自己展露的温柔,一开口就问起了太阳妹妹的下落。凝儿呆了呆,道:"呃,她……在房里。"

"哦,冬长老也在房里吧?我去找他们。"叶小天带着华云飞和毛问智风风火火地走开了,展凝儿咬着嘴唇,望着叶小天的背影,既恼他的迟钝,又恨自己胆怯。

"要毒死几条狗?没问题!简单得很!"太阳妹妹拍着胸脯,喜滋滋地向叶小天保证:"这件事就不用麻烦冬长老出面了,我就能办到!"

叶小天大喜道:"我就知道你一定有办法。哚妮,你真了不起!"

太阳妹妹得到叶小天的赞美,心中欢喜,红晕悄悄爬上脸颊,俏脸艳若桃花。

毛问智担心地道:"狗……不吃咸鱼吧?"

太阳妹妹瞪了他一眼，抢白道："谁说我的蛊毒只能通过咸鱼才能下？"

毛问智马上缩了缩脖子不吱声了，毛问智一副毛毛躁躁浑浑噩噩的性子，恐怕皇帝老子站在他面前，他都不会害怕，唯独对太阳妹妹，他这辈子是怕定了。

很快，叶小天和华云飞、毛问智就再度出现在镇远侯府的墙角下。三人鬼鬼祟祟地找了一阵儿，毛问智小声唤道："大哥，快来，这儿有个狗洞。"

叶小天凑过去一看，大喜道："云飞，快把竹竿拿来。"

华云飞提着一根竹竿赶来，那竿头上绑了一只蹄髈。

叶小天道："顺进去，压低些，别被里边的人看见！"

华云飞把竹竿小心地顺进去一截，停了一会儿，见没什么动静，便又探入一些，还是没有动静。

华云飞道："奇怪，怎么没动静！我刚刚在墙头上看过，里边明明有几条大狗，还有家丁闲聊呢。"

叶小天捏着下巴沉吟道："我想起来了，听说有些大户人家养的狗都是经过专门训练的，不是主人喂的食物根本不吃，莫非……"

叶小天言犹未了，华云飞便觉手上一股大力传来，竹竿差点儿脱手被扯进去，华云飞立即加大力气，把竹竿一把抓住，兴奋地道："咬住了，好大力气。"

"快，快来帮忙！"叶小天和毛问智马上冲上去，三人像拔河似的抓着那条竹竿，和墙里边传来的那股大力较量起来。

毛问智一边用力拔着竹竿，一边奇怪地道："镇远侯府这是养的什么狗啊，怎么这么大力气？"

说话间，墙头突然冒出几个人头，恶狠狠地瞪着他们道："敢到我们镇远侯府来偷鸡摸狗，你们别跑！"作势就要翻墙出来。

与此同时，长长的围墙尽头的胡同口也有几个手持刀枪的侯府家将冲了过来，叶小见状，当机立断道："快走！"三人一起放手，就听墙里"哎哟"几声惨叫，敢情方才跟他们拔河的根本不是狗。

· ※ · ※ · ※ ·

叶小天三人垂头丧气地赶回驿馆，镇远侯府既已有所警觉，看来是无法轻易潜入了。

叶小天一边走一边想，不知道以冬长老的实力，有没有比太阳妹妹更高明的蛊虫，可转念又想，让冬长老控制三五个人或还容易，想要控制住镇远侯府那么多的家将下人，让他们登堂入室直趋后宅找到莹莹，那岂不成了神话？

前边眼看到了驿馆，对面街头恰也有几个人走过来，一个个神采飞扬的，正是张泓愃、乔枕花、柳君央和蒯鹏四人。

四个损友老远看见叶小天，便哈哈大笑起来，张泓愃扬声道："小天贤弟，我等正要来寻你呢！你听说了吗，徐麒云也跟着关小坤受了牵连，被他老子惩在祖祠跪着悔过呢！哈哈，真是大快人心！来，叫上老汤，咱们去庆祝一下！"

叶小天没精打采地道："你们去吧，我今儿没有心情。"

张泓愃几人走到面前，好奇地道："你这是怎么了？还有什么事能难住你这么机灵的人？"

叶小天还未答话，毛问智已然道："要说旁的事，真就未必能难住我大哥，可这事不同。真也奇了，俺大哥大概是命里头跟老丈人犯冲，只要一碰上他老丈人，他准倒霉。"

乔枕花奇道："老丈人？小天贤弟不是还没成亲吗？"

华云飞苦笑一声，把叶小天和夏莹莹的事对这几个人说了一遍。张泓愃几人互相看看，乔枕花迟疑道："镇远侯府啊，可惜我家跟他们没什么来往，否则倒可以替你出面联络夏姑娘。"

张泓愃蹙眉道："我跟这些功臣世家也没什么来往，尤其是顾家，一向与魏国公府交好的。有顾家出面撑腰，又有李国舅从中作梗，小天贤弟，你想见到夏姑娘，只怕真的很难了。"

叶小天沮丧地道："莹莹被她父亲带走，我连她一面都没碰上。如果她是回了红枫湖，我还不是那么担心，可如今李国舅分明在打她的主意……"

柳君央睨着叶小天道："怎么，你是对自己没信心，还是对夏姑娘没有信心？"

叶小天愁眉苦脸地叹了口气，道："我对我那未来老丈人没信心。"

乔枕花赞同地道："说的也是。李国舅如此身份，且又尚未娶妻，确是一个极大的威胁。"

蒯鹏一直在旁边听着，见他们一个个束手无策的样子，嘴角一撇，道："有家将守门、有家犬护院，便针插不进、水泼不入了吗？他镇远侯府又不是铁板一块！"

张泓愃瞥着他道："老蒯，你少吹牛！说得你有办法似的。"

蒯鹏傲然道："你还别说，我真有办法。"

张泓愃根本不信，冷笑道："算了吧你，你向来成事不足，败事有余。你有办法？除非太阳打西边出来！"

叶小天却抱着万一的希望，对蒯鹏道："蒯兄，你真有办法？"

蒯鹏傲然斜了几人一眼，对叶小天一摆头，道："随我来！"

· ※ · ※ ·

"兵仗局？"

蒯鹏神神秘秘地把叶小天等人带到五军都督府左侧的内八局一处院落，众人抬头一看，门前赫然挂着"兵仗局"的招牌。

张泓愃惊笑道："我说老蒯，你把咱们领到这儿来干什么，莫非一人打造一把神兵利器，再杀进镇远侯府去？"

蒯鹏得意扬扬，也不解释，只道："少废话，只管跟我进去。"

这种地方原是不准人随意进入的，尤其是里边还有火药司，出入更是严密。可蒯鹏是锦衣百户，他爹恰又是锦衣卫南镇抚使——就如别人不能在重译楼摆宴，礼部关尚书的儿子关小坤却有这个本事，蒯鹏想出入兵仗局也容易得很。

其实不只是他，张泓愃要来兵仗局，一样进得去，他可是南京兵部尚书的公子，只是他还在国子监读书，尚未走上仕途，是以与兵部及其相关的各个衙门接触很少。

大明的工匠分别隶属于工部、内官监和兵部管辖，依据职能不同，又有一些特例，比如北京城的兵仗局，照理说该由兵部管辖，但它却隶属于宦官官署的兵仗局。而南京这边，军匠则归南镇抚司、南京兵部和南京内官司三家管辖。

南镇抚司掌理本卫刑名，兼理军匠，负责军匠的生产管理，南京兵部负责军匠的调派和人员管理，而南京内官司则负责刀枪剑戟、盔甲弓矢等军用器械产成品的保管和发放。

"你们先等在这儿，我去找个人。"蒯鹏把他们带到院子里，对他们说了一声，便大摇大摆地走向一处签押房，乔枕花对张泓愃纳闷地道："这小子究竟搞什么鬼？"

蒯鹏走到那处签押房，里边有个小太监一见他来了，连忙赔笑道："蒯百户。"

"嗯！"蒯鹏大大咧咧地摆摆手，问道："赵四公公呢？"

那小太监赔笑小声道："在里屋呢，正打盹儿，小的去唤公公。"

蒯鹏和这位赵四公公看来熟稔得很，摆摆手道："得了得了，我去找他。"

蒯鹏折向里屋，一掀门帘，便大声嚷道："赵四，赵四！兄弟向你借宝贝来了。"

第二十五章

借宝贝

一

"借宝贝？"

赵四公公昨晚打了半宿马吊，小赢了一笔，此时正在补觉，睡得迷迷瞪瞪的。突然被蒯鹏唤醒，脑筋一时还没转过弯来，一听蒯鹏要借宝贝，他一下子就想到了自己的"宝贝"，不禁抬头看了看房梁。

房梁上悬挂着一个红绸系着的小盒子，那里边放的就是他的"宝贝"。

太监"去势"以后，对阉割下来的"宝贝"都十分重视，他们会想方设法予以保存。那年代虽然没有防腐液，不过阉人长期摸索下来，却也有了保存"宝贝"的一套行之有效的办法。

他们"去势"以后，会把"宝贝"装在石灰盒里，吸收血液和水分，让它保持干燥；然后擦净石灰，再浸泡在香油里面；等渗透了香油，再装在小木匣里；密封包裹之后，选个黄道吉日，悬挂在居处正梁上。如果老家就在当地的，还有人把宝贝挂在自家祠堂里。

"宝贝"挂在高处，寓意"高升"，这是所有阉人生前追求的目标。死后，他们的家人或自己认下的干儿子会把他的宝贝缝回身上，好让他成为一个完整的男人，死后才有面目去见列祖列宗。

如果有人因为保管不善损坏或者遗失了"宝贝"，那下葬时就会用陶瓷、金、银等材料打造一个假的"宝贝"装上，可假的就是假的，哪怕材料再珍贵，所以就有了"借宝贝"之说。

老太监向小太监"借宝贝"，小太监来日再向下一代的小太监借宝贝，太监年年有，倒也不用担心被人借走了宝贝，自己来日就会不完整地下葬。因此赵四公公一听"借宝贝"，马上就想到了自己的"宝贝"上去。

蒯鹏见他望向房梁，挺舍不得的模样，跟着他看了一眼，顿时恍然大悟，没好气地道:"我不是借你的那件'宝贝',我要你那'宝贝'何用啊?我是跟你借上次我见过的那件宝贝……"

蒯鹏兴冲冲地把他的来意对赵四公公说了一遍。赵四公公年纪不大,才三十出头,与蒯鹏的关系一向极好。两人私下还合伙做着一些买卖,利益上也是纠缠不清,是以蒯鹏倒不瞒他,把自己的想法对他和盘托出了。

赵四公公面有难色地道:"鹏哥儿,这可是咱们兵仗司秘密研制出来,专门用以执行秘密任务的秘密武器,似乎不宜……"

蒯鹏瞪眼道:"废话!这可是'偷情'啊,还不够秘密的?"

赵四公公苦笑道:"鹏哥儿,咱们俩说的明明不是一回事。"

"哎,我说赵四公公,小天是我好兄弟,这事我不帮忙谁帮忙?你那件东西,也就我拿它当宝贝!你可不一样啊,你不是判定了它不实用吗,你库里就只一件造成的实物,早晚也就是烂掉了事,何不借与兄弟用用?"

赵四公公迟疑道:"鹏哥儿,虽说那件东西已经被咱家定为废品,可毕竟是咱们兵仗司的匠人研制打造的。人家那可是镇远侯府,一旦追究起来……"

蒯鹏马上道:"你放心!咱们这件东西不是从来就没对外张扬过吗?除了兵仗司里发明、研造此物的工匠还有你跟我,再就没人见过它了,谁知道这是咱兵仗司的东西?反正你们兵仗司已经把它定为废品,你就给我废物利用吧,用过之后我马上销毁,不管谁问起,我都不说它的来历,如何?"

赵四公公犹豫了片刻,道:"鹏哥儿,你可说话算数?"

蒯鹏眉开眼笑,用力一拍赵四公公的后背,道:"对嘛!爽快些,促成一段好姻缘,那可是积功德、做善事!事成之后,兄弟请你吃酒。"

"积功德,做善事"这句话打动了赵四公公的心。像他这等阉人,迫于生计,不得不阉割了自己的身子做太监,今世已经没有太多指望,就盼着今世受的苦,来世能得到补偿。只是举手之劳,却能积一份功德,这笔买卖自然划算。

赵四公公点了点头,道:"成,那这件东西,我就给你了。回头我就把它从兵仗册子上划掉,你们用完之后直接毁掉,千万不要说是从我兵仗司流出的物件。"

蒯鹏哈哈大笑,揽着赵四公公的肩膀道:"这才是兄弟,我做事,你还有什么不放心的?"

赵四公公"哼"了一声,悻悻地道:"就是你做事,咱家才不放心!"

· ※ · ※ · ※ ·

新春元旦到了。这时候还没有所谓的阳历,一切节日都按阴历计算,所以元旦和春节是同一天。除夕夜,爆竹乒乓一夜不断,金陵百姓穿新衣、戴新帽,互相走动道喜。长街上，舞龙的、舞狮的、走亲访友的、逛街看热闹的，到处洋溢着一种节日的喜庆气氛。

正月初一一大早，一家之主就带领全家拜天地、拜祖先，全家一起做"扁食"。街上若有家族小辈儿见到了亲戚长辈，当街就要跪下磕头行礼，所以除非是自恃辈分够高，不可能撞见比他辈分儿更高的人，许多上街的人都在衣服下摆处临时打了个补子，要不然这一趟街逛下来，这新袍子就没法穿了。

叶小天等人滞留在驿馆里，只能在外乡过年了。驿馆里也给他们准备了水饺等应节的食物，他们则买了些香烛纸钱，在自己房里写了祖先牌位，供上三牲熟食，大年初三的时候再把纸钱烧了，算是给老祖宗敬献了过年的零花钱。

春节时候，无论男女老幼，都会用金箔纸折成飞蛾、蝴蝶、蚂蚱等形状的饰物插在发髻或帽檐上，以此烘托节日的喜庆气氛，名为"闹嚷嚷"，大的"闹嚷嚷"有巴掌那么大，小的则有铜钱大小，一般人都是戴一个，也有炫富的有钱人，在头上插满了"闹嚷嚷"。

这些事自然不用叶小天操办，张罗这些事的是凝儿姑娘和太阳妹妹。两位姑娘对此非常上心，太阳妹妹就不用说了，凝儿自从听了汤显祖的一番话后，对叶小天变了态度。两位姑娘直把金陵驿馆当成了自己的家园，而叶小天就是一家之主。

除夕夜，叶小天戴了满头的蝴蝶、蚂蚱，走起路来颤颤悠悠，驿馆内外又到处是灯，照得他那头上的金箔金光闪闪，特别引人注目。

张泓恒等人都是大家族子弟，过年这几天忙得他们脚打后脑勺，一时也顾不及来驿馆与叶小天等人相聚，叶小天便也安安分分地在驿馆过起了大年。反正他也打听过了，夏老爷子一家人并未离开金陵，依旧待在镇远侯府，倒也不怕找不到他们。

初七这天，闲极无聊的叶小天正看着毛问智和太阳妹妹在院子里放烟花。

金陵是大阜，城中贩卖的烟花品种达数百种之多，最高明的烟花可以在燃放时逼真地表现出花草人物等图案。不过那样的烟花得请能工巧匠专门定做，放上一晚得耗费几百两银子。叶小天等人来金陵时走得匆忙，身上没有那么多银子，所以他们放的都是些"响炮""三级浪""地老鼠"一类的玩意。

饶是如此，毛问智和太阳妹妹也玩得非常开心，院子里一直回荡着他们两个人的笑声。华云飞虽然年纪小，但他从小就是沉默寡言的性子，再加上遭逢大难、父母双亡的剧情，性情就更沉稳了，看起来不如童心未泯的毛问智活泼。

叶小天看着拿着香头跟只大马猴似的蹿来蹿去的毛问智，摇头笑道："这个老毛，有时候我还真羡慕他，其实从小到大老毛也没少受苦，到如今孤家寡人一个，可他总能自己找到乐子。"

华云飞点了点头，感慨地道："是啊，这是老毛的长处，可惜我学不来。"

叶小天刚要说话，汤显祖的声音就远远响了起来："小天，泓愃他们来了。"

叶小天一抬头，就见张泓愃、乔枕花等人穿戴一新地从院外走进来，笑吟吟的，头上一片金光灿烂，顶满了蚂蚱、飞蛾、蝴蝶、蜻蜓一类的金箔玩意。

叶不天一见赶紧迎上前去，拱手道："张兄、乔兄、柳兄、蒯兄，新春吉庆！"

张泓愃等人也笑嘻嘻地向他还礼："吉祥吉祥，发财发财。"

张泓愃道："不好意思，为兄这个年过的，到处磕头，都磕转了向了，直到今日才得出门。"

叶小天笑道："知道你们忙，兄弟怎会见怪。"

柳君央眉飞色舞地道："不过，这压岁钱我们可没少收。今儿兄弟做东，咱们去轻烟楼？"

蒯鹏道："去什么轻烟楼，自从我取了那件宝贝回来，还没叫小天认真练过呢。"

蒯鹏凑到叶小天身边，道："我们哥几个都骑了马来，给你和汤兄也带了两匹。怎么样，咱们出城找个僻静地方先练练吧，省得忙中出错。"

叶小天一直在等他们的消息，欣然答道："好！诸位仁兄稍等，我马上就来。"

展凝儿坐在榻沿上，正拿着一块布料比画着，忽然房门吱呀一声，传来叶小天的声音："凝儿姑娘，凝儿姑娘。"

展凝儿赶紧把布料塞到被底，慌张地站起来，道："我在这里。"

叶小天从屏风后面探出头来，对她道："凝儿姑娘，张兄他们来了，我和他们出去逛逛。"

"哦！好的，你忙你的……"

叶小天的头一缩，不见了，展凝儿刚刚松了口气，叶小天的脑袋又嗖地一下冒了出来，看了展凝儿一眼，狐疑地道："凝儿姑娘，你是不是有什么事？"

展凝儿又紧张起来，支支吾吾地道："没……没有啊！"

"哦……"叶小天又看了她一眼，半信半疑地走开了。

听到脚步声出了门口，展凝儿松了口气，回到榻边坐下，从被底抽出那匹布，用她那双习惯了舞枪弄棒的手捧着，沮丧地道："这都第七匹布了……"

忽然，她又振作起来，为自己加油道："常言说，熟能生巧！你一定能亲手为他做出一件袍子，让他明白你的心意！展凝儿，你行的！"

第二十六章

赏花灯

一

　　从正月十四到正月十六,是赏灯的好日子。每年这个时候,能工巧匠们就云集金陵城中,售卖自己精心制作出来的各种花灯。
　　十四这天开始试灯,十五这天就是最热闹的灯会,这几天城门是不关的,任由百姓出入,通宵达旦地行乐。
　　十五这天上午,展凝儿和太阳妹妹正在驿馆里放风筝,这也是过上元节时的一种常见的活动。
　　不远处小亭下,正有一位滞留在驿馆过年的官员让歌姬为他唱着曲儿,那曲儿挺应景的,唱的正是一首"风筝曲":风筝,要紧是千尺线,忒轻薄,忒飘荡,不怕你走上天。一丝丝,一段段,拿住你在身边缠。不是我不放手,放手时你就一去不回还,听着了你的风声也,我自会凑你的高低和近远。
　　展凝儿扯着风筝听曲想人,不觉就想到了叶小天身上。如果叶小天就是那高高飞在天上的纸鸢,她这里扯一扯丝线,就能决定让他飞得更高,还是离自己更近,那该多好啊。
　　展凝儿想着,忽然心有所感,扭头一看,正看见叶小天和汤显祖匆匆向外走去,展凝儿连忙唤道:"叶小天,你去哪里?"
　　叶小天向她扬了扬手,高声道:"我跟汤兄去找泓愃他们打马吊。"
　　展凝儿扬声道:"今晚观灯,你回来吗?"
　　叶小天已经快走出院落了,他只是远远地向凝儿扬了扬手,既没说回来,也没说不回来。展凝儿皱眉自语道:"他这几天怎么迷上打马吊了,每天都很早离开,很晚回来……"
　　展凝儿忽然想到有一天叶小天回来时一瘸一拐的,袍子膝部还有明显地擦蹭过的泥痕,总觉得叶小天去打马吊的说法有些不实。她又想不出问题究竟出在哪里,或许真如叶小天所说，那是和蒯鹏嬉闹时摔了一下吧。

镇远侯府，滴翠楼。

李玄成捧着一口匣子兴冲冲地走到楼下。李玄成精于雕刻，他在这一行上浸淫多年，又经名师指点过，俨然已经有了大师的水准。今日他用一块冰种翡翠雕了一个弥勒佛像，小小的佛像三分温润、七分冰凉，给人一种冰清玉莹的感觉。

李玄成觉得这次雕刻发挥极好，那玉料也是上品，是以一雕完，便迫不及待地赶来向夏莹莹献宝——他想把这枚玉佛当作礼物送给莹莹。

李玄成赶到滴翠楼下，赫然看见夏老爷子坐在楼下厅中喝茶，李玄成连忙站住脚步，毕恭毕敬地道："老爷子。"

"哦？是国舅爷啊！快！快请坐！"夏老爷子一见是李玄成，忙要站起身来，李玄成赶紧上前两步，殷勤地道："老爷子，您坐着就好，不要多礼。"

"好！好，好！"夏老爷子坐下，看了李玄成一眼，笑眯眯地道："国舅爷今晚去看灯吗？"

李玄成颔首道："有此打算，玄成还想邀请莹莹姑娘一同去赏灯。"

夏老爷子看了看他手里捧着的小匣子，转头道："那丫头啊，还跟老夫我怄气呢。这丫头，真是被老夫给宠坏了。"

夏老爷子捋着大胡子叹了口气，道："老夫也不瞒你，老夫对国舅爷你，是非常满意的。家世好、人品好、相貌堂堂，对我家莹莹更是一往情深。不过，你总要哄得她回心转意才成。老夫儿子一群，闺女就这一个，不瞒你说，夏家三代以来，也就这么一位姑娘，实在不想逼得她哭哭啼啼、寻死觅活的……"

"晚辈明白，晚辈明白！"一听夏老爷子这样公开表态，李玄成又惊又喜，信心十足地道："正所谓精诚所至，金石为开。老爷子，您就放心吧，玄成一定会用我的诚意感化莹莹姑娘的！"

滴翠楼三楼，莹莹的闺房外，两个膀大腰圆的女仆昂首挺胸，负手而立。看这光景，莹莹是被禁足软禁了，夏老爷子生怕她又逃出去与叶小天幽会，所以门外都使人看得紧紧的。

莹莹坐在梳妆台前，看着镜子里的自己大扮鬼脸，她把镜中的自己当成了她爹。想让一向乐观的莹莹姑娘发愁伤心，那可难得很，从小到大，她还没有什么心愿不曾达成过，她又怎么可能哭哭啼地去寻死觅活的？

一束光影突然出现在墙上，晃来晃去的，渐渐向铜镜上移动过来，莹莹急忙用手遮了一下眼睛，挡住了镜上的反光，随即便欢喜地跑向阳台。三楼外有个阳台，站在这儿可以俯瞰整个镇远侯府。

远处，还有另一座府邸，那府中同样有一处三层的小楼。楼上正有一匹白布垂挂下来，布上画着一幅画。画上面是一个小男孩和一个小女孩，男孩正撅起嘴巴去亲女孩的脸蛋，女孩头上有两个朝天小辫子儿，扭着手指，憨态可掬。

　　莹莹忍不住笑了出来，她赶紧捂住嘴巴，心虚地回头看看。然后再向那座楼上看去，那画被人卷起来了，露出了下面的第二幅画，画上的小女孩被关在笼子里，抓着笼栏可怜兮兮，小男孩拿着宝剑，正要扑过去救女孩。笼子前面站着几个挺胸腆肚的大汉。

　　莹莹看着那画，笑容越来越甜，她伏在栏上，双手扶着俏脸，笑靥如花。

　　叶小天一直无法突破侯府的重重防御，但是叶小天又岂是那么容易服输的人，当他偶然听说旁边这座府邸是柳君央的表妹家时，他就想到了一个特殊的办法。

　　叶小天先用钱买通了侯府负责买菜的厨子，问清了莹莹的居处，然后借了柳君央表妹的这座绣楼，用一面小镜子和莹莹取得了联系。

　　只是这么远的距离，喊话、写字都不方便，而且容易惊动他人，所以叶小天改用画画，先用镜子通知莹莹，那迅速把画展示给她看，那画如果被人无意中看见，却也未必就能明白它的意思。

　　柳君央表妹的绣楼里，地面上铺了一整匹的白皮，柳君央举着一杆蘸了墨的墩布，脸上黑一道白一道的，有气无力地冲叶小天的背影喊："哎！我说，下一幅要画什么呀？"

　　莹莹脸上带着甜美的笑容，双手撑在栏杆上，托着尖尖的下巴，迷人的眼睫毛轻轻眨动着，痴迷满足地望着远处那座绣楼，突然，她看到了一幅很怪异的画面，莹莹蓦然张大眼睛，仔细看了起来。

　　"嗯？小天哥这是……什么意思呀？"

　　莹莹蹙起眉头，费解地自语道。

※ · ※ · ※

　　上元佳节夜，满城闹元宵。

　　天空挂着一轮明丽的圆月。

　　长街上人来人往，笑语欢声。

　　大街上车水马龙，许多人家门口和大街两边都挂着各式各样的花灯，绚丽缤纷。舞龙队、舞狮队在长街上经过，引得百姓兴致勃勃地跟随围观。许多人提着花灯，喜气洋洋地走在大街上，观灯、猜字谜。

　　镇远侯府此时也是张灯结彩，夏老爷子和顾三爷就在院子里徘徊赏灯，以他们的年纪和身份自然不会去街头游逛，而李玄成却直挺挺地站在滴翠楼下，他已经等了许久。

"出去出去，都给我出去！"楼上传来一声娇斥，然后是重重的关门声，片刻之后，夏大和夏二从楼上下来，讪讪地对李玄成道："国舅爷，我那小妹她……咳！实在对不住了。"

李玄成心头升起一抹恼意，他身为国舅，几时被一个女子如此冷落过？他为了讨莹莹欢心，一再低声下气委曲求全，可莹莹却是变本加厉，上回赠给她的玉佛被她毫不客气地拒绝了，今夜邀她观灯又被她再次拒绝，李玄成脾气再好也难免着恼。

他长长地吸了口气，调整了一下自己的情绪，风度十足地微笑道："无妨，既然莹莹姑娘不喜欢出去，那李某也就不出门了吧！呵呵，咱们几人就在这楼下饮宴庆上元，如何？"

夏家几兄弟都是好酒之人，尤其是他们觉得妹子慢待了国舅，心里过意不去，马上响应起来，李玄成便吩咐人备桌酒席送来。

滴翠楼上，莹莹系着一袭仙鹤纹的披风，站在楼头，眺首远望着。远处锣鼓喧天，站在楼上放眼望去，只见万千家灯火楼台，十数里云烟世界。满城灯火，箫鼓声声。

莹莹抬头看了看天上的明月，心道："小天哥哥最后那幅画上也有明月，还有一个怪怪的篮子，究竟是什么意思呢？"

金陵大街上，展凝儿怏怏地与太阳妹妹，还有华云飞和毛问智一起走着，路边有各种各样的花灯，她却依旧兴致索然。直到晚上，叶小天都没有回来，凝儿对马吊真是深恶痛绝了。

忽然，前边的人群骚动起来，紧接着，太阳妹妹也惊跳起来，大声叫道："啊！快看，好大的一盏灯啊！凝儿姐姐，你快看！"

展凝儿诧然顺着太阳妹妹所指的方向看去，就见一架巨大的莲花灯，正从空中冉冉飞过，或许这灯是采用了孔明灯的原理，它居然是飘浮在空中的。在巨灯下方，似乎还有一个吊篮一样的东西，那里边居然可以载人。

巨灯飞的并不算高，只比城头高出两丈有余，当它从城头飞过的时候，城头的灯光映着那巨灯下方的吊篮，展凝儿的心突然漏跳了一拍，她看到了站在吊篮里的那个人，虽然只是一个背影，可她绝不会看错，那是叶小天，一定是叶小天。

第二十七章

天外飞仙

一

镇远侯府,一个小丫鬟提着鲤鱼灯正姗姗地行走在院中,忽然吃惊地站住了。"吧嗒"一声,她手里提着的灯笼失手掉落,火焰点着了灯罩,她也不管不顾,而是指着空中大惊小怪地叫起来:"呀!快看,你们快看!好大的灯!好大的一朵莲花灯!啊,冲着咱们镇远侯府来了!"

附近几个丫鬟家仆纷纷抬头望去,就见一朵巨大的莲花灯越来越近,越来越低,从他们头顶轻轻掠过,那巨大的阴影遮住了月亮,遮蔽了天空,令人为之震撼。

正在厅中叙话的顾三爷和夏老爷子闻讯从厅中走出来,站到院中翘首看着,顾三爷纳闷地道:"这是谁家造的孔明灯?怎么这么大,还是莲花状的。嘿!还别说,真是壮观!"

旁边一个丫鬟突然叫道:"哎呀,三老爷,您快看,您快看,那灯冲着滴翠楼去了!"

滴翠楼上,莹莹四下观望了一阵,始终想不明白叶小天在画中想要表达的意思,楼头有些寒冷,她紧了紧披风,正要回室内,忽然看到一幕奇异的景象,不由瞪大了眼睛。

一架巨大的孔明灯正向她的闺楼飞过来,那孔明灯的后面,就是悬在空中的一轮明月,因为那灯越来越近,以致那明月也失去了光彩。

"这……这是……"

莹莹突然想到了白天看到的那幅图,天空一轮满月,月亮下面有一朵巨大的莲花,莲花下面似乎还有一个莲萼似的东西,却离莲瓣还有一段距离,而在画的一角有座小楼,一个女孩仿佛嫦娥奔月般飞出了小楼,迎向那朵巨大的莲花。

"难道……"

莹莹睁大了眼睛,两只瞳孔里现出莲花状巨大孔明灯的倒影,倒影越来越大、越来越亮,盛满了她的眸子。紧接着,那朵明亮的莲花灯换成了叶小天的笑脸,近在咫尺。

叶小天站在吊篮里，操纵着那架巨大的莲花灯，减少了向上喷吐的热气，使它缓缓降到与楼栏平齐的位置。莹莹惊呆了，小声地道："小天哥，你……你怎么……"

叶小天向她眨了眨眼，微笑道："牛郎会织女，需要喜鹊架桥。我可指挥不动喜鹊，所以呢，我就去王母娘娘那儿偷来了一盏宝莲灯。"

"小天哥……"

巨大的幸福感，让莹莹的眼睛迅速蒙上了一层泪光。她不知道这盏巨灯究竟是什么东西，也不明白叶小天究竟从哪儿弄来这么一个东西。虽然她一直坚信叶小天无所不能，却也没有想到叶小天竟会用这样的方法来与她相见，一时间，莹莹欢喜得说不出话了。

叶小天打开吊篮的门儿，微笑着向她伸出手，彬彬有礼地道："美丽的仙子，请。"

顾三爷和夏老爷子带着众多的侍婢、下人匆匆赶到楼下，李国舅和夏莹莹的几位兄长也从厅里出来，抬头仰望着，一时间目瞪口呆。

顾三爷气急败坏地指着莲花灯，大吼道："抓住他，快给我抓住他！"

叶小天握住莹莹的小手，把她拉进吊篮，不屑地看了眼地面，柔声道："来，我带你一起飞！"

莹莹跳进吊篮，叶小天一推开关，莲花灯缓缓升空。夏老爷子等人目瞪口呆地看着冉冉飞去的莲花灯，那灯越飞越远，好像一直飞进了那轮圆圆大大的月亮里。

侯府的家丁此时刚刚冲上三楼，他们赶到围栏边，却只能眼睁睁地看着那朵莲花灯冉冉地向远方飘去。

李国舅看着远去的花灯，脸色阴沉得可怕，顾三爷怒不可遏地吼叫起来："岂有此理！岂有此理！我要调弓弩手来，从此，我要让一只蚊子都飞不进来！"

·※·※·※·

莹莹好奇地看着吊篮中间仿佛丹炉似的一件圆墩墩的东西，叶小天扳动一处开关，那丹炉似的东西里面便有一股灼热的火气直冲头顶，从这个位置看，那盏巨大的莲花灯的核心似乎是一个圆得近乎密封的东西，只有下边一个入口。

莹莹好奇地道："这是什么？它怎么可以飞起来的？"

叶小天笑道："我也是只知其然，不知其所以然，这是金陵兵仗司的能工巧匠打造的东西。"

莲花巨灯冉冉行于空中，晚风撩起了莹莹的长发，她很快就不再专注那黑乎乎的"丹炉"了，而是从空中俯瞰下去，满城灯火，由此望去，仿佛点点繁星，令人目眩神迷。

叶小天道："很神奇吧？我在郊外试飞的时候，第一次站在空中，也是这样的感觉。"

"嗯！真是好神奇！"莹莹喜滋滋地看向叶小天："小天哥，你好厉害，你这是带我去哪儿？"

叶小天柔声道："我带你去天涯海角，好不好？"

"好！"莹莹欢喜地扑进了叶小天的怀抱，呢喃道："你带我去哪儿，我就去哪儿。"

叶小天揽住她的纤腰，柔声道："总有一天，我会带你走遍天涯海角，但那是以后的事了。现在……我只是想让全城的人都看到我们，我要让所有人都知道，你是我的！"

叶小天回首望去，镇远侯府已经越来越远了。叶小天嘴角不禁露出一丝诡秘的笑意，他费尽苦心。闹出这么大的阵仗，当然不仅仅是为了见莹莹一面，这夜这番举动，他是大有用意的。

巨灯冉冉而行，城中百姓慢慢发现这盏巨灯，惊呼声不断传来，巨灯飞得并不是很高，也不是很快，于是越来越多的百姓一边指点着空中，一边惊呼，接着追逐着，尾随这盏巨灯而去。

镇远侯府的府门轰隆一声打开了，一骑飞驰而出，碗口大的马蹄重重地踏在青石板上，蹄铁竟似溅起了一溜火星。马上的骑士正是国舅李玄成，他脸色铁青，狠狠一鞭，追着巨灯的方向冲去。

紧接着，又是数十骑奔驰而出，顾三爷、夏老爷子、夏氏六兄弟和一些侯府家将，数十骑快马，踏出如雷的蹄声，风驰电掣而去。

上元佳节，金陵城中最热闹的地方就是十里秦淮，沿着整条河流，到处都是灯的海洋。莲花巨灯冉冉降落在聚宝门（今中华门）上，叶小天打开吊篮的门，挽着莹莹的手从里边走出来。

城头观灯的百姓都惊讶地看着他们，仿佛在看天外来客。莹莹讶然四顾，雀跃道："小天哥，你带我来观灯吗？"

叶小天笑道："每年上元节都能观灯，你还没看够吗？今天，我是要让全城的百姓看我们，来！"

叶小天拉起莹莹的手，向前跑去。叶小天站上城墙，把莹莹也拉了上去，莹莹看看脚下，有些胆怯地靠近叶小天，道："这里好高，咱们站到这儿干吗？"

叶小天笑道："你很快就知道了。"

他突然一把揽住莹莹的纤腰，纵身向前一跃，莹莹一声尖叫，急忙抱紧了叶小天的脖子，但她随即就发现，他们并没有掉下去。

在城楼与城下一座小亭间，系着双股的长长的灯索，上边悬挂着许多灯笼。而那其中一条绳索上并没有系任何一盏灯，只是套了一只竹筒，叶小天就握着这只竹筒，揽着莹莹的娇躯，从城头滑向下边的小亭，衣带飘飘，仿佛飞在空中。

游人们仰面观看着，在一阵阵惊呼声中，两人飘落在小亭上面，四下的游人立即好奇地围拢过来。莹莹晃了下身子，这才站稳。她轻轻放开叶小天的身子，心有余悸地拍拍心口，嗔道："坏人，差点被你吓死了。"

叶小天笑道："好不好玩？"

"嗯！"莹莹笑逐颜开，这么刺激、这么好玩的游戏，她长这么大从未经历过，今年的上元佳节，注定是让她一生难忘的最值得回味的一次元宵节。

叶小天笑道："还有更好玩的呢，你瞧！"

叶小天忽然抬起右臂，向远处招了招手，亭下人山人海，也看不清他是在向谁招呼，聚宝门上突然烟花灿烂，直冲云霄。绚丽的烟花中，两组各六只串成一串的孔明灯冉冉升空。每只灯笼上都有一个大字，由上至下，一组写的是"叶小天和夏莹莹"，另一组写"一生相爱相亲"。

夏莹莹蓦然睁大了眼睛，不敢相信。她看着孔明灯越飞越高，激动的泪水忽然止不住地流了出来，"小天哥！"她忽然叫了一声，情不自禁地抱紧了叶小天，向他送上一个甜甜的吻。

四下聚拢来的百姓先是被那盏前所未见的，可以载人的巨大莲花灯给惊呆了，紧接着便看到了烟花灿烂和那两串冉冉升起的孔明灯。他们终于明白，今夜的阵仗竟是一个年轻人在向他心仪的女子倾诉情意。

四下的百姓们立即骚动起来，尤其是女子们，马上就被这浪漫的一幕给感染了。上元佳节，许多情侣都趁这难得的机会一起出游，观灯赏景，眼见如此一幕，他们岂能不为之感动？

上元佳节，浪漫之夜，许多出游的人喝了酒，性情就比平日放纵了许多。莹莹情不自禁地向叶小天献吻，这在中原地面上本来是有些惊世骇俗的举动，在这浪漫之夜也没有多少人去苛求了。一些本来还很矜持，羞于当众亲昵的少女这时都紧紧地抓住情郎的手臂，雀跃地为这一双男女欢呼着。

更有一位摆摊写灯谜、出对子，平时还兼写话本小说卖给书社的穷酸文人——名曰岳小关的，眼见此景此景，不由灵感大发，登时奋笔疾书起来：万历十年，上元夜，月明如昼，忽有巨灯自月中来，停于聚宝门上。灯化莲华，自蕊中飞出一金童、一玉女……"

艺术夸张，在所难免，不加点玄异色彩，怎么能吸引众人的眼球呢，此君深得个中奥妙矣。他一边写，一边眉飞色舞地大笑："一定大卖，一定大卖啊！"

第二十八章

花好月圆夜

一

聚宝门前围观的百姓越来越多，展凝儿、太阳妹妹和毛问智、华云飞也正站在人群中，远远地看着站在小亭上的那双人影。远处高空里，一轮巨大的圆月，似乎把那双人影笼在了其中。

太阳妹妹兴奋地抓着展凝儿的手，惊喜交加地道："是小天哥哥和莹莹姑娘，小天哥哥是怎么把莹莹姑娘带出来的？他们……他们……真好！真好！"

太阳妹妹的汉语虽然日渐熟练，却也只能进行日常交流。她不懂得太多的描绘性的词语，她只觉这一幕浪漫到了极点，让她忍不住心生憧憬，却不知该如何表述出来，千言万语到了嘴边，最后只变成"真好"两个字。

毛问智赞叹地道："哎呀，大哥真是……真是太有本事了。这么会哄女人，只要他想下手，哪个女人能逃得出他的手掌心啊？"

华云飞对叶小天这些天来的准备是略有了解的，只是亲眼见到，还是免不了心生震撼。他听到毛问智的话，只微微一笑，没有说话。忽然，华云飞若有所觉，偷偷瞟了一眼展凝儿，只见展凝儿正凝望着小亭，黑瞳如水，目光迷离。

"快着些，快着些，收了，收了！"

聚宝门上，赵四公公催促着几个人，急急拆卸那盏巨大的莲花灯，莲花灯的内部似乎是用皮子缝制的，泄了气之后面积并不是很大，那些人七手八脚地把莲花灯拆开，迅速拖走了。

这莲灯只有外部莲花状的装饰和灯火是叶小天和他的一众损友临时添加的装饰，它的原形只是皮子缝制的一个圆球。这东西本是兵仗司的巧手匠人发明的玩意，原打算若能研制成功，可以用于探察敌情，在军事上起大作用。

他们甚至打算好了，一旦研制成功，首先就配发给蓟帅戚继光，用于北方对鞑靼的作战。可是几经研究，并在制成一件成品后进行试飞测试，他们却发现这东西根本不实用。

首先，他们无法让这东西飞得太高，那架机器提供的热量根本无法摧动这东西飞到一箭地的距离之上，弓弩就能射到，一旦被弓箭射中，就得漏气堕落，而且那么大的目标，想不被射中都难。

再者，因为目标太大，又飞不高，根本不能起到秘密侦察的作用，一出动就会被敌人发现。此外，这东西还有一个问题，它装了尾翼之后，可以在顺风的时候适当调整方向和落点，但它做不到逆风飞行。

这样的话，一旦真的用作军事用途，那军队首先得必须抢占上风头，才能让它放飞起来后发挥作用，而且它飞出去就飞不回来，上边所载的加热材料顶多供它飞十多里，飞行速度的快慢又取决于风速，放出去就注定要落入敌人之手。

这些弊病一直也没有办法改进，最后被赵四公公判定为毫无利用价值，最终只留了这么一件成品在库里。如今废物利用，赵四公公也不心疼，但他怕被别人发现他将物件给人，抓他的把柄。

他是刘公公的干儿子，而刘公公是京里冯保公公的干儿子。自首辅张居正去世后，冯公公的日子也不大好过，他这时候自然不敢再有把柄授予人手，是以亲自赶来，一等用完，马上收走销毁。这件奇物至此从人间消失了。

聚宝门前，一家店铺的老板娘刚刚骂走了一个挑三拣四的客人。她男人死得早，女人独自撑立门户，想不泼辣都不成，可再泼辣的女人，心里也是渴望温情与浪漫的。

眼看着小亭上的那双男女，老板娘站在店铺门口，像个男人似的叉着腰，羡慕地道："哎！前五百年后五百年，哪个男人追求女人这么用心过，如果有人这么对我，老娘一定嫁了。"

小店里那个唯一的伙计赶紧凑上来，咳嗽一声道："掌柜的，我要有那能飞的玩意，我也可以的。"

女掌柜把脸一板，冷声道："不想找抽你就死远点！"

夏莹莹轻轻一吻，脸上飞起两抹激动而幸福的红云。

她是天之骄女，她自幼在无数人的呵护下成长，她可以予取予求。但是她所得到的一切，又怎及她心爱的男人为她用心营造的这一幕，更何况这一切是那么的浪漫，如梦似幻。

上元佳节，她的男人从天而降，带着她飞天而起，在满城百姓的见证下，向她倾诉爱意，这一切，都让她欢喜得心都要炸了。她环着叶小天的脖子，满心欢喜地道："小天哥，人家好开心！"

叶小天的目光向远处微微一扫，看到一队人快马加鞭正从长干桥的另一侧向这边急急赶来，因为桥上人头攒动，那些骑士的速度不得不慢下来，数十骑马挤在一起，特别明显。

叶小天的唇角轻轻勾起一个好看的弧度，他揽着莹莹柔软的腰肢，向秦淮河上一指，道："莹莹，你看那里！"

一艘画舫正停下桥前水面上，甲板上有许多彩衣舞姬，人手一盏灯笼，她们正在表演灯舞。灯舞有两百多种，最常见的是持灯舞、提灯舞、举灯舞和荷花灯舞，其中持灯舞是最注重灯光效果的一种舞蹈，借助灯光，摆出各种图案。

此刻，那些舞姬迈着曼妙的舞步，手中的红灯渐渐组成了一个大大的红心，提灯舞姬们稍稍一停，又继续舞动起来，远远看去，那颗红心忽而变大，忽而缩小，好像一颗心脏正在不断地跳动……渐渐的，一颗红心幻化成了两颗交叠在一起的红心，以相同的节奏跳跃着。

船舱里，张泓恒跷着二郎腿，有滋有味地品着茶，旁边一个妈妈赔笑道："张公子，您今天这是唱的哪一出啊？"

张泓恒没理她，自顾看着外面，笑吟吟地道："这小子，有一套！"

看着那颗跳跃的红心，莹莹的眼睛里也仿佛有一颗颗的红心乱冒了，叶小天揽着她的腰肢，在远近不断的爆竹声中，不失时机地大声喊道："莹莹，我爱你，你爱我吗？"

"我……"

莹莹可不是个喜欢矜持的姑娘，她脉脉含情地看着叶小天，正要大大方方地说出她的心声，小亭四周的看客们已经按捺不住地攘臂高呼起来："爱！爱！爱！"

"闪开，闪开！"

几个人蛮横地呵斥着，驱赶着人群让出了一条道路，李国舅、夏老爹、顾三爷等人赶到亭下，眼见如此一幕，脸色都很难看。

莹莹看到他们赶到亭下，一个个骑在马上，用很难看的脸色看着她，不禁悄悄吐了吐舌头，对叶小天小声道："我爹他们来啦。"

叶小天好像没有听见也没有看见，他看着莹莹，依旧用很大的声音喊道："莹莹，我想娶你做老婆，你愿意嫁给我吗？"

因为老父就在亭下，莹莹有些羞涩，她抿了抿嘴唇，正想小声地答应一下，亭下的看客们已然再度攘臂高呼起来："嫁！嫁！嫁！"

李国舅怒不可遏，气得浑身都发起抖来。夏老爷子脸色也很难看，此情此景，他实在不知道该说什么才好。

夏家几兄弟互相看看，却从彼此的眼神里看到了一抹不一样的东西。平心而论，自从得知叶小天是蛊教尊者之后，他们也不愿意小妹嫁给叶小天，可是眼见叶小天搞出如此惊天动地的大阵仗，他们还是由衷地心生佩服。

这主意，这本领，这勇气，还有这盛大的场面，他们不禁扪心自问，如果他们是女子，有人为其如此煞费苦心，他们也会答应了吧？

好像呼应他们的心声似的，莹莹抬起头，害羞而欢喜地凝视着叶小天，用并不很大却清晰有力的声音道："我愿意！"

亭下的百姓登时欢呼起来，谁都愿意看见有情人终成眷属。他们并不了解亭上的这对男女，但叶小天所做的一切已经征服了他们的心，他们觉得，这般美丽的一个女子，就该嫁给这样的一个男人。这样的一个男人，就该拥有这样的一个女子。

李国舅脸色铁青，他一句话都没说，只是一拨马头，便逆着人流，向长干桥走去。

"国舅爷……你这臭丫头，你快给我滚下来！"夏老爷子喊了一声李玄成，李玄成好像根本没有听见，夏老爷子又转向亭上，冲他的宝贝女儿气急败坏地吼了一声。

叶小天看着拨马离去的李国舅，唇角那抹弧度翘得更高了。

情场如战场，如果这敌人又太过强大，那该怎么办？李国舅无论家世、地位、相貌，都不是叶小天所能比拟的。他很清楚，李国舅喜欢莹莹，对他而言是一个巨大的威胁。

即便莹莹再喜欢他，如果莹莹的家族对李国舅很中意，下定决心把莹莹嫁给李国舅，对他来说都是一个难以解决的巨大难题。他只是一个小人物，拿什么去同两个势力庞大无比的家族抗争？

他相信莹莹的真心和勇气，但有时仅靠这些是不够的，相对于一个庞大的家族可以动用的手段和力量，个人的力量有时真的微不足道，哪怕你决心再大。

经过水舞一事，叶小天尤其慎重起来，这种危险一经发现，就该迅速扼杀，防患于未然。所以在得知蒯鹏可以提供的支持之后，叶小天马上想到可以玩大一点，他不再满足于见莹莹一面，他还要借此昭告天下："莹莹是我的！"

大人物有小人物难以动用的资源和力量，可大人物也有小人物无法想象的束缚与烦恼。如叶小天今夜这般举动，他可以做，李国舅就不可以。

如果有人似今夜这般向莹莹告白，甚至得到了莹莹的同意，他依旧不肯放弃，直至赢得莹莹的芳心，人人都会赞他有本事，可同样的事放在李国舅身上同样不可以。

如果在这种情况下，李国舅依旧不肯放弃。他会遭遇家族和整个社会的强大压力，他的家族会责备他辱没门庭，阻止他娶一个在他们看来已然不再纯洁无瑕的女子进门，而在世俗一面，人们会骂他恃强凌弱。这就是他的弱势，于小天却是优势。

小人物也有大智慧。叶小天经此一事，已经基本绝了李国舅和莹莹之间的可能。当然，因此招来李国舅的嫉恨，甚至报复却也是在所难免，可是以叶小天浑不吝的性子，他会在乎吗？唯一能克他的大概只有他的老丈人，至于其他人，便是天王老子，他也无所忌惮。

第二十九章

红颜祸水

一

"你这个臭丫头,还不给我下来!"

一向厚脸皮的夏老爹此时已是老脸发红,有些无地自容了:"这个臭丫头简直是……真是从小惯坏了她啊!"

夏老爹很是自责,可惜现在后悔也晚了,尽管他此时是如此的愤怒,甚至还是难向女儿说一句重话,只好把满腔怒气发泄在几个儿子身上。

他扭过头,冲着几个儿子大声吼起来:"你们几个混账东西,还愣在那儿干什么,还不上去把莹莹给我带下来!"

夏家几兄弟迟疑了一下,纷纷看向夏老大,夏老大讪讪地道:"爹……"

夏老爹大怒,道:"混账,连你也不听老子的吩咐了?"

夏老大无奈,只得翻身下马。

亭上,夏莹莹听见父亲的吼声,紧紧偎在叶小天的怀里,紧张地道:"小天哥!"

叶小天轻抚着她的削肩,目光看向远处。李玄成的身影刚刚消失在灯火阑珊处,顾三爷正率人紧紧追去,叶小天在莹莹耳边低声道:"去吧,别违拗你爹的意思,老人家现在快气疯了。"

莹莹牵住他的衣角,依依惜别:"人家才刚见到你,又要分开吗?"

叶小天对她耳语道:"乖,我是要李国舅知难而退,现在李国舅已经退了。剩下的事咱一步步来,如果把你爹气得失去理智,对你我可大为不利。你放心吧,我明天就去和你爹好好谈谈。"

莹莹担心地道:"镇远侯府防卫森严,你进得去吗?"

叶小天轻笑道:"傻丫头,你以为令尊如今还能再回镇远候府吗?"

"嗯!"

莹莹对叶小天可谓言听计从,她依依不舍地又看了叶小天一眼,咬着嘴唇,轻轻向楼阶走去。

天上飘起了零星的雪花，太阳妹妹攥着一双小拳头，激动地杵在胸前，兴奋地对展凝儿道："凝儿姐姐，小天哥哥好厉害，人家看得都感动了！什么国舅啊，不堪一击，小天哥只是略施小计……"

太阳妹妹转过脸来，有些吃惊地道："凝儿姐姐，你怎么了？"

"哦，没什么？"

凝儿慌忙扭过头，轻轻仰起脸儿来，用掌背在脸上轻轻拭了一下，再回过头来，向太阳妹妹微微笑了一下："雪花迷了眼睛……"

"真是这样吗？"太阳妹妹眨了眨眼，但她很聪明地没有说出来。

"把这臭丫头给我带走！"

夏老爹一见女儿被带下小亭，马上瞪了她一眼，连话也懒得跟她多说，马上喝道："咱们走！"

夏老爹恨恨地拨马就走，众目睽睽之下，他只觉自己的老脸全都丢光了。夏老二壮起胆子问道："爹，咱们去哪儿啊，回镇远侯府？"

"呃……"夏老爹猛地勒住了坐骑，去镇远侯府？他跟顾三爷可没那交情，住在镇远侯府，人家看的是国舅爷的面子，他现在还有脸去镇远侯府吗？

夏老爹越想越气，又狠狠瞪了儿子一眼，骂道："不懂事的东西，去镇远侯府做什么？走，找家客栈去！"

人群中，蹦鹏见夏老爹一家人要离开，马上向两个混混努了努嘴，那两个混混会意，向他轻轻一点头，立即尾随夏老爹一家人离去。

李玄成一离开稠密的人群，马上奋力一鞭，策马狂奔起来。

风扑在他的脸上，火烧般的感觉才减轻了一些。他没有想到叶小天竟然会用如此惊世骇俗的手段向世人宣示他与莹莹的关系，不用等到明天，这浪漫的一幕就会被满城百姓津津乐道地传开了。

他还能怎么样？他还能继续追求莹莹吗？没有可能了，即便夏家同意，甚至莹莹本人回心转意，他也会被千夫所指，万人唾骂！

莹莹如果喜欢的是他，而被叶小天抢走，人们会赞叶小天本事，是称许他是精诚所至，会用一切溢美之词褒扬他的壮举。可同样的事发生在他身上，人们只会认为他是以势压人，是强抢民女，这……就是身为上位者的悲哀。

尤其是他的身份地位是靠裙带关系得来的，来得如此容易，却又如此显赫。既为自命清高者所不耻，又为世人眼红，简直就是"拉仇恨"的神器，就连那些戏曲话本里头，国舅爷也清一色都是反派、丑角？

他可以想象得到，如果他还不收手，将有多少难听的话等着他。如果这件事传进他爹或者他姐姐耳中会怎么样？做国丈的父亲和做太后的姐姐会容许一个与其他男人纠缠不清的女子嫁进门？那些专门靠搬弄唇舌、告状骂人为生的清流言官们会放过这个机会？

李玄成越想越气，他一鞭紧似一鞭，抽得那马风驰电掣起来。

"快，你们快跟上！"

顾三爷岁数大了，只能骑太平马，根本追不上李国舅，眼见国舅疯了似的策马狂奔，生怕别出点什么意外，自己可不好向太后交代，赶紧吩咐几个家丁道："你们快追上去护住国舅爷，国舅爷要是出了事情，我扒你们的皮！"

李玄成越跑越快，虽说这条路上行人稀少，却也不是毫无人迹，前方巷口突然就闪出一个人来，李玄成急忙一提马缰，那马微微一侧，紧贴着那人的身子蹿了过去。

那人被马身一擦，扑通一声摔在地上，紧接着一阵剧痛，却是那马的后蹄踩在他的腿上，痛得他"哎哟"一声，像只虾子似的蜷缩起来。他惨叫着骂道："你……给我站住！半夜三更，城中驰马，你赶着投胎去啊？"

后边又有几骑快马飞驰而来，马上的骑士高声呼喊道："国舅爷，国舅爷，您慢着些，等等我们啊！"

地上那人抱着大腿，痛得满头大汗，骤然一听那几名骑士高喊"国舅爷"，吓得他激灵一下，登时就住了嘴。国舅爷？那是他这等小民只在戏台上才能见到的角色，哪里还敢再骂。

顾三爷紧赶慢赶地回到侯府，两胯都被马鞍磨得火辣辣的痛，他让人扶着下了马，气喘吁吁地问道："国舅爷回来了吗？"

听说李玄成回了府邸，顾三爷这才放下心来，赶紧赶过去。李玄成此时已经回到滴翠楼下，厅中杯盘狼藉，残羹剩菜尚未收拾，李玄成独自据于席上，正在自斟自饮，看他脸色通红，怕是有了七八分醉意了。

顾三爷暗暗叹了口气，缓步走进厅去，在李玄成身边坐下，先为李玄成斟了杯酒，清咳一声道："国舅爷，天涯何处无芳草，以国舅爷的人品、身份，何必为了一个女子苦恼呢？"

李玄成喷了口酒气，醉醺醺地道："我……我李某人是何等身份，岂会因为一个女子而颓丧？三爷你……你多虑了。只是那叶小天如此目中无人，羞辱本国舅，我心中实是愤恨难平啊！"

顾三爷听出他有些言不由衷，他若真的忘情于莹莹姑娘，又何必如此在意叶小天和夏莹莹今夜的举动？又岂会借酒浇愁？不过难得有个理由转移话题，顾三爷忙就坡下驴,道:"国舅,这叶小天究竟是什么人哪?"

李玄成道:"此人不过是贵州一方小吏,区区一个典史,不知因何缘故,赶来金陵待参……"

李玄成对叶小天所知有限,如果不是因为莹莹对叶小天有情,所以关注过一下,连这些情况他也不会了解。可他只说了两句,忽然又想到叶小天既然如此卑微,莹莹姑娘却为了他而弃自己如敝屣,岂不显得自己更加不堪?那不屑的话便再也说不下去。

顾三爷目光闪动,轻笑道:"原来如此,一个芝麻绿豆大的官,还是待参的官……"

顾三爷脸上露出一抹轻蔑的神色:"这样一个人物,国舅爷您要整治他,还不是像碾死一只蚂蚁般容易。您是高高在上的贵人,何必为了一只蝼蚁动怒呢?"

李玄成虽然愤怒已极,且有了七八分醉意,可他的理智尚在。大明帝国对外戚一向控制得很严格,虽然他们能尽享荣华富贵,能在一定程度上对皇帝产生一些影响,可是就连大明的皇帝都要受到百官的约束,更不要说外戚了。

李国舅自幼就受做太后的姐姐教诲,从不敢张扬跋扈,越雷池一步,此时一听顾三爷这话,不安地道:"三爷,晚辈虽为国舅,却也无权干涉朝廷命官的事啊!况且这只是我的个人私怨,很容易遭人诟病……"

顾三爷呵呵一笑,附耳对李玄成低语了几句,李玄成双眼亮了一亮,犹疑地道:"此计可行吗?"

顾三爷抚须微笑道:"国舅爷,不是老夫夸口,若他是个五品知府,可能这事也有些难度,可是一个不入流的小官,谁会为了他拂了国舅爷的面子呢?"

"嗯……"

李玄成想了想,思索地道:"三爷,此人着实可恼,若不予以惩戒,晚辈难消此恨。晚辈这就修书一封,遣人送回京城,争取把他留在南京城,之后的事情,可要麻烦三爷了!"

顾三爷欣然道:"国舅放心,只要你能把他留在南京城,老夫就能把他打落尘埃,再也不能翻身!"

第三十章

通州驿

一

上元佳节是普天同庆的日子，通州百姓这一夜也是通宵达旦，尽情地享受着新一年中迎来的第一个狂欢的节日。

相对于金陵的上元佳节，这里最迥异处就是有各式各样的冰灯可以欣赏，那冰灯都由能工巧匠精心雕琢，内置灯火，晶莹剔透的仿佛一座座水晶宫，徘徊其间，别具风情。

而通州驿一个偏僻、安静的独立院落里，却与整个通州城的欢乐喜庆气氛迥然不同，整个院子里只有院门口点着一盏灯，在寒风中轻轻抖瑟着，洒下黯淡昏暗的光。

这院子并不小，北方的建筑不及南方精致，却普遍宽大得多，这处院子里住的人似乎也很多，许多窗口都透出微弱的灯光，院门口那盏灯下似乎还站着两个兵丁，枪一般杵立在那儿，一动不动，如果不注意甚至发现不了他们的存在。

可院落里的气氛实在压抑得很，院子里偶尔有人走过，静悄悄的，就像那惨白暗淡的灯光下飘过的一缕幽魂。每个人都轻手轻脚的，似乎声音稍大一些，就会打破这院中难得的平静。

在西厢房最北角，有一间隔出来的小小的屋子，墙体很单薄，门是一些单薄的木板拼凑而成的，这样的门板有很多肉眼难见的缝隙，在这种寒冷的天气能让整间屋子寒冷如冰。

这是一间仓房，在冬天是不能住人的，然而此刻正是冬季，柴房中却真的住了一个人。房中地面上有一个小小的灶坑，火不旺，墙角堆了一小捆柴，没有炭，如果不省着用，不用等到天亮，这些柴火就能烧光。

一个姑娘紧紧地蜷缩在火灶旁，贪婪地吸收着那灶坑里发出的微弱的温暖，寒冷气息无处不在，不时就会有一股旋风把寒冬的气息从门缝或墙缝里传进来，她的身子冻得冰凉。

临近火灶的手和脚暖和一些，却也因此使得她生了冻疮的手脚都发出奇痒，她不时要跺跺脚搓搓手，才能暂时驱散那入骨的奇痒，然而这一动，冻伤处又隐隐作痛，她那秀气的眉儿因此皱起来，令人望而生怜。

这个女子正是薛水舞，在这举世欢庆的盛大节日里，她一个人，孤零零地蜷缩在这小小的柴屋里，偎着一堆小小的灶火御寒。直至此刻，对于自己离奇的遭遇，她还像是做了一场荒唐的梦，完全不明白究竟发生了什么。

曾经，她有小姐可以依靠，有父母可以寄托，有未婚的夫婿可以憧憬，有抚养小小姐的责任使她坚强，而这一切，现在统统没有了。她像一片随波逐流的浮萍，一阵风吹过、一片水流过，她都只能毫无反抗地任由摆布。

从小到大，她一直就是寄人篱下、逆来顺受的一个小丫鬟，更何况张江陵是那等仰不可攀的大人物。于是，她认命了，她屈从了命运的安排，由戚帅送到京城。

她记得，那一天，她洗了澡，换上鲜丽的衣裳，安静地坐在榻边，仿佛一朵柔弱的小花，等着被一个强者撷取，从此养在深闺，可是外边却突然冲进一个惊慌失措的老管家。

不知道是什么事令那老管家脸色苍白如纸，老管家没有对她说明什么，只是马上令人把她带走，送上一辆四周全是垂幔的车子。车行急促，当她从车中出来时，已经置身于一处看来已很久没人居住过的四合院。

从那一刻起，她就被幽禁在院中了。水舞看得出，看守她的人都有一种惶惶不可终日的感觉，却完全不明白他们究竟在怕什么。之后，她的待遇越来越差，看守她的人态度越来越恶劣，有时还会骂她扫把精。

她不知道究竟发生了什么，她本以为到了京城，会住进一个安静的、与世隔绝的小世界，永远都只看到头顶那一角天空，现在似乎与她的想象并无二致，却又完全不同。

直到有一天，她看到几个神秘人出现在她的眼前，那几人赫然就是当初把她从蓟镇送到京城的戚帅亲兵。水舞还是不知道发生了什么，她被送上一辆密封的车子，离开了幽禁她的那一角天空，当她再从车中出来时，就已到了这里。

这时她才隐约听说，首辅大人病故了。水舞基本可以想到，张首辅很可能就是在她被送到府里时暴卒的。尽管她不明白，这跟她一个柔弱无辜的小女人有什么关联，可所有人都把她当成了瘟疫一般。

越来越冷了，寒冷的风无处不在，她的身子都快冻僵了。她吃的也少，她现在得到的食物很少，那些曾经待她很客气、很热情的亲兵，现在看她的目光很冷漠，比那刺骨的寒风更冷，此时的她身上冷、腹中冷，心中更冷。

"也许，我真的是扫把星吧。"

水舞自嘲地想:"我做丫鬟,老爷被罢官;随小姐嫁人,姑爷被抓;历尽千辛万苦,好不容易回到故乡,父亲又莫名其妙地横死。随着娘亲去贵阳,不久母亲又被山石砸死……

好不容易遇到洪大善人,蒙他相助,被送到戚帅那里,却又受到戚夫人的冷遇和防范。到了京城,本以为可以有座高不可攀的大山让她歇歇疲惫不堪的身心,可那大山也轰隆一声崩塌了。"

"小天哥……"水舞想起了那个久违的名字:"小天哥洪福齐天,所以老天爷让他离开了我这个不祥的女人……"

水舞自嘲地一笑,但她的脸颊已经快冻僵了,几乎漾不出笑容,她抬起冻得红通通的双手,轻轻揉了揉冻僵的脸颊:"我现在明显是被戚帅的人接回来了,戚帅百战沙场,一代人杰,死在他手中的强人不知凡几,应该不会受我牵连吧。"

一阵寒风打着旋裹进柴房,水舞打了个哆嗦,身子又蜷紧了些。在上元佳节,这个寒冷的冬夜,天下百姓都欢度佳节、欢喜雀跃的时候,能温暖她的,就只有灶间那一点点微弱的火光……

·※·※·※·

院落正房里,一灯如豆。两人对坐灯下,神色阴霾。灯光压得极低,只能照在两人的嘴巴上,一个人面白无须,另一个颌下却是一片花白的胡子。

面白无须的人低声道:"戚少保,现在情形非常不妙,很多平日里对太岳先生毕恭毕敬百般巴结的人,现在都在无所不用其极地攻讦太岳先生!"

原来他对面的人就是戚继光,戚少保沉默片刻,低声道:"我任蓟镇总兵十余载,如今却被突然调任广州,也是因为这个缘故吧?"

对面那人冷笑道:"现在落井下石的人很多。有人弹劾你,说哪怕是半夜三更,只要你的信到了,太岳先生也必开中门接见,首辅与手握重兵的京畿重臣关系如此密切,非朝廷之福,恐有谋反嫌疑。"

"可少保你功在社稷,天下皆知,朝廷又岂能轻举妄动。因此,便有人揣摩上意,说你于闽浙有功,应调往南方,一展所长,所以陛下才下旨,把你调任广州总兵了。"

"饶是戚继光心志如铁,听到这里,那花白的胡须也是微微一颤。这罪名虽是捕风捉影,对皇帝来说却足以置他于死地了。倾天之功就能保他安全吗?岳飞、于谦,谁没有盖世功劳,又有谁得到善终了?"

他的危机,来自朝廷对张居正的清算,所以最大的关键,就是皇帝怎么想。想到这里,戚继光缓缓地道:"百官攻讦,不足为惧。只不知陛下那里,对太岳先生又是怎样的想法?"

面白无须者愤懑地道："还能怎么想呢？三人成虎啊！现在天天有人在告太岳先生的黑状。有人把太岳先生回乡省亲时，乘三十二抬大轿，前轩后寝，旁有两庑的事告诉了陛下，说如此大轿，已与帝辇无异！"

"还有人说，一路之上，各地官员奉迎巴结。每餐水陆珍馐百余道菜，太岳先生还觉得没有合口的东西；又有各地敬献美女，首辅宅中美人丽姬不下百人，你道陛下怎么说？"

戚继光的嘴唇抿成了一道刚毅的弧线，沉默半响，才缓缓道："怎么说？"

面白无须者道："陛下勃然大怒，痛骂说：'万历元年，朕甫登帝位，适奉新春佳节，连民间百姓都人摆宴席贺岁，你张江陵却只叫朕添了几样水果了事，口口声声说是节省为民！朕散朝回宫，只不过召了两个宫娥歌舞娱乐。你张江陵就让朕下"罪己诏"向天下检讨，可你自己……你好！你好！好一个心口不一，严于律朕、宽于待己的张江陵！'"

这人学着皇帝说话，连语气都惟妙惟肖，皇帝这话愤怒之言，是不可能宣诸于外的，能知道这件事的，甚至亲耳听到这句话的，只能是宫里的人。如此一来，这个面白无须者的身份也就呼之欲出了。他，来自宫里。

戚继光的嘴唇颤抖了一下，道："陛下对太岳先生太过刻薄了。人无完人，太岳先生心系天下，忧国忧民，激浊还清，去污褪垢，为朝为民。古往今来，有几人能建立如他一般的功勋？"

"至于个人生活优渥一些，无可厚非。太岳先生身为陛下的老师，对陛下要求严格一些，并非刻意做作，矫饰虚伪。只是身为师长，对学生总是要求更高一些，就像为人父母者，哪怕自己做不到，也希望自己的孩子比自己做得更好。"

面白无须者冷冷地嘲讽道："为人父母？普天之下，莫非王臣！做臣子地把自己置于天子父母的高度，当这条真龙清醒地意识到他究竟掌控着什么的时候，岂会不视之为奇耻大辱？"

第三十一章

荒唐月老

一

面白无须者冷冷地嘲讽道："为人父母？普天之下，莫非王臣！做臣子地把自己置于天子父母的高度，当这条真龙清醒地意识到他究竟掌控着什么的时候，岂会不视之为奇耻大辱？"

是啊，在张居正而言，他觉得自己所做的一切都问心无愧，他以培养圣贤的标准、以培养子女的心情在教诲皇帝。可在皇帝心中，会理解他的这番苦心？还是在获悉这一切后，彻底幻灭令他心中那个严肃端正、方正不阿、毫无瑕疵的帝师形象？

戚继光这一次沉默的时间更长了，过了许久，他才低声道："双林先生如今情况如何？"

他问的双林先生就是大太监冯保。冯保，字永亭，号双林。正是由于冯保的鼎力支持，张居正才能独揽朝纲，掌握了甚至凌驾于帝王的权力，一展他胸中抱负。

冯保和张居正，是内廷和外廷的两位领袖，两人一向合作无间，如今张居正受到清算，连他这个战功赫赫的名将都受了牵连，遭到皇帝的猜忌。冯保的处境当然也不好过。

对此，戚继光并非一无所知，戚继光通达识变，可不是海瑞那种千古难得一见的奇葩。他能创出一番千古不灭的功业，除了他的一身过人才学，也是他会做人，否则处处受人掣肘，还能做什么大事？

在京里，他也自有耳目为他打探消息，冯保的近况他不可能不知道，可他还是问了出来。其实他并非是问冯保的现况，而是想问问冯保究竟会受到多大的牵连？如果冯保能全身而退，这件事就还在可控范围之内。

那个面白无须的人自然知道他问什么，摇摇头道："帝心难测，现在很多事都很难说。"

这个含糊的结果自然不是戚继光想要的，他固执地问道："那么究竟如何？"

对面那人缓缓地道:"司礼监张诚在冯公公身边安插了人,这人藏得很深,公公得很多事情他都清楚。可惜我们到现在还没查出来他是谁?"

戚继光神色一动,道:"双林先生可是有把柄落在了他们手中?"

对面那人道:"是!张诚拿到了一些东西,交给了御史李植。由李植上疏弹劾冯公公,弹劾内容十分详尽,包括太岳先生送给冯公公的七张名琴、九颗夜明珠、五副珍珠帘、黄金三万两、白银二十万两,俱都陈列详尽……"

这么详尽的数据,显然是冯保的心腹才能知道的,这么重要的事情,他们的敌人已经知道了,而且还告诉了天子。戚继光目芒一缩,再也说不出话来。

张居正身为首辅,月俸是八十七石,换算成银子大概是四十多两,如此收入光养活他那些家仆下人都不够,更不要谈其他的了。

这件事毫无疑问会令万历皇帝对张居正的印象更差、憎恨更深,而仅仅从张居正那里就收了如此厚礼的冯保,皇帝还会相信他是忠于自己的吗?会容许他的一个奴婢如此敛财吗?

那个面白无须者见戚继光脸色微变,忙又安慰道:"少保也不用太过担心,太后还是很信任冯公公的。天子如今刚刚亲政,我想他不会不考虑太后的想法吧。"

戚继光道:"但愿如此。"

面白无须者又道:"今少保即将南行,咱家受冯公公托付来见少保,就是为了这件事。只要公公能把这件事大事化小,那么就没有大碍了。只要公公还能站得稳,攻击太岳先生的人就必须得有所顾忌,如此一来,少保的境况也会改变。是以,少保此去,一路尽可拖延行程,只等冯公公撑过这一关,反过手来就会收拾那些白眼狼,说不定不等少保你赶到广州,调你回蓟州的旨意就下来了。"

戚继光默默地点了点头。此时,他们还不知道,司礼监大太监张鲸已经继张诚之后又捅了冯保一刀,在万历皇帝刚刚赏灯回到寝宫之后,便秘奏了冯保的十二大罪。

年轻气盛的万历皇帝勃然大怒,终于决定对他的"大伴"下手了,此时张鲸已经持了皇帝的密旨,急急赶往东厂接掌东厂厂督一职了。

面白无须者说完来意,忽然又道:"那个女人,还在你这里?"

戚少保微微颔首,面白无须者唇角抿起一抹刻薄,冷冷地道:"此女不祥,不如……"他并掌如刀,向下狠狠一切。

戚少保摇摇头道:"太岳先生过世,与一女子何干。某虽一生杀人无算,却从不曾向一弱女子下过手。"

面白无须者道:"留着她,一旦消息传出,有损太岳先生身后之名。"

戚少保淡淡地道:"好女色又如何?戚某自问也非完人、圣人,但是对朝廷、对百姓、对社稷,戚某问心无愧!太岳先生更是如此,何况,这件事未必瞒得住人,据我所知，对太岳先生的真正死因，知情者已非一人。"

面白无须者叹道："少保真是妇人之仁。罢了，既如此，少保就把她看紧了，千万不要让她落到对头手里，否则，又会被有心人利用大做文章。"

戚少保轻轻点了点头，很快，那面白无须者便戴上帽子，悄然离开了馆驿。戚少保站在阶上，默然送他离去，又慢慢地折回了正堂。

在那院落一角，有一间小小的柴屋，柴屋的门缝里透出淡淡的火光，戚少保并不知道被他保下来的那个弱女子，此刻正蜷缩在那里，苦苦地挨着这个寒冷的冬夜。

他不想杀掉水舞，是基于他心中的道义，他又这样高高在上的大人物，又怎么可能关注那个女子的一举一动。他并不知道，他的部下已经把太岳先生的死和他的遭遇迁怒于那个女子，使她受到了如此虐待……

· ※ · ※ · ※ ·

叶小天回到馆驿不久，蒯鹏就给他送来了夏老爹一家人的消息，他们住进了桃叶客栈。于是，一大早，叶小天就带着毛问智和华云飞赶向桃叶客栈。

展凝儿知道他干什么去了，她默默地目送叶小天离开，回到自己房中，拿出了那件她费尽心思裁剪出来的袍子。袍子已经快完成了，只有一面的袍裾还没有缝合，可是，还有送给人家的必要吗？

昨夜，看着站在亭上的叶小天和夏莹莹，展凝儿不知不觉便流下了心酸的泪水。她不明白为何哭泣，她并没有怨恨过莹莹，也没有怨恨过叶小天，或许她真正恨的，只是这作弄人的老天。

看着叶小天为莹莹所做的一切，她只有羡慕，无尽的羡慕。她多么希望那个站在月光里的女人是她，如此幸福，如此甜美。可惜，那只是她的一个美梦，清醒后她只是一个看客，站在亭下，默默见证。

汤显祖慢悠悠地在驿馆中散着步，时不时扩一扩胸，吊一吊嗓子，满城的爆竹和烟花一直燃放到四更天，此时空气中还弥漫着硝烟的味道。忽然，他看到展凝儿走出门口，把一个大包袱丢进了门口的一个垃圾筐。

"展姑娘早！"

汤显祖笑吟吟地走过去，展凝儿正要转身回屋，忽然听到呼唤，抬头见是他来了，轻轻欠身道："汤大哥。"

汤显祖笑道："展姑娘起的真早，昨夜观灯去了吗？"展凝儿心中一酸，如果她昨夜老老实实待在驿馆，不曾去观灯多好，她也不会如此伤心，如此绝望。

展凝儿低声道："去过了，三更天就回来了，汤大哥几时回来的。"

汤显祖道："我去一些长辈家走动了一下，快四更天的时候……"

说到这里，汤显祖忽然看到了筐里的东西。方才远远看着，他以为是个包袱，这时才看出是一件团起来的衣服，看那布料，分明是新做的。汤显祖"咦"了一声道："这是展姑娘做的？"

"啊！不……我……"

展凝儿有些慌，她想闪身挡住汤显祖的视线，可汤显祖已抢先一步，弯腰把那袍子抖开，看了起来。

"哈！这是展姑娘给小天兄弟做的袍子？"汤显祖笑着想要夸奖几句，可目光落在那蜈蚣状的针脚上，眉毛不由一阵乱跳，那溢美之词实在说不出口了。

展凝儿俏靥飞红，欲待否认，却又明知瞒不过人家，心中羞不可抑，只好期期艾艾地道："我……我从没做过衣服，所以……"

汤显祖笑道："没什么没什么，重要的不在衣服，而在情意。为何把它丢掉，打算重做一件吗？"

展凝儿黯然道："不想做了。我想通了，或许……错过了就是错过了。"

汤显祖道："这就放弃了？常言道，男追女，隔层山。女追男，隔层纱，展姑娘你哪儿配不上他了？如此自惭自怜。"

展凝儿苦笑道："我连件衣服都做不来。"

汤显祖道："这有什么，他好歹也是个官，还用你裁剪缝补吗？"

汤显祖想了想，忽地眼珠一转，对展凝儿道："你且等我一下！"

汤显祖拿着那件半成品的袍子匆匆离去，展凝儿不知道他做什么去了，只好站在门口等着。过了一会儿，汤显祖笑吟吟地走回来，将那袍子展开，得意扬扬地对展凝儿道："你看。"

展凝儿定睛一看，不由吓了一跳，只见那袍上到处都是血手印，看着触目惊心。展凝儿惊讶地道："这是什么？"

汤显祖冲她挤了挤眼睛，小声道："这是我去厨下弄的鸡鸭鹅血，对小天你可不要这么说，就说是你做衣服时扎破了手染上去的。"

展凝儿道："呃……我……我的血……染的？"

汤显祖洋洋得意地道："不错！你把这半截袍裾缝好，找个好机会送给他。这男人啊，有时候是要靠感动的，他一感动，就以身相许了……"

第三十二章

护身符

一

桃叶客栈里，掌柜地趴在桌子上埋头算着账，算盘珠子被他拨得噼啦乱响。其实，他本不必把算盘珠子拨得这么脆生生的，可他喜欢听那算盘珠子清脆的响声，就仿佛听到了银子的碰撞声，让他心里说不出的舒坦。

"掌柜的……掌柜的……"

一个伙计站在柜台边上，揪着一张包子脸，怯生生地唤着，正算账的掌柜根本不理他。直到这一页账算完，掌柜的用小指一勾，弹起一颗算珠，提起笔来记下一个合计的数字，这才抬起头，不悦地道："又有什么事呀？"

那伙计苦着脸道："掌柜的，兰芝园……兰芝园，还没打扫……"

"兰芝园？"

掌柜的想了想，忽然想到了昨晚才入住的那一家很阔绰的客人，他们一来就要最好的上房，还要安静清雅些的，最好独门独院。好在正值新年，客人不多，本地人又不住店，所以空下来的客房多，所以掌柜的就把他们安排到了兰芝园。

他这一等一的客栈，颇有江南园林风格，客房由四处院落构成，兰芝园就是其中之一。兰芝园本来只住了一位客人，掌柜地记得昨夜过去，很委婉地请那位客人换个院子，愿意免去他三天店钱时，那客人还很气恼，根本不肯答应。

结果新来的那伙客人中有个大汉走上前去，二话不说，就把一枚赤金饼子拍到了那个客人的脸上，结果那个客人脸上顶着一个红通通的饼印子，一边咬着金饼子试着真假，一边就欢天喜地的退房了。

因为这事，掌柜的对他们记忆很深，他马上问道："为何还不打扫？那园子里的客人脾气可都不大好，可别惹得他们不高兴。"

伙计苦着脸道："掌柜的，那伙客人太凶，没……没人敢进去。"

掌柜的怫然不悦，道："怎么可能？那些客人瞧着是强悍了些，却也不是杀人不眨眼的强盗，从昨晚请别的客人换房一事来看，他们还是很讲道理的嘛。"掌柜的一面说，一面把账簿做个记号叠起来，闪身离开了柜台。

兰芝园里，夏莹莹的六位兄长正裸着上身，晃着两膀腱子肉在院里活动着身子。夏老四把院角一口盛满了水的大缸抱在怀中，吐气开声，托上托下。夏老二把一个石凳当成了石锁，用臂膀顶起一丈来高，依旧用臂膀接住，那结实突起的丘状肌肉上连个印都不留下来。

夏老大勒紧了裤腰带，提足一口丹田气在练硬气功，夏老六和夏老五正拎着鹅卵粗的棍子劈头盖脸地抽打着夏老大，额头、咽喉、后脑、下阴，除了面部五官，没有一处放过。

那棍子既有弹性又结实，常人一棍子抽出去，都能打碎人的骨头，更何况是由他们这样的高手使出来，光听那一棍子抽出去带起的苍狼呜咽般的风声，就令人毛骨悚然了。那棍子抽在人身上发出的声音，更是令人心惊肉跳，可夏老大居然浑若无事。

至于夏老三就更让人无语了，他在练飞刀，而且他还没有靶子，想起哪儿射哪儿，丝毫不顾忌正在院子里活动的几个兄弟，有时飞刀就擦着他们的身子射过去，钉在墙上、树上，这样的一个场面，谁敢进去？

掌柜地走到院门口，向院子里观望一阵，悄悄擦了把额头冷汗，对那跟过来的伙计吩咐道："等这几位爷消停下来再收拾吧。"

·※·※·※·

夏老爹大马金刀地坐在房里，身边站着几个护卫。昨夜出来匆忙，这些护卫都没来得及带出来，等他们找到宿处后，夏老爹便让夏老大去带人，夏老大嫌丢人，最后软硬兼施逼着老六去把人带回来的。当时李玄成已经喝得酩酊大醉，顾三爷还客气地挽留了一下，可他们又怎会再留下。

夏老爹如长鲸吸水，把一碗茶一口气儿喝干了，瞪着眼睛看看那些肃立的侍卫，粗声大气地道："小姐呢？"

一个侍卫小心地道："还在睡觉。"

夏老爹的脸抽搐了一下，道："这孩子，心够大的。"

另一个侍卫忍不住道："大人，那叶小天真会来吗？"

夏老爹笃定地道："一定来！那小子，粘上毛就是猴，精怪得很。老夫就不信，他这么容易就让莹莹跟老夫走了，会不盯着老夫住在哪儿。老夫今儿就在这等着，看他小子究竟有什么花样！"夏老爹说着，把茶杯重重一放，哼了一声。

这时，叶小天堪堪走到兰芝园门前。他往园里一瞧，夏氏六虎那副杀气腾腾的样子，叶小天就明白了，这六兄弟哪是在练武，分明是在给我下马威啊。叶小天扭头对毛问智和华云飞道："你们在这里等。"

华云飞担心地道："大哥，这六兄弟气势汹汹，只怕……"

叶小天微微一笑，道："你放心，他们要是真敢动我，昨晚就可以动手了。就算想今日动手，等我到了一顿毒打也就是了，又何必摆出这样的阵仗？他们只是想唬住我罢了。"

叶小天抖了抖衣衫，便昂然走了进去："让一让，请让让！"

叶小天笑得很谦逊、很客气，就像店里的一个小伙计，可他说出来的话却能把人的鼻子气歪了："这位舅兄，你小心着些。这石凳子我可接不住，要是砸我个头破血流还好，要是砸死了，莹莹可要守寡。"

"嗯？"

夏老二怒目瞪向叶小天，石凳从空中落下，他看也不看，恨恨地向肩头一扛，那石凳子呼的一声就被弹向三丈高空，这石凳升势一尽，便迅速落下，只是准头偏了，正砸向练硬气功的夏老大。

夏老大微闭双目，双眼只露出一条缝隙，狞笑着看着叶小天，似乎想用他的狰狞把叶小天吓走，夏老五和夏老六一前一后，吐气开声，两根鹅卵粗的棍子正抽在他的前胸和后背上。

夏老大一声不吭，丹田气一提，硬抗了这两击，那棍子抽在皮肉上，发出令人心惊肉跳的一声鸣响。这两击足以令人皮开肉绽、骨断筋折，可他皮肤上只留下两道浅浅的白印。

可这时夏老二用肩头扛起来的石凳子也到了，砰的一声砸在夏老大的脑袋上。夏老大气布周身，刀枪不入，可他将主要的抗打击点放在了前胸和后背上，这石凳砰的一声砸在头上，虽未让他头破血流，却也是一阵头晕目眩，脚下的马步有些不稳，向后踉跄退了两步，一屁股坐到了地上。

"哎呀呀，你看，你看，我就说嘛，这么小的院子，练功千万要小心，安全第一，安全第一呀！这位舅兄，你没事吧？"

叶小天赶紧抢上去，扶住夏老大，同时说着貌似关切的风凉话，恰于此时，夏老三一口飞刀贴着叶小天的耳朵嗖的一下飞出去，咚的一声插入了地面，那飞刀直没至柄，力道当真惊人。

叶小天只觉得耳畔生风，劲风刮得耳朵火辣辣的，要说心里不惊那是假的，可他拿定了一点：因为莹莹的关系，这几位兄弟根本就不敢动他，更不要说伤了他。所以他强自镇定，脸上没有露出一点慌乱之色。

夏老大被他一口一个舅兄地叫着，而且他还记不住六兄弟的排行，只能一口一个

"这位舅兄、那位舅兄"，心里好不别扭，当他被叶小天拉起来后，叶小天还毫不见外地拍了拍他的屁股，替他拍去屁股上的尘土。屁股被叶小天拍得啪啪直响，那窘态真就没法说了。

叶小天拉起夏老大，向几个满脸怪异神气地看着他的夏氏兄弟拱手道："小弟要见见老爷子，老爷子起了吗？"

夏家几兄弟互相看看，还未及答话，前边客厅门口便站出两个大汉，双手抱臂，下巴往厅里一扬，冷傲地道："叶典史？我们家老爷子有请。"

叶小天笑吟吟地向夏氏几兄弟拱拱手，道："借过，借过！"便向那大厅走去，夏氏几兄弟互相看看，都有些沮丧，他们摆出偌大的阵仗，却没让叶小天露出一丝惧色，反而被人家调侃了一番，怎么想都觉得自己像个耍猴的……不对！是被人当猴耍了。

夏老爹坐在厅中，一见叶小天走进来，马上瞪起了眼睛，叶小天看了看左右侍立、怀里抱着明晃晃的出鞘利刃的大汉，向夏老爹长揖一礼，道："老爷子，新春吉祥，发财发财！"

夏老爹听到这不伦不类的新年贺词，脸上努力堆出来的横肉都不禁哆嗦了几下。叶小天也不等他让座，便自来熟地溜到客座上坐了下来，笑吟吟地向夏老爹点了点头。

面对这么一块滚刀肉，夏老爹心中由衷地升起一种无力感。他努力平息了一下自己的情绪，继续保持着满脸横肉的威严状态，慢慢挺直腰杆，决定跟这个偷走他宝贝女儿芳心的混账小子彻底摊牌了。

第三十三章

无法实现的赌约

一

沉默半晌,夏老爹终于说话了:"你小子,好本事,李国舅那么尊贵的人物,被你略施小计,便气得落花流水!"

叶小天向他欠了欠身,谦逊地道:"岳丈大人过奖,小子不过是玩了一盘斗兽棋,象狮虎豹狼狗猫鼠,大吃小,小也能吃大,如此而已。国舅爷顾忌多、约束更多,只好知难而退,倒不是小天如何本事。"

夏老爹重重地一拍桌子,怒道:"我是在夸你吗!嗯?"他呼呼地喘了两口大气,往椅背上一靠,沉声道:"说吧,你要什么条件,才肯放过莹莹?"

叶小天皱了皱眉,道:"岳丈大人,我和莹莹是真心相爱的。"

夏老爹藐视地道:"升官?二十年之内,老夫保你升到从五品,如何?"

叶小天道:"岳丈大人,我和莹莹是真心相爱的。"

夏老爹眉头跳了跳,道:"想发财?我夏家有四条金沙矿,大不了……老夫送你一条,有了这条金沙矿,可保你百世无忧!"这句话一出口,旁边站立的那些武士脸色也不禁变了变。

叶小天道:"岳丈大人,我和莹莹是真心相爱的。"

夏老爹闭了闭眼睛,又霍地张开,道:"美色?老夫送你三百名美貌少女,如何?"

叶小天很诚恳地道:"岳丈大人,我和莹莹是真心相爱的。"

夏老爹霍地站了起来,怒气勃发。叶小天也站起来,毫不示弱地看着他。夏老爹想了想,又缓缓坐下,道:"老夫倒是忘了,你是一方尊者。如果权力、金钱和美色,你都唾手可得。"

夏老爹顿了顿,又道:"你是真心喜欢我女儿?"

叶小天用力点了点头,道:"是!"

夏老爹道:"那么,你忍心害了她吗?你只有二十年尘世之缘,现在已经不足二十年了,到那时候莹莹还很年轻,你忍心让她一个人,孤零零地生活下去?"

叶小天也严肃起来,不再用轻佻的语气和他说话,叶小天肃然道:"伯父,我也知道,这对莹莹不公平。最初,我以为她是一个贫家女,想着能给她优渥富有的生活作为补偿……"

叶小天看着夏老爹,道:"后来,我当然知道了她的真正身份。可是喜欢了一个人,不像是得到了一件东西,说放下就能放下。伯父,我和莹莹都是真心地喜欢对方,而且我的尊者身份她也一清二楚。"

夏老爹冷冷地道:"所以,你就利用她对你的情意,宁可牺牲她的幸福?"

叶小天道:"不!我会跟那些长老们好好谈一谈,改变千年以来的规矩。"

夏老爹道:"可能吗?祖宗传下来的规矩,是那么好改的?那些蹲在深山里的老家伙,一个个脑袋都变成了榆木疙瘩,他们会答应?"

叶小天道:"伯父,晚辈还没有跟他们谈起过这件事。之前为了迫使他们让步,晚辈已经费尽九牛二虎之力。晚辈也知道,想让他们再退一步,很难,这也是晚辈想要立足官场的原因。晚辈要做官、做大官,不仅仅是为了光宗耀祖,而且……只要我能掌握足够大的权力,那些长老就不能不正视我的想法。"

定规矩的是人,当然也可以由人来改变。但并不是任何人都有资格改变规矩,除非你拥有强大的力量,实力对等的情况下才能平等地谈判。

如果叶小天一直留在蛊教里,那么他拥有再大的权力,也不可能推翻蛊教传承的规矩,因为他的权力来自蛊教,一个大力士就算有撼山之力,又岂能提着自己的头发把只有百十斤的他自己拎起来?

叶小天想对蛊教长老们产生更大的影响,那就只能掌握外力,这股外力如果大到不容蛊教长老们忽视的地步,一旦结合可以对蛊教产生重大影响,那么叶小天想迫使长老们再退一步也不是不可能的。

然而,对一个故步自封、超然世外的强大势力来说,要如何庞大的力量,才能对他们产生影响?一个小小的典史可能吗?就算铜仁张知府那样的土皇帝都不够,除非他是贵州八大土司金刚那一级别的人物。

当然,夏家就是八大金刚之一,如果他们无法把莹莹和叶小天分开,似乎只能站在叶小天一边,帮他向蛊教施压,迫使长老们让步。但夏家的力量毕竟不是叶小天的力量,夏老爹虽然疼爱女儿,却也不可能拿整个夏氏家族的利益做交易,这样一来,这股力量的影响力不免就要大打折扣。

夏老爹瞥着叶小天,不屑地道:"好大的口气!你不过是一个小小典史,你以为你是贵州布政使吗?你以为你有朝一日能够升到那么大的官吗?"

叶小天反问道："为什么不能，我有得天独厚的资源，我也不乏智慧和能力！只是我身在宝山，以前不知如何利用罢了。"

叶小天说到这里，忽然看了看左右侍立的那些武士。夏老爹明白了他的意思，这些人都是他的心腹，他并不忌讳让他们听到什么，但还是摆了摆手，让这些人退出去。

等这些人都退出大厅后，叶小天道："伯父，其实晚辈一直以来的打算都很简单。二十年的尘缘，好好做一任官，娶个心爱的妻子，生几个可爱的孩子，可惜老天不容我如此逍遥。"

"我只想做个官，心安理得的官，熬到七品、最多六品，光耀门楣就够了，并不想跟人争什么，更没想踩着人往上爬，可别人却容不下我。这一次，我到金陵候参，却能有惊无险，是我的运气，可下一次呢？

我不见得每一次都有气运加身，如果这一次不是朝廷恰生巨变，我也许已经被杀头了。也许徐县丞说得对，只要走上这条路，就只能努力往上爬，你不踩别人，就只能被别人踩。既然这样，我也去踩人就是了！蛊教拥有极大的力量，我这二十年本不想和他们有太多瓜葛，所以不曾想过利用，可现在我改变想法了。如果我能调用蛊教所掌握的力量为后盾，那么我在官场上会走到哪一步？"

叶小天目光灼灼，这一刻，他真的变了。他不再是那个随波逐流的叶小天，小富即安的叶小天，老婆孩子热炕头的叶小天，他的目中有野心的光芒闪烁，他开始懂得利用他能掌握的一切资源。

想升官，需要背景、靠山和人脉，而这一切，离不开金钱的力量。可是初入官场的人谁能有这样的力量？要么需要家族来帮他铺平道路，要么靠投靠一方强者发展自己的羽翼，但叶小天在这方面占据先天的优势。

如果他肯用心经营，凭他的实力，足以结交下强大的人物。戚继光为了能免受掣肘和克扣，保证他军备的精良和对军队的掌控力，他需要结交张居正这样的大人物。

张居正为了能够贯彻他的政策，一展平生抱负，他需要结交冯保这样的内宫大太监，而这一切，都需要金钱铺路。叶小天有一座取之不竭的金山，如果他也想这么做，他就比站在同一起跑线上的人少了一个长期积累的过程。

金钱铺路，可以结识那些大人物，但是想让人家赏识你，觉得你可以栽培，光靠这些当然是不够的，这只是一块敲门砖，师傅领进门，修行在个人。真正想让那些大人物赏识你、栽培你，你必须拥有足够的智慧和能力，而这方面，叶小天同样并不欠缺。

他没有智慧和能力吗？他搅得葫县天翻地覆，他干掉了葫县的土皇帝齐木，那时候他甚至还不是真正的官！他在铜仁能为黎教谕所用，能为张知府所赏识，其中固然有运气，但运气只是帮他选中了一个合适的时间或一个合适的地点，遇到了一个合适的人。

但是当时铜仁府荒无人迹吗？黎教谕只能选择叶小天吗？当然不是，他选择叶小天，是因为他觉得叶小天符合他的要求。这就不是运气，而是能力了。难道之前黎教谕就没有想过其他人选？只是别人达不到他的要求而已。他见识了叶小天不逊名家的书法，他对叶小天学识的考量，使他确定了叶小天为人选，这就是叶小天的能力。

张绎，张知府喜怒无常，平时只是一个看起来完全无害的大胖子，可谁若惹得他不高兴，在他的地面上，他翻手之间就能让对方尸骨无存。这样的一个暴君，却对叶小天青睐有加，那也是叶小天的能力。叶小天见多了大人物，很了解这种人的心理，知道怎么迎合这种大人物，而当时若换一个人去，很可能战战兢兢，完全引不起张绎的兴趣。

在贵阳府时更是这样，来自谢传风、薛母、李秋池还有徐伯夷的一道道陷阱，来自果基格龙的挑战，如果他没有足够的机智和应变能力，岂能一一化险为夷？运气给他提供了机会，而抓住这个机会，靠的却是他的智慧、勇气和能力。

况且，气运何尝不是每个人成功人士不可或缺的重要因素？那些步步高升、获得成功的人，纵观其一生所为，又何尝离得了让世人难以说清的气运和机遇？同样的机遇在你面前，你能抓住吗？机会出现时，有些人甚至根本意识不到，却只会怨天尤人。就拿戚继光来说，纵然他用兵如神，如果不是恰有倭寇作乱，如果他生长在太平盛世，他也不过泯然众人矣，又如何建立彪炳千秋的功业呢？上天恰恰在他成长起来的时候，给他提供了可以发挥的舞台，这就是他的运气，而这个运气并不仅提供给他一个人，有人抓住了，有人错过了。

叶小天登上尊者之位，同样是如此，他不是坐在那里，老天就把尊者送到了他的面前，他是九死一生一路闯过来，种种机缘合在一起，这才造就了他的地位。

如果当时挥刀迎向千年虫，跌落地下长河的人是展凝儿呢？甚至是之前的白筱晓没有选择暗杀他呢？每一步选择，都是人生的一段路。有人选择了错的路，有人走上了死路，他能走到终点，绝非只是气运解释得通的。

叶小天不再浑浑噩噩了，虽然他被送到金陵候参，还得到了一个近乎儿戏的结果。可这件事可能造成的可怕后果，却让他觉醒过来，当他决心利用他所掌握的力量努力往上爬时，他能走得多远？

也许，他在金陵结识了那些官宦子弟，并且毫不犹豫地同他们站到了一起时，就已有这种长远的考虑了。想想看，他得罪了国舅代表的外戚势力，不屑于魏国公代表的功臣势力，却选择了相对单薄一些的官宦势力，真的只是境遇使然吗？

在这个小圈子里，势力相对单薄的是他所结识的张泓恒等人所代表的那股官场势力,可是放在整个大明,势力最大的,不仅凌驾于外戚和功臣,甚至凌驾于皇权之上的,却正是文官势力。如果叶小天是有意识地这么做,那么他的心机和目光又是何等的深沉?

夏老爹身为一族之长,心思绝不像他的外表一样粗犷。这一刹那,他的心思百转,竟是越想越心惊。可是,即便他有这么多的资源可供利用,当他真正走到那一步时,怕也得三五十年吧,如何他中途失败呢?

夏老爹神色百变,叶小天都看在眼里,叶小天道:"伯父,未来几十年后的事,谁能确保一切都在他的掌握之中?要论英明神武,谁比得过始皇帝,可他就连身后之事都无法掌握。不如你我打个赌,三年,如果三年之内,我这个小小典史能够升到六品,您就把女儿嫁给我,如何?那时,莹莹还不满二十岁,想不会耽误了她的前程。"

三年?六品!夏老爹的眼珠子差点没掉出来。

这可是猖狂到了极点的说法。叶小天现在是不入品流的典史,上一级是从九品,从不入流到正六品要连升八级,就算含糊一些,升到从六品,那也是连升七级,等于不到五个月就升一级,这根本不可能!

方才夏老爹提出若叶小天放弃莹莹,他将以夏家所掌握的资源全力支持叶小天混迹官场,也只是很谨慎地说到了从五品,而且要用二十年时间,而叶小天自己提出来的是三年之内升到六品。

夏老爹狐疑地看着叶小天:"这小子,别是知难而退,在给自己找台阶吧?"

第三十四章

一大早

—

叶小天道:"怎么,伯父可是不敢跟我赌吗?"
夏老爹道:"三年之后升至六品?好,老夫跟你赌了!"
两个人站起身来,相对走出三步,对面而立,战意凛凛。
啪啪啪的三击掌,夏老爹道:"君子一言!"
叶小天道:"快马一鞭!"
两个人对视着,一起嘿嘿地笑了起来,都是一副心怀鬼胎的样子。
夏老爹心里可得意得很,他根本不相信叶小天的这番狂言,但他刚才可不敢打击叶小天的自信心,万一叶小天也觉得他的赌太过冒险,几无成功的可能而取消赌约,自己还不是拿他没辙?
夏老爹并不是真的拿叶小天没办法,他要真想对付叶小天,至少有一百种办法,可是他的宝贝女儿横在中间,就不免让他投鼠忌器了。如果叶小天执意不肯放手,他还真想不出什么好办法可以让他的女儿回头。
如今叶小天主动提出如此苛刻的条件,正中夏老爹的下怀。二人赌约既立,夏老爹便冷笑地道:"三年升八级,嘿!如此狂妄的说法老夫实是闻所未闻,小子,这回你输定了!"
叶小天微笑道:"三年升八级的官,古往今来貌似也不少吧?前朝的就不提了,本朝这种事似乎也不是没有。"
"本朝……"
夏老爹听他一说,忽然想起了正德朝的钱宁和江彬,不禁冷笑道:"那等幸臣,要有一个荒唐天子才有晋身的可能。你以为当今皇帝也会像当初的正德天子一般荒唐?"
说着,他又上下打量叶小天几眼,语重心长地道:"做幸臣的,可都没什么好下场。"

叶小天道："那一步一个脚印，同样也有不得善终的人。各有各的造化，各有各的机缘，落得什么结果，却也怨不得别人。何况，伴君如伴虎的道理我懂，我并不想去皇帝面前做个幸臣。"

夏老爹冷笑道："如果到皇帝身边做事，三年升八级，还有一线可能。不到御前做官，那就断无成功的可能！"

叶小天道："哈！那就是晚辈的事了，伯父何必担心呢？况且，伯父现在应该盼着我会失败吧？"

夏老爹冷哼一声，道："成，赌约已立，你回去做你的官吧！我明日便带莹莹回家，我倒要看看，你有什么本事，能三年升八级，做到六品官！"

叶小天也笑了，三年升八级，难吗？当然难，虽然叶小天初入官场，他也知道升官是何等的艰难，尤其是他现在是不入流的官，从不入流到入流，就是一道天堑。

况且，在文，他不是两榜进士。在武，他不是善哉名将，想在短时间内跃迁升官，更是不可想象。然而，再难难得过让那八大长老推翻祖制教规吗？再难难得过让夏家上下同意把他们爱逾性命的莹莹嫁给一个注定要在壮年离开家庭的男人吗？

奇迹，容易发生在真龙天子的身边，也容易发生在天高皇帝远的所在。在贵州，他有天时地利人和，如此大气运加身，难道就不能在三年之内完成某些人三十年才能办到的事？

"小天哥来了？"

屏风后面忽然传出一声惊喜的欢呼，叶小天和夏老爹一起闻声望去，就见夏莹莹披散着一头乌黑靓丽的秀发，穿着一身雪白的中衣，光着两只小脚丫就从后边跑了出来。

夏莹莹一见叶小天，便迫不及待地奔过来，她欢呼一声，像一只快乐的小燕子似的扑进了叶小天的怀抱。

夏老爹竭力做出的威严姿态登时毁于一旦，有女如此，他这当爹的真是连死的心都有了。幸亏叶小天主动跟他打了个赌，否则他要如何才能阻止这两个人继续来往？真是孽缘啊……

镇淮桥头有一家开了二十多年的小吃店，以姓为名，叫郑家小店。因为价钱公道并食物味美，很受附近居民的喜欢，很多人家早晨不喜欢开伙，干脆就到这小吃店来用早餐。

乔奈何就是这家店的一位老主顾，几乎每天早上他都会出现在郑家小店，要一份鸭血粉丝汤、一碟金陵盐水鸭、一份手撕风鱼、一碗东坝豆腐干，再配一屉小笼包子。

老先生吃的东西几乎十年不变，穿着似乎也十年不变，永远都是一双黑缎面的软底皂靴、一袭浆洗的发黄的白色盘领襕衫,头戴一顶方形软帽,迈着四四方方的步子,斯文得很。

二十年过去了,小店里一早起来忙碌的不再是老郑夫妇,而是换成了小郑夫妇,小两口很勤快,把这小店打理的比爹娘当家的时候还红火。一瞧乔奈何来了,小郑马上热情地打招呼:"乔老爷早啊,坐,坐坐,快请坐。"

他一边招呼,一边麻利地把桌子和板凳擦了一遍,乔奈何向他微笑着点点头,便在桌边坐下了。别看乔奈何的穿着看起来有些寒酸,但他真当得起这声"老爷",因为他不但是官,还是一位御史。御史只是七品官,但是作为清流言官,监察百官,风闻奏事,权力可不小。

乔奈何是老主顾了,小郑很清楚他的口味,小郑朝后店招呼了一声,系着碎花蓝裙、风姿绰约的小郑娘子便把鸭血粉丝汤、盐水鸭、手撕风鱼和豆腐干给端了出来,又随手送上一屉热气腾腾的小笼包子。

这时候,有个人拄着拐,一瘸一拐地进了小店。小郑一瞧,赶紧迎上去搀住那人,关切地道:"张大哥,您这是怎么了,昨儿个还好好的,走起路来风风火火,怎么一大早还拄上拐了?"

乔奈何回头望了一眼,见一个三十多岁的男子,穿蓝色两截衣,架着一副拐,腿上打着夹板和绑带,脸颊上还有一些擦伤,瞧着好不狼狈。乔奈何没在意,回头继续用餐,老先生讲究食不言,哪有闲心管人闲事。

张大哥懊恼地叹了口气,道:"嗨,别提了,真晦气!"

他在一张桌边坐下,冲着棚后边喊道:"弟妹,两屉包子,一碗汤!"喊完了才对小郑道:"这不,昨天跟几个朋友打马吊,小赢一笔,本打算去街上瞧瞧花灯。谁知刚出巷子,就有一个人骑着马飞也似的冲过来,幸亏我闪得快,没给他撞死,这小腿却给踩折了。"

小郑一听,道:"哎哟,那您可得好好养养,可别落下残疾。这城里头平时都不准驰马,何况昨夜是上元夜,到处是人呢!那人竟然驰马飞奔,也太不像话了,得让他赔一大笔医药费才是。"

张大哥一听更郁闷了,唉声叹气地道:"得了吧,还赔医药费?借我两个胆我也不敢哪。"

小郑紧张地道:"什么厉害人物,叫你这般忌讳?"

张大哥一脸神秘地道:"嘿!我说出来你都不相信,是当朝国舅!"

小郑一怔,国舅?他一时半会儿还真没想明白国舅这个极其生疏的称呼意味着什么。

张大哥带着几分炫耀的语气道:"我听的真,紧跟着那人又跟过来好几个人,一样策马飞奔,在后边喊着'国舅爷,等一等!'嘿!那可是国舅!我张宇清居然被国舅爷给踩了一脚,我敢找他要赔偿?人家就打死我,我也不敢吭声啊。"

张大哥这么说着,顾盼之间却是眉飞色舞,一副引以为傲的模样,似乎他一介小民,因此就算是跟皇家搭上了边了。

乔御史本来正安安分分地吃着自己的早餐,没太理会他们在说什么,忽然听到国舅两个字,不由扭过头去,两眼也放出了灼灼的光芒:"年轻人,你说国舅爷当街策马,踩断了你的腿,也没赔钱便扬长而去了?"

张大哥道:"那是!我刚出巷子,一团黑影就裹着一阵劲风到了,亏我眼疾手快,急忙一闪,没被那马撞个正着,只是被马身子一刮,摔了个跟头,紧接着那马蹄子就踩我腿上了。嘿!我当时还骂了他一句呢!我刚骂完,就有几匹马追了过来,冲着前边喊国舅爷,可把我吓坏了。"

张大哥说着,一副与有荣焉的模样。普天之下,当面骂过皇亲国戚的人一只手都数得过来,这可是莫大的荣耀。等他有了孙子都可以拿出来炫耀一番,不过他现在连老婆都没有,孙子更是遥遥无期,不说给别人听听,可真要憋死了他。

乔奈何微笑起来,对小郑说道:"小郑啊,老夫最喜欢听故事。来,把老夫的菜肴搬到那一桌,再来壶水酒,老夫与这位后生好好地聊一聊。"

乔奈何是御史啊,御史是什么?直白点说,就是专门找事的。谁都怕事大,唯独御史不怕,当御史的一个个穷横穷横的,逮着谁咬谁,越是惹不起的人他们越喜欢咬,咬赢了"立业",咬不赢"立名"。他们最痛苦的事就是无人可咬,现在,李国舅就被闲得五脊六兽的乔御史给盯上了……

第三十五章

女儿心思

一

十五的月亮十六圆,从正月十七开始,圆月便一天天地减缺下去,逐渐变成月牙儿了。月有阴晴圆缺,人亦有悲欢离合,十七这天,正是夏老爹带着女儿踏上回乡路的日子。

莹莹和叶小天在一起的时间越长,两人便越难分开。如今有了赌约,夏老爹便有了名正言顺让女儿离开的理由,而且这个赌约明显是不可能实现的,夏老爹当然想尽快把女儿带离叶小天身边。

石头城外,杨柳依依。莹莹轻轻偎依在叶小天怀里,轻轻颤抖的肩头就像袅袅飘动的柳枝,声音更是说不出的忧伤:"小天哥,我们要在一起,还要等三年那么久,好长……"

叶小天轻轻拍着她的后背,柔声道:"说是三年,其实一下子也就过去了。何况我们这三年也不是一直不能相见。我每升一次官,都能去看你一次,三年后咱们就做了真正夫妻,到那时候,我让你天天腻在我身上,走到哪儿都挂着。"

"去你的,人家才不会那么没出息呢。"

莹莹破涕为笑,声音虽然还带着哭音,俏美的脸蛋上已经露出羞喜的模样:"这可是你说的,每年,你必须、一定、至少要来看我两次!"

"嗯!"

叶小天用力点头:"我一定努力升官,每年至少升两次官,这样就能去看你了。"

"对啊,要升官才行。"莹莹忽然意识到了问题的关键,虽然在她心中,英明神武的小天哥哥想做的事就没有做不成的,可毕竟事关重大,还是不免有些担心。

可她想了半晌,虽然她老爹本就挂着一个武官的身份,但她那小脑袋瓜里对官员的品级依旧毫无概念,只好不耻下问地向叶小天请教:"小天哥,你现在是几品官啊?"

这丫头，怎么哪壶不开提哪壶啊？叶小天略显羞涩地答道："我……现在不入流。"

莹莹打破砂锅问到底："不入流是几品啊？"

叶小天含糊地道："不入流就是没有品。"

莹莹更迷糊了，又问："那没有品到底是几品啊？"

叶小天想了想，用了一个莹莹能够理解的说法："嗯，相当于十品吧！"

"十品？十、九、八、七……"

莹莹数着手指头，忽然惊喜地跳了起来："哇，十品到六品……"

叶小天赶紧安慰她道："是啊，从十品到六品，听起来似乎有些……"

叶小天还没说完，莹莹已经抓着他的手开心地道："人家还以为有多难呢，原来才升三级啊，嘻嘻，升三级应该很容易吧？那人家就放心了。"

这回换成叶小天迷糊了："十品到六品是差三级吗？从九品、正九品、从八品……好吧，就算莹莹不懂官制，只算正的，也该升四次啊，莹莹这算术……另外，她以为升官是过家家吗，很容易？有些进士出身的人在县丞的位置上都得蹲一辈子，临到荣休才安慰性地提个七品，我要升六品，而且是三年之内啊！"

叶小天想了想，微笑起来，对莹莹柔声道："是啊，只不过才升三级而已，很容易。也许用不了那么久，一年半载之后，咱们就能成亲了。我说三年，是为了万无一失。"

"嗯！"

莹莹喜滋滋地点点头，马上想到了一个很严重的问题："一年半，那现在才开始准备婚事是不是太仓促了呢？到时候我该请哪些人来参加我的婚礼呢？哎呀，事情好多，我得马上开始计划一下了。"

莹莹开心地想着，笑容越来越美丽。

叶小天看着莹莹开心的模样，忽然觉得无知也是一种幸福，他聪明地决定，就让可爱的莹莹一直无知下去吧……

·※·※·※·

展凝儿牵着马缰站在离他们数丈之远的地方，用马鞭有一下没一下地敲打着马镫头，仿佛在游目四顾欣赏风景，眼角的余光却一直瞟着莹莹和小天，神情说不出的幽怨。

展凝儿是陪莹莹来金陵寻找叶小天的，如今莹莹要走，她也就没了留下的理由。经过上元之夜的"天外飞仙"，凝儿已心灰意冷，连她都觉得莹莹和小天才是天造地设的一对，哪还有勇气参与其中，可真正决心要走时，还是不免心中惘然。

忽然，她见莹莹对叶小天附耳说了几句话，便袅袅娜娜地向她走来，那窄窄的小腰身款款地摆动着，落步轻盈如猫，风情柔美无限，阳光映在她吹弹得破的俏靥，仿佛明净的美玉般泛着剔透的光辉。

展凝儿见了，不禁怦然心动："这才是女人啊！哪怕走几步路，都是这般风情万种，难怪那个贼胚子为她动心。"

凝儿低头看了看自己，身姿挺拔、英姿飒爽，比男人还像男人。凝儿忽然自卑起来，难怪人家选择莹莹，谁会想要个男人婆啊？

莹莹走到了面前，展凝儿清咳一声，藏起了她心中的难过，微笑地道："咱们走吧。"

莹莹明丽的大眼睛静静地凝视着她，柔声问道："二姐，你真要和我一起回贵州吗？"

凝儿心头一跳，没来由地有些心慌，道："怎么？"

莹莹轻声道："二姐，等小天哥完成和我父亲的赌约，我们就成亲了。我成亲那天，你会不会来？"

展凝儿心里一酸，违心地道："会……会吧。"

莹莹轻轻摇头，道："二姐，你骗我。"

展凝儿忽然间意识到了什么，却又似乎什么都没意识到。但莹莹的这句话，明明让她的心乱了起来，好像什么不可告人的秘密一下子被莹莹给挑明了，她慌忙地道："我……我哪有骗过你？"

莹莹叹了口气，道："二姐，你当人家是看不出吗？人家虽然笨了些，可二姐就差敲锣打鼓地昭告天下，告诉别人你喜欢小天哥了，我还看不出来？"

莹莹只一句话，凝儿羞得满面通红，恨不得找条地缝钻进去。莹莹看着她无地自容的模样，忽然张开双臂，轻轻抱住她，在她耳畔轻声道："小天哥现在还是戴罪之身，虽然人家相信他会逢凶化吉，可终究不放心。这边还要二姐你照看着，我才能安心离开。"

展凝儿松了口气，脸儿红红地道："你……你要我留下帮你照看他？"

莹莹轻轻放开凝儿，用古怪的眼神看着她，道："二姐，人家已经说得很明白了，你还想要我怎样？如果你喜欢装傻，那也由得你，只是……你以后可不要后悔、更不许怪我。"

展凝儿终于确定了莹莹这番话的真正含义：她……她是同意和自己一起……想到莹莹刚刚对叶小天附耳说话的一幕。凝儿再度面红耳赤，心都要跳出来了，结结巴巴地道："你……你对他说了？"

"我才没有！"

莹莹忽然笑了，笑容看起来有点狡黠："人家只是答应了二姐，他答不答应，就要靠二姐自己了！他要不喜欢你，二姐可不许怨我。如果他喜欢你，那他就对不起我，以后一定要对人家更好才行，你说是不是？"

此时的莹莹，笑得就像一条偷了几只鸡的小狐狸一般，展凝儿却是再也说不出一句话来。莹莹向凝儿眨了眨眼睛，又道："人家给了你机会了，你要是不能如意，可跟我再没半点关系。等我成亲的时候，你就一定得来，不许找任何理由。"

展凝儿道："我……"

莹莹道："你不但要来，还要给我做女傧相，我都想好了，女傧相就要大姐和二姐来扮。咱们三姐妹，我最小了，却能第一个出嫁，想起来就好开心。二姐，你留下，我走啦！"

夏莹莹向展凝儿扮个鬼脸，便向大道上停着的马车走去。夏老爹如今是眼不见为净，躲得远远的，生怕自己看见女儿和叶小天腻在一起会忍无可忍，一旦发起怒来，会再起波折。

展凝儿瞪着莹莹袅娜的背影，恨不得拔出剑来，一剑砍断这只小狐狸的尾巴。士可杀，不可辱，哪有这么欺负人的？人家也是大家闺秀好不好，居然要人家使尽浑身解数去去追求他！

咳！虽然人家本来就在这么做，可你说出来，也太不给人家留面子了。更过分的是，如果我失败，就得去参加你的婚礼，还要做你的女傧，眼看你夫妻对拜，眼看你送入洞房……

莹莹上了车，夏老爹不禁长长松了口气，幸好风平浪静，真怕夜长梦多啊。

夏老爹咳嗽一声，扬声吩咐道："启程！"

车轮辘辘，莹莹突然从窗口探出身来，双手拢成喇叭，冲着远处柳树下的叶小天高声喊起来："小天哥，我等你来！"

叶小天远远地向她挥手："我……会……的……"

夏老爹的脸又黑了，气急败坏地吼道："上路！"

一行人踏上了西归的道路，莹莹趴在窗口，远远地看着叶小天，向他依依不舍地摇着手，直到车子转过一片树林，再看不见他的身影，才坐回车厢。手托香腮，眼神儿飘忽着，心里头却一下子轻松了下来。

她没有亲姐妹，老夏家的阳气太盛，群雄之中一朵娇花，长这么大，她真正当作姐妹的就只有展凝儿和田妙雯两人。眼见凝儿为情所困，莹莹一直觉得是自己抢了人家心中所爱，谁让凝儿认识小天更早呢。莹莹一向坦坦荡荡，这种负疚感觉可不好受。

现在好了，这个难题从此丢给了叶小天。如果他们之间不能有什么结果，那她再度面对二姐时就能心安理得，不用一见凝儿就像做贼似的抬不起头来。

莹莹托着香腮，目光渐渐迷离起来，她忽然想到了她和叶小天那次不成功的夜宿。其实现在的莹莹对鱼水之欢依旧没有什么概念，也不觉得有什么吸引力，反而从心底里有一种怯意。

可她也知道这是为人妻子必须要尽的义务，所以对叶小天总是有些歉疚。她何尝不知道叶小天每每和她单独相处时那种灼灼的目光意味着什么，可她真的好怕，所以偶尔有两人独处的机会，她也一定要心慌慌地避免这种状况。

如果二姐能赢得小天哥的欢心，那就先让她去承受吧。莹莹想："如果二姐疼不死，相信我也做得来。"

叶小天眼看那队车马渐渐消失在大路尽头，不禁长长地出了一口气，慢慢握紧了他的拳头："从现在起，我要努力做官，认真做官了。第一步，就是先解决候参的身份。然后……"

叶小天慢慢看向天尽头，那是贵州葫县的方向："徐县丞、王主簿，你们既然想让我死，那我就要你们死！不用得意太久，当我叶小天再度归来的时候，就是你们的死期到了！"

当叶小天紧握双拳，仰首向天，豪气干云地把徐伯夷和王宁确定为他踏足官场后第一拨准备猎食的猎物的时候，展凝儿也瞄准了她的猎物。她站在不远处，凝睇着叶小天的背影，就像盘旋于苍穹之上的雄鹰，盯住了一只探头探脑的小田鼠，又似藏匿于丛中的猛虎，盯住了那头傻里傻气的狍子。

在凝儿而言，阻碍她和叶小天更进一步发展的最大障碍就是莹莹。尽管她听了汤显祖的话，决心用柔情攻势打动叶小天，可那毕竟还是一种消极的策略，她是想着如能打动叶小天，让叶小天主动喜欢她，那么她就不算对不起莹莹了。

这种心态，说是掩耳盗铃也好，说是自欺欺人也罢，在她既不舍得放弃，又不想在道义上有负莹莹的情况下，只能做出这样"鸵鸟"的选择。而今，有了莹莹的承诺，她心结已开，不必再扮苦情女，期待叶小天良心发现了。

曾几何时，她是何等的强势！在晃县、在葫县……直至她芳心暗属，渐渐地，在叶小天面前只能"低声下气、幽幽怨怨"，已经完全失去了自我，可那家伙却还得了便宜卖乖，一直对他装疯卖傻。

展凝儿越想越气，不禁瞪着叶小天的背影，冷冷地想："现在，你还逃得出我的手掌心吗？"

第三十六章

酒色之徒

一

早春二月,金陵城已经洋溢着春的气息。

金陵驿馆的厨房里面,太阳妹妹正小心地看着炉火。一个身材圆润的大师傅走过来,掀开砂锅看了看,笑眯眯地对她指点了一番,太阳妹妹虚心受教,频频点头。

太阳妹妹在金陵馆驿住了这么久,上上下下早就熟了,于是便向厨子提出借厨房给叶小天煲汤。驿馆的大厨自有规矩,厨房就是他的地盘,别人轻易不能进入,更不要说未经他的允许,在他的地盘上生火炒菜,挑衅他的权威了。

可哚妮姑娘这么娇美可人的小姑娘谁不喜欢,那甜甜的声音、甜甜的模样,哪是这位大师傅能抗拒得了的?他不但欣然借出了厨房,时不时还对太阳妹妹指点一番,太阳妹妹煲汤的技艺可谓一日千里,进步神速。

"谢谢魏大叔!"

太阳妹妹向魏乃大甜甜地一笑,魏大厨打趣道:"有什么好谢的,能收你这么个漂亮徒弟,那是我的荣幸才是。哈哈,哚妮啊,你家主人有你这么乖巧可爱的姑娘伺候,可真是福气呀。"

魏大厨捏着油腻腻的肥下巴,笑眯眯地瞧着太阳妹妹,哚妮用青帕挽着一头青丝,穿一件黑青回纹锦对衿衫,下着湖水绿的一袭湘裙,腿子上系着两条绡金膝裤,腰间一条碎白花儿的围裙,说不出的甜美可人。

魏大厨知道叶小天来金陵候参,就只带了这么一个女人,想来就是日间端茶递水的丫头、晚上就是铺床侍寝的妾婢,自然不能打她的主意,可是瞧瞧也是赏心悦目的嘛。

"人家也不会什么啦,只是看老爷与朋友往来,时常饮酒,怕老爷熬坏了身子。"在外人面前,太阳妹妹是不叫叶小天为哥的,只以丫鬟的身份示人,是以称叶小天为老爷。

魏大厨哈哈一笑，道："说的也是，今儿个叶大人与我家大人去的是如意楼，那儿不仅酒美，姑娘更美，此番去了，只怕不仅要喝得酩酊大醉，更有无穷艳福，正该进补一下。"

"什么？"

太阳妹妹听得一呆，试探地问道："如意楼？那儿……有很多姑娘吗？"

魏大厨顿时眉飞色舞起来："那是自然，这如意楼，专选南北西东色艺双绝的姑娘服侍贵人，听说那儿的姑娘个个貌美如花，身怀绝艺，服侍男人手段能令人欲仙欲死……"

魏大厨正艳羡不已地说着，忽然看见太阳妹妹脸色不对，忙干咳一声，道："大叔去那边看看，这两个徒弟是头一回自己掌灶，可别把菜烧煳了。"

魏大厨溜之大吉，太阳妹妹可是沮丧之极。我这里为他日日进补，他那里却去花天酒地，我这不是为别人作嫁衣吗？

凝儿房里。

凝儿缝上最后一针，喜上眉梢地道："终于做好了。"

虽说现在有了莹莹的承诺，凝儿心结已开，可这件袍子已然耗费了她很多心血，当然要把它完成。如今终于缝制好了，凝儿心花怒放，恨不得立刻叫叶小天穿上，试一试她的手艺，也好明白她的情意。

袍子上满是血手印儿，那都是汤显祖的杰作，回头浆洗一下，用些漂白的方法，自然可以洗去，不过眼下还是带着血迹的好，如此才显得人家情痴意切嘛。凝儿想着，掩口偷笑起来。

吱呀一声，门开了。凝儿听到声音，赶紧把袍子藏起来，刚刚站起，就见太阳妹妹嘟着小嘴绕过屏风。凝儿笑道："哟！这是怎么啦，谁惹咱太阳妹妹不开心了？"

太阳妹妹伤心地道："凝儿姐姐，你知道小天哥去哪儿了吗？"

凝儿道："知道啊，不是请杨驿丞到如意楼吃酒了吗？"

太阳妹妹道："那，凝儿姐姐知道如意楼是什么地方吗？"

凝儿道："不是酒楼吗？"

太阳妹妹顿足道："才不是呢，那是青楼！"

"什么？"

展凝儿眉梢一扬，如剑出鞘："你说……青楼？"

·※·※·※·

叶小天、杨驿丞和汤显祖一路谈笑着到了如意楼。远远一看，就见树影叠翠，花木丛中隐隐现出一幢精致的楼舍院落，还未及近前，便有丝竹管乐之声袅袅传来，十分优雅。

汤显祖笑道:"就是这里啦!二位,请!"

叶小天自从送走了莹莹一家人,就开始为他的仕途而努力了。他已经令人从葫县那边调了笔钱来,开始结交金陵人物。

以叶小天目前的身份,是不可能结交太高层次的官员的,比如张泓愷的父亲,那是堂堂的兵部尚书,他就算送一座金山去,也没资格做张尚书的座上宾。不过他与张泓愷是相交莫逆的朋友,送一份厚礼,以后生晚辈的身份晋见一次,由张泓愷出面,请张尚书过问一下他的事就可以了,也没必要硬要和人家兵部尚书攀交。

叶小天只是尽可能地通过金陵的这些朋友,结识一些各司各衙的中低层官员,通过他们进一步扩大自己的交际圈子。他们虽然官职不高,但是在各个衙门的能量也不小,叶小天同他们保持良好的关系,已经足以为他提供很大帮助。

昨日叶小天刚刚宴请了国子监的乐翎乐司业。叶小天破获了关小坤移花接木偷换赈银案,出于种种考虑,没有深究此事,保留了礼部关尚书和国子监的脸面,乐司业很是感激,再加上叶小天送了一份厚礼,两人自然成了朋友。

眼下叶小天的处境还很微妙,通过乐司业在士林中为他扬名,尤其是他成功举办赈灾义卖、解救大批灾民的事,经过这些士林中人如椽巨笔的褒扬赞美,可是为叶小天在江南士林中很是张扬了一番名声。这种好名声虽然看不到眼前利益,可是从长远角度看,却是对他非常有利的,会成为他的一笔政治资本。

今日叶小天则是宴请杨驿丞。驿丞的官虽然不大,而且不是民政官员,可要论消息却最是灵通,尤其是要打探京里的消息,除非是有人长期派驻专人在京里关注消息,否则没有谁比他们耳目更加灵通。

而且,即便是一些地方大员在京里派驻专人打探消息,或许会在消息的深度上比一位外地驿丞了解得更多,可要论消息的广度,却也是远远不及驿丞得天独厚的便利条件。

叶小天的根基在葫县,那儿交通困难、消息闭塞。如今他在金陵则是待参的官员,同样没机会了解太多的消息。不管是现在还是将来,交好一个大城大阜的驿丞,与他都有百利而无一害。

不过,和不同的人来往,就要用不同的办法。乐翎是文人,是国子监的司业,而且两人刚刚接触,请他泛舟莫愁湖,置备美酒佳乐,再送一份昂贵的文房四宝,既贵又雅,足矣。对杨驿丞这种人,那种雅事却未必合乎他的心意了。

可叶小天对金陵不熟,而且那种烟花之地叶小天也从未去过,是以就请好友汤显祖帮忙,由他介绍,来了这如意楼。

杨驿丞对这如意楼是闻名久矣,可此处是一掷千金的温柔乡销金窟,他还从不曾来过。此番带着朝圣一般的心情到了这里,转过一丛花木,就见几间精舍,竹篱小径,宛如隐士高人避世潜修之所,不由稍显拘谨起来,对叶小天这个小小的穷乡僻壤的典史的能量也不禁高看了几眼。

修竹下站着几个小厮,一见他们到了,马上迎上来,殷勤地笑道:"汤老爷。"

汤显祖家境殷实,结交的又多是官宦子弟,这里是他常来的一处所在。他笑吟吟地介绍道:"这位是杨老爷、叶公子!"

几个小厮赶紧又殷勤地见礼,道:"汤老爷、杨老爷,叶公子,里边请。"

小厮把三人请进园去,穿过修竹小径,来到一处有花有泉的轩厅,就见几个侍女正忙着摆碗安箸。绣屏前又有数女或立或坐,脂光粉艳,手里持抱着红牙檀板、箫管琵琶诸器,个个衣鲜鬓秀,容颜俏丽。

杨驿丞强作镇定,免得被人看出自己从未来过这等高档所在而露了怯,悄悄打量诸女,却觉身形体态、容颜姿色,无一不是上乘之选,不禁暗暗欢喜:"只是侍婢舞姬,便有这般姿色,那些侍酒陪欢的美人还能差了?"

叶小天还是头一回涉足这等场所,比杨驿丞的见识更差了几分。他还以为这等所在只一进去,便有群雄逐鹿投怀送抱,如今一瞧这般景致,毫无烟花之地的俗气,倒是别样雅致,紧张的心情顿时放松了,再瞧这些姑娘们一个个眉目如画,巧笑倩兮,不禁又有些心猿意马起来。

这时,展凝儿和太阳妹妹正徘徊在金陵街头,他们已经问过好几个路人,却没一个知道如意楼的所在。太阳妹妹双手叉腰,郁闷地道:"怎么会都不知道呢?要不咱们回去问问魏大叔?"

展凝儿白了她一眼道:"你问的尽是些寻常百姓,他们哪有闲钱去那等地方。要找那些酒色之徒才行嘛。有了,我看这人就像一个酒色之徒!"

展凝儿两眼一亮,便向刚从书铺里走出来的岳小关迎去。

第三十七章

捉奸要双

一

岳小关蹙着眉头,唉声叹气地从书铺里出来,一只手贴在腹前,隔着衣服紧紧捏着怀里那二两银子。

上元节的时候,他正在聚宝门前摆摊出字谜,忽然看见一男一女架着莲花巨灯从天而降,其情其景如梦似幻。岳大先生触景生情,才思如尿崩一般,迅速想出了一个动人的奇幻故事。

之后,他对这个故事再三润色,又从元朝艳情小说里借鉴了很多旖旎淫靡的情爱场面,再度加工渲染,点灯熬油的写成了一部长达十余万字的艳情小说,拿到书铺里头,店主果然一眼相中了。

只不过……岳小关再度叹了口气,依据行情,估摸着这次怎么也能赚到五两银子,谁知那黑心店主太会砍价,结果连一半的价钱都没拿到,这可是他的心血结晶,眼圈儿都熬黑了呀。

"二两银子就二两银子吧,知足常乐!"

岳小关自我安慰着,忽然就想到了长干里的秋香姐,那风情撩人的眉眼,那筛动起来似一盘磨似的大屁股……记得上一次手头宽裕时还是去年端午吧,这都打了大半年的光棍了。

想到情热处,岳小关贱兮兮地笑了两声,正想去长干里寻那秋香姐快活快活,眼前突然站定两个姑娘。岳小关见这两位姑娘杏眼桃腮,姿容妩媚,赶紧换了一副正人君子的模样,道:"两位姑娘拦住在下,可是有什么事啊?"

太阳妹妹斜了展凝儿一眼,觉得这人坦诚纯朴,完全不像一个酒色之徒嘛!却不知道凝儿姐姐为何就认定了这人是个欢场常客。展凝儿道:"请问,你可知道那如意楼的所在?"

"如意楼,你们要去如意楼?"

岳小关看看这两位姑娘，不由痛心疾首起来："两位姑娘，我看你们清水为神玉为骨，芙蓉如面柳如眉，怎么就走上了这条路呢？正所谓一失足成千古恨，再回头已百年身，行差踏错一步，可就再难回头了啊！"

展凝儿听得一脸茫然，这人乱七八糟地在说什么？忽然想到那如意楼就是青楼，展凝儿心中一羞，柳眉倒竖地道："胡说什么，本姑娘要做什么，用得着你来教训！快说，如意楼在哪儿？"

岳小关这么一说，展凝儿倒是笃定他必然知道那如意楼的所在了。岳小关眼见这两位姑娘铁了心要往火坑里跳，不禁叹了口气，道："那琴棋书画诗词歌赋，两位姑娘可在行？"

要说舞枪弄棒，施展拳脚，展大姑娘就在行得很，可琴棋书画诗词歌赋……展凝儿摇了摇头，太阳妹妹更是大摇其头，岳小关道："这如意楼的姑娘，可不仅仅是长了一个窈窕身子、一副花容月貌就成的，总要才学出众，才进得了如意楼。既然两位姑娘铁心了要干这一行，不如岳某给你们介绍一个好去处，长干里弄月楼的唐妈妈我是认识的，两位姑娘既然是自卖自身，不如就去弄月楼，哎……哎……哎……君子动口不动身，你们想干什么？放手，痛死啦……"

岳小关还没说完，太阳妹妹终于醒过味来，又气又羞的她一把扭住了岳小关的胳膊。展凝儿掏出一锭银子，托在掌心里，冷冷地道："告诉我们，这就是你的。"

岳小关看着那只俏美的手掌中白花花的银子，情不自禁地吞了口唾沫，道："你们从这往前走，到了第三个路口往左拐，再经过两条巷子往右拐，沿着那条河走到第二座桥头，过桥……"

他还没说完，展凝儿的掌心又出现了第二锭一两重的纹银。岳小关马上道："我领你们去！"

· ※ · ※ · ※ ·

汤显祖在轩厅中熟门熟路地坐了，笑道："夕羽呢，贵客到了，怎也不见她来迎接？"

一个俏婢笑嘻嘻地答道："林姑娘听说汤老爷来了，亲自给您沏茶去了，上好的蒙顶石花，您最爱的那种。"

说话间，一个眉目如画的美人已经姗姗走来，裙拖湘江水，袅袅娜娜仿佛踏云而行，进了轩厢，先向汤显福盈盈地福了一礼，道："汤老爷！"

汤显祖笑道："正说着，你就来了，来来来，这两位是杨老爷、叶公子。"

那美人就是林夕羽林姑娘，她又向杨驿丞和叶小天分别施礼，声音娇柔，举止贤淑，哪有半点风尘之色，倒比许多大家闺秀还要落落大方。

叶小天见她秀眼藏媚，娇靥含春，不由暗暗点头。此处竟无一个庸脂俗粉，饶是他见过了人间绝色，也不由得赏心悦目。

那林姑娘在汤显祖身边坐了，片刻工夫，就有两个俏婢端来了据说是林姑娘亲手泡制的上好的蒙顶石花，紧接着流水般呈上各色佳肴美酒，一班丽人调丝弄弦，又有两位姿容不下于林姑娘的美人笑盈盈地赶来，分别在叶小天和杨驿丞身边坐了，这酒席便算是开了。

此处消费非豪绰之人难以承受，听说今日的东道竟是叶小天，那夕羽姑娘不禁好奇地向他一瞟，似乎在忖度他的身份。汤显祖看在眼里，揽着她的纤腰笑道："怎么，可是看上了我兄弟？"

夕羽姑娘俏脸晕红，轻轻啐他一口，也不反驳，只是把头轻轻低下，那娇羞风情说不出的迷人。叶小天自然见过比她更美的女子，可莹莹、凝儿，甚至哚妮，都还是青涩得未成熟的果子，哪里比得了她的这般妩媚，要说这种撩人的风情，大概只有那位天生尤物的田妙雯姑娘可比拟了。

汤显祖见状大笑，附在她耳边轻轻低语两句，一拍她的翘臀，道："去吧，今儿你便好好服侍我这兄弟，欢场之上，他可还是雏儿呢，你可温柔着些。"

汤显祖一句话就把叶小天臊了个大红脸，夕羽姑娘落落大方地站起来，走到叶小天身边，如水的眸波轻轻一荡，为叶小天侍酒的女子便心领神会，马上亲亲热热地坐到了杨驿丞身边。

杨驿丞也不知这么高雅的所在究竟是个什么规矩，不敢拿出他在寻常地方的那种猥琐模样来。这时身边又多了一个仙妃般的美人，一时竟然消受不了这左拥右抱的艳福，额头的汗都冒了出来。

叶小天自葫县时起便不断进补，到了金陵，太阳妹妹还是不肯消停，都不知几度午夜梦回、精满自溢了。这时身边坐了这么一个风情万种的女子，哪里还按捺得住，终于壮着胆子把他那冒汗的手轻轻贴到了姑娘柔软的腰肢上。林姑娘向他浅浅一笑，矜持中不乏风情，一个娇软的身子便偎到了叶小天的怀里。

汤显祖今日得叶小天请托，晓得是要帮他结交杨驿丞，是以便把两位姑娘都给了杨驿丞。他坐在那里，往吹拉弹唱的乐班里一看，指了指一位明眸皓齿的姑娘，那姑娘便放下洞箫，笑嘻嘻地赶来，坐到了他的腿上。

汤显祖是个很好的陪客，那些姑娘们更擅长此道，是以这酒宴气氛越来越是活络，及至后来，叶小天也渐渐放开了，一直在装相的杨驿丞更是上下其手，放浪形骸。

杨驿丞得叶小天如此款待，心中不无感激，便想着投之以桃，报之以李，思来想去，便从他掌握的消息中筛选出了几条叶小天可能感兴趣的，只是此刻风月无边，这些事却不宜谈起，只等回到驿馆再寻个机会说与他听便了。

酒至酣处，夕羽姑娘笑吟吟地道："好啦，几位爷这酒也喝得差不多了，奴家这院子里新收了五匹瘦马，唤来叫几位爷瞧瞧，若有中意的，今日便替她们梳拢了吧。"

杨驿丞平日里哪见过这么漂亮的姑娘，他一心以为今日能这两女之一侍寝，却不想她们只是陪酒的，原来还另有扬州瘦马侍候。他早听说扬州瘦马的名声，只是他可花销不起。如今听夕羽姑娘的语气，那五匹瘦马竟然还都是处子之身，更是喜出望外。

片刻工夫，五位新人便姗姗来到，这五人漆眸如星，唇红齿白，娇娇怯怯，弱不胜衣，只看得杨驿丞眼花缭乱，看了这个舍不得那个，瞧了那个放不下这个，哪里取舍得定。

汤显祖见状，便向叶小天递了个眼色，叶小天会意，轻轻点头，汤显祖便哈哈笑道："杨兄想是有些取舍不定了，今日是小天兄弟做东，汤某人乐得大方，杨兄你选三人一并带走吧，只要你有那个本事，哈哈……"

杨驿丞一听连忙推辞道："使不得，使不得，这样怎么可以。"说归说，最后半推半就的，便选了三个他最可意的姑娘，迫不及待地去了。

汤显祖笑道："叶贤弟，你我之间就不要推辞了，你先来，看中了哪个？"

叶小天看看这个，瞧瞧那个，对这娇弱到了极点的姑娘却是生不起十分的欲望，心中只想："我叶某人可是二十年磨一剑哪，你们这等风一吹就折了的身子，如何承受得起？"

方才杨驿丞那是目迷五色，叶小天虽也是一副举棋不定的样子，与杨驿丞的取舍难定却大不相同。汤显祖不禁暗暗奇怪，叶小天结识的那些姑娘固然都是人间绝色，可家花野花味道不同，怎么就没有中意的吗？

夕羽姑娘心中不服，忽然凑到叶小天耳畔，那柔荑悄悄探到袍下，妩媚地轻喘道："我这院子里的姑娘，就没有公子看得入眼的吗？"叶小天被她一触，脸庞涨得通红。

汤显祖见他神态，不禁恍然道："啊哈！原来你喜欢采那熟透了的桃子，这青涩的果子不喜下咽吗？夕羽姑娘，今儿便宜了你，我这小兄弟，可就交给你调教了。"

要说起来，夕羽姑娘对这年少多金，容颜俊美，却又没有什么纨绔气息的叶小天还真有几分喜欢，听汤显祖这一说，她整个身子更是软绵绵地似乎黏在了叶小天身上一样。

叶小天自从那次与莹莹缠绵，累到抽筋都不能入巷，还真有点心理阴影了，被这妩媚成熟的美人一抱一拖，半推半就地也就从了。

二人刚刚离开轩厅，岳小关便领着展凝儿和哚妮到了如意楼外，向那花木掩映处一指,道:"就是这里了!"

展凝儿向太阳妹妹一摆头,怒气冲冲地道:"走!"

这凭那三两银子的领路费,岳小关就明白了,她们不是来自卖自身的,而是来捉奸的,眼见二人气势汹汹而去,岳小关长叹一声道:"有悍妻如此,兄弟,你真不幸!"

岳小关转身要走,忽地心中一动,他也不去长干里寻那秋香姐了,而是寻了一处草丛往里一蹲,好好观摩一下今天这幕悍妻训夫记,说不定还能再赚二两银子!

第三十八章

智离如意楼

一

叶小天佯做老到地跟着夕羽姑娘进了一处绣房,但见绣房内素雅洁净,毫无半分俗气。叶小天身边就傍着一个柔弱无骨的美人,鼻端嗅着她身上淡淡幽香,不由心猿意马起来:"我叶小天终于可以成为一个真正的男人啦……"

林姑娘对叶小天本就有些喜欢,又念他年少多金,盼他成为自己这里的常客,对他更是竭力温存,挽着他的臂膀进了绣阁,先把门掩了,马上向他递过红嘟嘟的唇儿,先在他颊上一吻,落下一个鲜媚的唇印,再滑到他唇上,未等叶小天反应过来,那灵蛇般的舌儿已经递进他嘴里。

叶小天顿时情动,伸手便去揽她纤腰,待要向下滑到那丰隆的臀部时,林姑娘娇软的身子往他身上一靠,逗引得叶小天一个激灵,随即就嘻嘻一笑,闪开了身子,把叶小天向前一推,叶小无酒意有了七分,脚下不稳,一屁股歪在榻上。

林姑娘拔下金步摇,那一头乌黑的秀发披散下来,星眸俏脸掩在秀发之间更显柔媚,她轻笑着把柔荑按在叶小天胸上,轻轻撩拨着,娇声道:"小哥儿,怎么喘得这般粗重?"

若是个欢场常客,这时早就把那美人扑在身下,恣意温存了,叶小天初涉此道,却是个有色心没色胆的,心中痒痒的,却只红着脸、大着舌头道:"酒……酒喝多了些,有些闷热。"

林姑娘一笑,道:"既然这样,那奴家把窗子开了。"

叶小天吓了一跳,期期艾艾地道:"开窗……不大好吧?"

林姑娘像只蝶似的飞过去,正要推开窗子,听到这话,向他回眸一笑,妩媚地道:"郎君放心,这窗后便是池塘,没人过来的。"

林姑娘把窗子开了,叶小天探头看了一眼,果然一汪池塘,碧水粼粼。林姑娘裹着一股香风回到他身边,扭身在榻边坐了,一个身子便软软地靠在他的身上,脸贴着胸口，指尖在他胸口画着圈圈，媚目上挑，含羞带媚地道："郎君，现在还热吗？"

叶小天见这女子忒会"耍贱"，那媚目上挑，唇微咬，神情风韵异常的撩人，一个香软的身子似偎非偎，大腿轻轻在他身上滑动，要害处被她似触非触，刺激得他整个人都像弓弦似的微微颤了起来，偏是面皮太薄，不敢伸手。

林姑娘看出他的拘谨，欲发觉得此人有趣，便微微一笑，道："人家觉得身上热得很呢，郎君替人家宽了衣裳好不好？"说完不待叶小天回答，便捉住了他的手，探向自己的襟口。

叶小天手指触及一片粉腻，再也按捺不住，猛一翻身，便把林姑娘压在了身上……

· ※ · ※ · ※ ·

展凝儿和太阳妹妹气势汹汹地走向如意楼，门前几个小厮看见两位姑娘过来，不由大感惊奇，连忙迎上来阻拦道："两位姑娘，这是私人宅邸，你们要干什么？"

展凝儿冷声道："少废话！叶小天呢，叫他出来！"

几个小厮猛然想起方才有位叶公子，马上便有一人迅速闪向园内，其他人依旧拦在门前，笑嘻嘻地道："什么叶小天，两位姑娘，你们要寻情郎，可也别到我们如意楼捣乱，快些离开，否则我们……"

他们还没说完，展凝儿已经冷斥道："滚开！"

展凝儿伸手一拂，挡在面前的两个小厮就觉一股无从抗拒的大力迎面而来，哎哟一声便仰面跌去。展凝儿道："走，进去找他！"两人这一闯入，如意楼里顿时乱成一片。

一张绣榻上，杨驿丞仰面躺着，香艳无边。

忽然砰的一声，门开了，紧跟着脚步声响，榻上三女愕然回头，就见屏风口似乎有人影一闪，紧跟着便没了声息。杨驿丞正飘飘欲仙，忽见三女不动，张开迷蒙的醉眼道："怎……怎么了？"

三女奇怪地互相看了一眼，回眸笑道："没什么，杨老爷，您就好好地享受吧。"说完三女便又蛇一般缠了上去。

展凝儿倏进倏退，动作奇快。太阳妹妹还什么都没看见，眼见展凝儿晕着脸儿往外走，太阳妹妹忙也跟了出去，小声道："凝儿姐姐，里边不是小天哥吗？"

展凝儿红着脸道："没看清脸面。"顿了顿，又道："那厮大腹便便，怎么可能是他。"

这时候，已经有人飞也似的跑去向林姑娘报信儿了，这如意楼就是林姑娘的私产，自然由她主持。展凝儿老远看见那小厮跑得飞快，不由心中一动，道："跟上他！"两女便自那人身后追去。

叶小天本就喝得有些醉了,再被这妖娆的妇人一番撩拨挑逗,也不晓得是自己脱的衣服,还是被她脱的衣服,不一会儿,叶小天已是赤条条一丝不挂,林姑娘身上只着一件亵衣,雪弯玉股,粉光致致,倒比脱光了更具诱惑。

她也知道叶小天虽然故作老到,其实还是个雏儿,心下欢喜,尤其温柔了些,使尽手段,主动诱导,却不叫叶小天察觉分毫,仿佛一切尽在他的掌握之中,这男人心理自然得到了极大满足。

叶小天跃跃欲试,正要登堂入室,剑及履及,门外传来那小厮一声大喊:"姑娘,外边闯来两个极凶悍的女子,说是要找叶小天。"

"什么?"

叶小天一听,直如雪狮子遇火,那杆长枪倏地化作了一条死蛇,失魂落魄地道:"遭了,定是她们寻来了,这……这可如何是好?"

展凝儿追到那幢房前,见那小厮站在门外,马上疾步赶去,那小厮慌忙上前阻拦,色厉内荏地恐吓道:"两位姑娘休得无礼,否则我们可要报官了。"

展凝儿没有回答,只是飞起一脚,踢在他的足踝上,那小厮哎哟一声,不往后倒,反而来了一个马趴,"扑通"一声跌倒在她面前,抱着小腿惨叫起来。

展凝儿五指张开,暗蕴劲力,用力一推房门,不想那门并没有闩,被她一推,门扉疾开,砰的一声撞到了墙上。

展凝儿闯进绣房,但见两面坐屏对面而立,隔开中间一处雅致的客厅,展凝儿是大户人家出身,自然清楚主人家多住东首,脚下如飞,迅速闪向东首,绕过屏风一看,就见一个妖娆妇人坐在梳妆台前,身着绮罗绣衣,正在卸妆。

展凝儿往榻上一看,榻上平整的一丝褶皱都没有,被褥叠得仿佛一刀切下的豆腐块儿似的,完全不是她想象中的模样。

展凝儿狐疑了一下,又想到那小厮一出事便来这里报信,既然不是叶小天在这里,那定是因为这个女人是此间的主事人,一双英气的眸子便又透出隐隐的杀气,一字一顿地道:"叶小天呢?"

一松,一泉,一石台。

一径深曲,枝影扶疏,苍苔细石,流水潺潺。

石台上置红炉火炉一具,茶炉一尊,茶铫一口,茶洗一口,公道杯一只,滤网一只、茶碗数只,其他用器亦是精细雅致。叶小天拾一只蒲团,坐在石台前面,正品茶自娱。

深曲小径上一阵脚步悉索，三个女子蓦然出现，叶小天悠然回首，顿时愕然，奇道："凝儿、哚妮，你们怎么来了？"展凝儿和太阳妹妹眼见如此一幕，不禁也待在那里。

林姑娘抱着双臂，冷笑道："叶公子，我这如意楼可不是什么人都能来的。今日若非看汤老爷面子，怎会把此处给你款待客人，不想你家中女子如此不懂规矩，竟到我这如意楼来滋扰生事。这要坏了我这如意楼的名声，以后我还做生意吗？"

叶小天快步走到林姑娘面前，打躬作揖地道："对不住了，林姑娘，在下对家里人疏于管教，给您添了麻烦。叶某向你道歉，如有什么损失，叶某一定十倍赔偿，还请姑娘恕罪。"

林姑娘面寒如霜，冷哼一声，拂袖而去。叶小天犹自向着人家背影不断作揖致歉。展凝儿一见叶小天虽然在此宴客，却能洁身自好，不与之同流合污，满腔怒气早就不翼而飞，又见他低声下气向人致歉，心中更是不安。

叶小天眼见林姑娘扬长而去，这才直起腰来，冷冷地瞪了展凝儿和太阳妹妹一眼，太阳妹妹先前听说叶小天去吃花酒，也只是心生幽怨，她可从不觉得自己有资格管教他，这时吃他一瞪，马上怯生生地躲到了展凝儿身后。

叶小天冷冷地道："你们怎么这么不懂事！嗯？你们叫我怎么向汤兄交代，嗯？你们叫我以后怎么在朋友中立足，嗯？交际应酬，本是难免，你们这般行为，岂不让我成了笑柄，嗯？"

岳小关蹲在草丛中，眼见如意楼中鸡飞狗跳，不禁兴致勃勃。忽然间，就见一个青年公子昂昂然地自如意楼中出来，绷着面皮大步而行，一副怒气冲冲的模样。

后边跟着两个女子，正是那两个来如意楼捉奸的凶悍女子。她们迈着小碎步，跟受气小媳妇似的跟在那男人后面，看着那男子脸色，小心地赔笑说着话，两头母狮已经变成了两只狮子狗，就差冲他摇尾巴啦。

岳小关顿时呆住："这是什么情况？"

第三十九章

设计

一

叶小天回到住处,大马金刀地往官帽椅上一坐,太阳妹妹马上乖巧地递上一盏茶,向他讨好地甜甜一笑。叶小天接过茶,又冷哼一声,展凝儿耷拉着脑袋道:"对不住啦,我以为……我以为你……"

叶小天瞪眼道:"你以为我什么?凝儿啊!我现在是官场中人,当官是那么容易的?能结交的人,那是一定要结交的,每个人的喜好不同,要投其所好,才能让他为我所用,幸亏你们今天没把如意楼闹得天翻地覆,这要是跟当初你在蟾宫苑里似的大打一通,我真是……"

叶小天长长地叹了口气,语气心长地道:"凝儿啊,你也老大不小的人啦,可长点心吧……"

凝儿红着脸,支吾地道:"我……我错了。"

叶小天叹了口气,道:"算了,你们出去吧,我一个人静静,想想晚上等他们回来该怎么说。"

凝儿结结巴巴地道:"好!你……你不要生气了。"

太阳妹妹见了,忙也随她一起过去。

叶小天呷了口茶,慢慢地咽下肚去,听到房门一关,不由吐了吐舌头,心有余悸地道:"好悬,总算过关了。"

叶小天放下茶杯,庆幸地站起来,突然又是一怔:"不对啊,我为什么一听说她来,便吓得手软脚软!我心虚什么,她又不是我的什么人。"

叶小天怔了半晌,脸上的神色渐渐平和下来,目光闪动着,也不知在想些什么。忽然,房门吱呀一声又开了,叶小天赶紧坐回去端起茶杯。

展凝儿从屏风后面转过来,手里托着一件东西,叶小天扬起眼皮瞟了她一眼,淡淡地道:"还有什么事啊。"

只有他们两个人在，凝儿也就放得开了，俏巧地白了他一眼，道："好啦，你装什么大头蒜呢！人家在哚妮面前可是给足了你面子，不就是误会了你吗，你还没完没了。"

叶小天咳嗽一声，无奈地揉了揉鼻子，又往她手上瞄了一眼，道："这是什么？"

展凝儿道："向你赔礼道歉的礼物呀！这可是人家一针一线为你做的，从年前就开始做了，现在才做好，你看看合不合身。"

叶小天放下茶杯，站起来道："是件衣服？"

展凝儿走到他身边，道："是啊，我……替你做了件袍子。"

叶小天看到袍子上的斑斑血迹，不禁吓了一跳，惊讶地道："你还会做衣服？这……这是什么？"

展凝儿双手托着衣服，羞赧地低下头道："人家还是头一回摆弄针线，不够熟练，所以……针总是扎手。"

叶小天拿过衣服，看到上面一个个的血手印，脸上不禁露出感动的神色，深情地凝视着展凝儿，低声道："凝儿！"

"小……小天哥……"这句称呼，对莹莹和哚妮来说是一句很容易出口的话，但是对展凝儿来说却是无比艰难，但现在她终于说出口了，一句话出口，颊上竟然有些发烫。

叶小天突然把衣服往臂上一搭，伸手就去抓展凝儿的手，道："快让我看看，流了这么多血，还不扎成筛子了。"

展凝儿急忙把双手背到身后，忸怩地道："不用啦，你快试试合不合身。"

太阳妹妹也想着要补偿叶小天一番，及至从叶小天房中逃出来，便去厨下把煨好的补汤盛了一碗给他送过来，走到院门口正好看见华云飞和毛问智回来，二人见太阳妹妹端着一碗汤，便道："哚妮，可是大哥回来了吗？"

太阳妹妹甜甜一笑，道："是呀。"

三人一起走进院子，刚进院门，就听屋里传出展凝儿杀气腾腾的一句话："叶小天，你快给我脱了！"

紧接着是叶小天坚贞不屈的声音："我不！"

"你脱不脱？"

"就不！"

华云飞和毛问智面面相觑，异口同声地道："啊！我忽然想起还有件事情，我先走了。"二人说罢返身就走，太阳妹妹端着补汤，走也不是，留也不是，心中只想："凝儿姐姐怎生这般彪悍，她一个女儿家，难道还要强暴小天哥哥不成？"

念头刚刚转过,就见叶小天哈哈大笑地从屋子里逃出来,身上穿着一件满是红掌印的袍子,一条袖子长、一条袖子短,因为领口过于宽松,穿在身上袒露出半条臂膀,松松垮垮的,仿佛一件胡人服装。

太阳妹妹道:"小……小天哥……"

展大小姐从屋里追出来,气急败坏地吼道:"叶小天,你马上给我脱下来……"

叶小天绕着太阳妹妹转起了圈子,笑道:"不脱不脱,就是不脱!哎哟,你别撕我衣服。"

两人走马灯一般绕着太阳妹妹打转,太阳妹妹捧着碗,站在那儿一动也不敢动,慌张地道:"你们一边玩去,不要碰我!哎呀!都把人家弄湿了……"

院门外,华云飞和毛问智再度面面相觑,毛问智迟疑地道:"兄弟,俺们这么听大哥的墙角不太好吧,要不要……再躲远些?"

· ※ · ※ · ※ ·

镇远侯府里,顾三爷把两封信交到李玄成手上。两封信,一封是京城吏部某位大员的回信,另一封则是太后娘娘亲自所书,是以顾三爷毕恭毕敬。

李玄成看了看两封信,率先打开了吏部的回信,顾三爷站在一边,虽不知道他看的什么,但是从那信封却能看出他首先打开的并不是太后的信。

顾三爷心道:"这就是皇亲国戚了,若是换成其他任何一个人,能得到太后娘娘的亲笔书信,岂有不马上打开看个究竟的道理?也就只有这位国舅,太后最宠爱的弟弟,才有这份魄力。"

李玄成打开吏部那封回信仔细看了一遍,不由露出了笑意。

顾三爷在一边察言观色,小心地问道:"国舅,吏部有消息了?"

李玄成点点头,矜持地道:"嗯!只是关乎一个小小典史的任命,他们又怎么会不给我这个面子。"

顾三爷喜上眉梢,道:"这么说,那叶小天被留在金陵了?"

李玄成道:"不错,尚书大人很给面子,答应把他平调到金陵来,至于具体的任命,可由本国舅与南京吏部商议。顾三爷,接下来的事,我可全靠你了。从葫县那等穷乡僻壤,平调到金陵任职,于他而言,已然高升三级了,我要让他……乐极生悲!"

顾三爷道:"国舅放心,只要他留在金陵,似他这般蝼蚁似的小人物,我就有的是办法摆布他!嘿嘿!国舅,你看咱们就与吏部商议,让他留在吏部任职,如何?"

李玄成怔了怔,道:"吏部?那可是天官府啊,他从葫县调到金陵,已然是得了极大的便宜,再调到吏部,岂不是一步登天?"

顾三爷笑道："国舅，天官府固然风光，可是能从小小葫县一步登天进了天官府，在外人眼中，他又是沾了张江陵倒台的光，可不更加招人嫉恨吗？再者，吏部郎中郭舜是顾某的好友，有他在，你想那叶小天还会有安稳日子过吗？"

李玄成想了想，微笑道："好，你既有把握，那就把他安排到吏部吧，毫无根基的一个小子，一步登天进了最热门的吏部，必然招人嫌恨，只消被人拿住他的把柄，那时候想落井下石的人定然不少。"

顾三爷笑道："不错！只消拿住他的一个把柄，这容易得很，我那老友只需略施小计，就能让他倒霉。到时候有的是人想踩他，也许咱们都不用出手，就能眼看他被人排挤的欲仙欲死了。"

两个人相对大笑起来。

笑了半晌，顾三爷才道："国舅爷，太后娘娘的亲笔信，你还没看呢。"

李玄成这才想起还有胞姐的书信没看，连忙打开，只瞧了几眼，便皱起了眉头。

顾三爷心头一紧，忙道："国舅爷，怎么了？"

李玄成沉吟了一下，道："没什么，我游历在外，太后不甚放心，来信问我在金陵情形如何，催我早日还京。"

其实李太后写信催弟弟还京，倒不是担心他在外面照顾不好自己，堂堂国舅，走到哪儿会缺了伺候的人？太后催他还京，却是担心他在外面会动了出家的念头。

李家人全都信道，包括李国舅的父亲李国丈和胞姐李太后。当年国丈李伟还在幼年的时候，曾有游方道人为他看相，说他来日定当大富大贵，位极人臣。到后来，他的女儿竟然成了皇后，果然应验了那道士的话。

从此李国丈对道教笃信不疑，他的皇后女儿和三个儿子受他影响，也都对道教产生了浓厚的兴趣，其中以这个最小的儿子三国舅最为痴迷。可别人信道未必出家，李国舅生性恬淡，对富贵荣华都不迷恋，却想着出家修道，练成神仙术。

神仙术虚无缥缈，穷其一生也未必有所成就，李国丈和李太后哪舍得他年纪轻轻就束发出家，是以百般劝阻，但李国舅向道之心却不曾稍减。只是这次李太后又哪想得到，她那胞弟出家的念头竟然变了成家的念头。

顾三爷赔笑道："太后与国舅姐弟情深，自然不舍得国舅远离，那……国舅要不要启程还京啊？您放心，叶小天那事，包在我身上。"

李玄成心道："我又不是为了整治叶小天泄愤，最重要的是，彻底把他打翻在地，以便掳获那莹莹仙子的芳心，我回京去，这事你也能帮得了忙？"便阴沉沉地道："不急，我要亲眼看着他倒下去！"

第四十章

喜事不欢喜

一

叶小天本以为当天傍晚汤显祖和杨驿丞就能回来，却不想直到第二天一早，才看见他们两人踏着软绵绵的云中步走回来。

他们居然留宿了，这样的话缠头之资至少要翻一倍，叶小天并不是心疼那钱，可请客的人是他，他本该也有机会如他们一般享尽温柔滋味，可如今……想到那位夕羽姑娘的风情万种，叶小天满心幽怨。

汤显祖和杨驿丞早已从羽夕姑娘那里听说了叶小天的事，如今见他眼巴巴地望着他们，不远处凝儿姑娘却是虎视眈眈，仿佛正在守着她的盘中食，两人顿时露出一副暧昧模样。

"哈哈，叶兄弟，承蒙款待啊。"杨驿丞向叶小天拱着手，脚下发飘，得意扬扬。汤显祖促狭地冲叶小天挤了挤眼睛，跟着嘿嘿地笑了起来。

叶小天只能苦笑，心想："凝儿怎么就不跟莹莹一起走呢？"这时候，叶小天忽然有种如芒在背的感觉，不等他回身看去，就听一个冷冷的声音道："挺羡慕的，是吧？"

凝儿经过一夜的工夫，渐渐醒过味来了，叶小天就算不肯与汤显祖和杨驿丞"同流合污"，却也不至于身边连个侍候的人都没有吧？再说叶小天是那么雅的人吗，一人坐在松下溪边品茗解酒，展凝儿越想越觉得不太可能。

"十有八九是被他糊弄了。"

展大姑娘这样一想，对叶小天哪还有一点好脾气。

叶小天觉得这几天凝儿与往昔似乎大不相同了。原来的她扮幽怨啊，扮小家碧玉啊，拈酸吃醋啊，跟只幽怨猫差不多，哪还有半点"力拔山兮气盖世""食糜一鼎，牛两只，半饱而止"的霸天虎气概，如今怎么……

叶小天奇怪地看了她一眼，见她双手抱臂，下巴微扬，眸中泛着危险的光芒。叶小天一个恍惚，仿佛看见她穿着齐臀小苗裙、手执五花大裘鞭，正居高临下地挑起他的下巴，傲然道："小子，本姑娘看上你了，以后你就是我的人了，哈哈哈……"

叶小天打个冷战，赶紧抛弃了那不切实际的幻想，干笑道："说什么呢，我叶小天岂会稀罕那些残花败柳。咳，汤兄和杨驿丞刚刚回来，我邀他们到房中坐坐，叙谈叙谈。"

叶小天赶紧迎上前去，把汤显祖和杨驿丞请到房中，让太阳妹妹给沏了壶茶送来，房门一关，杨驿丞和汤显祖便开怀大笑起来！叶小天苦笑道："好啦，你们两位真是毫无同情心哪！我都这么惨了，你们还取笑我。"

汤显祖笑道："你可是你自找的，你若是对展姑娘毫无情意，怕她什么？你便寻花问柳，她管得着吗？你既喜欢她，偏又忸怩作态，人家一个姑娘，千里迢迢随你赴此，对你情意如何，你还不明白？"

叶小天脸色变了变，道："汤兄，齐人之福，可不是那么好享的。"

汤显祖满不在乎地道："你便都舍不下，也没什么。虽说太祖时候就定下了妻无子方可娶妾，良家女不可为妾的规矩，可是有谁遵守过了？就是那海瑞海青天，还不是三次娶妻，连讨三妾，他又不贪不占，数十年积蓄都用来弄女人了，难怪穷得叮当山响，连给老母过寿，都只能买二斤肉。问题是……"

汤显祖微微向前倾了倾身子，一字一顿地道："在你心中，孰轻、孰重？"

杨驿丞现在和叶小天算是无话不谈的朋友了，也笑着说道："是啊，那位夏姑娘和这位展姑娘都是好人家的女子吧？难就难在这里了，妻只能有一个，孰大孰小呢？这件事，只要你平得了，便没有问题了。"

叶小天叹了口气，心道："好人家的女儿？何止是好人家，你若知道她们的家族都是称霸一方的土司世家，便不会说得这么轻松了。"

叶小天烦恼地摆了摆手道："这件事，你们两位是帮不上忙的，说来徒增烦恼。呵呵，杨兄、汤兄，昨夜可玩得快活？"

他这样一问，两人也便抛开此事不提，杨驿丞眉飞色舞地道："快活！快活！人间仙境啊。叶贤弟，那如意楼当真名不虚传，到了那里当真如意得很，为兄昨夜……"

他刚说到这里，门扉便被叩响了。杨驿丞登时闭嘴，和汤显祖用一种有趣的目光看着叶小天。叶小天也以为是凝儿来了，心中愈加苦恼："这丫头，把我当成犯人了吗？我跟两个老男人在一起，你又有什么不放心的？"

叶小天起身开门，随口说道："来了来了，不要敲了。我与杨兄和汤兄正在叙话，你不去与哚妮聊天，来此做……"

叶小天说着，已经打开了房门，一见门口站的那人，不由一怔，讶然道："足下找谁？"一边说着，叶小天已经一边让开门口，看向杨驿丞。

门口站的那人青衫皂靴，显见是个衙差，想来只能是找杨驿丞的，却见那人向房中三人一扫，缓缓道："哪位是葫县典史叶小天？"

叶小天怔了怔，忙道："本人就是。"

那衙差上下看了看他，脸上微微露出一丝笑容，探手入怀，取出一封火漆封印的公函，双手递给叶小天道："叶大人，吏部行文，请查收。"

·※·※·※·

"调任南京吏部提举？"送走了衙差，叶小天也没避着杨驿丞和汤显祖，当即便打开了公函，一看其中内容，不由失声念了出来。

杨驿丞和汤显祖秉持着非礼勿视的君子作风，正闲坐一旁品茶，一听这句话，不由一起抬起头来。汤显祖动容道："谁调任吏部提举，是叶贤弟你吗？"

叶小天一脸迷茫地道："不是我还有哪个？"

"哈哈，贤弟当真是有福之人哪！"汤显祖当即拍案大笑，道："你看我说的如何？嘿嘿，要办你的是张江陵，把张江陵打翻在地又狠狠踏上一只脚的那些人便绝不会动你。"

"恭喜，恭喜，叶老弟，没想到你一步登天，到了金陵为官，哈哈哈，从此你我更方便走动了。"杨驿丞也站起身，又惊又喜地向叶小天道贺。

叶小天抖了抖那一纸公文，迷惘地问道："两位，这吏部提举官，是个什么玩意？"

汤显祖和杨驿丞互相看看，杨驿丞惭愧地道："这个……各司各衙的官职繁多，为兄一时也记不起这提举官是什么阶级，任命书上是怎么写的？"

叶小天道："说是平调。"

杨驿丞笑逐颜开，道："那就是高升了！呵呵，说是平调，就葫县那种穷乡僻壤，能调来这石头城为官，便是连降两级，不！连降三级，都有人抢着来，你信不信？"

叶小天唯有苦笑，他信，可是就算真的有人打破头也要抢着来，甚至宁愿降级调任，可他不想啊。这应该是京里倒张派占了上风，刻意地同张江陵对着干，所以"成全"了他，问题是他不需要这种成全啊。

他在贵州，可借天时、地利、人和，三年升八级，对别人来说是异想天开，绝不可能，可对他来说，却未尝没有机会。可他如果到了金陵，以他的资历，这一辈子也就到头了，不要说三年，就算是三十年，他也不可能再高升一步。

汤显祖瞧他神情古怪，不禁奇道："怎么，贤弟貌似还不太满意？"

叶小天心中发苦，揪着脸道："满意！满意！只是……一时没有想到竟是这般结果，所以有些难以置信。"

杨驿丞哈哈大笑，道："贤弟这是惊喜过头了。你真是洪福齐天，不想竟有这般好运，我都有些嫉妒了，贤弟一定得请客。"

汤显祖起哄道："对！请客，请客，我把泓愃、枕花他们都叫来，咱们一块庆祝庆祝。"

叶小天苦笑道："请客，一定请客。"

叶小天随意敷衍一番，把这两位仁兄请了出去，马上把展凝儿、太阳妹妹和华云飞、毛问智，包括那个只要钻进屋子就懒得露面的超级老宅男冬长老都叫来了，开了一次圆桌会议。

叶小天把京城吏部下发的公文给他们看了，说了自己平调至金陵任职的事情，众人面面相觑，一时都不言语了，这么一件对别人来说求之不得的大好事，对他们来说，竟是毫无意义。

毛问智拍着大腿，遗憾地道："哎呀！咱们那大宅子啊，这才盖了几天，马上就住不得了，到了金陵，咱们可包不起一座山吧？"

太阳妹妹的家就在贵州，从葫县过去，山路也就两天路程。如果叶小天到金陵上任，那她想回一趟家可就远了，怕是几年也难得回去一趟，她把一双亮晶晶的大眼看着叶小天，好生不情愿他升这个官。

展凝儿同样如是，虽说她平时总是游走在外，可根毕竟还在那儿，游戏四方和定居异地，那是完全不同的概念。更何况，她到现在都不能和叶小天确定名分，如果叶小天真的定居金陵，她能一直住在这儿？

华云飞的老家就在葫县，虽说父母双亡，依旧故土难离。不过他已下定决心，一生伴随叶小天，叶小天哪怕去了天边，他也会毫不犹豫地跟着，是以心中虽然不喜，却也没有不愿，只听叶小天的决定。

冬长老脸色凝重地道："尊者，此处距我神教千里之遥，中间又有大山无数，尊者若到此处为官，有什么事时，恐教里难伸援手啊。"

叶小天摇摇头道："这些倒不是问题，重要的是，我到了金陵，根本不会再有出头之日，鱼入深山虎进海，便有通天的本事，也没得伸展了！如何做到三年升八品？不成，老天送我的这份福气，不能要！我得想法还回去！"

第四十一章

吏部一日游

一

叶小天主意已定，便拿着吏部下发的公文，由华云飞和毛问智陪同，去南京吏部走了一趟，领了告身和官服回来。次日一早，叶小天换上官服，领着华云飞和毛问智便奔了吏部。

叶小天穿着一袭绿袍，头戴展角幞头，补丁上绣着一只练鹊。这是不入流的杂职文官补服上的图案，依次往上，正副九品是鹌鹑，正副八品是黄鹂、正副七品是鸂鶒，正副六品是鹭鸶。如果叶小天能在三年之内把胸前那只小练鹊变成长腿细项的鹭鸶，他这只"禽兽"就算修炼成功，可以抱得美人归了。

大明的官职设置其实并不多，就连从朝廷领薪水的正役都不多，所以各级衙门都有大量的补役、帮办，这个就由地方官府甚至地方官个人掏腰包来养了，只要你养得起，自然可以有大量鞍前马后的伴当。

因此一来，叶小天就给毛问智和华云飞置办了两套皂隶服，由他们两个陪着自己去了吏部。他这么小的品阶，不要说尚书，就是侍郎都不会见他，甚至郎中和员外郎也无须接见，不过叶小天不知是不是因为受过张江陵的特别关注，竟然得到了吏部郎中郭舜的接见。

这郭郎中对叶小天倒很客气，谈笑风生地问了问他的履历，便和颜悦色地打发他出去了，望着叶小天走出去的背影，郭郎中抚须一笑，暗想："顾老友何等人物，却不知为何，竟与这样一个芝麻绿豆大的官结下了过节。也罢，难得他开一次口，我便帮帮他，过上两日，便设一个局，让这小子栽进去，让他从此不能翻身。"

引着叶小天去见郭郎中的是一个书办，名叫王清朔。这王清朔不知道叶小天的底细，本来见他一步登天，还颇为眼红，如今见他一到，竟蒙郭郎中破格接见，还以为他和郭郎中有什么关系，言语之间便亲热了许多。

叶小天从郭郎中的签押房出来，对王清朔道："王书办，不知我这提举官都负责些什么啊？"

王清朔笑道："叶提举，难怪你不晓得，咱们这吏部，本来就压根没有提举这么个官职。咱们吏部但凡有官阶的，最小也是个六品，实在是没有不入流的杂官。可叶提举却是朝廷特别关照下来的，所以才为你特设了一个提举之职，这在咱吏部，还是破天荒的头一遭，是以在下也不知道你究竟该负责些什么？"

王清朔说到这里，站住脚步，指着前边一幢小小的签押房道："到了，这儿就是你的署公所在了，叶提举平素不妨各处走动走动，与同仁们熟悉熟悉，想必过两日，郭郎中那里就会有差遣安排下来。"

叶小天见他说话客气，忙也客气地道："有劳王书办了。"

待那王书办告辞离开，毛问智道："大哥，还真叫那老汤给猜着了，人家真就是弄个闲职把你给养起来了。要俺说啊，咱真不如回葫县，在那儿你官再小，也是县里的头面人物，在这里是个官就比你大，忒没意思。"

叶小天瞪了他一眼道："少说废话，你以为我不想走？不过，总得先摸清这里的情况再说。我觉得，从小地方往大地方走，自然不容易，可要从大地方往谁也不愿意去的小地方走，想必容易得很。可前提是，咱得有能说得上话的人。"

华云飞道："大哥，张泓愃张公子的父亲贵为兵部尚书，如果咱们走他的门路……"

叶小天道："张尚书的门路自然可以走，不过他那里毕竟是兵部，跨着衙门呢，为了这点小事去求他帮忙，可就浪费了一份交情。不急，咱们先自己想想办法，实在不行再请张泓愃帮忙。"

三兄弟说着，只去自己那处小小的签押房转悠了一圈，便出来四处游荡，走到一处门窗洞开的房间时，忽见里边有个七品官正襟危坐，似乎正在等着什么大人物接见。

门外廊下两个杂役望着那七品官低声交谈，其中一人道："这不是江浦知县白弘吗？"

后一人道："可不就是他，乡间有谚：白蚁过境，寸草不生。这个酷吏，怎么来吏部候见了，莫非还要高升？"

前一人道："老弟慎言，不可轻言官吏廉腐正邪。"

后一人不以为然地道："这有什么，坊间谁不知他名声？此人一味地往上爬，从不管百姓死活。但逢灾年绝不报灾，只是一味威逼百姓纳税，害得人家妻离子散，谁想告状就被他关进大牢，他还威逼百姓给他献万民伞，是个顶着清官帽子的酷吏！"

前一人胆小怕事，急忙打断他的话道："不在其位，不谋其政，乱说话可讨人嫌哪。他既来吏部述职，说明上头对他印象不错，还是慎言的好。"

二人说着，便漫步走开了，却未注意他们这番对话正被后面走来的叶小天三人听个正着，叶小天现在一门心思想着回转葫县，实在不想要这份被别人眼红不已的福气，他摸着下巴想了想，忽地计上心来，忙把华云飞叫到面前，附耳吩咐几句。

华云飞犹豫地道："大哥，他是否酷吏，与我等何干，何必捉弄于他？"

叶小天笑道："我正想被贬回葫县，得做点儿事才成啊，大错不能犯的，犯了可就弄巧成拙了。来点小错才恰到好处，何况这等酷吏，正该整治一番。"

华云飞一向对叶小天言听计从，听他这么说，便颔首道："小弟晓得了，去去就回。"

江浦知县白泓在房里正襟危坐，心中可是激动不已，两个掌心攥的全是汗。他不惜千夫所指，一切唯以考成为重，年年获得优上的评价，如今终于蒙吏部召见叙职，高升在即，心中自然兴奋不已。

就在这时，就见一个官儿带着两个皂役走进门来，白知县刚要起身，瞧那官胸前一只杂职官的练鹊，那抬起的屁股又落了下去。只是虽说自己品阶比人家高得多，毕竟这吏部的衙门口大，他还是很客气地向这杂职小官点头一笑。

叶小天径直向他走过来，笑吟吟地道："这位大人，等着候见呢？"

白弘忙道："正是，正等孟侍郎接见，足下是？"

叶小天道："哦！本官呢，就是专门负责接待候见官员的。这位大人，你要见侍郎大人，这副样子可不成，你看看，帽子歪了，袍子还有褶皱，这腰带束得也不整齐。孟侍郎最重仪表，你这样子很失礼的。"

白知县一听不禁慌张起来："是吗？这……那……白某……"

叶小天摆摆手，道："不必慌张，你们两个，快帮这位大人拾掇拾掇。"

"遵命！"

毛问智和华云飞答应一声，便上前帮着白知县整理起来，抻整衣袍、整理冠带，华云飞绕到白知县背后帮他整理官帽的展角时，飞快地把他的帽子摘下来，手腕一抬，便把一只刚捉来的蝎子丢了进去，然后又往白知县头上一扣。一旁的毛问智全都看在眼里，向华云飞龇牙一笑。

"成了！这下就齐整多了。"

叶小天上下打量白弘几眼，笑吟吟地点了点头。

白弘感激地道："有劳，费心了。"说完从袖底摸出一锭二两的雪花银，顺手往叶小天手中一塞："白某还在候见，不能稍离。请三位兄弟吃碗茶，辛苦，辛苦！"

叶小天拈了拈那锭银子，笑眯眯地道："这位大人太客气啦，恭祝高升啊，哈哈哈哈……"

叶小天三人刚走出去，便有一个衙役匆匆赶来，站在廊下喊了一声："孟侍郎召见江浦知县白弘!"

刚刚落座的白弘就像屁股底下安了一个弹簧,嗖一下又弹起来,赶紧走了出去。

吏部右侍郎孟大人是一个年过五旬,貌相十分威严的人,下官晋见,常常三言两语下来,语气淡淡的,就令人忐忑紧张,额头冒汗。不过,他近日就要高升京城吏部,心情愉快,所以见了白弘,倒是和颜悦色得很。

孟侍郎捻着胡须,微笑道:"白知县,从你往年的考评来看,很不错啊,税赋征收及时,县内也从未见有什么治安大案。"

白知县喜上眉梢,连忙欠身道:"大人谬赞,这都是皇上英明,上官扶持,下官不敢居功……"

说到这里时,白知县忽然眉头一皱,脸上露出一丝古怪的神情。

孟侍郎笑吟吟地道:"哎,何必自谦呢!你县濒临大江,却连年未有水灾,固然是老天照应,也是你治理有方啊!听说,你县百姓还给你上了万民伞,官声很好啊……"

白知县晃了晃脑袋,孟侍郎眉头一皱,道:"怎么,本官说的不对?"

白知县吓了一跳,赶紧点点头,又急忙摇摇头,他只觉头上似乎被什么东西狠狠扎了一下,痛彻入骨,可又记着这位侍郎大人最重仪表仪态。他的前程可是这位大人物一言而决的,他强忍痛楚,不敢有所失礼,可头痛欲裂,慌张之下,口不择言地道:"不不不,大人说的极是,下官的官声……官声还是极好的。"

白知县说到这里,那蝎毒已经开始发作起来,痛得他颊肉不断地抽搐,额头冷汗涔涔。孟侍郎见状,微微一笑,捋须道:"白知县,你不用紧张,本官有那么大的官威吗?"

"哦呀呀……啊呀呀……哎……哎……"白知县再也忍不住了,痛呼一声跳将起来,袍袖一下卷翻了茶杯,他也不管不顾,而是手舞足蹈,仿佛像跳大神似的乱蹦起来。

第四十二章

祸水东引

一

孟侍郎目瞪口呆地看着白知县跳大神，慌张地冲左右喊道："来人，快来人！此人……此人莫非患有癫痫之症？一县正印，居然如此有失官威，疯疯癫癫的，成何体统。"

白知县生怕丢了他的乌纱，一边惨叫，一边跪倒在地，叫道："侍郎大人息怒，非是下官不敬，实在是……哎哟……"

白知县慌慌张张地扯下帽子，一只蝎子站在他的头顶，威武地举着两只螯钳，尾钩耀武扬威地举在空中，白知县的脑门上虽然有头发盖着，依旧可以清楚地看到肿起一个大包，真难为他是如何忍到现在的。

孟侍郎大惊失色，道："你……你怎么把蝎子养在冠帽之中？"

白知县痛得浑身哆嗦，涕泗横流地道："下官没养蝎子啊，下官也不知道，啊！下官知道了，是他！一定是他！一定是他们干的……"

白知县眼泪一把鼻涕一把地把他方才的经历对孟侍郎说了一遍，孟侍郎勃然大怒，拍案道："岂有此理，何人竟敢如此戏弄来衙公干的官员，左右，速速查来！白知县，你亲自去辨认！"

没多长时间，叶小天就站到了孟侍郎面前。

孟侍郎一问叶小天名姓，忽然想起一个人来，他上下打量叶小天几眼，捻须道："前些时日，有人赈灾义卖，解救大批灾民，那个人也叫叶小天……"

这就是叶小天通过国子监的乐司业等一班文人为他舞文弄墨地吹嘘包装的效果了，堂堂天官府的二把手，竟也因为熟知了他的大名。

叶小天马上欠身道："正是下官。"

孟侍郎一听，颜色稍霁，当时乔奈何乔御使的儿子乔枕花登门募捐，他只捐了腰带一条应事，不想这班人竟然搞起了义卖。当时孟侍郎好生紧张，生怕他那腰带卖不出去，惹得乡间嘲骂，是以特意吩咐了家人，揣了一笔银子赶去竞拍。

不想不等他那家人动手，就有人抢着以高价把他的腰带买走了，孟侍郎因此还得了个好名声。孟侍郎获悉事情经过后，对那主办义卖的人大生好感，只是当时叶小天还未经乐司业等人鼓吹，孟侍郎只知有张泓恒，还不知有他叶小天其人，这时才知始作俑者就在眼前。

孟侍郎缓了缓颜色，问道："叶小天，本官问你，缘何作弄江浦知县，在他冠内放置毒蝎？"

叶小天道："侍郎大人，这白弘是有名的酷吏贪官，坊间有谚，曰'白蚁过境，寸草不生。'指的便是此人了，下官一时气不过，才想……"

孟侍郎拍案道："荒唐！糊涂！不成体统！你说他是贪官，他就是贪官？考察官员自有一定之规。你无凭无据就断言他人是贪官酷吏，你以为你是言官御史，可以风闻奏事吗？"

叶小天道："大人，您高高在上，有些事未必清楚。下官却知道，一个人是好官还是坏官，越是下边的人才越清楚。"

孟侍郎瞥着他道："混账，你这是说本官是糊涂官吗？"

就在这时，吏部郎中郭舜闻讯赶来，从侧门进来，一见孟侍郎正训斥叶小天，忙在一旁站定。孟侍郎指着叶小天道："真是荒唐得一塌糊涂，你是何时调到本衙的，现居何职？"

叶小天拱手道："下官是今日刚刚调任吏部的，忝居提举一职。"

孟侍郎怔了怔，扭头对郭舜道："咱们吏部有这么个官职吗？"

郭舜赶紧上前道："回禀侍郎大人，这个提举官，本来咱们吏部是没有的，其实是这样……"

郭舜凑到郭侍郎面前，贴着他的耳朵小声嘀咕了几句，孟侍郎马上就要调任京城了，对这种关系到站队和立场的事情敏感得很，听说之后不禁皱了皱眉头，小声答道："既然无罪，让他回葫县也就是了，何必安排到金陵来？你也是的，虽说安排到了京城。哪个衙门不好打发，非要临时编排出个提举的职位，非要把他安排在咱吏部，你以为这么做了，京城诸公便能注意到你的所作所为？"

郭舜尴尬地道："大人误会了，下官只是觉得……觉得……"

郭舜一时也想不起合理的解释，是以支支吾吾。心中却在暗恨："这个叶小天，还真是个惹祸精，不知何故得罪了镇远侯府的顾三爷，这才刚到吏部，又得罪了郭侍郎。我这里才想好一桩事情，可以把这小子陷在里边，还没等实施呢，他先闯上祸了，早知他是这么一个不安分的人，我何必绞尽脑汁，还怕他自己不找死吗？"

孟侍郎不耐烦地向郭舜摆了摆手，道："罢了，罢了，这莽撞无知的人就不要安排在我们吏部了。"

孟侍郎转向叶小天道："为你增设提举一职，不合朝廷体制。你这样不知所谓的人，我吏部也容你不下，你这么喜欢办贪官酷吏，去刑部吧！"

叶小天本来是想调回葫县的，最好这孟侍郎烦了，直接把他打发回去，谁知却又让他去了刑部，只好硬着头皮道："是！那个……大人，下官本来是葫县的典史，穷乡僻壤的，所以不识大地方的规矩，不如大人把下官调回葫县去吧，那刑部，下官不去也罢。"

孟侍郎是想着此人既然是张江陵要办的人，自己不好深究，再者，他办的那桩赈灾义卖，还是挺合自己心意的，所以便大事化小，把他弄出吏部也就算了，谁知他竟主动要求调回那鸟不拉屎的穷地方，倒把孟侍郎逗乐了。

孟侍郎心道："原来是个小地方出来的浑人，没见过什么世面，倒不是成心根本官捣蛋。"这样一想，孟侍郎倒消了怒气，好笑地道："住口！这朝廷的官职，是你想当什么就能当什么的吗？吏部是管官的衙门，本官是管官的管，本官让你去哪儿，你就得去哪儿！"

孟侍郎转向郭舜，道："郭郎中！"

郭舜赶紧拱手道："大人？"

孟侍郎道："马上重新给他办一份告身，把他调去刑部吧！"

郭舜苦着脸点头道："是，下官……遵命！"

孟侍郎拂袖欲走，刚一转身，忽又站住，冷冷地瞥了叶小天一眼，一字一句地道："那江浦知县，本官会查查他！"

·※·※·※·

"这才到任一天，他就被赶去刑部了？"

李国舅不敢置信地看着顾三爷，问道。

顾三爷苦笑道："是啊！真是想不到，郭郎中本来已经安排了一桩案子，准备过两天就让叶小天去查，到时候一定让他牵涉其中，办他个丢官免职、锒铛入狱的下场，到时候怕那夏姑娘不来求你吗，谁知道……"

李国舅苦恼地拍了拍额头，道："这真是……刑部那边，你可认得人吗？"

顾三爷精神一振，道："认得，不过，刑部那边我看咱们不需要特意去请人帮忙了。"

李国舅奇道："这是为何？"

顾三爷微笑道："国舅，那刑部尚书芮川是芮清行的父亲，而芮清行是关小坤的好友。关小坤受叶小天整治，连国子监生的身份都丢了，他岂能不恨叶小天入骨？只要咱们把这件事透露给他知道，他必然去找芮清行帮忙，到时候……"

李国舅恍然大悟，呵呵地笑起来："这个叶小天，还真是仇敌遍天下啊，好！这刑部去的好啊，既如此，这件事倒不必你顾三爷了，我与那芮清行、关小坤都认识，我把这件事知会他们便是了！"

李国舅用折扇轻轻一拍手掌，笑吟吟地站了起来。

· ※ · ※ · ※ ·

看到叶小天的时候，刑部主事杨富贵愣了半晌。

他还记得这个人，这个叶小天虽然官小到了极点，可是他曾与当朝首辅张太岳先生牵扯上了关系，所以被他们刑部当成了一个烫手山芋，一直丢在馆驿里不理不问，他眼看就要把这人忘光了，怎么……他又来了？

叶小天笑吟吟地把告身递了过去，道："杨主事，这是吏部的行文，下官如今调到刑部来了。"

杨富贵轻轻啊了一声，道："你的事已经解决了？"他一边问，一边接过告身，一看上边的履历，赫然有一行字迹，是在吏部任过提举的，奇怪，他不是葫县的典史吗，什么时候做过吏部的官了？

杨富贵仔细一看那时间，惊得嘴巴大张，杨富贵吃惊地道："你……你本来在吏部任职？才一天，就调到我们刑部了？"

叶小天揉揉鼻子，道："大人，这种状况，很罕见吗？"

杨富贵道："闻所未闻！"

叶小天道："这个……其实吏部孟侍郎对下官欣赏得很，不过他觉得下官在刑部更能一展所长，所以就把下官调到刑部来了。"

杨富贵用奇异的眼神看了看他，想了一想，道："你且候在这里！"

杨主事拿起叶小天的那份告身，便去见员外郎钱顺了。为了安置这么一个芝麻绿豆大的官，吏部、刑部一众大员们居然如此煞费苦心，却也是一件闻所未闻的奇事了。

第四十三章

刑部守门

一

"叶小天？过了这么久，朝廷终于想起他了吗？让他在金陵任职，这可是一步登天哪，算他小子福气。不过……他不是被安排在吏部了吗，怎么这才一天工夫，就打发到我们刑部来啦？"

刑部员外郎钱顺阴阳怪气地问着，他很不喜欢叶小天，当初叶小天赈灾义卖时，他有钱没花出去，所以很不爽。他不怪自己思虑不周全，亲自跑去了拍卖现场，反而把这笔账算到了叶小天的头上。

杨富贵道："这个……下官也觉得蹊跷，不过，他是吏部委派到咱们刑部来的，这却是一点不假，咱们也不能不收啊，您看？"

钱员外郎转了转眼珠，道："不急，你去吏部那边打听一下，究竟是为了什么，他只在吏部待了一天，就被打发到了咱们这儿，我去找郎中大人商议商议。"

杨富贵答应一下，转身便往吏部去，六部的衙门都挨着，倒是不远。

"什么？叶小天？嘿！这还真是阴魂不散，当初咱们就不该自作主张，让葫县先把他看押起来，得，这下砸手里了。"

听说叶小天被委派到了刑部，刑部郎中燕起也很不爽，因为当日赈灾义卖，他也是揣着银子去的，结果钱没花出去。

钱员外郎苦笑道："如果不是那位葫县县丞自作聪明，怎也不致如此啊，不管如何，人已经被派来了，咱们也不能不收啊。"

燕郎中想了想，捻须道："不急，等杨主事打听了消息回来再说。"

杨富贵去了不大的工夫，就急匆匆地回来了，叶小天在吏部闹的那档子事已经被吏部上下当成了大笑话在谈论，根本不用找消息特别灵通的人就能打听得到。

这种衙门，平时的气氛非常严肃呆板，大家按部就班，循规蹈矩，哪有叶小天这样的人物，把官场当成了过家家一般，闹出这般搞笑的事情，这可成了大家茶余饭后的一道谈资。

燕郎中和钱员外郎听杨主事说明了原委，不由面面相觑。

杨主事道："两位大人，这人可怎么安排啊？人还在我签押房里等着呢。"

钱员外郎恍然道："闹了半天，是被吏部嫌弃，给丢出来的？吏部提举？嘿！他们怎么想出来的，亏得是个不入流的杂职，他们随便拼凑出一个职官便任命了，要不还成了麻烦。燕郎中，你看？"

燕起摆摆手，轻咳一声道："依我之见，这件事还是交给尚书大人处理吧。"

钱员外郎蹙眉道："这么一个小小官员的调动，不必惊动尚书大人吧？"

燕郎中道："此人有些特殊，小心无大错！"

不一会儿，燕郎中就赶到了芮川芮尚书的签押房，芮尚书一听，也不开心了，暗想："你姓孟的也太不仗义了吧？这样一个混账货色，你们吏部不要，就往我们刑部丢，你当我们刑部是收破烂的吗？"

芮尚书皱着眉头想了想，道："本衙……还有闲职吗？"

燕郎中苦笑道："大人，六部这种所在，哪有闲职啊，每个职位都不知有多少双眼睛在盯着，但凡有一个缺出现，立马就有一群人递条子、打招呼，能空得下来吗？"

芮尚书思索片刻，道："得，叫他守大门去吧。"

燕郎中吃惊地道："大人，他虽然是不入流的官，好歹也是官哪，叫他守门，不合适吧？再者说，虽然朝廷上不大在意他，可他毕竟是受过张江陵特别关照的人，容易引人注意，咱们这么做是不是……"

芮尚书摆摆手道："朝廷方面，你不用担心，他这个人，只是在特殊时刻、特殊情形下，大家为了表明立场，才不好随意处置的一个人物。如今大局已定，他的身份就不那么敏感了。再者说，本官也不是真的让他去守门，可实在没有合适的差遣给他嘛，嗯……要不，就让他做个守门掌固吧。"

燕郎中道："司门掌固？是，下官晓得了。"

这司门掌固可不是守门的，而是管天下门禁的，管理各处的关卡、要隘的通行，你想去外地，必须要经过这些所在，尤其是经商的人，那就得有刑部颁发的"过所"。

刑部里专门管理颁发这种交通凭证的部门，就叫司门。所以严格说起来，这还是个肥差，司门掌固是司门司里的一个杂职小官，上边还有司门主事，司门员外郎和司门郎中。

芮尚书不耐烦地道："谁说让他去司门司了？本官说的是把门掌固，既然没有空缺，本官也生造一个官职给他便是了。反正是不入流的杂职小官，随便安排个职务，叫他有饷可领就行了。"

又是生造出来的官职？想想叶小天这古怪的遭遇，燕郎中有些忍俊不禁，连忙道："是，下官晓得了。"

"把门掌固？"

叶小天捏了捏下巴，迷惘地道："有这么个官职吗，我倒是听说过司门掌固。"

杨富贵道："你没听错，就是把门掌固。咳，本来呢，是没有这个官职的，可本衙各司没有空缺，一时也不好安置你，所以尚书大人才给你编排……咳咳，那个委派了这么个职务。"

叶小天道："可我好歹也是个官，没道理让我去当门房吧？"

杨富贵道："谁说让你去当门房了？是让你管门房，你不但管着门房，还管着所有守门的衙役差官。严格说起来，你手底下可有一百好几十号人呢，何等威风！去吧，你先到门房那边，等有了职缺，我会想到你的。"

杨富贵摆摆手，转身便走，身子一转过去，便露出忍俊不禁的笑容。

华云飞凑上前道："大哥，我看他们是故意整你啊。"

毛问智道："俺想起来了，这刑部尚书不是芮清行他爹吗？会不会是那只老乌龟为了他儿子，才故意欺负大哥啊？"

叶小天疑惑地道："堂堂一部正堂，没理由和我这样的小虾米较劲吧？"

华云飞冷笑道："大哥，他们也就是官大了一些，还不是一双眼睛两个鼻孔，吃喝拉撒和咱们有什么区别？你别把他们都当成君子，是否君子跟官大小可一点关系都没有。"

叶小天笑道："有道理。嗯……如果他想整我，咱们可要小心点了，我正不打算在金陵混呢，可是想让他们抓把柄，也得我自己露把柄给他们抓，而不能叫他们找咱们的把柄，那样的话可不是咱们能控制的，你们明白吗？"

华云飞道："明白！大丈夫能屈能伸，韩信还受过胯下之辱呢。"

毛问智吃惊地道："啥意思啊？他还想让咱们钻他裤裆啊？"

叶小天和华云飞一起转过身去，假装不认识他，这种夯货，跟他走在一起都丢人。

毛问智还在不依不饶："凭啥啊！俺可不答应！俺娘说了，男儿膝下有黄金……"

· ※ · ※ · ※ ·

李玄成、关小坤和芮清行三人在醉烟楼上饮酒，今日做东的是国舅李玄成。关小坤上一次盗窃赈银的事件虽然被压了下来，却被国子监开除，丢了功名，又被老爹拘在家中很久，是以垂头丧气得很没兴致。

李玄成和芮清行好言安慰着，李玄成道："事情已经过去了，你也不必想得太多。至于小公爷那里，你也不用担心，小公爷心高气傲，那种情形下他又能说什么呢？过些时日，李某再把他也请来，你们一世兄弟，总不至于因为这么点事，就真的断了交情。"

关小坤狠狠地灌了杯酒，把酒杯往桌上重重地一顿，咬牙切齿地道："想不到我关小坤竟然栽在他叶小天手上，嘿！虎落平阳被犬欺！不要被我逮到机会，要不然……"

李玄成微微一笑，道："算啦，你大人大量，何必与他这般人物一般见识呢。我听说，那叶小天已经到刑部任职，以后也算是金陵官吏了，你早晚也要入官场的，何必与他结下仇怨。"

关小坤双眼一亮，急忙问道："什么？他不是待参之身吗？他的事解决了？他现在刑部做事？"

李玄成漫不经地道："是啊，此人走了狗屎运，张太岳倒霉，他却因此沾了光，朝廷上不但没有追究他的过错，还把他调到了刑部。"

关小坤马上狠狠地看向芮清行，道："清醒，刑部可是你爹的地盘，我可是你兄弟，我在这小子手上吃了大亏，这一回，你无论如何得帮我！"

李玄成蹙眉道："小坤，当日你的举动确有不妥，这件事都已经过去了，就不要追究了。"

关小坤怒道："不成！国舅爷，不是我关小坤不给你面子，这个叶小天是个什么东西，他也可以骑在我头上作威作福？清行，我这个忙，你究竟帮不帮！"

芮清行犹豫了一下，道："你想怎么样？"

关小坤咬着牙道："他差点把我送进大狱，我就要他进大狱！"

芮清行想了想，道："刑部有两位世叔，与我爹关系匪浅。我找他们帮忙，应该能帮你整治了他，不过，得等机会！"

关小坤大喜，道："成！我等，我一定要亲眼看着他进大狱，哈哈哈……"

第四十四章

刑部两日游

一

　　刑部大门口，戒备森严。高高的石阶，巍峨的门楣，森严的仪仗，还有那两只俯瞰地面的雄狮，莫不彰显着刑律最高司法衙门的威严。

　　几个百姓畏畏怯怯地靠近，看着那按刀而立的衙役，有些惶恐地道："差……差官老爷，我们冤枉，我们要告状！"

　　一个衙役横了他们一眼，没好气地道："去去去，都滚开！这里是刑部，你等小民的案子，也配上这儿来打官司？去寻你们的保正、里长调解吧，再不然就去县衙告状。"

　　一个百姓低声下气地道："差官老爷，小民告的就是我们保正、县里头……保正有人呢，都不接我们的状子。"

　　"滚开滚开，这儿不接案子，这是刑部，懂吗？谅你也不明白，马上滚开，否则叫你们吃板子！"

　　那差役很不耐烦，眼前这一幕每天都会发生。总有一些不懂法的愚昧小民，逮着屁大一点事，都颠儿颠儿地跑来刑部，以为这儿就能管他的案子，更有些小民一张嘴就说要找皇帝老爷告状，刚开始听着还觉得好笑，久了只让人觉得厌烦。

　　"慢来慢来，你们这是干什么？知道的说咱们这是刑部，不知道的还以为是阎王殿呢！"叶小天闻声闯了出来，狠狠地横了那几个衙役一眼，几个衙役一看，把门掌固出来了，便无奈地道："大人，咱们这是刑部……"

　　叶小天道："废话，我不知道这是刑部吗？刑部不就是惩治不法的所在吗？嗯？这门口，究竟是你说了算还是我说了算，我是谁？我可是'刑部掌门'，你怎么就那么多废话，走开！"

　　几个衙役无奈地退到一边，向叶小天的背影翻了个大大的白眼。

　　叶小天笑容可掬地迎上去，对几个百姓道："老乡，你们都有什么冤屈呀？"

半个时辰之后，刑部尚书芮川目瞪口呆地坐在公案之后，两侧挂杖而立的衙役们一个个低着头，肩头耸动，努力忍笑。一群百姓围在公案前面，七嘴八舌地诉说冤屈。

一个脸上有痣的青年人激愤地道："青天大老爷，我冤枉啊！我压根没偷看她刘寡妇洗澡，她怎么能告我有伤风化呢，还到处造谣，败坏我的名声！我还没娶媳妇呢，这不是坑我呢吗。"

一个年过三巡、风韵犹存的妇人道："你没偷看？你敢说你没有偷看？你要是撒谎死全家！我当时正在屋里洗澡，就开了个小窗，一抬头就看到你贼眉鼠眼地在外面张望。"

有痣青年不耐烦地道："别扯淡成吗？我是上树打枣来着，谁偷看你了。青天大老爷，我家院子里有两棵树，一棵是枣树，另一棵也是枣树，每年能结几十斤枣，那枣又脆又甜……"

刘寡妇截口道："你还说你没撒谎？这才几月份，你们家的枣树就结果子了？"

有痣青年张口结舌："我……我……对了！我一着急，说错了，我家种的是枇杷树！"

刘寡妇道："好啊，你有本事现在就移植两棵带果子的枇杷树到你家去。大老爷，他说谎，您派人去了一看便知……"

另一人道："我说你们俩这点事就不要劳烦大老爷了，他就看你一眼又怎么了，又不少块肉。大老爷，您还是先办我这件案子吧。我们家养了一口大肥猪，整整养了三年半，肥头大耳的，肚子都耷拉到地了，结果愣是被丧天良的畜生给偷走了哇……"

又一个人不耐烦了，道："就你这点屁事还来劳烦大老爷？大老爷，我……"

"我这事怎么就不能劳烦大老爷了，我听那讲古的人说，想当初大宋太宗年间，百姓丢了猪，都敲登闻鼓，上金銮殿，告过御状。太宗皇帝接的状子。太宗皇帝没找到那口猪，自己掏钱赔了他一口呢。咱们刑部大老爷官儿再大，也大不过皇帝去吧？"

"你说的那是大宋朝，不是咱们大明朝。去去去，你一边去。大老爷，小人这案子是这么个事，我那老父亲是由我和我兄弟两个人轮流奉养的，本来约定了，一个月一轮换。"

"现在是三月，我那老父亲正在我兄弟家，下个月是四月，该当由我奉养。可是当初订立契约的时候，小人忘了闰月这码事，结果马上就四月了，小人才想起来今年有两个四月，那我不是得多养一个月吗？小民跟兄弟商量，这闰四月一人养半个月，他不干……"

芮尚书气得胡子都翘了起来，突然一把抓过惊堂木，啪啪啪地拍了起来："住口！统统住口！这都什么乱七八糟的！来人哪！把这些人统统给我轰出去！马上叫把门掌固叶小天来见我！"

· ※ · ※ · ※ ·

芮尚书瞥着叶小天，冷笑连连："刑部掌门？嗯？"

叶小天谦逊地道："大人，下官是把门掌固！"

"哼！你不是自己对外张扬，说你是刑部掌门？"

叶小天干笑道："大人，那是下官对门禁吹吹牛皮，您别当真。"

芮尚书"呼呼的喘了几口大气，道："叶小天，你是诚心和本官做对，是不是？"

叶小天惊讶地道："大人，这话从何说起？"

芮尚书怒吼道："你刚才放进来的都是些什么人？啊？那种鸡毛蒜皮的案子，去县衙府衙就行了，找里长、保正都能解决！"

芮川越说越气，拿起惊堂木拍起了桌子："这是刑部！刑部啊！不是通了天的大案子，轮得到本官出手吗？我堂堂刑部如果连光棍偷看寡妇洗澡，李家丢了大肥猪，王家占了赵家的墙都管，本官得活活累死！"

叶小天讷讷地道："啊！原来是这样啊！下官是从小地方来的，不懂规矩。下官在葫县的时候，就是什么鸡毛蒜皮的案子都接，以为刑部也是一样，只要是告状的都能进来呢。"

芮川气急败坏地道："进来？进来，什么进来？你给我记住，我刑部根本就不接状子，除非皇帝下旨特审的案件！记住了吗？明天你要是再敢给我放进一个闲人，本官必不饶你！"

叶小天赶紧道："是是是，下官记住了，绝不再犯，绝不再犯！"

芮尚书冷哼一声，拂袖而去。

叶小天踮着脚尖从签押房里出来，候在廊下的华云飞和毛问智赶紧迎上去，华云飞关切地道："大哥，没事吧？"

叶小天得意地道："能有什么事？咱小地方来的人，见识少嘛，不过是办了件糊涂事，他怎也不至于因为这么点事就请旨免咱的官吧？嘿嘿，他能调动咱，可免不了咱，好歹咱也是御笔朱批钦定的命官！他看不上，让我回葫县啊，嘿嘿！"

次日上午，签押房里冷冷清清。芮尚书一壶茶都喝光了，还不见一个人来，不由纳罕起来，他背着双手，在签押房里踱来踱去，自言自语道："奇怪，今天怎么这么清闲，没有一件卷宗转过来。"

芮尚书正纳闷呢，就听门口有长随喊道："大理寺卿张大人，到……"

芮尚书讶然转过身，就见大理寺卿张紫元怒气冲冲地走进来，芮尚书连忙笑脸相迎，拱手道："哈哈，今天这是什么风，把你张大人给吹来啦？"

张紫元怒气冲冲地道："什么风？当然是你刑部的威风！"

芮尚书一呆，奇道："张大人，你这话从何说起啊？"

张紫元还没说话，就听门口长随再度唱名："都察院左都御史裴大人，到……"

芮尚书抬眼望去，就见左都御史裴天赐沉着脸走进来，芮尚书连忙上前迎接。

芮尚书热情地拱手道："裴总宪，失迎，失迎啊。"

裴天赐冷冷地道："芮大人，你们刑部究竟是怎么搞的，我都察院今日一早派来转送卷宗的人，愣是被你们的人挡在门外不得进入。怎么着，还得我裴某人亲自登门不成？"

芮尚书怔了怔，道："怎么会呢？裴总宪，这里边应该有什么误会吧？"

大理寺卿张大人冷笑道："误会？有什么误会？我们大理寺也是一样，吃了你们刑部好大一碗闭门羹！说什么除非皇上钦点的案子，否则概不受理！呵！想不到你们刑部居然变成锦衣卫了，只办皇上的案子？"

"这个……我……"

芮尚书支支吾吾的还没答出个所以然来，就听门口长随再度高声道："应天府尹肖大人，到……"

芮尚书呆呆地站在原地，呆呆地看着应天府尹肖仕琦走进来。肖仕琦是个大胖子，大概走得太急，满头大汗，气呼呼的直喘。芮尚书干巴巴地道："肖大人，莫非你是因为应天府的差人被我刑部挡了驾而来？"

肖仕琦愤愤地道："原来你也知道啊？不错，我老肖就是为此而来，我说芮尚书，你究竟是怎么回事？我应天府有几桩紧急公文要转呈你刑部，居然莫名其妙地被你的人给打发回去了，你老芮在搞什么鬼？"

芮尚书沉默半晌，忽然大步走出签押房，站在廊下，如长鲸吸水般深吸一口气，怒不可遏地冲着大门方向咆哮起来："把那个该死的刑部掌门叶小天给我叫来……"

第四十五章

再向礼部行

一

今天是吏部右侍郎孟大人在南京吏部任上的最后一天了，明天一早他就要启程赴京，任京城吏部左侍郎。南京吏部的左侍郎，几位郎中、员外郎，还有那位在家养病的尚书大人都赶了来，准备为孟大人饯行。

其他六部三法司等各个衙门与孟侍郎关系融洽的官员们今晚也都要来参加他的饯行晚宴，地点就在重译楼。不过，刑部尚书芮川、大理寺卿张紫元、都察院左都御史裴天赐、应天府尹肖仕琦居然提前来了，一起来到了他的签押房。

"几位，看来你们衙门里都清闲得很哪，呵呵，这饯行宴晚上再开，你们现在就开了，馋我老孟的酒了吗？成，咱们先聊聊天，以后相见就不那么容易了，一会儿咱们再一块去重译楼。"

孟侍郎见到几位老友很是高兴，忙请他们入座，笑吟吟地说道。刑部尚书芮川往椅子上一靠，有气无力地道："老孟啊，你马上就高升京城了，临行之前，你行行好，把那只棒槌收了吧。"

孟侍郎呆了一呆，奇怪地道："芮大人，你这话从何说起，什么棒槌啊？"

芮川以手抚额，无奈地道："就是你打发去我那儿的那个叶小天，实在是要人老命啊！这么一个无知的蠢货，你偏把他打发到我那儿去，老夫非得被他活活气死不可。"

芮川把叶小天的英雄壮举对孟侍郎说了一遍，孟侍郎忍不住开怀大笑起来："哈哈哈！当真有趣，我早听说那贵州地方闭塞，一些就地提拔的官员粗鄙无知得很，却不想竟然是真的，哈哈……"

芮川翻了个白眼儿，悻悻地道："你还笑？我可不管啊，人呢，我已经给你送回来了，就在外面候着呢，这人我是绝对不能用，也不敢用，你还是给他另谋高就吧。"

孟侍郎忍着笑看向张紫元等人，把张紫元、裴天赐等人唬得慌忙摆手："不要！

我可不要！老孟，做人要厚道，你马上就高升京城了，可不能这么欺负老朋友啊。"

孟侍郎见状，眉头一皱，为难地道："不过是一个不入流的杂职小官，我怎么还安排不出去了？"

都察院左都御史裴天赐咳嗽一声道："其实呢，那叶小天闹出这种笑话，也未必就是无知。芮尚书，你是刑部的，我是都察院的，还有张大人，你是大理寺的，咱们三法司本就与其他衙门不尽相同，许多四书五经倒背如流的读书人，到了咱们司法衙门，还不是得一切从头学起？也曾有人不懂规矩，闹出许多笑话。"

张紫元不阴不阳地道："闹笑话的是有，可也没见谁闹过这么不堪的笑话。"

芮川目光炯炯地道："怎么，裴御史是打算把他弄到你御史台去了？那我老芮可先谢谢你啦。"

"嗳！说笑了，说笑了！"裴天赐赶紧摆手道："言官御史，非得进士或监生不能担任，那叶小天只是举人出身，叫他去我御史台，能做什么呢？咳！是这样，我觉得，有个地方极适合他去，孟侍郎临行之前不妨做做好事，他消停了，我们也安稳了。"

孟侍郎好奇地道："哦？却不知裴总宪所说的，是什么衙门？"

裴天赐微微一笑，道："礼部！"

一听他这么说，其他几位大人不由面面相觑，孟侍郎道："裴总宪，你开玩笑吧，礼部是六部之中最讲规矩的所在，这个人在我们吏部、刑部都不守规矩、不懂规矩，去了礼部那还得了？"

裴天赐笑道："孟大人，我还没说完呢。礼部的确规矩最多，也最大。可礼部有个地方，却是无比的清闲，把他安排到那儿去，咱们大家就都省心了。"

孟侍郎奇道："竟有这么一个所在？裴总宪指的是？"

裴天赐一字一句地道："会同馆！"

众高官再度面面相觑，静了半响，大理寺卿张紫元猛地一拍巴掌，赞道："妙啊！会同馆，确是一个极好的去处。咱大明的会同馆，南北两京各设一处，不过这南京的会同馆，几乎形同虚设，多少年也未接待过一个外邦使臣，清闲得很哪。"

应天府尹肖仕琦捻须笑道："何止是外邦使节，就是诸番蛮夷峒官之来朝贡者，也从不在南京停留，而是直趋北京。朝廷曾一再动议，是否撤销南京会同馆。只是考虑到南洋诸国或有可能遣使前来，在此会有所停留，我堂堂天朝上国，总不至于为了在这种小地方省点银子便裁撤了相关机构，所以才一直保留。可是自我成祖皇帝迁都北京，这南京会同馆得以使用的次数已经屈指可数。我没记错的话，近六十年来都没有外使番邦入住了吧。"

孟侍郎笑道："裴总宪，你可是一语惊醒梦中人哪！成了，那就把他打发到礼部会同馆去吧，哎！真是不叫人省心，了结了他这件事，孟某在金陵，也算是善始善终了！"

·※·※·※·

"哈哈哈哈……叶掌门，这才两天工夫，你又变成叶大使了，哈哈哈，笑死我了……"

展凝儿笑得前仰后合，太阳妹妹绷着脸不笑，生怕惹得叶小天不悦，可憋了半天，终于忍不住"扑哧"一声笑了出来，她偷偷看了叶小天一眼，赶紧又忍住，可唇角的弧度却向上翘了起来。

汤显祖愁眉苦脸地道："吏部，你只干了一天；刑部，你干了两天；这一转眼，你又被派去了礼部。贤弟啊，我大明立国两百多年了，三天之内换两个衙门的主儿，唯你一人而已。"

叶小天翻了个白眼，心道："我只是想回葫县而已，那孟侍郎也是死心眼，怎么非得把我留在金陵？听说这会同馆是个极清闲的衙门，如今编制不全，就只剩下小猫三两只勉强维持着。在礼部是个可有可无的衙门，我去了那儿，只怕真折腾不起什么风浪了，这可如何是好？"

汤显祖见展凝儿还在笑，便道："展姑娘，你也不要笑啦，想必小天贤弟心里也难受得紧。这礼部比不得其他衙门，对于规矩礼数，那是尤其的讲究，为兄对此略知一二，不如就由为兄指点你一番，免得你去了礼部，待不到三天，又换了衙门。"

叶小天连忙推辞道："呃……这个还是算了吧。汤兄，小弟对此也不是那么在意，我……"

汤显祖正色道："这怎么可以，你能以举人之身成为朝廷命官，何等不易，怎么能不珍惜呢？来来来，我先给你讲讲一些基本的官场礼仪。你在衙门里，如果遇到同级官员，要行揖手礼或者拱手礼两次；如果见到上司呢，你就要向右侧移一步，站定，行揖手礼两次……"

叶小天道："汤兄……"

汤显祖道："认真听着。如果是你的下属向你行礼呢，你只需点头还礼，如果只是一个杂役，你可以不答礼……"

叶小天无奈地靠在了椅子上。

汤显祖道："见到皇帝，那么一般行三拜礼或四拜礼，皇帝出席的重要的场合要行五拜三叩头礼。当然，你是不大可能见到皇帝的，这个礼仪呢，你根本用不上，知道一下就好了……"

叶小天听的昏昏欲睡，忍不住打了一个哈欠，展凝儿几乎与他同时打了个哈欠，两人看见彼此的动作，不由得相视一笑，凝儿心中忽然便有了些莫名的暖意：这个家伙，明明怠懒得很，怎么自己偏就那么喜欢看他呢？

　　一旁，太阳妹妹却瞪大眼睛，认真地听着汤显祖的讲解。在叶小天身边，她觉得自己根本帮不上什么忙，除了煲汤。而要论到美色和家世，莹莹姑娘和凝儿姑娘都比她高明一些，她只是山村里的一个小丫头，如今难得有这么个机会，既然小天哥不愿意记，那她就帮小天哥记下来吧……

·※·※·※·

　　翌日一大早，汤显祖牵挂着叶小天今天要去礼部赴任，所以也起了个大早，赶过来千叮咛万嘱咐的。叶小天却是心不在焉，他本志不在此，可他要回葫县打拼的决定，又不好明白说与汤显祖知道，只好敷衍了事。

　　汤显祖见他并不热衷的样子，却很是替他着急。无奈之下，忽然发现太阳妹妹把他交代的话全都牢牢记在了心里，不由大喜，便建议让太阳妹妹换上男装，陪叶小天出门。

　　展凝儿也不清楚叶小天之所以如此，全是他故意胡闹，目的就是为了能重回葫县，不过以她的出身家世，叶小天这等芝麻绿豆大的官，做不做的她还真不在乎，所以也不放在心上。

　　可如今太阳妹妹要陪叶小天去礼部，她却敏锐地产生了危机感，这要是莹莹走了，再插进一个哚妮来，那她不是悲剧了吗？所以展凝儿马上也要求换上男装，陪同叶小天去礼部。

　　结果叶小天的随从就从两个变成了四个，华云飞拿出两套他的衣裳给展凝儿和太阳妹妹换上，太阳妹妹的衣服略显大些，凝儿穿上又略显紧绷，不过勉强还能凑合，叶小天便带着他们四人，前呼后拥地奔了礼部。

　　五人眼看就到了六部所在，前方忽有四骑并辔而来，叶小天定睛一看：赫然正是国舅李玄成、小公爷徐麒云，以及刑部尚书芮川之子、礼部尚书关海山之子关小坤。

第四十六章

不期而遇

一

叶小天瞟了他们一眼，没有理会。当初双方之间的恩怨，是因为统泓恒、乔枕花这些公子哥与徐麒云、关小坤等人之间别风头才引起来的，叶小天的心态比他们成熟的多，早把这事抛诸脑后了。但是那四个人驰马到了近处，发现是叶小天，却猛然勒住了坐骑。

经过李玄成的斡旋，徐麒云和关小坤已重归于好了。徐麒云虽家教甚严，但他心中的善恶是非却也并非那么明确，他当日之所以撂下狠话，说要跟关小坤划地绝交，主要是觉得关小坤的行为让他丢了脸，如今有国舅李玄成从中调和，两人便又成了朋友。

关小坤望着叶小天，冷笑道："这不是叶典史吗？哦，错了！是叶大使，叶大人做了一日提举，两日掌固，迁职之速，空前绝后，却不知这一遭，你这会同馆大使能做几天呢？"

关小坤这番话一出口，芮清行和徐麒云都放声大笑起来。李玄成虽然矜持一些，微笑不语，但是看向叶小天的目光，却是轻蔑中带着七分敌意，他所痴迷的那位姑娘，可是深爱叶小天的，李玄成已把他当成了情敌。

毛问智张口就要骂人，被叶小天一把拦住，他看了看关小坤，轻轻摇了摇头，道："咱们走！"说着就想绕过关小坤等人的马匹，关小坤被他不屑的眼神激怒了，猛地一提马缰，又拦在他前面。

关小坤俯身向前，把马鞭向叶小天一指，差点就杵到他鼻尖上："小子，你狂什么狂，你知不知道礼部尚书是谁？嘿嘿，这一遭，你总算是落到了我的手上，咱们的账，这回我一并给你算清楚！"

李玄成听关小坤这么说，心中不由一紧，他可不想让叶小天有所戒备。不过他此前倒不曾让叶小天警觉，结果叶小天调动太快，就像一只不安分的兔子，他的箭还没瞄准，这小子就逃开了，以致他在吏部和刑部压根就没逮到机会下手。

这一次叶小天调到礼部，礼部尚书之子关小坤曾经险些被他弄进大牢，就算关小坤不放话，他又岂能毫无警觉。这小子太能惹事，偏偏惹的事还都不至于让他伤筋动骨，以致频繁调职。如今让他有所警惕也好，他安分些，自己才好慢慢挖坑让他跳。

想到这里，李玄成也就放下了担心，他往叶小天身后四人扫了一眼，瞧见太阳妹妹和凝儿姑娘唇红齿白的，再加上曾经见过她们，登时认出是女扮男装的雌儿。

李玄成不禁心生奇怪："夏姑娘怎么不在？是了，这位展姑娘英气勃勃，扮成男人并无不妥。那苗家少女娇小妥媚，换了男装便似一个俊俏小厮，可夏姑娘国色天香，那是无论怎么扮都能一眼便出是女子的，自然不能带来。"

叶小天皱了皱眉，对关小坤道："关公子，看来你受的教训还是不够啊！这礼部是朝廷的礼部，礼部的官员是朝廷的官员。你父亲虽贵为尚书，却也不能一手遮天，而礼部官员，更不是你关家的奴仆下人，你不过是个倚仗父亲官位耀武扬威的二世祖，也敢威胁我这朝廷命官？恐怕令尊听了你今日这番言语，也不会轻饶了你。"

"你……你……"

关小坤想对付叶小天，还真是瞒着他爹的，他爹再宠他，又岂会为了他们小儿之间一些狗皮倒灶的事便去出手对付一个朝廷命官。一旦知道了，说不定还要严词训责他一番，叶小天一语点破本质，关小坤涨红了脸庞，一时竟说不出话来。

李玄成见状，把马鞭一下一下地轻轻拍在掌心，冷冷地道："叶大使，你不过是个候参待罪的芝麻绿豆官，侥幸牵连进了张太岳一案，这才化险为夷，不过靠的运气，还是谦卑一些的好。"

叶小天睨了他一眼，淡淡地道："国舅，叶某是芝麻绿豆大的官，您是高高在上的皇亲。叶某官虽小，却是靠的自己本事，再说，我今天是芝麻绿豆大的官，可不代表来日也是！而您……呵呵……呵呵……"

叶小天这两声"呵呵"一下子就激怒了李玄成，李玄成再也不淡定了，他涨红着面皮，双脚一蹬马镫，向前逼近两步，用马鞭向叶小天一指，厉声喝道："叶小天，你好大胆！"

叶小天撩了撩眼皮，道："叶某人一向大胆！"

李玄成怒道："你找死？"

叶小天讶然看了他一眼，道："怎么，国舅爷敢藐视朝廷，当街殴打朝廷命官？"

李玄成幼年时姐姐就已成了皇后，那时他就是国舅爷，锦衣玉食、仆众如云，又兼是家中最年幼的一个，所以最为得宠，从来没有人对他说过一句重话。如今被叶小天再三顶撞，李玄成只气得血贯瞳仁，大吼道："你当我不敢宰了你？"

李玄成翻身下马，挥起马鞭就要向叶小天抽下去，毛问智抢前一步拦在叶小天前面,抬起右臂护住了头面,华云飞脚下垫出一步,只等李国舅出手,便不管不顾,给他一拳。

后边展凝儿和太阳妹妹也不干了,展凝儿冷冷地瞪着李玄成,暗暗蓄着劲道,太阳妹妹今日是陪叶小天赴任来的,身上没带蛊虫,心里便暗暗懊悔:"早知会碰上这个讨厌的家伙,人家一定带上蛊虫,管他多么了不起的人物,敢欺侮小天哥哥,一定整治的他死去活来!"

就在这时,只听不远处官道上有人大吼一声:"住手!"

咦?还有路见不平的?

叶小天和李玄成等人一起扭头向喊话处看去,就见一个白净面皮、四旬上下,身着七品青色官服的文官急步向他们赶过来,看他胸前补服,貌似麒麟,却是独角,正是传说中能识善恶辨忠奸的神兽獬豸。

既然穿这样的官服,那毫无疑问必是御史了。一见来人是位御史,李玄成和徐麒云的脸色就有点难看,关小坤和芮清行更是皱了皱眉。御史啊!虽然只是七品官,可他管的事可宽,就没有他们不能告的人。

尤其是眼下这四位,两个尚书的儿子,一个是小公爷,一个是国舅爷,要么是皇亲勋戚,要么是高官子弟,见到御史就更加打怵。因为古往今来,再也没有比大明的御史更喜欢跟高官权贵对着干的了。

说起大唐,都知道有个直言犯谏的魏征,可大唐也就一个魏征。大明可不是,大明的言官全都是魏征,一个个穷横穷横的,个个都敢直言犯谏。因为"魏征"太多,皇帝没有那么多小辫子给他们抓,他们就退而求其次,什么王爷国公、国丈国舅、尚书侍郎,逮着谁告谁。

李玄成暗暗叫苦:"一时没注意,怎么就招来这么一条疯狗?"

关小坤和芮清行看清来人,脸色更是难看,这个言官他们认识,这人叫乔奈何,是乔枕花的父亲,别看乔枕花整天和张泓愃等人混在一起,身上也有些纨绔气,可那只是他老子疏于管教。乔奈何此人可是有名的清流言官,一向以海瑞海青天为范的人物。

乔奈何怒气冲冲地闯到他们中间,那单薄的身子往叶小天等人身前一站,挺起鸡胸脯,冲着李玄成等人喝道:"我倒要看看,你们倚仗的是谁家威风,竟敢当街殴打朝廷命官?"

徐麒云见状,赶紧道:"国舅爷是何等身份,岂会与一个不入流的杂职小官当街争执,实在是此人出言无状,太过无礼,这才激怒了国舅。不过,国舅大人大量,也不会与他争执,咱们走,咱们走。"

关小坤和芮清行见了乔奈何,不好再在马上坐着,赶紧溜下马来,干笑道:"乔大人好,乔大人误会了,我们只是口角之争,口角之争,不劳乔御史过问,我们这就告辞了。"

二人回身向李玄成急递眼色,李玄成冷笑一声,心道:"君子报仇,三年不晚。今日有御史在此,且不与你计较!"便转身上马,与徐麒云扬长而去,关小坤和芮清行向乔奈何尴尬地笑笑,也翻身上马追了上去。

叶小天拉开毛问智,上前向乔奈何拱了拱道:"多谢这位御史大人仗义执言,否则那班纨绔倚仗家中权势,势必要欺侮下官了。"

乔奈何慷慨激昂地道:"足下不必言谢!分察百僚,巡按郡县,纠视刑狱,肃整朝仪,激浊扬清,伸理冤枉,使顽恶慑服,良善得所。正是朝廷设立风宪之目的,勋贵子弟,妄逞威福。乔某身为言官,安能坐视!"

乔奈何说完,看了看李玄成等人灰溜溜离去的方向,冷哼一声,向叶小天拱一拱手,便离返身离去,一边走一边想:"国舅当街驰马,致人伤残,却不闻不顾的事,乔某已查的一清二楚。今日又见国舅作威扬福,当街殴打朝廷命官,此事乃乔某亲眼所见,却是无须再查了,我这就写奏本,弹劾他!"

叶小天拱手送乔奈何离开,又回首望了一眼李玄成的背影,心中暗生疑虑:"此人初见时,温文儒雅,颇有君子之风。虽与关小坤等人为伍,性情秉性却截然不同,如今为何性情大变,对我敌意颇深?"

第四十七章

会同馆开张

一

太阳妹妹嘟着嘴道:"这些公子哥真是无聊,还特意打听了小天哥的糗事跑来嘲笑一番,就像一群没长大的小孩子,无聊不无聊。"

叶小天一听这话,忽然站住了脚步,太阳妹妹这句话一下子提醒了他。他调吏部、调刑部,直到如今调礼部,前后一共不过三天时间,除非关小坤等人一直在关注他,否则怎么可能了解到此事,而且如此的详细。

偶然之间打听到的?就这几个纨绔,会在意衙门里的一点风吹草动?他们这些衙内即便出入衙门,又有谁会特意拿自己的事去他们面前说笑?如果他们一直在关注着我,那么我被留在南京,莫非也是有人在做手脚?

这个念头,在叶小天心中倏然一转,他倒不能确定自己的疑虑一定是对的,却暗暗提了几分小心。

展凝儿见他忽然止步,若有所思,便道:"怎么了?"

叶小天把自己方才所虑对他们说了一遍,华云飞想了想道:"不怕一万,就怕万一。要不然,这段时间咱们消停一些吧,切莫被他们抓住把柄,如果他们真是有心针对大哥,小事也能被他们搞成大事。"

叶小天道:"哈!他一吓,就缩头,那是乌龟,不是我叶小天。"

华云飞道:"大哥,礼部尚书可是关小坤的父亲。你差点把他儿子弄进监狱,就算他心胸再豁达,也难免对你心存芥蒂,如果再有关小坤这般人从中捣鬼的话……"

毛问智急急点头,道:"大哥,那关小坤虽然是个纨绔,心眼却不少。上一次他偷换银子的手段,也就大哥你才查得出来,换成我们,早就被他害了。咱们还是小心为上。"

叶小天笑了笑道:"我知道了,我会小心的。不过咱们的初衷却也不必因此而打消。我这人，别的本事没有，最擅长的就是惹祸，最喜欢的就是惹祸，这祸惹得是大还是小，惹了祸能不能兜得回来，我心里有数。"

一眨眼，三天过去了。

吏部、刑部和关小坤等人都在翘首企盼着，但叶小天在礼部待的四平八稳，一点事也没出。

重译楼上，一桌美味。

李玄成、徐麒云、关小坤、芮清行四人围桌而坐。

李玄成知道关小坤恨叶小天入骨，所以他故意置身事外，只把叶小天的动向说与关小坤知道，料想关小坤必会有所动作。可这已经三天了，叶小天那里还没什么消息，李玄成便有意把话题引到叶小天身上。

芮清行刚说了他昨日去如意楼，玩得那些瘦马如何动人、如何销魂，只可惜被人先行一步，拔了头筹，已经不是清倌人了，未免引以为憾，引得关小坤两眼放光，正在追问细节。

李玄成这厢便清咳一声，笑道："扬州瘦马名闻天下，我也听说过。小坤贤弟既然感兴趣，改日与芮兄一起去一趟便是了。"

关小坤不好意思地笑道："哎，咱们兄弟有福同享。同去，同去。"

李玄成微微一笑，道："李某对烟花柳巷没有兴趣，这等风流之地，总要情投意合，才好一同出入，我就不去了吧。对了，那个叶小天在礼部没有再惹事吧？此人嚣张跋扈，真是令人厌憎。"

关小坤听他提起叶小天，不禁一拍桌子，懊恼地道："别提了，也不知道吏部那班人是怎么想的，把他弄去了会同馆。我这两天找了两位世叔，原想寻寻他的差错，整治整治他，可谁知……"

李玄成面色一紧，忙道："怎么？"

一旁徐麒云有些奇怪地看了李玄成一眼。他和李玄成相处最久，深知李玄成的个性，此人性情恬淡，万事不纠于心，如今这么关心叶小天，难免大失常态，徐麒云不免留了些心。

关小坤苦笑道："我仔细打听过了，咱们金陵的会同馆，根本就是个闲衙门，整个会同馆本应有大使一人，副使二人，从员百人。现如今一共就叶小天一个大使，手下一共就十来个人，还有四个是他自己带去的……"

李玄成眉头一皱，道："衙门大小有什么问题？"

关小坤道："问题大了，我这么说吧，那个会同馆，有七十二年没开张了，就那小猫三两只。每日里晒晒太阳、捉捉蚤子，无所事事啊！他们什么事都没有，我怎拿他们的把柄？"

李玄成和芮清行面面相觑。

就在这时，一个伙计领着一个青衣小帽家人模样的人跑上楼来，那伙计凑到关小坤身边，小声耳语了几句。关小坤便对李玄成道："国舅，镇远侯府派了人来，找到了我家，说有急事找你！"

李玄成看了一眼那个家人，问道："什么事，这么着急。"

那家人连忙欠身道："国舅爷，有番邦使节自南海而来，即将抵达金陵，魏国公邀请国舅爷前往接迎！"

· ※ · ※ · ※ ·

会同馆里，叶小天、毛问智、华云飞，还有一身男装扮的展凝儿围桌而坐，桌上有只八卦状的铜炉，底下炭火烧得旺旺的，锅子里热气蒸腾。太阳妹妹挽着袖子，露着两截白生生的胳膊，把一小筐洗得水灵灵的青菜端了过来。

叶小天道："哚妮啊，别忙活着了，快坐下，吃东西。"

哚妮脆生生地答应一声，就在他旁边坐了，先挟了一个煮好的虾球儿放到叶小天碗里，甜甜地道："小天哥，你吃。"

展凝儿鼓了半天勇气，好不容易才微晕着脸蛋挟起一片羊肉，正要递往叶小天的碗里，一见这一幕，那刚刚递向叶小天的筷子一停，又放到了自己的碗里，蘸了蘸酱料，默默地吃了起来。

叶小天目光微微一动，假装没看着，拿起酒壶为展凝儿斟了杯酒，道："来，尝尝这酒，这可是'金茎露'，清而不冽，味厚而不伤人，乃是酒中君子。哚妮呀，你也尝尝。"说着，叶小天又为太阳妹妹倒了一杯。

毛问智吃的眉飞色舞，道："大哥，这会同馆还真是个好去处，整日里无所事事，白拿着饷银，如此逍遥，舒坦哪。"

华云飞白了他一眼道："真没出息，你就知道吃。大哥可是还有个三年升八级的赌约，在这儿吃上三年就能升官了？"

华云飞转向叶小天道："大哥，这个地方实在是太清闲了，你想找事都难，这么下去不是办法啊，要不然……请张泓恒帮帮忙？如果兵部尚书肯为你说句话，吏部怎么也得给个面子。"

叶小天颔首道："嗯！我也在想这件事，今晚放了衙，我就去找张泓恒……"

这时，院中有人问道："会同馆大使呢？快点出来！"

叶小天和华云飞对视了一眼，轻轻拍拍太阳妹妹的手腕，道："你和凝儿姐姐吃着，我去看看。"

叶小天带着毛问智和华云飞到了廊下，就见院子里站着三人。中间一人身材欣长，玉树临风，一袭飞鱼服，衬着他剑眉星目，当真一表人才。在他左右各后半步，又站着两个扶刀而立的侍卫，方才问话的就是侍卫之一。

叶小天一看那人，竟然是李国舅，不禁十分意外，忙步下台阶，上前揖了一礼，道："国舅爷，什么风把您给吹到这种鸟不拉屎的闲地方来了？"

叶小天施起礼来有板有眼，倒是规矩得很，可这句话阴阳怪气的，不中听。李国舅心中暗愠，他站在院中，便看到了厅中热气腾腾，正在吃火锅，便冷冷地道："办公期间打边炉，这么能吃，难怪会做了管吃饭的官。"

叶小天笑吟吟地道："民以食为天，下官也就这么一点追求了。"

李国舅鼻孔一扬，道："土鳖始终是土鳖！"

叶小天眨了眨眼，道："披上蟒袍也是土鳖？"

李国舅气极反笑，不屑地道："叫你长点见识，这是飞鱼，不是蟒！"

叶小天耸耸肩道："无所谓啊，反正都是水产。"

毛问智哈哈大笑起来，华云飞也不禁露出了微笑。

屋里边，两位姑娘一直在侧耳听着外边的动静，听到这里，太阳妹妹一笑，对展凝儿道："小天哥哥这张嘴巴是真厉害！"

展凝儿道："哼！他也就那张嘴巴厉害。"

太阳妹妹不服气地道："才不是呢，小天哥好多地方都厉害。"

展凝儿白了她一眼，道："那你说说，他哪儿厉害？"

两位姑娘对视了片刻，展凝儿不知突然想到了什么，俏美的脸蛋突然红了，赶紧低头夹菜，道："吃饭，吃饭。"

太阳妹妹见她脸红，似乎也一下子明白了什么，小脸蛋瞬时也变成了可爱的红苹果，讪讪地道："嗯！吃饭，吃饭。"

院子里，李玄成愈加气恼，以他的身份，本不必进来找叶小天，只打发一个侍卫过来就好。他是想亲自看看叶小天到了这冷清衙门的狼狈相，才主动请缨，谁知叶小天在这里逍遥自在得很，他反倒又被叶小天嘲讽了一番。

李玄成倏地探出手去，一把拧住了叶小天的胳膊，冷笑道："鼠辈，竟然五次三番嘲讽本国舅！"

叶小天没想到这李国舅竟是个练家子，左臂被他反拧着，疼得脸色都变了，他当然不敢对李国舅挥拳相向，只是大声道："国舅如此不讲体面，不怕下官告于那乔御使，告你个殴打命官的罪过？"

李玄成忍了忍心中怒气，叶小天向前狠狠一推，冷喝道："懒得与你废话！今有南海柯枝国使节到访，你身为会同馆大使，还不快快前往迎接？"

南海柯枝国使节？

叶小天顿时一呆,这金陵会同馆都七十二年不开张了,没想到这第一单生意,就落到了我的手里啊!

第四十八章

柯枝来使

一

听说有什么南海柯枝国使节来了会同馆,叶小天也顾不得跟李国舅斗嘴了,便领着毛问智和华云飞迎出去。那正涮的锅子来不及撤走,便把那门关紧了事,嘴里的酒味却也顾不得了,反正以他的官位,也不会离那番邦使节太近。

这时候,礼部关尚书、魏国公徐老公爷,以及镇远侯府的顾三爷等人已经簇拥着一位身穿鲜艳异服、头上缠着白布、颈上挂着许多珠饰的高鼻凹目老者走进来。官员、勋戚、皇亲,三类人都全了,算是给了这番邦使者极高的待遇。

关尚书这么做自有他的理由,一则大明已经有年头没有南海番邦来大明朝贡晋见了,人家远道而来,足见他们对天朝上国的礼敬,自然得投桃报李,隆重一些。

再一个,关尚书已经获悉了他们的身份,此次柯枝国派来的使节,竟是该国的宰相,这等身份的使节,隆重一些也是应该的。

他们几人陪在那柯枝宰相身边,后边又有大批随员,而那批随员当中,有不少番邦面孔,都是这柯枝宰相带来的随从。这柯枝国,是印度洋上的一个小国,当时还是一个独立的国家,不过后世已经成了印度的一个邦,不复存在了。

关尚书笑吟吟地道:"记得永乐年间,贵国曾先后三次遣使来朝,拜见我大明皇帝陛下,第三次还是贵国的一位王子,随同我大明宝船来朝,因病去世,留下遗嘱,就葬在那栖霞山下。"

柯枝国的老宰相居然会说汉语,虽然语气生硬,带着异域腔调,却还叫人听得懂。听了关尚书的话,那柯枝宰相道:"是的,我朝对大明上国,一向钦仰。尤其是我们当今的国王陛下,更是仰慕天朝,只是现在有西方海盗封锁了海域。我在广州登岸后,曾经听说过一些情况,似乎大明上国也知道他们的存在,称他们为佛朗机。因为这些佛郎机的海盗,我王两次派遣使节东来,都被海盗劫掠了,这一次我带了大批随员武士,这才闯过他们的封锁。"

关尚书道："这些海盗着实可恶，他们偶尔也会来我大明海域作乱，被我水师击溃。只是他们一败，便逃往大海，残灭不易。不想他们在南海竟然这么嚣张，这件事我会禀报天子的。"

关尚书说着，向前扫了一眼，恰见叶小天领着毛问智和华云飞迎上来。关尚书便咳嗽一声，道："宰相阁下远道而来朝见我大明天子，万里迢迢，实属不易。你等先安顿下来吧，本官会尽快上报朝廷，并安排你们进京。"

柯枝宰相道："有劳尚书大人，我要去拜祭我国王子陵寝的事……"

关尚书抚须道："宰相放心，本官已着人进行安排了，会尽快安排你们前往拜祭。宰相先歇息一下，今晚本官与魏国公、李国舅在重译楼为宰相大人设宴接风。"

关尚书说到这里，才转向静候一旁的叶小天，道："你是会同馆大使？"

叶小天赶紧道："正是下官！"

关尚书道："你好生接待柯枝国使者，我天朝上国，礼仪之邦，万万不能失了礼数。"

叶小天连忙答应一声，与魏国公、李国舅等人向柯枝宰相拱手告辞。叶小天引着那柯枝宰相前往安顿，好在这会同馆的馆驿虽然几十年都没开张，可是那客房院舍依旧年年修缮，房中也时时洒扫，各项用具都很齐全。

关尚书与魏国公、李国舅等人出了会同馆，商定晚上在重译楼会面，眼看时间差得不多了，也懒得再各回府邸，正欲同去尚书府坐坐，晚上再一起来接柯枝宰相，就见一个绿袍小官提着袍裾，从会同馆里连蹦带跳地抢了出来。

关尚书一看，认得是方才那个会同馆大使，不由眉头一皱，站住了脚步，李玄成正要登车，见他出来，也不觉站住脚步，想听听他说些什么。叶小天跑到关尚书面前，拱手道："尚书大人。"

关尚书道："什么事？"

叶小天道："大人哪，这会同馆七十二年不开张了，下官我……"

关尚书眉头一皱，道："什么七十二年不开张了，你当是做生意呢？身为朝廷官员，一举一动都要好好思量。"

叶小天道："是是是，是七十二年……不曾接待过外使了。咳！大人，如今这会同馆里就一个厨子，而且那饭做得实在是没法吃……"

关尚书恍然道："原来是这件事，今晚柯枝使节及其随从，都要在重译楼用餐，不急。本官回去，马上从别处给会同馆调拨一批烹调名师过来。"

叶小天道："如此甚好。还有啊，这会同馆里一共就几个人，平日里光是打扫馆舍已经忙不开了，如今一下子入住这么多人，大家可忙不开啊。"

关尚书点点头道："本官省得。这样吧，回去之后，本官就让主客司调一批人来专做服侍洒扫之事。再从教坊司调些舞姬乐伎，以供娱乐。"

叶小天道："是！多谢大人，还有这个……馆驿里面一穷二白，下官想招待外宾，便连一点新茶、好茶都没有。"

关尚书吁了口气，不耐烦地道："除了这些，还有什么，你一并说来吧。"

叶小天道："还有，要招待人，总要有钱哪，会同馆不养闲人，可是好几十年没存下钱了。"

关尚书道："本官马上拨付于你。"

叶小天道："还有，通译，得有通译啊，下官这会同馆里一个通译也没有，怎么和这外宾交流呢？"

"这个……"

关尚书听到这里，却有些为难了。这会同馆都几十年不用了，平时根本没养着通译，难不成到京师去调个懂得柯枝国语言的通译来？

关尚书蹙眉想了想，道："这通晓柯枝国语言的通译吗，一时是无从去找的。本官这里会派人打听打听，寻个通译过来，好在那柯枝宰相懂得我国语言，你且克服一下。在此期间，你有什么事，直接与柯枝宰相交谈便是了。"

这些事叶小天不问，一旦怠慢了外宾，那就是他的责任，如今都跟关尚书请示了，那再有问题，便与他无干了，是以叶小天也不再多说，只管施礼送关尚书离开。

一旁李国舅也登上了自己的车子，窗帘一放，静静思索片刻，忽然微笑起来："外交无小事，尤其是柯枝国近两百年不曾来朝了，如今他们远跨重洋而来，堪为南洋诸国的表率，朝廷一定重视得很，如果这时候叶小天出点纰漏……"

李国舅眉宇之间倏然掠过一抹狠色！

·※·※·※·

叶小天带着华云飞和毛问智走进柯枝宰相的房间，见那柯枝宰相正站在博古架前，兴致盎然地欣赏着那架上的古玩瓷器。

叶小天拱手道："宰相大人，不知这地方可还住得习惯吗？如果有什么需要，您尽管开口。"

柯枝宰相回过身来，见是会同馆大使，忙笑道："习惯，习惯，这会同馆雅致得很，幽静得很，老夫很喜欢这种儒雅清幽的氛围。"啪啪啪！

柯枝宰相说着，举起手来击了三掌，门外站着两个侍从，一个是柯枝国的，一个是礼部派来的，听到击掌声，那柯枝国的侍从马上迈步进了客厅，向柯枝宰相抚胸行礼。

柯枝宰相道："取礼物来。"

这柯枝小国对大明天朝确实是仰慕之极，本着礼多人不怪的想法，他们准备了很多礼物，这一路行来，就如散财童子一般，但凡有所接触的，都会赠送一份。当然，他们也会看人下菜碟，根据对方地位的高低，赠送的礼物贵贱各不相同。

片刻工夫，三个柯枝国随从各自捧了一份礼物进来，看那样子，应该是柯枝国特有的布料，花纹颜色很有异国情调，其中一人捧的布料是两匹，另外两人是一匹，对叶小天三人也是区别对待的。

柯枝宰相亲自捧起一匹柯枝布料，笑吟吟地对叶小天三人道："非常感谢叶大使和你的两位随从对我们的热情款待，你们的安排我很满意。这是一点小小礼物，不成敬意，还请笑纳。"

华云飞连忙伸出双手接过，柯枝宰相又捧起一匹，毛问智也有样学样，学着华云飞的样子，伸出双手毕恭毕敬地接过来。柯枝宰相又捧起那两匹布，对叶小天道："叶大使，这是送给你的。"

"多谢！"

叶小天伸手欲接，手臂一抬，忽觉痛楚难当，方才被李国舅拧的那一下太狠了些，大概扭伤了筋肉，现在还没缓过来。人家柯枝宰相还捧着礼物站在那里，叶小天也不好让人家一直等着，只好伸出一只手，匆匆把礼物接了过来。

那柯枝宰相见他如此动作，目中不禁闪过一丝异色。

门口站着的那个礼部派来的侍从见此模样，不禁暗忖："就连礼部尚书、魏国公爷和李国舅，对这位柯枝宰相都是异常的尊敬，他一个小小的会同馆大使，忒也托大了，对柯枝宰相亲手赠送的礼物，居然只伸一只手去接，若是惹得人家不高兴，向尚书大人投诉，他可就吃不了兜着走了！"

第四十九章

不经意间

一

　　关尚书和魏国公、李国舅回到他的府邸，请他二人在小书房坐了，下人上了茶退下后，关尚书便叹了口气，道："这会同馆几十年不曾接待过外使了，懂得一应规矩的人全都没了，可别出了什么纰漏才好。"

　　李玄成笑道："只是安排起食饮居，想来不会出什么纰漏吧？"

　　关尚书道："就是这种地方，才更容易出问题。哎，孟侍郎真是害人哪，他上京去了，却把这个家伙派到了我们礼部。我本想着，那会同馆是最轻闲的所在，便让那姓叶的去养老算了，所以就答应了。

　　谁知道，几十年不来一个外邦使节，现在偏偏就来了一个，还是和我大明失去联络近两百年的国家，皇上刚刚亲政，对此必然非常重视。真要让这外使有些什么抱怨，到了京师说与天子知道，便连本官也要受他牵累。"

　　李玄成听在耳中，心里慢慢转起来了心思。

　　到了晚上，三人一起离开尚书府，又去会同馆接柯枝国使节，同往重译楼赴宴，趁此工夫，主客司、教坊司派来的那些伙役下人、舞姬乐伎纷纷入驻会同馆，等那些柯枝国人回来时，整个会同馆必然大不一样了。

　　重译楼上，关尚书、魏国公和李国舅等人摆酒设宴为柯枝宰相接风，李国舅抽空离开了一趟，假意去外面方便，唤过一个随从低低耳语了一番，那随从便找到陪同柯枝宰相的礼部侍卫，向他搭讪起来。

　　那随从自礼部侍卫口中打听消息，一开始听到的都是些毫无价值的信息，待听到他提起柯枝宰相双手奉礼，叶小天一介不入流的杂职小官竟然单手接过，傲慢无礼的过分的时候，不由双目一亮。

　　很快，这个消息就被他送到了李国舅那里，李国舅听他说完，不由心中一喜，窥个机会，便给叶小天上眼药道："宰相大人，您赠送给本人的礼物，本人非常喜欢，回头定要置办一份可心的礼物还赠宰相大人。"

柯枝宰相笑道："国舅客气啦，一点礼物，只是聊表鄙人的敬意，国舅不必放在心上。"

李玄成微微一笑，道："礼尚往来嘛。对了，李某方才出去方便，偶然听礼部侍卫说，宰相大人对会同馆的大使及其随从也赠送了礼物？"

柯枝宰相笑容可掬地道："是啊，是啊，上国对我们照顾得非常周到，会同馆的官员非常用心，是以我为他们也准备了一份礼物，一份小小的礼物，算是对他们的答谢。虽然我是第一次来到上国，可我也知道，上国乃礼仪之邦，最重礼教，我这也是礼多人不怪啊，哈哈！"

李玄成本以为自己一提此事，这柯枝宰相必然对叶小天有所报怨，不想他竟乐不可支，一副很开心的模样。李玄成暗暗皱了皱眉头，只好进一步诱导道："呵呵，会同馆一介小吏，宰相大人也是这般礼遇，真是礼贤下士啊。那会同馆中的人，不曾对宰相大人有什么不礼貌的地方吧？"

"没有，没有……"

柯枝宰相眉开眼笑，连连摇头道："上国安排的大使，很好！非常好！他很了解我国的情况，很尊重我们的风俗，我很高兴！"

说到这里，柯枝宰相端起酒杯，转向关尚书道："谢谢尚书大人，您真是太细心、太体贴了，难怪天朝上国如此的强大，不仅尚书大人心思缜密、虑事周全，就是一个负责接待的小吏都是如此博学多识呀。"

关尚书迷迷糊糊地端起酒杯，跟他碰了一下，酒喝完了还不明白他为何如此称赞，哼哼哈哈地赔笑了两声，终于忍不住问道："尽心照料贵使，本就是我们的责任嘛。呃……却不知宰相大人所指是哪件事啊？"

柯枝宰相开心地道："哈哈，我知道，贵国有句话，叫入乡随俗。所以，在贵国，赠送和接受礼物，为了以示尊重，我都是按照贵国的规矩，双手奉送、双手承接。而在我国，左手是不洁净的，接拿礼物或者吃东西都不用的，却不想贵国的叶大使居然了解我国风俗，我赠他礼物时，他本已习惯性地伸出了双手，却又放下左手，只用右手接我的礼物。"

柯枝宰相说到这里，站起身来，兴奋地举杯道："我很开心哪，不仅是因为他对我的尊重，而且……我很高兴在天朝上国，也有人了解我们柯枝国。来！为了我们的友谊，为了柯枝国与大明上国的友谊，干杯！"

关尚书心道："那个姓叶的居然知道柯枝国的风俗？真是稀罕。"脸上却是一副理当如此的表情，微笑着站了起来。

李玄成可不相信叶小天居然懂得千万里之外的什么柯枝国的风俗，他心思一转，忽然想到他下午曾经拿捏过叶小天的肩膀，没记错的话，捏的正是他的左肩。

　　李玄成是会功夫的，当时那一下用的是分筋错骨的手法，手底下可没省力气，今天还好些，等那叶小天睡上一晚，明日会痛得更厉害，估摸着三两天内那条臂膀都别想动弹，难不成就因为我在他肩膀上动了手脚？

　　想到这里，李玄成站起身，咧着嘴，强挤出一幅笑容，陪着柯枝宰相干了这一杯，那表情臭的，就像吞了……

·※·※·※·

　　灯光下，太阳妹妹拿起一匹布，斜披在身上，扭腰顾盼，神情妩媚。

　　灯光映在那匹柯枝布上，流光溢彩。珍珠的绳边，轻柔薄软的质料，宝蓝色的底色，再衬以奇异的花边、金纹、吉祥花鸟等图案，还有一些几何图形的组合，确与中原丝绸大不相同。

　　太阳妹妹披上这匹宝蓝色的柯枝布料，登时衬出一种清丽婉约的气质，叶小天道："好！哚妮，你用这套布料做身衣服，一定很漂亮。银白色的那套给凝儿姑娘吧，正配她的模样。"

　　"好！"

　　这可是小天哥送的礼物，太阳妹妹欢喜地答应了，把两匹布收起来，喜滋滋地向外走去，恰迎上展凝儿托着一个盘子进来。太阳妹妹道："凝儿姐姐，你看，小天哥送给咱们的，蓝的是我的，白的是你的。"

　　展凝儿看了眼那布料，道："嗯，拿回去收起来吧，我帮他推拿一下。"

　　"哎！"

　　太阳妹妹脆生生地答应一声，捧着布料跑回了自己房间。展凝儿把托盘放到桌上，见叶小天还坐在榻沿上，不禁白了他一眼，道："脱！"

　　叶小天苦笑道："你那么凶为什么？我要是手臂动得了，还用你推拿？"

　　展凝儿哼了一声，嘟囔道："真没用，一个大男人，被人家一捏，就成了这副样子，身子骨儿比女人还娇弱。"

　　展凝儿有些不高兴，其实倒不是觉得叶小天窝囊，她是气愤李玄成在叶小天身上做手脚，欺负他……反正在她心里，已经把叶小天当成了她的男人。展凝儿嘟囔着走到叶小天身边，见他还跟老太爷似的坐在那儿，没好气地道："站起来啊！"

　　"哦！"

　　叶小天站起身，展凝儿便伸手到他腰间，替他解开腰带。

　　室中静谧，唯有一烛摇曳。孤男寡女，而那女子却在解那男人的腰带，虽然她是为了给他推拿疗伤，可气氛还是有些微妙。两个人或许都想到了些什么，叶小天停住了呼吸，身子一动不动，展凝儿也只是垂头给他脱着衣裳，细密整齐的睫毛眨动的愈发频繁了。

片刻工夫，叶小天上身的衣服就被脱去了，只穿了一条犊鼻裤。叶小天虽未习过武，身体还是挺精壮的，赤裸着上身的叶小天，本就很有几分男人气息，展凝儿又是早已倾心于他的，那明媚的眼神便有些恍惚迷离。

"接下来呢？"

叶小天干巴巴地问了一句，把展凝儿惊醒了，展凝儿轻啊一声，登时俏脸飞红，赶紧道："坐下！"

叶小天依言坐下，展凝儿便返身从托盘里拿出一个药瓶儿，拔下塞子，把那橙红色的药汁倾倒在掌心，手掌往叶小天肩头一贴，两个人几乎同时颤抖了一下，好似触了电。

但凡高明的习武者，少有不懂推拿的，展凝儿尤其精擅此道，小时候她就给父亲和爷爷推拿，虽说当时力道不足，可父祖二人都挺享受这种小儿女孝心的表现，练就了她一套娴熟的推拿工夫。

叶小天是被李玄成用强劲的指力扭伤了关节，只能用这样的手法舒筋活络，调理气血，在凝儿细腻的按摩下，叶小天虽然觉得有些痛楚，却也能忍得住，由得她去施展。

叶小天仰起眸子，却见鼻腻鹅脂，腮凝新荔，那对唇瓣好不诱人。

正专注地给他推拿的凝儿突然嗔道："你看什么？"

叶小天干笑道："我……我觉得乍一看，你挺霸道，仔细看，挺女人的。"

展凝儿没好气地道："我本来就是女人，什么叫挺女人的？"

叶小天道："挺女人，就是挺迷人，挺好看。"

展凝儿脱口道："好看你不要？"

这句话一出口，两个人都呆在那里。

第五十章

哥抗不住啊

—

静，极度的静，静到一根针掉到地上都听得见。

隐约传来太阳妹妹的笑声："好看吧？"

紧接着是毛问智的声音："好看，你本来就生得跟仙女似的，穿上这么漂亮的衣料当然好看。"

咚咚，不远处又传来几声轻响，那是冬长老又在鼓捣他那些坛坛罐罐。

展凝儿的脸蛋红得发紫，鼻息渐重，咻咻地喘了半响，按在叶小天肩上的手忽然用力一扣。

"嗯！"叶小天一声闷哼，龇牙咧嘴地抬起头，眼泪汪汪地道："为什么？"

这一抬头，他忽然发现展凝儿也在流泪，眼泪汪汪地对他道："你欺负我，你欺负我！"一边说，一边用力攥他的肩头，叶小天终于掉下了眼泪，眼泪啪嗒地道："凝儿，明明是你在欺负我，我的肩膀都快没有知觉了。"

展凝儿"扑哧"一声笑了出来，有些窘地擦擦眼泪，垂下头，幽幽地道："其实……其实你这么聪明的人，早就明白我对你的心意，是不是？"

叶小天慢慢站了起来，凝儿搭在他赤裸肩头的手无力地滑下来，轻轻搭在他的胸膛上。那赤裸的胸膛，让凝儿的呼吸又急促了些，热热的气息喷在皮肤上，让叶小天的心痒痒的。

叶小天觉得嗓子有些发干，他咳嗽一声，干巴巴地道："是！"

展凝儿依旧垂着头，心口跳得飞快："那……那你想不想要我？"

叶小天把脸揪得跟包子褶似的："问题是我不能要啊……"

展凝儿紧紧咬着下唇，搭在叶小天胸前的手慢慢攥成了拳头："那……你为什么不赶我走？"

叶小天沉默半晌，低声道："我不舍得。"

展凝儿忽然抡起拳头，在叶小天胸口狠狠捶了一下，牵动了肩膀，疼得叶小天一声闷哼。展凝儿又突然张开双臂，把叶小天紧紧抱住，忽然张开嘴，用那一口小白牙，咬住了他的肩头。

叶小天被她一抱，就是一声闷吭，再被她一咬，终于痛得叫出声来："哎哟……"

"坏人！你这个坏蛋！"

展凝儿忽然松开口，又把他抱得紧紧的，也不管叶小天痛得龇牙咧嘴，把下巴搭在他肩头，欢喜地道："你知不知道，在雷神禁地，你挣扎着从崖上跳上来，跑向那条大河的时候，就把我的心带走了，再也回不来……"

展凝儿用滑嫩的脸颊轻轻摩挲着叶小天的脸颊，用如梦似幻的声音柔柔地道："你知不知道，知道你喜欢了莹莹之后，我有多伤心，有多不服气。可后来，我却只有自卑，我觉得，是因为我不好，我比不上莹莹……"

凝儿说着，那泪又不争气地掉下来，既有欢喜、又有辛酸，许久以来郁积的心事，在这层窗户纸捅破后，都被她倾诉出来。

叶小天干巴巴地道："这可不怪我，谁让你家世那么大，说出去吓死人。我那时候算什么？跟你的家族比起来，现在依旧不算什么，我哪敢打你的主意？"

展凝儿气愤地抬起头，质问道："那莹莹呢？"

叶小天道："那不同，一开始我以为她是卖梨姑娘，等我知道真相的时候，我已经喜欢了她……"

"我不管，我不管……"

展凝儿欢天喜地地把脸蛋贴过去，道："反正你刚刚说了，你舍不得我，你喜欢。男子汉大丈夫，说话要算话，这一辈子，我赖定你了。"

叶小天清了清嗓子，道："凝儿啊，你要跟了我，你家里能同意？"

展凝儿道："我父亲去世早，伯父主持展家，他才不会太在意我的事。要不然，你以为我能经常游走在外？"

叶小天道："那你娘……"

展凝儿道："我娘是个极温柔的女子，很疼我的，从小就宠着我，惯着我，只要我喜欢，从不在意我做什么。"

叶小天开始头疼了："呃……可是……"

展凝儿忽然离开他的怀抱，瞪大的眼睛渐渐眯起来，威胁地道："可是什么？"

叶小天苦恼地道："这大房二房，谁大谁小，可怎么分呢？"

展凝儿瞪起眼睛道："为什么非要分个大小？俗！忒俗！俗不可耐！"

叶小天："啊？"

展凝儿霸道地道："规矩是人定的，咱自己立规矩不成吗？非得遵守别人给咱立的规矩？"

叶小天支支吾吾地道："可……可是……"

展凝儿不耐烦地道："好啦好啦，不要可是了！这件事交给我和莹莹来商量就行啦！你享尽齐人之福，心里不知有多欢喜呢！何必装出一副受尽委屈的模样，得了便宜卖乖。"

叶小天："这……"

展凝儿睇着他无语的模样，心里越来越是欢喜，忽然一笑，又忘情地扑进他的怀里，雀跃地道："真好！真好！从现在起，你就是我的人了！"

叶小天："啊……"

展凝儿的声音凶巴巴地："啊什么？我说的不对啊？"

叶小天有气无力地道："对……"

展凝儿皱着鼻子，在他胸口轻轻捶了一下，羞笑道："那你还一副不情不愿的样子，你们男人不是都喜欢小鸟依人吗？人家主动投怀送抱，你还不死不活的死样子。"

小鸟依人吗？展凝儿长腿细腰，身材颀长，顶多比叶小天矮半头，无论怎么看，都实在不像小鸟儿，除非鸵鸟也算鸟……

叶小天用右臂轻轻环住凝儿柔韧纤细的小蛮腰，迷惘地想："莫非这就是官场失意，情场得意？可官场失意时我也不怕，现在怎么有种心惊肉跳的感觉，莹莹……会杀了我的！"

·※·※·※·

冷清多年的会同馆焕然一新，因为人多了，人气足了，更是给人一种完全不同的感觉。这厢丝竹乐起，那边觥筹交错，会同馆门口又有南京守备派来的官兵把守，整个会同馆热闹非凡。

叶小天坐在一张藤椅上，太阳斜照在他的身上，他半躺着坐在椅上，一手托着下巴，直勾勾地望着前方院落中的一块奇石，一动不动。

华云飞看看滴漏，皱了皱眉头道："大哥是不是有什么心事？他可很少这么安静。"

毛问智刚打了个瞌睡，瞪大眼睛看了看叶小天，道："能有啥心事？别是想莹莹姑娘了吧？"

华云飞点点头道："有可能，大哥被困在这会同馆了，等这些柯枝使者一走，这儿又是冷冷清清，大哥蹲在这儿，怎么可能升官？"

毛问智叹了口气，道："早知如此，大哥就该拐带了莹莹姑娘离开，等孩子都生了再回来，我就不信他老夏家不认这个女婿。"

叶小天托着下巴，对他二人的话充耳不闻。他确实在想莹莹，不止想莹莹，还在想展凝儿，越想越头疼。这么两个女人，还都是身世不凡的贵女，他怎么摆得平？虽说凝儿说不用他操心，可他能不操心吗？

关于莹莹在回红枫湖前，暗示凝儿，自己同意让他们在一起的事，凝儿并没有说给叶小天知道。她觉得自己已经够委屈的了，又怎么会把这件事告诉叶小天，反正她知道这件事就行了，她就可以有恃无恐。

而叶小天若知道了这件事，再顺理成章地接受了她，会让她有种羞辱感，会以为这是在莹莹答应之后，他才顺势接受自己，她也有她的高傲和矜持，她希望在叶小天心里，她有不输于莹莹的分量。

所以，她对此事守口如瓶，只希望叶小天在不知情的情况下，依旧能勇敢地接受她。可这一来可就难为了叶小天，叶小天现在连一个夏莹莹都搞不定，如今又搭上一个展家大小姐，当真是一个头两个大。

忽然，一个小吏快步赶来，变声变色地对叶小天道："叶大使，叶大使！"

叶小天从神游天外中收了魂，抬头看向他，那小吏急道："叶大使，柯枝宰相生病了，您快去看看吧？"

叶小天吃了一惊，急忙站起，道："昨儿还好好的，怎么今天一早就病了？"

柯枝宰相的住处，几名柯枝国随员忧心忡忡地站在客堂上交头接耳，卧房里一个头上插满了羽毛、打着赤膊，肌肤黑黝黝的男子正围着柯枝宰相转来转去。

叶小天急急赶到，探头向卧房里看了一眼，奇道："那个鸟人是干什么的？"

跟着赶来的小吏忙道："大使，那是柯枝宰相带来的随从郎中，正在为他看病。"

叶小天这才明白，向那小吏问道："柯枝宰相犯了什么病？"

那小吏苦着脸道："小人也不清楚，一大早就有柯枝宰相的随员冲出来，叽里呱啦地对小人说了一通，小人也听不明白，跟着进去一看，就见这柯枝宰相脸色难看，似是十分虚弱。地上有秽物，马桶里也是。"

叶小天道："人还清醒着吧？我去问问。"

那小吏苦笑道："大使不必问了，他不止上吐下泻，咽喉似乎也有了毛病，根本说不出话来。"

叶小天怔了怔，道："除了这柯枝宰相，他们其他人可还有懂咱们语言的？"

那小吏摇了摇头。

叶小天道："这可就麻烦了，依我看，定是他昨日赴宴吃坏了东西。"

那小吏也怕这责任落在会同馆头上，说他们照料不善，一听叶小天这个"定论"，赶紧道："大人英明！"

叶小天瞪了他一眼道："还不快去礼部报与尚书大人知道。"

那小吏慌忙道:"是是是,小人这就去。"

那小吏一溜烟儿地去了,叶小天向卧房里又看了两眼,眉头便蹙了起来:"这可麻烦了,我一直找事,可就是不出事。这一回事找上了我,问题是事太大,我抗不住啊!"

第五十一章

进退两难

一

关尚书听说柯枝国宰相突生重病，不由大吃一惊，急忙带人赶来会同馆。

叶小天迎了关尚书进来，见他神色凝重地冲进房去，心中暗想："至于这么紧张吗？不就是上吐下泻吗？十有八九是一路劳顿，昨夜又山吃海喝的，肠胃不适了。等他肠胃清一清，再吃些止泻的药物不就好了？"

可关尚书并不这么想，那个年代，长途跋涉太过艰难，尤其是南洋诸国的人，泛海而来大明，如船坏舟覆、海盗劫掠、水土不服、时疫疾病等，都是可以让他们送命的事情。

曾经有三位南洋番国的国王在大明朝贡时病殁于此。这些番王到了大明当然会受到最好的照顾，可水土不服就是水土不服，本地人已经有了抗性的小病毒、小时疫，对远方而来的客人可能就是致命的疾病。

柯枝使节如今刚刚赶到金陵，而广州那边向京师禀报有南洋番邦使节来访的消息，恐怕早就快马递到了御前，皇帝刚刚亲政，就有失联两百年的番邦朝贡，皇帝岂能不喜？如果这位柯枝使节死在金陵，只怕他这位尚书大人就得引咎辞职了。

关尚书向那柯枝宰相关切地询问了一下病情，那柯枝宰相喉咙肿痛，根本说不出话，只能向他比画几个手势，旁边又没有通译，关尚书看得半懂不懂，只好随口说上几句安慰体恤的话，便从房间里退出来。

那个满头野鸡毛的番邦郎中还在房间里念念有词，转来转去，叶小天怎么看，都觉得他不像个会诊病开药的医士，倒有些像大明乡间的巫医。

关尚书到了客厅，便对叶小天沉下脸色，训斥道："你是怎么照料柯枝使节的，怎么才一晚的工夫就让使者患了重病？"

叶小天心道："关尚书这是打算推卸责任了，不好意思得很，这口黑锅我可背不起来。"

叶小天马上抗辩道："尚书大人，柯枝宰相昨夜大醉而归，马上就歇下了，今早起来，便病成这般模样，何谈下官照顾不周？依下官看来，应该是昨晚饮食不妥……"

关尚书大怒，喝道："昨日饮食有什么不妥？本官怎么没事？魏国公怎么没事？李国舅怎么没事？柯枝国这么多的副使、随员，怎么全都没事？想是你这里窗子没有关好，让柯枝宰相受了风寒，又或茶水没有及时更换，让柯枝宰相喝了凉茶，再加上他年事已高，身体虚弱，致有这般结果。"

叶小天语带讥诮地道："下官可不知道尚书大人您还懂得医术，柯枝宰相这病因，您看上几眼就瞧出来了，佩服，佩服。"

关尚书自然知道他在嘲讽自己，老脸不由一热。不过，这个责任他是真的承担不起，趋吉避凶是人的本能，任他是什么高高在上的六部尚书，到了这个时候，也是本能地想找一只替罪羊，哪还有什么担当。

关尚书冷哼一声道："牙尖嘴利！如果柯枝宰相有个什么好歹，本官绝不饶你！"

说罢，关尚书便转向柯枝国副使，奈何这副使也不懂汉语，两人只能比比画划的，对彼此的意思都不甚明白，关尚书大感泄气，只好道："这样吧，本官马上寻金陵名医来为宰相大人诊治，你等且好好照料宰相。"

说完，关尚书也不管那柯枝副使听不听的懂，便向他拱拱手，转身走了出去。叶小天跟在他的后面，关尚书到了庭院中，站住脚步，对叶小天道："本官现在就命人寻金陵名医来为柯枝宰相诊治。彼此言语不通，很多事都无法明白，本官再张榜寻访懂得柯枝国语言的民间奇士，这里就交给你了。"

关尚书说完拔腿就走，毛问智凑上来道："大哥，这老头怎么吹胡子瞪眼睛地就走了？"

叶小天道："不走又如何？他不守在旁边，才好把自己摘个干净。"

华云飞担心地道："大哥，如果这柯枝宰相真有个三长两短，那怎么办？"

叶小天仰天长叹了一声，道："如果他真的两腿一蹬见了阎王，我就得连降八级了。"

毛问智瞪着大眼道："大哥，你现在只是不入流的杂职官，连降八级，那还是官吗？"

叶小天摸了摸鼻子道："大概……会成为一个戍边的罪卒。"

华云飞和毛问智面面相觑，毛问智往四下看了看，小声对华云飞道："兄弟，快回去知会冬老头还有展姑娘、太阳妹妹，如果情形不对，咱们就马上跑路吧。"

华云飞这一回倒没觉得毛问智的话不靠谱，仔细一想，觉得唯有如此，马上答应一声，悄悄溜了出去。

关尚书借着找通译的名义，不肯轻易露面了，但郎中他还是用最快的速度给找了来，派了主客司的主事，陪着一个须发皆白，年近八旬的老郎中来到会同馆，老郎中身边还跟着几个徒子徒孙，其中两人搀扶着老人家。

按照国人的习惯，这中医是年纪越老医术越高，光看这老头白发白眉白胡子、面庞红润、精神矍铄的样子，就很能给人一种医术高明的感觉，在这一点上，便是一位尚书也不能免俗。

叶小天赶紧迎上前去，先向那位主客司的董主事见礼，又向这老郎中长揖一礼，道："未敢请教，老人家尊姓大名？"

老郎中忙道："不敢，不敢，老朽姓华，华彤。"

董主事道："这位是金陵最有名的。文东先生的弟子，现如今都开枝散叶，遍布大江南北了，个个都是名震一方的名医。"

老郎中笑道："不敢，不敢，董主事过奖了。"

叶小天欣然道："既如此，就请文东先生给这位病人看看吧，这位病患是南海番邦来的使节，皇帝陛下是要亲自接见的，老先生还请多上心。"

三人说着，便来到客厅外面，只见那些柯枝国使节一个个像热锅上的蚂蚁，正在堂上转来转去，不时交头接耳，耸肩摊手，叽叽喳喳的也不知在说些什么。

叶小天从他们昨日伴从柯枝宰相时的远近顺序，认出其中一个皮肤黎黑的中年人乃是副使，便把那位副使唤出来，领到董主事和文东先生面前，比比画划地道："副使先生，这是我们金陵的郎中，郎中，看病的，吃药……"

叶小天用右手掐着左手手腕做了个号脉的动作，怕他不懂中医，又做了个吃药的动作，然后揪起脸皮，好像药味很苦的样子。比画了半天，才往卧房中一指，道："让我们的郎中，看看？"

那柯枝副使瞪大眼睛看着他比画，等叶小天往房里一指，他仿佛明白了过来，连忙摇摇头。叶小天耐心地道："你们自己带来的郎中已经治了半天了，宰相大人的病情不见起色啊。我们这个郎中，顶好顶好！"

叶小天跷了跷大拇指，道："他，进去，看看，好不好？"

那柯枝副使又摇了几下头，叽里呱啦地说了几句。

叶小天的驴脾气上来了，笑脸一收，怒道："怎么着？你信不过咱们中医是不是？我说你们国家有什么医啊？就那个鸟人吗？我们国家也有啊，要不要我给你找几个跳大神的来屋里蹦跶蹦跶。我告诉你，小黑，你不在乎那老头子的死活，我可在乎，你们想死死远点啊，别来这里坑我成不成？"

那董主事吓得脸都变了，厉声制止叶小天道："住口！叶大使，你这是怎么说话呢，你也太不像话了！幸亏他们不懂汉语，否则就冲你这句话，就能办你的罪过。"

叶小天冷笑道："要办我的罪过，何必管他听不听得懂呢，我看你是现在不舍得办我的罪过吧！现在就定我个不敬之罪，回头那番邦宰相死了，还找谁来顶缸呢？"

董主事胀得脸庞通红，气呼呼地道："你……你岂有此理，太不像话了！"

那华彤华神医眼见两个官跟斗鸡似的争吵，无奈地道："两位大人，那……还用不用老朽为那番邦使者诊治呢？"

叶小天道："当然要！我看他们那鸟人在屋里蹦来蹦去的，也蹦不好那柯枝宰相的病，还得请你出手才成。"

董主事急急阻拦道："不能诊！要给这柯枝宰相治病，总要经过他们的人答应才成。否则，一旦这柯枝宰相难以治愈，病逝于此，这个责任我们想推都推不了啦。"

那个柯枝副使听不懂他们说的话，却看得出这两个大明官员正在争吵，他瞪大眼睛，莫名其妙地看着这两个脸红脖子粗的大明官员。

董主事和叶小天争吵了半晌，对华神医道："文东先生，请你先在这会同馆里歇下，本官这就去请示尚书大人，若是尚书大人同意，你再为那柯枝宰相诊治不迟。"

华神医自然没有意见，便由一个会同馆的小吏引去一旁厢房歇息喝茶去了，董主事横了叶小天一眼，把袖子一拂，扬长而去。

第五十二章

自做主张

关尚书听到董主事的回禀后,思量良久,摇头道:"不妥,不妥,还是让那华彤离开吧,既然柯枝国的副使不同意由我朝的郎中为他们宰相诊治,我们切不可自做主张。"

董主事颔首道:"下官也是这个意思。既然如此,那下官马上派人告知那文东先生,叫他离开便是了。"

关尚书默默地点了点头。关尚书觉得柯枝国使者带来的巫医既然治不好他们的宰相,叫本国名医出手,或者会有治愈柯枝宰相的一线可能,但是一旦失败呢?

那柯枝宰相年事已高,万一药石难医,他们不接手诊治的话,这件事牵涉的还不是很深,到时候随便推出一只替罪羊去,就算天子动了雷霆之怒,这事总还压得下来。可要是他答应让本国郎中出手,结果那柯枝宰相却抗不住折腾一命呜呼,这件事他就难辞其咎了。

到时候究竟是柯枝宰相天年已尽,还是他们误诊错医,害得人家丧命,这件事根本难有定论。所以思来想去,关尚书正好借着柯枝国使节不同意由大明郎中诊治的由头彻底置身事外,多一事不如少一事嘛。

这等心态,恰如那些医术卓绝的太医给皇帝看病,若是个寻常病人,他们出手十有八九就治好了。可是给天子看病,他们顾虑重重,治疗时非常保守,常常小病拖成大病,大病拖成绝症,原因大都如此。

李玄成、关小坤等人一直在关注叶小天的动静,尤其是柯枝国使节入驻会同馆之后,关小坤觉得机会来了,这两天和损友芮清行商量来商量去,还未想出一个利用外使入觐的机会坑害叶小天的好办法,忽然就听说柯枝国宰相病重了。

关小坤拍掌大笑道:"哈哈哈,这个叶小天,我看他这回还如何嚣张!不是不报,时辰未到啊。如今柯枝宰相在他的会同馆出了事,礼部上下定然是不愿代他受过的,只要那柯枝宰相难以痊愈,他叶小天一定吃不了兜着走!"

徐麒云笑了笑,道:"我听说,京里已经收到了柯枝国遣使朝贡的消息,正派员前来迎接,等他们到了,却发现皇上甚为器重的柯枝国宰相病恹恹地躺在榻上,甚至已经死了,那一定精彩得很。"

李玄成略一沉吟,道:"事情……未必会如你们想的一般吧,或许那柯枝国宰相只是饮食不当,用不了多久便能痊愈。"

关小坤幸灾乐祸地道:"好汉架不住三泡稀。何况我找人打听过了,那柯枝宰相的病情比腹泻严重得多,况且他六十多岁了,又是长途跋涉远自异域而来,这场病他未必吃得消。"

芮清行笑道:"如果真是这样,咱们就不用另想办法了,此事足以令他永不翻身。"

李玄成微微一笑,心道:"但愿如此!"

·※·※·※·

叶小天这厢正等着礼部的消息,可没一会儿那柯枝国副使却赶来了,神情焦急地对他叽里呱啦了一阵。叶小天根本听不懂,向那陪同他来的礼部侍卫问了问,这才知道柯枝宰相方才又上吐下泻了一阵,苦胆都快吐出来了,在马桶上坐都坐不稳,险些晕厥过去。

叶小天一听也急了,连忙指着对面耳房里的华神医,对那柯枝国使者道:"他!我们的名医!我让他去看看,成不成?你就死马当成活马医吧,要不然我看你们那老宰相可悬。"

柯枝副使连连摇头,看那样子是坚决不肯答应。叶小天恼了,怒道:"你不答应,何必来与我说,我知道了又能怎么样,真是岂有此理!"

那柯枝副使看叶小天似乎甚为恼怒,向他摊了摊双手,一脸莫名其妙的样子。

这时毛问智赶到门口,向叶小天招呼道:"大哥!"

叶小天恨恨地瞪了那个混蛋副使一眼,赶出门去,问道:"什么事?"

毛问智贴着他的耳朵小声道:"大哥,刚刚驿馆的杨驿丞送来消息,说京里已经派了礼部侍郎携圣旨赶来金陵,迎接柯枝宰相了。"

叶小天听了心中不由一沉。叶小天想了想,拔步赶去柯枝宰相的住处,那鸟人还在榻前念念有词,忙得满头大汗,被叶小天没好气地一把推开。叶小天看了看柯枝宰相的气色,老宰相脸色灰败,蜷缩在被子里,气若游丝。

叶小天眉头一皱,又离开柯枝宰相的住处,赶到大门口向远处张望,盼着礼部早早拿出决定。这时,回去报信的华云飞把展凝儿和太阳妹妹给带来了。

她们听说柯枝宰相一旦身故,不管朝廷为了给柯枝国一个交代,还是想平息皇帝的怒火,都会把叶小天当成替罪羊,急忙赶了来。不但她们赶来了,就连整天闷在房里摆弄蛊虫的冬长老也跟来了。

一见叶小天,展凝儿便急急问道:"小天哥,怎么样了?"

展凝儿昨日终于向叶小天吐露了情意,也得到了叶小天积极的回应,欢喜的她半宿都没睡着,辗转反侧将近天明才合眼,结果今天睡了个懒觉,等她起来刚刚梳洗打扮就听说了这件事,心中也替叶小天着急。

叶小天道:"我正等礼部消息呢,我看那柯枝国的巫医本事有限得很,那老宰相再不请个真正的郎中治疗一下,恐怕就要一命呜呼了。"

展凝儿和太阳妹妹此时都是一身男装,全都陪他在会同馆门口等着,过了半晌,就见远处一个差官策马轻驰而来,到了近处翻身下马,叶小天急忙趋前问道:"可是礼部有了消息?"

那差官一看叶小天的服色,忙施礼道:"卑职见过大使,好教大使知道,尚书大人已经传下命令,请那文东先生离开会同馆……"

叶小天急道:"什么?难道咱们就坐视柯枝宰相活活病死吗?"

那差官道:"叶大使,卑职只是传达尚书大人的命令,若是没有柯枝副使首肯,我们的郎中是万万不可以为柯枝宰相诊治的,否则一旦柯枝宰相病故,柯枝国人将其死因诿过于我朝,后果将不堪设想。"

那差官说完,向叶小天拱了拱手,便翻身上马,扬长而去。华云飞、展凝儿等人都围上来,急切地问道:"怎么办?"

叶小天缓缓地道:"我方才去看过了,柯枝国那位老宰相只怕真是撑不住了,如果咱们袖手不理的话,那柯枝宰相必死无疑。到时候,这笔账,他们还是会算在我的头上。"

太阳妹妹道:"那……咱们找郎中给他看看?"

毛问智道:"你没听那礼部差官说吗,如果咱们的人去给那老头看病,一旦看不好,罪过更大。"

叶小天牙根一咬,对展凝儿道:"你们都收拾妥当了?咱们随时可以走?"

展凝儿喜上眉梢,道:"怎么,你真不打算做官了?咱们这就走吗?"

凝儿心中倏地闪过一个念头:"如果小天哥不能做官,那他和夏家的赌约便输了,如此一来,小天哥岂不属于我一个人了?"这个念头刚刚浮现,凝儿便是一阵羞愧:"呸!想什么呢,你若这般无耻,可再没脸去见莹莹了。"

叶小天可不知这一刹那间,凝儿心中转过许多念头,他道:"不急,咱们先让那华神医给柯枝宰相诊治一下,如果真的救不活,咱们就溜之大吉。反正我是不会在这里等死的。"

华云飞皱眉道："大哥，咱们要给柯枝宰相治病，那柯枝国人答应吗？再说，没有礼部同意，只怕那华神医也不愿自找麻烦啊。"

"嗯……"

叶小天捏着下巴想了想，目光缓缓地落到了冬长老的身上。

冬长老还是一袭黑袍，佝着腰，眯着眼，神情呆板地看着他。

叶小天打了一个响指，振声道："不管了！拼了！"

·※·※·※·

华神医坐在耳房里闭目养着神，几个徒子徒孙不敢言语，都在旁边安静地站着。忽然，叶小天陪着一个青衣皂靴的高大老者迈步进了房间，扬声唤道："文东先生。"

华神医一张眼，见是叶小天到了，忙起身拱了拱手，道："叶大使。"

叶小天道："这位是礼部差官，带来了尚书大人的令谕。"

那青衣皂靴的高大老者向前迈了一步，佝偻着肩膀，眯着眼睛，冲着搀扶华神医的小徒弟有板有眼地道："尚书大人有命……"

叶小天见状，赶紧扳了一下他的肩膀，冬老长便朝向了华神医，继续道："人既到了大明，就得由我大明负责。尔等不必理会柯枝国随员的意见，请文东先生用心医治，谋事在人，尽心便是了！"

华神医听了，忙拱手道："既然尚书大人这么说，那老朽从命就是了。"

叶小天暗暗松了口气，马上领着华神医赶向柯枝宰相的住处，那位副使正在堂上神情焦急地同几个随员争论着什么，看他手舞足蹈的样子，神情十分激动，一见叶小天领着华神医赶来，那副使急忙迎上来。

"站着！不许聒噪！"叶小天不等他走到面前，便声严色厉地一声冷喝，那柯枝副使呆了一呆，顿时站住。华云飞和毛问智马上迎上去，拦在他们和叶小天之前。

叶小天回身对华神医客气地道："老神医，拜托了。"

第五十三章

点头不算摇头算

一

"你说什么,那叶小天胆大包天,竟然擅自命令郎中给柯枝宰相看病?"

关尚书一听董主事的回报顿时勃然大怒,他重重地一拍桌子,怒声道:"这个叶小天,真是太不像话了!"关尚书拔腿就往外走,一条腿迈出门槛,心中忽地一动,又慢慢退了回来。

关尚书缓缓踱了两步,对董主事道:"那柯枝宰相用了药后,情形如何?"

董主事道:"下官派在会同馆的人一得了消息就赶回禀报了,现今情形如何还不知道。"

关尚书捋着胡须沉吟片刻,眼皮微微一撩,道:"你的人赶回禀报的事,可曾张扬开来?"

董主事忙道:"无人知晓。"

"嗯……"

关尚书满意地点点头,对董主事道:"你继续派人盯着,这件事,咱们全当不知道,明白?"

董主事会意地点头:"下官明白,明白!"

会同馆,柯枝宰相的卧房里。柯枝宰相袒露着胸腹,脐下、胸口,插着明晃晃的银针。柯枝宰相气息平息,疲倦之下已经睡着了,任凭华神医在他腹下轻轻捻动银针,却毫无知觉。

一旁柯枝副使等柯枝国随员,眼见这白胡子老头儿在宰相大人身上插了一大堆针,一根根长针在宰相身上摇摇晃晃的,骇得他们瞪大了眼睛,大气儿都不敢出。

叶小天忍耐良久,道:"文东先生,这样就成了吗?"

华彤呵呵一笑,道:"自然不行,还需内外调理,双管齐下。不过大人尽管放心,这番邦人的病要不了他的命。"

叶小天松了口气，道："如此就好！"

这时一个小药童气喘吁吁地赶进来，对华神医道："师祖，药取回来了。"

华彤道："去吧，借会同馆的厨房，先煎一服来。"

叶小天忙示意一个驿卒陪那小药童去厨房，华彤又道："回头老朽会留下一个徒弟在这儿守着，就按老朽开的这个方子，每日一剂，三煎三煮，就算这番邦老者年岁大了，身体虚了些，三天也能见好了。"

叶小天一颗心终于放下，道："有劳神医！"

华彤的说法显然保守了一些，在他用过针灸，又给柯枝宰相服过药后，到了当天傍晚，柯枝宰相就大见起色，还让人扶着坐起来，就着两道清淡的小菜，喝了一碗碧粳粥。

休息一晚，到了第二天早上，柯枝宰相就能下地行走了，只是经过那一番折腾，脚下有些无力，说话也有些艰难。

关尚书一直在注意着柯枝宰相的情况，傍晚的时候听说他已好转，就想过来，只是时间太晚了，那时过来未免太过明显，是以挨到第二天一早，他才来到会同馆。

柯枝宰相早上吃的还是粥，这回还吃了小半个馒头，正由那副使扶着，在院子里慢悠悠地散步。关尚书在董主事和叶小天的陪同下笑容可掬地迎到柯枝宰相面前，关切地道："宰相大人，你好些了吧？"

柯枝宰相忙双手合十，向他行了一礼，微笑地道："好多了，多谢尚书大人关心。"他的声音还有些虚弱沙哑，不过气色确实好多了。

一旁董主事道："获悉宰相大人患病，尚书大人非常着急，马上赶来探望了，那时宰相大人正昏迷着，想是没有注意。尚书大人随后就命人寻访了本城最出色的郎中来为宰相大人看病，尚书大人虽公务繁忙，可一直关心着宰相的病情，这不，一大早又来了。"

柯枝宰相微笑道："有劳，有劳。"

这时，旁边那副使斜了关尚书一眼，悻悻地对柯枝宰相嘟囔了几句，关尚书虽然听不懂他在说什么，但察言观色也能明白一些，忙解释道："本官见贵国的郎中治疗不见起色，当时就想命我朝郎中诊治，只是贵国副使出于慎重，再三反对。本官不免顾忌重重，直至后来眼见宰相大人病情急切，才不得不果断下令，倒让宰相多受了许多罪啊。"

"嗯？"

一听这话，那柯枝宰相眸中猛然掠过一丝厉色，霍然扭头看向那个副使，用柯枝国语厉声质问了几句，那个柯枝副使满面惊慌，指天划地大声辩解着，语速极快。

柯枝宰相皱了皱眉，又对关尚书道："尚书大人，我这副使说，你们带了贵国的郎中来时，他便马上同意由你们的郎中进行诊治了，并未进行阻挠啊。此事……"

关尚书一听，心中倏地一转，暗想："莫非柯枝国政斗激烈，这副使是柯枝宰相的对头派来的，有意拖延他的病情？他当时明明坚决反对来着……"

关尚书的表情也严肃起来，马上道："怎么会呢，虽然本官与贵国副使言语不通，但彼此的手势却也能看明白几分，本官欲命我朝郎中入内为宰相诊病时，贵国副使连连摇头，就是不肯哪。"

柯枝宰相听了关尚书的话不禁豁然大笑起来："哦？啊……哈哈……咳咳咳………哈哈……"

· ※ · ※ · ※ ·

轻烟楼上，李玄成四人又凑到了一起。芮清行不敢置信地道："你说什么？他们柯枝国摇头表示同意？点头才是反对？"

关小坤恨恨地道："谁说不是呢？真叫古怪。柯枝宰相这是痊愈了，要是真的双腿一蹬，只要京城通译馆里的人会说柯枝国语，弄清楚柯枝副使的意思，也无法从重处治那叶小天啊！要是咱们大明始终不肯派人诊治，等那柯枝宰相死了，他那副使向天子投诉，反倒我爹倒霉，想起来真是晦气。"

李玄成眉头深锁，若有所思地道："想不到这叶小天气运如此之盛！"

"气运？"

关小坤不屑地冷笑："他要是有大气运在身，就不会是个不入流的杂职小官了。只是他歪打正着，走了狗屎运罢了。"

芮清行皱了皱眉道："京里来使就快到了，等他们把柯枝使者接走，那会同馆又清闲下来，再想找他的岔子可就难了。"

关小坤心有不甘，想了想，突地双眼一亮，道："国舅，如果钦使到了，金陵地方也得设宴款待吧？而且钦使势必也要与那柯枝国使节亲近亲近。到时候，国舅您也会出席的，对吗？"

李玄成矜持地一笑，道："只要本国舅还在金陵，自然少不了本人的一席之地。"

关小坤两眼放光，对李玄成道："既然如此，那小坤却要请国舅爷行个方便了。"

李玄成奇怪地看了他一眼，道："你想做什么？"

关小坤脸上掠过一丝狠色，凑到李玄成耳边，对他窃窃私语了一番。

李玄成微微一惊，迟疑道："这个……会不会闹得太大了些？"

徐麒云和芮清行没听见他说的什么，不禁都露出心痒难搔的神色。

关小坤不以为然地道："咳！这事有什么大不了的，到时候出糗的不过是他叶小天，对我大明朝廷来说，固然是一件失仪的事，可说到底，不过就是因为一个小官失误，小小丢了点面子。"

关小坤又压低嗓音，小声道："到时候，我可以叫人在重译楼做好准备，只等叶小天那边出了岔子，国舅你就出面，把大家领到重译楼来，这事的影响便可以减至最小。但是有钦使在，有我爹在，又有柯枝国的宰相在，你想想，对那叶小天的处置，会轻了吗？"

李玄成低头沉吟不语，其实把关小坤引出来斗叶小天，本就是他一手策划。只不过关小坤对他的心机一无所知罢了。他比关小坤更想让叶小天垮台，关小坤是出于恨，只想泄恨。李玄成却是因为爱，他知道只要叶小天不倒，他就没有机会赢得那位夏姑娘的芳心。

可是比起关小坤的胆大妄为来，李国舅的胆子要小了许多。虽然他贵为皇亲国戚，但李太后对家人一向约束甚严，他的父亲和两位兄长有什么过格的事情，一旦被他的太后姐姐知道，必定唤进宫去，严加训斥。

他一则年纪最小，二则性格恬淡，很少惹什么是非，所以太后姐姐从未训斥过他，对他也就特别的宠爱。可父兄的教训摆在那里，李国舅平素还真不敢有什么太出格的举动。

关小坤见他犹疑再三，不禁道："国舅，我关小坤都不怕，你当今皇帝的舅父，总不至于就怕了吧？再说，这件事你知我知，天知地知，又怎么可能传扬出去？"

李玄成狠了狠心，咬牙道："成！我就帮你这一次，只是……无论成败，这件事万万不可牵扯到我。"

关小坤大喜，拍着胸脯道："国舅放心，我关小坤最讲义气，断然不会牵连朋友！"

会同馆一幢前庭后苑的雅致所在，展凝儿从包袱里一件件地往外掏着衣服，嘟囔道："本以为可以回贵州了，这可好，只是从驿馆换到了会同馆，弄不好还要在这儿长住呢。"

叶小天干笑道："怎么会。实在不成，等把这柯枝使节对付走了，我就去求张尚书。虽说他是兵部的，可我这么小的官儿，调动起来很容易，只要他出面说句话，吏部不会不给面子。但现在却是走不了的，谁肯此时接我的担子？"

展凝儿一听，转嗔为喜，丢开掏了一半的衣服，喜滋滋地跑到叶小天面前，抱住他一条胳膊，撒娇地道："那……咱们回贵州路上，你去我家一趟好不好？"

叶小天吓了一跳，迟疑地道："去你家？呃……没有这个必要吧？"

展凝儿杏眼一瞪，嗔道："什么叫没有这个必要？"

她垂下头，羞答答地道："你……你都答应人家了，总要带你去见见我娘嘛。"

叶小天叫起了撞天屈："谁答应你了，冤枉啊，我那是柯枝国的规矩，点头不算摇头算！"

"哼！"

展凝儿的剑正放在榻沿上，叶小天一语方了，寒气森森的剑锋就架到了他的脖子上，柳眉倒竖，杀气腾腾。

叶小天不敢开玩笑了，赶紧双手高举，道："答应了，答应了！我答应了！"

展凝儿哼了一声，道："再敢耍赖，我就切了你！"

叶小天涎着脸道："要是切了，你还能用吗？"

凝儿俏脸一红，犹自嘴硬地道："反正，我不用，别人也别想用！"

叶小天心中一荡，不免便靠近了些，挑眉佻眼地道："那……今晚，咱们就用用呗。"

凝儿把利剑一横，挡住了他渐侵渐近的身子，脸红红地丢给他一句俏皮的陕西话："少来！看把你娃骚情的。"

第五十四章

再使一计

一

叶小天虽然归心似箭,却也清楚在这个时候是不宜请兵部张尚书出面帮他打点的,一切都得等柯枝国使节离开金陵再说。是以这段时间里,叶小天打起精神,精心照料,只盼把这些人送走,再琢磨调回贵州的法子。

又过了两天,柯枝宰相身体彻底痊愈,魏国公、李国舅和关尚书陪着他去了一趟栖霞山,祭拜当年病死在大明的那位柯枝国王子。祭扫行动的次日,京城礼部的侍郎大人林思言便率人赶到了金陵。

别看林思言只是礼部侍郎,比南京的这位礼部关尚书低了一级,但是南京的官含金量和北京的官区别还是很大的,南京六部的权力远不如北京六部。

当然,南京六部也不是虚设的官儿,因为南直隶下辖着十五个府和三个直隶州,相当于后世的江苏、安徽两省再加上上海,这么大的地方却不设布政司、按察司、都指挥司三司,统由南京六部负责,权力自然还是有的。

这其中以南京户部和南京兵部权力最重。

南京户部负责征收南直隶以及浙江、江西、湖广诸省的税粮(此四地所交税粮几乎占了明帝国的一半),同时还负责漕运、全国盐引勘合及全国黄册的收藏和管理。南京户部侍郎因此经常兼任总理粮储。

南京兵部则负责南京地区的守备,南京地区的四十九个卫,都隶属南京兵部尚书指挥。南京兵部尚书一般挂"参赞机务"衔,会同镇守太监和南京守备勋臣共同管理南京的全部事务。

至于南京吏部,则负责南京地区官员六年一度的京察考功,北京吏部不得干涉。南京刑部则负责南京诸司、公侯伯府、京卫所的刑名,南京工部的职责与北京工部相仿,只是管辖地区限于南京及附近各省。

比起南京六部的其他各部,南京礼部的职权最小,因为明朝皇帝很少来南京,南京礼部的礼仪祭祀活动不多，而且礼部最大的权力就是科举，可进士考的权利又属于北京礼部，南京礼部只有贡试权。

贡试考出来是贡士，贡士比举人高一级，又比进士低一级，是个比较鸡肋的职称。因此林侍郎一到，关尚书便亲自前往迎接，之后又陪他去会见柯枝宰相，并且拜会魏国公和李国舅，把姿态放的极低。

叶小天听说京师来了人，一颗心顿时放心了下来，马上抽个时间去见张泓愃，请他帮忙要调回贵州。张泓愃对叶小天的想法根本不能理解，听说他想调回贵州，极力挽留他留在金陵。

但叶小天主意已定，哪肯答应，张泓愃见劝不动他，只好答应，等父亲回来，便替他说项。叶小天谢过了张泓愃便回转会同馆，一进会同馆，早就等在那里的毛问智和华云飞便迎上来，毛问智道："大哥，有个礼部的那啥……会客的那啥，要见你。"

叶小天愣了愣，道："什么那啥，那啥？"

华云飞忍笑道："大哥，是礼部主客清吏司的主事，姓郑，等你有一阵子了。"

叶小天急忙赶到会客厅，就见一个官跷着二郎腿坐在椅上，正慢悠悠地喝着茶，见叶小天进来，他只是撩了撩眼皮，并没有什么动作。

叶小天现在只想安安稳稳地把柯枝国使节送走，再通过兵部张尚书的关系调回葫县，无心起刺挑事，便毕恭毕敬地拱手道："郑主事，不知召见下官所为何事？"

郑主事放下茶杯，慢条斯理地问道："你，就是会同馆大使叶小天？"

叶小天颔首道："正是！"

郑主事用鼻音"嗯"了一声，道："后日，京师礼部林侍郎，要在会同馆宴请柯枝国使者，南京六部、都察院、通政司、五军都督府、翰林院、国子监等衙门的官员，魏国公、李国舅等功臣国戚，还有南京镇守太监都要参加，这件事你要上心了。"

叶小天吃了一惊，忙道："郑主事，宴请外使，何不去重译楼呢？这么盛大的宴会，这会同馆只怕举办不来啊。"

郑主事不耐烦地道："大人们想在哪儿举办宴会，难道还得听你安排？"

他顿了顿，又道："一则嘛，上次柯枝宰相在重译楼赴宴，之后生了重病，难免有些顾忌。再者，这一次林侍郎是代表朝廷，在会同馆举办宴会，这才符合地主的身份。"

郑主事站起身道："你放心，歌舞娱乐方面，由教坊司全权负责。宴会举办由我主客司全权负责，你只负责膳食供应，问题不大吧？"

叶小天道："实不相瞒，会同馆的厨子有限得很，上一次尚书大人虽临时拨来几人，也只是能供应外使日常膳食。举办这么大规模的宴会，只怕他们既无那个手艺，也没那么大的人手。"

郑主事道："你放心好啦，巧妇难为无米之炊的道理我还不懂？礼部拨的银子马上就到，今明两天，你们尽快采买足够的食材，本官会再派些烹饪技艺出众的大师傅，助你操办饮食。"

叶小天松了口气，道："如此，那下官就放心了。"

因为要举办盛大宴会，不仅南京的头头脑脑全部出席，还有京里贵客和南洋来使，是以礼部非常重视，采购食材的银子很快就送来了，紧接着十多个大师傅领着近百个徒弟也进驻了会同馆。

这些大师傅定了一份食材单子，叶小天安排人带着食材单子出去采买，为了避免买到假货，还请一位主厨大师傅派了两个得意弟子陪同前往。

次日一整天，整个会同馆都为来日的大宴忙碌着，到了第三天，因为宴会在傍晚时分开始，整个会同馆更是热火朝天。

礼部的人赶来布置宴会厅，教坊司的人赶来安排歌乐舞蹈，会同馆的人则在那巨大的厨房里料理各种食材，水陆八珍、各色珍馐，全都准备停当，随时可以下锅煎炒烹炸，至于煲汤，一大早就已经炖上了。

到了傍晚的时候，宴客厅上张灯结彩，喜庆气氛浓重，礼部人员纷纷到位，各处井然有序，但是作为幕后的膳房，却是更加的紧张忙碌起来，厨房里几十口功用各有不同的炉灶全都灶火熊熊。

不知多少年了，这些冷灶都没生过火，此时却全都喷吐着火焰，一口口大小不一、材质不一的锅子热气腾腾，厨师和帮厨们忙忙碌碌，走马灯般来来往往。

叶小天放心不下，亲自赶到厨下，眼见众人忙得不可开交，干脆挽挽袖子，和毛问智、华云飞加入了帮厨的行列，至于展凝儿和太阳妹妹两位姑娘，在这种场合反而帮不上忙，再加上厨下都是挥汗如雨的臭男人，二人就只能站在院子里干着急了。

毛问智来来回回地往各处灶间掌握火候的厨子面前送着木柴和木炭。华云飞帮着清洗各色配菜，叶小天身上穿着官袍，头上却系了个白头巾，头巾还扎出两个小犄角，替下一个不小心切了手的帮厨，挥舞着两把菜刀，帮他剁着肉馅。

礼部主客清吏司主事郑乔升慢悠悠地踱到了厨房门口，往里边看了看，见叶小天等人正帮厨忙碌着，目光一转，便看向他派来的一个主厨。那大厨正袖手看着徒弟绰鱼翅，目光与郑乔升一碰，轻轻点点头。郑乔升便微微一笑，转身离开了。

等到时间差不多的时候，叶小天才离开厨房，洗了把脸，重新戴好官帽，去前边等着迎接各位来宾，其实他虽是会同馆大使，但是在这样重要的晚宴中，已经彻底沦为厨房大管事，接迎宾客的事自有礼部两个员外郎负责，根本轮不到他这个级别的人出面，不过他还是要陪同的，尽管像他这样的角色，那些大人物根本不会多看一眼。

可也有趣，叶小天官职虽小，同他打招呼或者向他行注目礼的大人物还真不少，吏部、刑部、礼部的大员们都认得他，李国舅、顾三爷等人也都认得他，叶小天被大人物们行注目礼的待遇，便是那两个员外郎都没有的。

等那些人纷纷进了宴客大厅，叶小天就没资格进去了，他候在廊下，等着厅中消息，各路官员陆续赶来，差不多半个时辰之后，郑乔升郑主事匆匆从里边出来，一见叶小天正等在那里，便道："宴会开始啦，快上菜。"

叶小天答应一声，教坊司派来的一队彩衣婀娜的俏婢便跟着他回转了膳房，叶小天站在门口冲里边大声喊道："几位大师傅，菜肴都准备好了吧？宴会开始了。"

一个大厨抓起搭在肩上的汗巾擦了擦脸，扬声答道："叶大使，菜都备好了，都按次序放在桌上呢。"

叶小天忙闪过一旁，对那队俏婢道："姑娘们，地上湿滑，走路小心些。"

那些俏丽的侍婢跟穿花蝴蝶似的闪进厨房，一个俏婢提起两只食盒，返身刚刚走出两步，只听"哗啦"一声，两摞食盒的提环都脱了扣，里边盛好菜肴的盘碟撒了一地。

旁边一位姑娘"哎呀"一声，急急往旁边一闪，臀部碰到长长的食案上。只见那食案摇晃了两下，突然散了架，上边无数道精美的菜肴全都跌到地上，摔得一塌糊涂。

眼见如此一幕，所有的人都惊呆了。

第五十五章

当机立断

"怎么会……"

叶小天张大了嘴巴,惊怔在那里。

"出什么事了?"

郑主事适时出现了,一见厨下情形,顿时大惊失色,向叶小天怒喝道:"叶大使,看看你干的好事!今晚宴会如此重要,你这是要令我大明在番邦使节面前丢尽脸面吗?我这就去禀报尚书大人!"

"你给我站住!"

叶小天突然明白过来,眼见如此诡异的一幕,他怎么可能还不知道是有人捣鬼,马上向那郑主事大喝了一声。那郑主事根本不理他,急急向外就走,叶小天冲凝儿一努嘴,展凝儿二话不说,飞起一脚,把郑主事踹得倒飞回来,仰面摔倒在厨房门口。

郑主事惨呼连连地道:"哎哟!你……你们好大的胆子,你们竟敢殴打本官。"

叶小天冷冷一笑,走到他身边慢慢蹲下,勾起他的下巴,一碰叶小天那冰冷的眼神儿,郑主事心中一凛,那惨呼声顿时停止了。叶小天一字一句地道:"郑主事,这件事,是出自你的授意吧?"

郑主事色厉内荏地道:"你……你胡说什么?你这厨房条案也不知有多少年没用了,早就腐烂不堪,你既负责膳食,却不早做检查,致有这般大错,竟然还想嫁祸给我?"

叶小天森然一笑,道:"不用急着否认,郑主事,我有的是法子叫你实话实说。"

叶小天一扭头,沉声道:"凝儿,哚妮。"

展凝儿和太阳妹妹马上走到他身边,叶小天道:"把这小子带去见冬长老,我要听他的实话!"

"好!"

展凝儿答应一声，一伸手就揪住了郑主事的衣领，郑主事挣扎道："你们干什么，放开我，我要去向尚书大人告你的状，我一定要严惩你！"

展凝儿根本不听他放屁，揪住他的衣领拖起就走，郑主事根本站不起来，被展凝儿拖死狗似的拖了下去，太阳妹妹自然相信叶小天的判断，眼见郑主事聒噪不断，还恨恨地踹了他一脚，喝道："你闭嘴！"

郑主事坚贞不屈，道："我不，我就要……"

太阳妹妹一扬长，一条肉乎乎的虫子就飞进了郑主事的嘴巴，郑主事怔了怔，奇道："这是什么？"

那虫子一进嘴巴，就蠕动着爬进了他的嗓子，郑主事又惊又怕又觉恶心，顿时干呕起来。

厨下众人眼见叶小天发了彪，把他的上司都痛殴了一顿，看样子还要拉下去用私刑，不由都窃窃私语起来，那些彩衣俏婢更是花容失色，怯怯地就想逃开。叶小天厉声喝道："没有我的允许，谁也别想走！否则，可别怪我不客气了。"

一听叶小天这么说，华云飞马上从案上抓起一把拆骨尖刀，往厨房门口冷冷地一站，毛问智则大步流星，赶到院门口，拎起门后竖着的闩门杠子，横在胸前，往院门口一挡。

叶小天皮笑肉不笑地道："各位大师傅、各位大姑娘，你们不必惊慌，你们之中，有人想坑我呀，不过你们放心，冤有头，债有主，我叶某人是绝不会牵连无辜的！"

叶小天说完，往一片狼藉的厨房里看了看，蹙眉一想，忽地整了整衣冠，转身就向外走，叶小天大步流星地走到院门口时，停顿了一下，高声撂下一句话："没有我的吩咐，谁都不许走！"

· ※ · ※ · ※ ·

宴客大厅内高朋满座，其乐融融。灯笼火烛照得堂上明亮如昼。厅前红地毯上，教坊司八位舞娘正翩跹起舞，两旁及上首条案上摆放着各色瓜果小吃，案后坐着各位大员。

最上首坐的是京里来的林侍郎、柯枝宰相和魏国公、李国舅。至于南京六部的尚书、侍郎和都察院、御史台的重要官员，都坐在左右两侧。

忽然有个柯枝国的随员走到柯枝宰相背后，悄声说了几句什么，柯枝宰相便向众人告了声罪，起身离开了。过了一会儿，柯枝宰相又返回来，回到席前坐下，看样子，刚刚好像是去方便了一下。

李国舅也未在意，更未注意到柯枝宰相回来的时候，随他一同回来的那个随员正依次走到柯枝国的副使、随员们面前，一一悄声传达柯枝宰相的指示。

李国舅知道今晚必出大事，眼见堂上如此热闹，宾主谈笑，一团和气，想到一会儿因为那件意外，众位高官大员难堪难看的脸色，不由微微一笑，举起杯道："宰相阁下，我大明钦使奉圣命而来，今日为了款待贵使，不但准备了优美的歌舞，还为你们准备了精美的食物和美酒。"

　　柯枝宰相微微一笑，双手合什道："感谢大明国大皇帝陛下对我们的礼遇，感谢诸位大人如此热情的款待，外臣感激不尽。我国愿永为大明藩篱，永结友好之邦。"

　　林侍郎笑道："宰相大人客气了。"他向柯枝宰相客套几句，扭头悄悄问一个侍从，小声道："怎么还不上菜？"

　　那侍从忙道："卑职去催一下。"

　　李国舅就坐在他旁边，听到这话不由冷冷一笑："好戏……要上场了！"

　　司仪官站在门厅里，焦急地向人询问："怎么膳房还不上菜，侍郎大人已经有些不悦了。"

　　这时一个差官从门口急急进来，对他道："来了来了，膳房送菜来了。"

　　那司仪官松了口气，连忙高声唱道："盛宴开始！"

　　门口先迈进一只脚来，接着出现一只金光灿烂、造型华美的铜锅，那上菜人的脸都被锅子挡住了，根本看不清他的模样。李玄成听说盛宴开始了，不由心中一奇："莫非关小坤失手了？厨下还有菜可上吗？"

　　两排舞姬云袖一甩，向门厅两侧退下，那人捧着锅子，迈着稳健的步伐，迎着这两排舞娘大步走上来，仿佛一舟破浪而出。在他后边，还跟着一排人，个个手中捧着同样的食具。

　　那人大步走到上首席前，把那铜锅往柯枝宰相面前一放，这才露出他的脸来，就见此人青衣小帽，穿着一身仆从的衣服，眉眼俊俏，正是叶小天。李玄成微微一呆："叶小天？怎么是他上菜，还换了这样一身衣服，他这是上的什么？"

　　李玄成目光刚往叶小天身前放下的铜锅望去，毛问智已大步走到他的面前，也放下了一口铜锅，李玄成目光一垂，顿时又是一呆："这不是打边炉吗？"

　　华云飞走到林侍郎面前，弯腰放下一口锅子，林侍郎看得目瞪口呆，他怔忡了一下，微微侧了侧身子，对魏国公小声道："国公，这不是涮锅子吗？怎么……怎么贵地精心准备，国宴一般的规格，就吃涮锅子？"

　　魏国公也有些莫名其妙，微微侧了身，对林侍郎道："应该还有别的菜吧，只是……第一道菜先上涮锅子，确实有些莫名其妙，如今外使当面，先别提这些。"

　　林侍郎连连点头，道："暂且不提，暂且不提。"他咳嗽一声，拿起筷子，对柯枝宰相道："啊……宰相大人，这是我大明极具特色的一道菜，请宰相大人品尝一下！"

柯枝宰相微微一笑，道："好！却不知这道菜叫什么呢？"

林侍郎张口结舌，道："啊……这道菜……这道菜……"

叶小天朗声道："宰相大人，这道菜，叫天下一品太平锅！"

柯枝宰相望了他一眼，颔首道："天下一品太平锅，好名字，好名字啊！"

林侍郎强笑道："对对对，这道菜……叫天下一品太平锅。"

众大臣面面相觑，神气古怪。

这时候，那些彩衣侍婢也都跟了进来，手里托着食盘，上边盛着各色青菜、肉片、鱼丸和蘸料，往各位官员面前一放。众官员见了，不免交头接耳，议论纷纷，只是当着柯枝国使者，他们哪怕一肚子迷惑，这时也得揣着糊涂装明白，不敢露出一点异色。

那些俏婢脸色都不大好看，花容失色，俏脸煞白，放下各色食料，便匆匆退下，有人退出客厅，便急急拾起翠袖拭了拭额头的冷汗："这位叶大使也太能糊弄了，精心炮制的菜肴毁了，他竟鼓捣出个打边炉，这能混得过去吗？"

可是令所有人意外的事，那柯枝宰相笨拙地拿着筷子，学着其他人的模样涮了涮肉片儿，蘸了蘸料一尝，却是眉开眼笑，马上赞不绝口地道："好吃！非常好吃！太美味了，自我来到大明，这是我吃过的最可口的一道菜！"

林侍郎如释重负，赶紧道："哈哈，宰相大人喜欢就好。来来来，众位大人，咱们一起来品尝一下这……天下一品太平锅！"

"请请请……"众官员拈起筷子，纷纷涮起了锅子。李玄成挟起一片肉来，越想越憋屈，又恨恨地放下，心想："这究竟是怎么一个情况，这样子他都没事？"

更让他郁闷的是，这一晚就只这么一道菜，可是不止柯枝宰相赞不绝口，那些柯枝国的副使随员们更是一个个地挑起大拇指！连连表示满意，甩开腮帮子吃得乐不可支。

李玄成恨恨地想："吃个涮锅子就美成这样了！吃吃吃，怎么不撑死你们，一群没见过世面的南洋土鳖！"

第五十六章

撕破面皮

一

晚宴结束，众官员纷纷带着古怪的神情告辞离去，最后只剩下魏国公、李国舅、关尚书和林侍郎。这几人向柯枝宰相告辞后，还要送林侍郎去馆驿住下，之后才会各自散去。

就在这时，叶小天突然又出现了。叶小天此时已经换回官袍，忽然趋前向柯枝宰相深施一礼，高声道："多谢宰相大人。"

柯枝宰相呵呵一笑，抚须道："叶大使客气啦。若非你坚持己见，我这把老骨头只怕就要葬送在这里了，你可是我的救命恩人呢！这举手之劳的事情，怎么能不帮忙呢。"

林侍郎倒没认出叶小天就是刚才上菜的那个人，一见会同馆的小官竟然未经他们允许，贸然闯过来同柯枝国宰相说话，心中有些不悦，微微蹙眉道："你是会同馆大使？怎么这般不懂规矩！"

叶小天不卑不亢地对他道："侍郎大人，下官要是一切都按照规矩来，只怕自己怎么死的都不知道了。"

林侍郎微微惊讶，沉声道："你这话从何说起？"

李国舅暗觉不妙，这晚宴进行到现在这一步，他已经清楚关小坤的计划算是彻底破产了。如今一见叶小天态度如此强硬，就知道他必然知道了些什么，可他没有想到叶小天竟敢不顾关尚书的面子，当众撕破脸来。

叶小天看了一眼柯枝宰相，拱手道："宰相大人乏了，还请早早歇息吧。"

柯枝宰相明白人家众官僚间的恩怨，他不宜在场，不禁微微一笑，向魏国公等人团团一揖，道："承蒙各位大人热情款待，老夫感激不尽。老夫如今有些醉了，这就歇息了，再会，再会！"

柯枝宰相团团一揖，也不等众人寒暄结束，便与副使转向自己住处。林侍郎到此地步，知道今晚这宴会必有极大蹊跷，也顾不及挽留柯枝宰相。待他离开，便向叶小天道："今日晚宴为何变成了火锅宴，你方才所言又是什么意思？"

叶小天道："下官三言两语的也说不清楚，不如就由礼部的郑主事说给诸位大人听听。"叶小天向旁边一闪，就见一个官，垂着两条手臂，一副失魂落魄的模样走过来，看他脸色煞白，好似见了鬼一般。

关尚书一见此人，不由眉头一皱，道："郑乔升，今日这晚宴，究竟是怎么回事，幸亏那柯枝国人不明我中原情形，还真以为这涮锅子是什么稀罕少见的菜肴，否则必然以为我等轻慢，难免惹出是非。"

郑乔升张了张嘴，忽然双膝一软，"扑通"一声跪了下去，哆哆嗦嗦地道："尚书大人、侍郎大人，国公、国舅，诸位大人。下官知罪，下官知罪啊！"

魏国公和林侍郎等人面面相觑，李国舅的脸色已变得十分难看，关尚书不解地道："郑乔升，你究竟有什么话，速速道来。"

"是！是！"

郑乔升先被太阳妹妹整治了一番，落到冬长老手中后，更是被折腾的死去活来，等他迷迷糊糊招认了一切，又见识了冬长老更加可怕、更加难以想象的神奇蛊术之后，他的心理防线彻底崩溃了。

现在郑乔升只记得他肚里有两条虫，只要那个看起来阴森森的秃顶老头不收回他的虫子，那大虫子就会生小虫子，当他肚里全是虫子的时候，那些虫子就会把他的心肝脾肺肾统统吃个精光。

而那个看起来很甜美、很可爱，嘴巴小小，眼睛大大的小姑娘也在他肚里放了一条虫，如果不能及时把那虫子取出去，那虫子就会爬进他的脑子，吃干他的脑髓，在此期间，他会痛不欲生，还会变成一个禽兽不如的疯子。

如此情形之下，郑乔升哪里还敢隐瞒，当即就把关小坤如何找到他，他又如何授意厨师做手脚，蓄意破坏今日晚宴的情况说了一遍。不等他说完，关尚书的脸色已经铁青一片。

一旁，叶小天慢悠悠地道："各位大人，那柯枝国使者虽说来自蛮夷之地，可贵为一国宰相，又岂能没有这点见识，一个涮锅子便能瞒得过他们，还被他们当成世间最美的美食？

呵呵，今日晚宴没有闹得大家下不来台，那只是因为晚宴之前，下官先去见了柯枝宰相，说明出了意外，请柯枝宰相配合一下，不要在这样正式而隆重的外交场合闹得大家下不来台。"

林侍郎深深地看了叶小天一眼，缓缓地道："这么说，这个关小坤是因为与你的私怨而寻衅报复了？这关小坤是何人，为何能指使郑主事为他做事，与你又有何恩怨？"

　　林侍郎这样一问，关尚书的脸色更加难看了。上次因为他儿子盗窃赈银，闹出好大一场风波，幸亏张泓愃等人有所顾忌，不愿替父辈结下仇人，这才大事化小，想不到今日这桩丑事终究还是要被人揭穿，而且是当着京里官员的面。

　　叶小天看都不看他一眼，此事关尚书是否知情，他不知道，也不想知道，既然关小坤得寸进尺，如此胆大妄为，他还有什么顾忌的？舍得一身剐，敢把皇帝拉下马。那关小坤都骑到他头上拉屎撒尿了，要不是他今日果断处置，查清真相，又与柯枝宰相有段善缘，得到了柯枝宰相的配合和帮助，今日这一关他就过不去。既然如此，他也不用遮着掩着了。

　　叶小天当即声音朗朗，把他如何与关小坤结怨，关小坤如何盗窃赈银，他们如何高抬贵手的经过，对这京城来的林侍郎毫不隐瞒地说了一遍。林侍郎听到一半，眉头就紧紧地皱了起来，他冷冷地乜了关尚书一眼，淡淡地道："这关小坤是尚书大人的儿子？"

　　关尚书的颊肉轻轻抽搐了几下，低声答道："正是犬子！"

　　林侍郎沉默了片刻，道："柯枝国逾两百年不曾朝贡，今日复来朝觐天子，皇上欢喜得很。如果在接待来使过程中，因为失误，酿成什么有辱国体的事来，恐怕你我都承担不起！不过……"

　　林侍郎话锋一转，又道："幸亏叶大使处理得宜，今日才没有酿成大祸，否则这桩丑闻，只怕陛下面前，你我等人都无法交代。如今……这件事，本官只当不知道，如何处理，关尚书你就看着办吧！"

　　关尚书老脸发青，无地自容地道："老夫惭愧，多谢林大人成全。大人放心，这件事关某一定妥善处理。"

　　林侍郎轻轻一笑，绵里藏针地道："如此最好！本官有些乏了，这就回馆驿歇下了，国公爷、国舅爷、关大人，林某告辞，不劳远送！"

　　林侍郎把袖子轻轻一拂，昂然走出两步，看见旁边的叶小天，又听出脚步，对他点点头道："叶大使，你很好！今日的事，幸亏了你。这件事你就不要张扬了，尚书大人会妥善处理的。"

　　叶小天见好就收，马上拱手道："下官遵命！"

　　林侍郎点点头，也不理身后关尚书的脸色如何难看，便扬长而去。

　　他是京官，与关尚书没什么私交，此次他来南京作为钦使迎接柯枝宰相，任务极其重要，如果有点什么过失，他也难辞其咎。现在关尚书家的纨绔儿子为了个人私怨，不知轻重，干出这种事来，险些牵连到他，他心中岂能不怒。是以对关尚书没有半点好脸色。

关尚书眼看林侍郎扬长而去，咬紧牙关，又羞又愧地向魏国公和李国舅拱了拱手，迈开大步，风风火火地去了。魏国公和李国舅互相看看，也默不作声地跟了出去。

魏国公回到府邸，世子徐弘基马上赶来问安。魏国公府的家教甚严，尤其是对世子，要求的规矩更多，徐弘基每日必问安，每餐必在左，对父亲恭敬得很。这回等他到了面前，不等说话，魏国公便劈头问道："麒云呢？"

徐弘基怔了怔，小心地答道："六弟好像去轻烟楼了，同他几个朋友……"

魏国公截口道："什么朋友？就是关家、芮家那几个孩子？"

徐弘基道："是！"

魏国公道："你去，马上把他给我带回来，告诉他，以后少跟那些人来往。再叫老夫听说他们有所往来，打断他的腿！"

徐弘基不知道发生了什么事，却看得出父亲极为不悦，赶紧答应一声，匆匆退了出去。

关尚书快马加鞭回到家，一进府门便问："小坤呢？"

得到家人回复后，关尚书道："你马上去轻烟楼，把他给我带回来，我在祖祠等他！"

关小坤正在轻烟楼上等着郑主事的好消息，庆功宴都摆下了，可左等也不来，右等也不来，关小坤按捺不住，正欲使人去会同馆打听消息，忽有家人急急赶来找他回府。

关小坤还没问明白怎么回事，魏国公世子徐弘基也到了，把他的六弟徐麒云急急唤回了府去，关小坤向家人一问，得知父亲在祖祠等他，就知情形不妙，他提心吊胆地回了家，本想先去知会母亲一声，以便紧要关头有人说情，不想关尚书早已想在头里，在门口安排了人，他刚一到家，就被强行带到祖祠去了。

祖祠里面阴森森的，就点着两根蜡烛，关尚书坐在椅上，于昏暗的灯光下就似泥胎木塑一般，身子一动不动，脸上毫无表情。关小坤战战兢兢进了祖祠，怯生生地道："父亲！"

关尚书一声低喝："跪下！"

关小坤吓得一哆嗦，赶紧在祖宗牌位前跪下。黑暗中一阵硬物拖地的声响，关小坤扭头一看，顿时一阵心惊肉跳，就见两条魁梧的大汉，各自拖着一条大杖出来。

关小坤惶恐地叫道："父亲！"

关尚书闭着眼睛，从牙缝里迸出几个字来："给我打！打折他的腿！"

第五十七章

一心向西

一

　　三月的阳光温暖而不燥烈，这样的阳光正适合坐在微风的院子里，沐浴在阳光下，享受那种暖暖的、极舒适的感觉。

　　老张是会同馆的老人了，他十八岁那年从父亲手里接过这个差使，如今已经四十七岁，在他的印象里，会同馆始终是个鸟不拉屎的清闲衙门，他在这里生活了大半辈子，直到这几天才算见识到了什么叫作热闹。

　　清闲惯了的人，一旦忙碌起来，还真觉得有点吃不消。往常清扫院落，他有一天的时间可以消磨，可现在得一大早就打扫好，所以当他扫完院子的时候，已经觉得腰酸背痛了。

　　与他一同负责洒扫的是老王，老王比他还大三岁，也是子继父业的会同馆杂役，两个人扫完院子，搂着扫帚坐在石阶上，一边晒着太阳，一边摆起了龙门阵，聊的自然就是昨晚那场宴会。

　　老张神秘地道："老王，你听说了吗？昨儿个京城来的钦差大人宴请柯枝国宰相的时候，吃的居然是火锅，嘿嘿。"

　　老王不屑地撇撇嘴："神神秘秘的，就这么点事。宴会之后发生了些什么，你知道吗？"

　　老张奇怪地道："宴会之后还发生啥事了？"

　　老王嘿嘿一笑，往四下看了看，压低声音道："咱们那位大使老爷，昨天宴会之后，当着柯枝国宰相和钦差大臣的面，告了关尚书一状，那泼天的胆子，真是太厉害了！"

　　老张不敢置信地道："不能吧？礼部可是咱们会同馆的直管，咱们大使在人家尚书老爷面前，那就跟小蚂蚁见了大象似的，一把就捏死的小人物，敢告人家礼部尚书的黑状？"

老王道:"人家还就告了,当时主客司郑主事吓得都瘫在地上了,哎,这人算完了,辛辛苦苦半辈子,好不容易熬到主事任上,这一下准得倒霉。你是不晓得尚书大人当时那脸色,铁青铁青的,敢情昨晚上膳房里那点事,都是尚书大人的儿子搞的鬼……"

两人正说着,一位官员带着两个衙役踱进院子,清咳一声道:"叶大使呢?"

二人一见,赶紧站起身来,老王点头哈腰地道:"这位大人,您请稍候,小的这就去通报。"老张挟起扫帚,向那官员点头哈腰地赔笑了两声,也赶紧溜之大吉了。

叶小天听老王报了信儿,匆匆赶到院里,那官员神情倨傲地道:"你就是叶大使?本官礼部员外郎,姓方。"

叶小天拱拱手道:"原来是方大人,失敬,失敬。"

方员外郎道:"叶大使,请借一步说话。"

叶小天忙道:"大人请里边坐。"

方员外郎淡淡地道:"不必了,就这儿吧。"

方员外郎和叶小天走到院落一角,方员外郎压低声音道:"叶大使,本官奉尚书大人差遣,给你捎句话。"

方员外郎对他低低地说了几句话,叶小天不由一惊。

方员外郎又淡淡地道:"那个郑主事,已经被尚书大人勒令致仕了。关家小公子昨夜受到家法惩治,被尚书大人打断了双腿,送回陈州老家去了,以后再不准他踏进南京一步,算是给阁下一个交代,希望这样的处理,你能够满意。"

叶小天的眼睛微微眯了起来,道:"方大人,我怎么觉着,您这语气不像是交代,倒像是威胁呢?"

方员外郎冷笑一声,也不答话,自顾扬长而去。

叶小天默默地望着他的背影,直到他消失在院门口,这才返回住处。对于方员外郎的威胁,叶小天浑不在意,无欲则刚,他根本就不想在金陵混,又怎么会在乎关尚书的威胁。

叶小天一回住处,展凝儿和华云飞等人便围上来,关切地问道:"小天哥,刚才是什么人找你,不会是为了昨晚那事吧?"

叶小天笑道:"可不正是为了那事吗,郑主事已经被勒令致仕了,关小坤被他爹打断双腿,撵回老家去了,从此不准他踏入金陵一步,这一下可够这小子受得了。"

展凝儿蹙起眉毛,担心地道:"关尚书迫于压力,不得不严惩他的儿子,可关小坤毕竟是他的亲骨肉,他这么做,一定会恨上你。"

叶小天道:"无所谓,我又不想在他手下混前程,他能奈我何?不过,关尚书倒是还给我送来一个消息。"

毛问智急道:"啥消息?"

叶小天沉默片刻,缓缓说道:"关小坤这么做,是出于李国舅授意。"

华云飞几人面面相觑,华云飞不敢置信地道:"怎么会,李国舅为什么要这么做?不会是关尚书对你怀恨在心,有意帮你拖个强敌下水吧?"

叶小天摇头道:"关尚书可不是弱者,他何必这么做?依我看,是他获悉真相后,不甘心自己的蠢儿子被人利用,所以才把真相透露给我。"

华云飞疑惑地道:"可是……大哥与李国舅并无恩怨啊……"

展凝儿眼波一闪,突然说道:"莫非是为了莹莹?"

叶小天道:"我思来想去,也只能是这个原因了。"

叶小天叹了口气,道:"我知道李国舅喜欢莹莹,窈窕淑女,君子好逑,原也无可厚非。后来他能知难而退,我还觉得此人虽与关小坤、芮清行一班人为伍,多半也是那些人趋炎附势主动巴结,这李国舅倒不失为一个君子,实未想到……"

叶小天苦笑一声道:"实未想到他对我恨意竟如此之深,甚至不惜玩弄手段想要陷害我。我是平民百姓家长大的孩子,实在想象不出这些含着金饭匙出生的人都是什么心态。又不是我横刀夺爱,而是他喜欢了我的女人,我的女人不喜欢他而已,他就因此怀恨在心并蓄意报复?"

叶小天对凝儿道:"凝儿,你也是高门大户出身,你家的男人也这样吗?"

展凝儿幸灾乐祸地道:"我家的男人可没有这样的,谁叫你遇上一个心胸狭隘,还习惯诿过于人的人呢,你不是常说官场上不是你踩人就是人踩你吗,情场上大抵如此吧。"

叶小天道:"莹莹可真是红颜祸水啊,她都回红枫湖了,还给我留下这么一个大麻烦。不过,我叶小天最不怕的就是麻烦!他李国舅想整我,那就放马过来,看是他踩得住我,还是我踩得住他!"

展凝儿瞥着他道:"人家可是国舅爷,你拿什么跟人家斗啊?"

叶小天下巴微微一扬,道:"各有各的道,你就拭目以待吧!"

· ※ · ※ · ※ ·

明日一早,林侍郎就要陪同柯枝宰相赴京了。今日无事,便与柯枝宰相相同游金陵城。关尚书因为自己儿子的事,觉得老脸无光,再加上暗恼李国舅对他儿子的利用,不想见到李国舅,便佯称身体不适,没有参加陪同。

他们在外一起用过晚餐,又送柯枝宰相回会同馆,等到各自离开的时候,林侍郎有意地比魏国公和李国舅慢了一步,叶小天这边引了柯枝宰相回到住处安顿好,刚刚出来,便有一个京里的侍卫赶过来,低声道:"叶大使,林侍郎有请。"

叶小天有些意外，不知那林侍郎找他做什么，叶小天匆匆赶到会同馆外，见那林侍郎已经登车，他总不好托大让人家钦差大人下车，便登上车子，向车内拱手一礼，道："侍郎大人。"

林侍郎向他微微一笑，道："进来坐吧，不必拘礼。"

叶小天见车中左右两厢也有座位，便弯腰进去，在侧位上坐了。林侍郎见他官职虽微，在自己面前却能镇定自若，毫无小官小吏见了高官时那种大气也不敢出的局促模样，心中更是欣赏。

对这样一个小官，林侍郎也不用兜圈子，开门见山地道："本官对你的情形，有了一些了解。叶大使，你胆大心细，做事很有章法啊。"

林侍郎是京城礼部的二把手，权柄地位非同寻常，叶小天实在不明白这样一位大人物怎么会对他有了兴趣，便谨慎地答道："大人谬赞了，下官做事，但凭一个理字，只要占了理，便不在乎高低贵贱，什么贵人都敢顶撞。说起来，只是个不知天高地厚的愣头青罢了。"

林侍郎轻轻一笑，道："年轻人嘛，有点闯劲没什么不好。本官听说你在金陵并不如意，本官对你倒是很欣赏，怎么样？你愿不愿意跟本官回京城，本官在礼部寻个差使给你。"

叶小天听了这话顿时一呆，林侍郎这是在招揽他啊，没想到他竟能入了这位大人物的法眼，得到他的青睐。叶小天怦然心动，京城是他自幼生长的地方，他的父母双亲、亲戚朋友都在京城，如果能回京城做官……

热血瞬间冲上了头顶，让叶小天白净的面皮上也微微漾起了一抹激动的血色。林侍郎捻着胡须，微笑地看着叶小天，在林侍郎看来，他能如此器重，叶小天断无不答应的道理。

叶小天心思百转，一刹那间便把利弊得失飞快地权衡了一遍，心中燃起的热血渐渐冷却下来。叶小天想定主意，抬眼看向林侍郎，林侍郎泰然而坐，微笑道："如何？"

叶小天向林侍郎长揖一礼，感激地道："小天微末小吏，承蒙大人如此青睐，实是受宠若惊。"

林侍郎抚须微笑，就等叶小天惊喜若狂地跪下谢恩了，却听叶小天又道："只是下官粗俗浅薄，学识鄙陋。京畿重地，法度森严，又兼人文荟萃，下官莽撞之辈、且又资历甚浅，恐负侍郎大人厚望，是以……不敢从命！"

第五十八章

幕后黑手

一

　　林侍郎听了叶小天的话，不禁微露讶异之色，他完全没想到叶小天竟会这样回答。怔了片刻，林侍郎才缓缓地道："叶大使，你可知道，你在金陵，今后的日子会不大好过。"

　　叶小天道："下官明白，下官本是贵州葫县一典史，那里诸族杂居，文教落后，能够调到金陵来，是下官的福气。但下官以为，每个人都有适合自己的地方，只有找准最适合自己的位置，才能发挥自己的作用，一展平生抱负。正所谓度德而处之，量力而行之。在葫县做一小吏，便是下官最合适的位置了，大人若是抬爱的话，还请大人援手，调下官回葫县，大恩大德，下官定铭记在心。"

　　林侍郎沉默片刻，微笑起来："好啦，你的心意本官知道了。"

　　叶小天离座而起，再度揖礼道："那么，下官告退！"

　　林侍郎点点头，目送叶小天躬身退下。待叶小天在车下站定，林侍郎便轻轻跺了跺脚踏，车夫扬鞭策马，驱车而去。

　　林侍郎往椅背上轻轻一靠，微微眯起了眼睛。对于叶小天的拒绝，他并没有动怒，相反，对叶小天这个人他反而更欣赏了。人，最难的就是能清醒地认识到自己的短处，能够抗拒自己难以抵御的诱惑，而这两点，叶小天都做到了。

　　张居正过世以后，隐忍许久的倒张派势力探明了天子的心意，便发动了全面反攻，张派势力得到清算，朝廷政治势力大洗牌，林思言就是在这种环境下成为礼部侍郎的。

　　初履要职，林侍郎手底下缺了几个得力的人手，是以注意到叶小天后，他才起了爱才之心。但是在他心里，对叶小天的定位也只是一个得力的门下走狗罢了。叶小天的资历是他天生的短处，在京城里，就算进士出身都未必熬得出头，何况是一个举人，纵然他肯全力栽培，叶小天也不可能有大出息的。

叶小天面对他的招揽，面对在金陵举步维艰的局面，还能清醒地意识到这一点，反而把落脚点放在了葫县，这种清醒的认识和长远的眼光，以及他宁为鸡头不为牛后的志向，都令林侍郎对他高看了一眼。

"这个人，我便帮帮他吧，也许……他来日真能闯出一番局面，给我一个惊喜，呵呵……"林侍郎捋着胡须，脸上露出了淡淡的笑意。

叶小天站在会同馆门口，目遂林侍郎的车驾远去。

林侍郎不置可否的态度，使他难以确定林侍郎究竟是否会为了他这样一个小人物去向吏部说项，如果林侍郎不肯帮忙的话他也还有后手，张泓恒已经答应替他说话了。

总之，哪怕是因此惹得林侍郎不满，他也不会回京城的。如果他安于现状，只求有个官身，就此过一辈子，那么回京城无疑是他最好的选择。可他若想在仕途上更进一步，回京城就只能永无出头之日。

在论资排辈的京城里，像他这种先天不足的人，根本是寸步难行。他想出头只有剑走偏锋，要么征战沙场，以战功拜将封侯；要么成为幸臣，得到天子的信赖从而平步青云。再不然就只有云贵这种天高皇帝远且文官势力薄弱的所在，才有一线机会。

他不曾读过兵书战策，更不是万人敌的猛将，想走武将路线，十有八九是要成为无定河边一具无名之骨的。做幸臣希望更是渺茫，且不说他没有那个打算，就算有，皇帝是那么好亲近的？除非他去做太监，否则怕是连接触皇帝的机会都没有，真就到了皇帝身边就一定得到宠信？皇帝身边的人哪一个不是八面玲珑，受宠的又有几人？

如此一来，回葫县就成了他最好的选择。只有在那种文官势力薄弱，只以成败论英雄，不大有人计较出身和资历的地方，他才能如鱼得水，才会有出头之日。

再者，关尚书在京城就没有同年好友吗？到了京城，怕是也难逃他的报复，只有回到葫县，才是龙归大海，关尚书才没有用武之地。不过……

叶小天忽又想到了那位风度翩翩、儒雅高贵，貌似谦谦君子，实则暗藏机心、性情阴柔的国舅爷，关尚书的手虽然伸不出那么远，可这位国舅爷却不然，如果他不时在背后搞点小动作……

"看来我得弄个金光罩套在身上了……"

叶小天想："只有让他李国舅从此一见我就躲着走，才能避免他不断地算计！"

· ※ · ※ · ※ ·

关小坤被他爹打断双腿，送回陈州老家去了。走的时候，他趴在车子上，样子好不凄惨。李国舅去送了他一程，关小坤自始至终都没有告诉他，自己已在父亲的痛责下招出了他。

当初关小坤曾信誓旦旦地保证，绝不把李国舅牵连其中，不过他并不觉得把这件事告诉自己的父亲也算违背诺言。而关尚书是何等样人，宦海沉浮了一辈子的人，李国舅那点伎俩怎么可能瞒得过他那双老辣的眼睛。

关小坤被老爹骂了个狗血喷头后，也开始怀疑自己是被李国舅给利用了，因此见了李国舅时，神情很是冷淡，李国舅只道他是因为被打断了双腿心情不好，是以也未多想。

紧接着，徐麒云，芮清行两个腻友也相继不见了踪影，据说是国子监将有大考，两人都被父亲勒令在家好好读书，不得到处走动。李国舅虽然平素与他们在一起时总有点高高在上的感觉，不大把他们放在眼里，可如今少了这几个同龄的玩伴，整天对着顾三爷那个老头子，却也无聊得很。

此时李太后又来了一封家书，爱弟心切的太后给弟弟捎来了一些私房钱，同时苦口婆心劝说他早日回京，李玄成对夏莹莹越是求而不得，心中的执念越深，怎肯就此放弃，他把胞姐的话都当成了耳旁风，一人闲极无聊时，便去玉玩店消磨时间。

李玄成擅长玉雕，师承琢玉大师陆子冈。这陆子冈曾被召入宫中，专为皇室琢玉，乃是苏州玉业的泰山北斗。明朝时候，苏州、北京和扬州是全国三大琢玉中心，良工尽集京师，工巧则推苏郡。李玄成从陆子冈那里学了一手高明的琢玉之术，俨然也是当世琢玉高手了。

这一日，李玄成又来到秦淮河畔一家玉器店。那店主并不知道他的身份，但他常来走动，那店主早知他是一个琢玉高手，自家店里的玉器他多半都看不上眼，做他的生意很难，是以并不热情，只管与一位老主顾聊天。

李玄成也不在意，自顾闲逛了一阵，忽然看到店角放着一堆玉石毛料，小的如绣球一般，大的有一人高下，李玄成绕着一块有一人多高的玉石毛料细细观察了一阵，轻轻拍了拍那块石料，扬声问道："店家，你这毛料可也卖的？"

那店主正跟人聊得眉飞色舞，听他一问，这才暂停了话题，赶过来兴致勃勃地道："怎么，公子要赌石？"

李玄成淡淡地道："赌？本公子从不靠赌运气来搏富贵！我只是喜欢这块石头，说吧，什么价钱？"

那块一人多高的毛料上只削去了小小一片石皮，露出里边晶莹剔透温润细腻的一片白玉，质地极佳，可这石头只开了一个小窗，谁也无法保证石头里边会是大块的玉石。

店主一看，便道："公子，这块石头可不小，价钱自然也不便宜。您要是开了石头，里面却只有这一片玉，那可亏大发了，莫不如选块小一点的吧，只当玩玩，赔了赚了也不伤筋动骨。"

李玄成微微一笑，道："规矩我懂，无须多说，开价吧。"

店主略一犹豫，便开了一个相对较高的价格，李玄成近来苦闷得很，他倒不是想赌石，纯粹是为了发泄，当下毫不犹豫地答应下来，便把太后姐姐送给他的私房钱掏了出来。

一听李玄成竟然答应了，那店主倒激动起来，如果这块石料剖开，里边当真是一大块美玉，不要说有一人多高，哪怕只有三分之一是玉，那这位李公子也赚大发了。

店主患得患失地道："公子，可要本店的匠师替公子剖开这块石料？"

李玄成摇头道："不必，请把石料送回我府，我自己开。"

掌柜一听大失所望，等李玄成把镇远侯府的名称地址一说，那店主听说是镇远侯的人，倒是不敢再有所牢骚，赶紧招呼伙计备车，准备把偌大的一块石料运往镇远侯府。

伙计备车的工夫，店主收了钱，请李玄成坐了，又叫人给他沏了杯茶，便回到柜台后面与那老主顾再度聊了起来。李玄成坐在桌前，慢悠悠地品着香茗，店主与那主顾的对话便传进了他的耳朵。

"那三国舅看起来是个谦谦如玉的公子爷，实则是个人面兽心的畜生……"

李玄成一口茶差点儿从鼻孔里喷出来，他霍地张大眼睛，瞪向那掌柜的，那掌柜的正跟客人眉飞色舞地说着，全未注意到他的异样。

"听说这位国舅爷性情暴虐得很，下人稍有不合意的地方，便叫人立毙杖下，也太凶残。我还听说，这位国舅还有些很特别的癖好……"

那主顾听得兴致勃勃，忙问道："有什么嗜好？"

掌柜的神秘兮兮地道："这位国舅爷既好女色，又喜男风，可谓生冷不忌。听说他跟礼部尚书之子是契兄弟，两个人常常在一起胡天黑地，做那没羞没臊的事情。前不久，礼部尚书偶然撞见了他们的私情，一气之下，把他宝贝儿子的腿都生生打折了，如今已经赶回陈州老家了，为的就是摆脱这位国舅爷的魔爪。"

李玄成坐在一旁听得明白，一时间只气得手脚冰凉："怎么……怎么就传出如此不堪的谣言了？"

第五十九章

小天亮剑

一

　　李玄成那里已气得头昏脑涨，却听那客人对掌柜地笑道："哎哟，没想到咱们那位国舅爷还有这样的癖好，我还是头一次听说。不过，我倒是听说过他的另一桩奇闻，你可知道吗？"

　　掌柜的道："什么事儿啊？"

　　那客人道："咱们这位国舅爷崇信神仙术，你知道吧？"

　　掌柜的道："哦，这事儿听说过，听说国舅爷在京里的时候，就常跟一些道士们往来。"

　　客人道："嗨，他要是光跟道士们往来也没啥了。可咱们这位国舅爷，信的都是些旁门左道。也不知他是跟哪个妖道学的妖法，一门心思要练长生不老丹，你猜他那长生不老丹是用什么东西练的？"

　　"什么东西？"

　　两个人说话的声音越来越小，神神秘秘的，李玄成竖起耳朵，侧了身子，努力捕捉着二人的言语，隐隐约约听见什么"生长不老""练成血丹""哎哟，脏死了，怎么吃啊！"

　　李玄成虽然听的断断续续，却也明白他们究竟在说什么了，李国舅气得腾的一下就站了起来，逆血上冲，就觉眼前金星乱冒，他的晃了一晃，一时站立不稳，又一屁股坐了下去。

　　那掌柜的听见这边动静，向他打声招呼，笑吟吟地道："公子莫急，伙计们一会儿就准备好啦。"

　　李玄成有心上前理论，可他也明白，这两个人分明是从别处听来的谣言，自家上前与他们理论又能有什么结果。纵然亮出身份，吓得他们跪地掌嘴，改日没准就又是一桩什么离奇古怪不堪入耳的奇闻。

李玄成强忍怒气坐在那里，仿佛没事似的听着掌柜和那顾客互相传递着种种匪夷所思的谣言。好不容易挨到伙计们准备好车马，进来抬那石料，李玄成方才如释重负地站起来，逃也似的跟着那些伙计们走了出去。

李玄成回到镇远侯府，也顾不得理会那块石料，便把顾三爷请来，把自己今日在玉石店听说的谣言对他说了一遍，说话之间李玄成的脸又气白了，嘴唇都直哆嗦。

顾三爷大怒道："这是何人如此造谣中伤国舅，真是岂有此理！"

李国舅愤怒地道："三爷，你看此事该如何是好？如此诽谤皇亲，恶毒诋毁李某，是可忍孰不可忍！我一定得知会应天府，叫他们捉拿这造谣生事之人，严惩不贷！"

"哎呀，万万不可！"

李玄成一向高高在上，凡事都有人为他打理，平日里悠游自在、一副凡事尽在掌握的模样，殊不知一旦真的遇到事情却乱了方寸，根本不知该如何应对。顾三爷深知其中厉害，赶紧出言阻止。

顾三爷道："国舅，这谣言不知是何人散播，你纵然报与应天府，也休想拿到那编造谣言的人，抓几个信谣传谣的人与事何益呢？这事儿一旦闹大了，谣言流传甚嚣尘上，许多本不知此事的人也就听说了，到时候国舅脸上会更加难看。"

李玄成怒不可遏地道："难道我就吃了这个哑巴亏，这么算了不成？"

顾三爷无奈地道："国舅爷，清者自清，浊者自浊……"

李玄成愤怒地一甩袖子，道："这是自欺欺人！殊不知众口铄金、积毁销骨，若是任由他们肆意诽谤，本国舅颜面何存？便是皇家体面，也要因此损失殆尽了！"

顾三爷苦着脸道："国舅爷，一动不如一静啊。你若不予理会，过得几日，这股子新鲜劲过了，也就没人提了。"

李玄成勃然道："此等谣言，李某岂能充耳不闻。不行，我这就去应天府，定要揪出那造谣的真凶，把他绳之以法，方消我心头之恨！"

"国舅爷……"顾三爷一语未了，李玄成已匆匆离去。顾三爷望着李玄成远去的背影轻轻摇了摇头，他已经预见到接下来发生的一幕，该是何等不堪了。

李国舅愤愤然地跑到应天府去击鼓告状，应天府尹肖仕琦迈着四方步上了大堂，一见来告状的人居然是国舅爷，不禁吓了一跳，赶紧叫人给他看座，向他殷勤探问来意。

李国舅把事情来由一说，肖仕琦也不禁连连摇头。肖大胖子先帮着李国舅愤怒声讨了一番那造谣生事者，接着就劝李国舅息事宁人，以不变应万变，等这股谣言过了热乎劲儿自动消停下去，李国舅哪里肯听，执意要他查办此案。

肖仕琦无奈，只好唤来三班捕头，当着李国舅的面如此这般吩咐了一番，众捕头听了应天府尹的吩咐也不禁面面相觑："抓造谣传谣的？这上哪儿抓去，总不成看见大街上有交头接耳的，就凑上去听人家说什么吧？"

可国舅爷正铁青着脸色坐在那儿，府尹大人又煞有其事地吩咐，捕头们只好答应下来，等他们领着众捕快帮闲往大街小巷里这么一撒，有关李国舅的传闻就似烈日下曝晒了三天的粪坑被人挑开了，一时间臭气熏天。

李国舅很天真，他以为只要动用官府的力量，就没有解决不了的事情，却不知官府再大，也管不了平头百姓的那根舌头。应天府出面一查，这些传闻就从私下变成了公开，不但百姓们议论纷纷，就连官宦们也似模似样地传扬开来。

有人说，李国舅荒淫暴虐，常在府中拥娼妓取乐，男女杂处，个个全裸，但有忤逆者，立毙于杖下。

有人说，李国舅喜好打猎，却又畏苦怕险，不敢深入山地丛林，故而驰马郊野，踩坏秧苗，还以田间农人为兽，射猎取乐。

有人说，李国舅喜欢吃活人的肝脑，常在傍晚时间等待过往其门前的人，伺机将其诱入府中杀害吃掉。是以国舅府门前一到下午就行迹断绝，这件事北京城的人都知道。

还有人说，李国舅自幼娇生惯养，直到这么大了还没断奶，府里养着几十个奶妈子，每天都要喝三大碗人奶。

很快，焦头烂额的李国舅就获得了淫恶好色、荒唐暴虐、逼奸侍女、喜好龙阳、草营人命、生吃人脑、强占民宅、经血炼丹等等等诸如此类荒唐不稽的罪名，在世人眼中，李国舅俨然成了一个修炼成精的妖精。

就在此时，乔奈何乔御史弹劾李国舅的奏章也送上了朝廷，乔御史用的是明发奏章，通过金陵通政司往京城一送，奏章还没送到京里，内容先在金陵官场上流传开了，于是李国舅又加了两条罪名："驰马伤人、殴打命官！"

李国舅正被人骂得体无完肤，忽然听说有个御史弹劾他纵马伤人、殴打朝廷命官，相对于此前谣言中种种荒诞不经的罪恶，倒不觉得这两条罪名有什么大不了的了。

不过，这道明发奏章一出来，却突然给了李国舅一个启示，他在金陵从未结过仇家，如果说有，就只有叶小天勉强算是一个。

照理说来，叶小天也不应该是他的仇家，因为他想算计叶小天，叶小天并不知道，也就没有理由反过来对付他。但是除了叶小天，其他人就更不可能了。

直到此时，李国舅才回想起当初关小坤离开金陵城时对他极为冷淡的神情，还有徐麒云、芮清行对他的刻意疏远，李玄成不由暗想："莫非叶小天已经知道是我对付他了？"

李玄成不曾怀疑到叶小天头上时，还不觉得叶小天有鬼，如今疑心到了叶小天头上，便越想越觉得这般无耻下作的手段，只有那个混不吝的叶小天才使得出来。

李国舅已经快被那些谣言折腾疯了，哪里还是当初那个沉稳凝重的李玄成，一旦怀疑到叶小天，他恨不得立刻便查个明白。当下便命人备马，直奔会同馆而去。

李玄成也不知会他人，单枪匹马出了镇远侯府，赶到会同馆门前，甩镫离鞍下了战马，也不理那战马，马缰绳一甩，便风风火火地进了大门。

自从柯枝国使者团赴京之后，会同馆再度沉寂下来，无所事事的杂役老王直到近午时分才扫完庭院，搬了把一碰就吱嘎乱响的破藤椅，躺在葡萄架下，斜照的阳光洒在身上，暖洋洋的昏昏欲睡。

这时，耳边忽然传来一声大喝："我来问你，叶小天何在？"

正神游物外的老王迷迷瞪瞪地睁开双眼，就见一位身着月白袍子、玉冠束发、气质清冷的公子正手执马鞭，咄咄逼人地瞪着他。

李玄成来过几次会同馆，但老王是个杂役，没资格凑到这位皇亲国戚面前，是以并不认得他。但老王看得出这位公子爷不是寻常人物，忙一挺身从那吱嘎乱响的破藤椅上站起来，赔笑道："这位公子，叶大使住第三进，九照正房。"

李玄成冷冷地问道："他可在吗？"

老王怔了怔，讪讪地答道："这个……小的可不知道，小的洒扫了院子就在这儿晒太阳，实不知大使……"他还没有说完，李玄成已经大步流星直奔后院去了。

这会同馆是个四合院，前后五进，住宿的房屋正向为照，两侧为厢，每房九间屋子，一明两暗为一个居住单元，三个单元连成一房，一共九间，是为九照、九厢。

第二进院落就是宴客大厅，面阔七间，左右两个耳房，前些日子林侍郎宴请柯枝宰相就是在这里。第三进院落房舍建造的最好，柯枝宰相在时，就是住在这里，如今柯枝宰相去了京城，这会同馆又冷清下来，叶小天便占了这进院落，作为他和凝儿、云飞等人的住处。

李玄成气势汹汹闯到第三进院落，往四下一看，见庭院里空空如也，便高声喝道："叶小天，你给我出来！"

正房里一个女孩的声音懒洋洋地道："谁找小天哥呀？"

李玄成踏前两步，大声道："你是何人，叶小天呢？"

房里那女孩儿道："谁呀，大呼小叫的，有话进来说！"

李玄成冷哼一声，便大步闯了进去。

第六十章

摆你一道

一

李玄成闯进正房,见堂上空空,并不人影,复又向左一转,绕过八扇坐屏,赫然便是一间卧室,粉红色的帐子,被明亮的阳光一照,满屋都荡漾着淡绯色的光,分明就是一间女孩子的寝室。

一个身着绣罗裳子的少女坐在榻前,一只脚搁在锦墩上,正往脚上涂着蔻丹。李玄成见此情景不禁眉头一皱,心中大生鄙夷:女儿家的闺房,本就不宜让男子擅入,而脚于女人而言,更是极私密的地方,哪有轻易示人的道理。虽说这女子是一双天足,不比那裹小脚的,可也不该就这么赤裸着双脚让人看见。

李玄成认得这个女子,初次见到她时,她就在叶小天身边,李玄成不清楚她和叶小天的身份,倒还记得那时她穿的是一身苗装,李玄成便想:"果然是外族女子,不知礼数。"

鄙夷之间,却忘了他心目中那位仙子般高不可攀的莹莹姑娘却也是个外族之女。

李玄成冷冷问道:"叶小天呢?"

哚妮涂好了小脚趾,脚趾头轻轻动了动,也不抬头看李玄成,只顾欣赏着自己的小脚丫,漫不经心地问道:"你找我小天哥做什么?我小天哥可没有你这样的朋友。"

李玄成顺着她的目光看去,但见一只小脚丫雪白晶莹,薄如鹅璞,如玉之润,如缎之柔,剥葱似的玉趾白腻无比,白里透红的肌肤娇质,纤圆的足踝与姣美的小脚,仿佛一朵秀美的兰花,十个脚趾的趾甲都作淡红色,像极了十片小小的花瓣。

饶是李玄成自幼痴迷神仙术,不甚喜好女色,见此美景也不由心中一荡,急忙闪开目光,不屑地骂道:"不知羞耻!我在问你,叶小天究竟在哪里?"

"谁不知羞耻啦?"太阳妹妹倏地扬起了好看的眉毛:"人家正在涂蔻丹呢,是你自己闯进来。看了人家便看了吧,也不知你想些什么龌龊恶心的事,偏要说人家不知羞耻。我呸!真是一个道貌岸然的伪君子。"

李玄成一听不禁笑了,揶揄地道:"看不出,你居然还懂得几句成语。"

便在此时,院中有人高声呼道:"哚妮,哚妮呢,有贵客到啦!"

李玄成一听这声音就知道是叶小天,他猛一转身,眉梢扬起,冷笑道:"他回来了!待我……"

李玄成正要大步走出去,就听身后咚的一声响,扭头一看,那锦墩已然被太阳妹妹一脚蹬倒,李玄成微微一愕,又见太阳妹妹用力一扯,那挂着的锦帐"呼啦"一声便被她扯下半片来。

李玄成惊道:"你要做什么?"

这一刹那间,李玄成心中就已掠过一丝不祥的预感,可是还不等他有所反应,太阳妹妹已然向他婉媚地一笑,眉眼间那抹妖娆而得意的神情尚未逝去,她便伸手一扯,把锦缎子小袄扯开一个口子,双手掩胸,放声大叫起来:"放开我,放开我呀,你这个禽兽!救命啊,快救命啊……"

"你……你干什么?"

李玄成大惊失色,猛然意识到他似乎踏进了一个陷阱,李玄成惊得步步后退,猛然间返身就往外跑,他刚一转过屏风,就和一个人撞了个满怀。那人哎哟一声,被李玄成撞的仰面摔了出去,幸好被紧随而来的两个人一把接住。

李玄成定睛一看,被他撞飞出去的那人正是叶小天。叶小天被毛问智和华云飞双双接住,瞪大眼睛看着李玄成,惊愕地道:"李国舅,你……你闯进哚妮的闺房干什么?"

李玄成还未说话,绣房内便是一声悲呼,太阳妹妹嘤嘤哭泣道:"小天哥,这个登徒子非礼我,人家……人家不要活啦……"

李玄成大怒,回头喝道:"住嘴!你这臭女人,不要血口喷人!"

"李国舅!你在干什么?"

门口又闯进几人,李玄成回头一看,登时眼前一黑。其中两个老头,一个身着一袭宽松的道袍,峨冠博带,样貌颇为儒雅,正是国子监司业乐翎。旁边还有一人,黑缎面的软底皂靴、浆洗的发黄的盘领襕衫,头戴方形软帽,却是曾弹劾过他的御史乔奈何。

"哚妮?哚妮,你怎么了?"

叶小天一听哚妮的哭喊,立即挣扎起来,冲进闺房里去,乐司业和乔御史互相看了一眼,也急忙追了进去,到了房中一看,就见一个少女赤着双脚,衣衫凌乱,香肩微露一痕,手中抓着一把剪刀,尖对着自己心口,叶小天自背后张开双臂抱住她的胳膊,双手抓紧她的手腕,急声大呼道:"放手,万万使不得!"

毛问智和华云飞见状,连忙冲进去,帮着叶小天夺下了哚妮手中的剪刀,哚妮掩面哭泣起来，道："那坏人非礼我，幸亏你们回来得早！要不然……要不然人家就……人家不要活啦，呜呜呜……"

"你胡说！你竟敢血口喷人！我几时非礼过你，你这不知羞耻的狡诈女子……"李玄成怒不可遏，用手中的马鞭指着太阳妹妹，气得浑身哆嗦，他明明一指头都没沾着这个小妖女，看把她委屈的，好像被自己怎么样了似的。

李玄成正怒不可遏地骂着，手中马鞭被疾恶如仇的乔御史一把夺过，目欲喷火地向他吼道："你这个禽兽！畜生！不为人子！"

乐司业也冷下面孔，连连摇头道："国舅，你身为皇亲国戚，不思报国，反而倚仗权势，无视国法，嚣张跋扈一至于斯，进而登堂入室，辱人女眷，简直是骇人听闻！骇人听闻哪！"

李玄成快气昏过去了，向他们大吼道："你们这两个老糊涂，你们哪只眼睛看见我辱人女眷了，你们休得再信口雌黄，否则本国舅断不会轻饶了你们。"

乔御史冷笑一声，挺起鸡胸脯儿道："怎么？你国舅爷自己做的丑事，老夫亲眼所见，你这就要矢口否认了？"

李玄成一把揪住乔御史的衣领，大声咆哮道："你这个自以为是的老东西，你……"

他还没说完，门口又走进来几人，其中一人冲上来劈手打开他的手掌，把乔御史护在身后，大声道："李国舅，你竟然殴打我爹，我爹是御史，就算弹劾天子也不曾挨过打！你李国舅好大的威风，皇亲国戚就可以这么霸道吗？"

冲上来的这人正是乔枕花，张泓愃、蒯鹏、汤显祖等人站在一旁，义愤填膺："岂有此理，真是岂有此理，咱们大明就没有王法了吗？"

"擅入他人女眷住处，辱人女子，被我们当场抓个正着，还敢如此飞扬跋扈！"

"你……好！你们好……"

李玄成气得浑身颤抖，他回首指着叶小天，怨毒无比地道："姓叶的，你竟敢如此辱我欺我！你等着，我李玄成绝不会放过你，绝不！"

李玄成说罢，就像头愤怒的公牛，用力一推张泓愃和蒯鹏，大喝道："给我滚开！"说罢便扬长而去。

"岂有此理，真是岂有此理！乔某身为御史，岂能坐视皇亲国戚如此胡作非为！"乔御史气得吹胡子瞪眼睛。

乐司业对叶小天和掩面哭泣的哚妮道："好在咱们来得及时，不曾酿下不可挽回的大错，姑娘你可千万不要轻生啊。叶大使，你好好劝劝这位姑娘，我们先出去。"

乐司业拉着乔御史等人退到院子里，乔奈何怒气冲冲地道："本官要弹劾他，一定要弹劾他！乐司业，你怎么说？"

乐司业神色一正，义正词严地道："本官愿为人证！本官还要向金陵士林揭发李国舅的丑行，断不容他在我金陵为非作歹！"

他们今天是被叶小天请来的，乐司业是要了解一下柯枝国使节来访时发生的一些逸闻趣事，打算写几篇文章。

柯枝宰相去栖霞山祭扫该国先王子陵墓时的祭文，就是由叶小天出面接洽，请乐司业执笔的，为此乐司业得了好大一笔润笔费。他打算再写些关于柯枝国使节来访的事情，累积成册，刊发成书。

而乔御史则是听他儿子说起了林侍郎宴请柯枝宰相当晚厨房发生的事情，以这位老先生是个眼里不揉沙子的性情，一听就知道这里面大有文章可做。他近日因为弹劾国舅，在御史台很是风光，正想再接再厉，再发掘一起可以弹劾的案子，是以就欣然赶来了。

不想这两位老兄刚到会同馆，就遇到了这样一幕叫人不敢置信的事情，却也是叫他们喜出望外的事情。有机会骂皇亲国戚了啊！这可是打着灯笼都难找的好机会呀！

骂太监和骂皇亲国戚，是大明文官们最喜闻乐见的事了，难得有这个表现他们文臣清官气节的好机会，怎么能够放过。一时间，两位老先生热血沸腾，恨不得立刻摇动笔杆子，把那李国舅骂个体无完肤。

他们这些人一退出去，正用双手掩面、嘤嘤哭泣的太阳妹妹便马上收住了哭声，叶小天松开手。太阳妹妹向他转过身去，脸上还挂着晶莹的泪痕，却"扑哧"一笑，向叶小天扮个鬼脸，调皮地道："小天哥，人家扮得像不像？"

"像！像得很！"

叶小天也笑了，轻声道："你呀！你们女人哪！个个天生会演戏！"

第六十一章

悲催的国舅

一

太阳妹妹歪了歪头，向他嘻嘻一笑，样子颇为俏皮。

叶小天见她领口撕开，露出一道精致的锁骨和一痕圆润的香肩，便顺手替她拉了拉衣服。

太阳妹妹微微一愣，被叶小天这难得的温情弄得有些受宠若惊，她乖乖地站在那儿任由叶小天动作，忽然间眸中便落满柔情，满满的，恰如春阳下无声的水波柔柔流淌，此时无声，却胜有声。

叶小天的手收了回去，太阳妹妹的肩头却似仍有一抹酥酥的电流轻轻地流过，她垂着头，羞着眼，鼓足了全身的气力，细若蚊蚋地道："小天哥……"

"嗯？"

太阳妹妹突然踮起脚尖，仰起脸来，嘟起小嘴向他飞快地一吻。

只差毫厘！

可怜的小哚妮，踮起脚尖来，那唇与叶小天的嘴巴也还差了一分，叶小天吃了一惊，蓦然张大眼睛。

恼羞成怒的太阳妹妹豁出去了，忽地张开双臂，向他颈上一搂，脚尖踮得更高，凑上去如蜻蜓点水，又似蜜蜂在那花蕊上轻轻一落，薄软的香唇便吻上了他的嘴巴。

叶小天一双眼睛瞪得更大："呀？我竟然……被太阳妹妹非礼了！"

甜美的气息尚未漾开，哚妮颤抖而灼热的唇便滑下去，她垂下头，为自己大胆的举动心惊不已，两朵火烧云悄然爬上她的脸颊，挂在叶小天脸子上的双手忘了拿下来，身子抖抖瑟瑟似一只惊弓之鸟。

可是这梦中不知梦见过多少回的一幕终于成为现实，却也令她欢喜的心都要炸了，腰眼处似有一道突然加强的电流涌遍她的全身，以至她还踮着的大腿突突地乱颤起来。

这可爱的小妮子，第一次见到叶小天时，只觉得弟弟的这个干爹很年轻，很秀气，如果让她也跟着叫一声干爹有些难为情。等叶小天成了尊者，她作为神妃候选人踏进神殿，那时她眼中的叶小天已经化成了一个符号，她想献身的只是高高在上的神明，至于叶小天是年轻还是年迈，是英俊还是丑陋都毫无关系了。

直到……她来到葫县，带领苗疆勇士们为尊者大人起造大宅时起，她心目中那个神的符号，才渐渐变成了一个活生生的人，叶小天变成了悄然走进她心里的那个男人。

从那时起，她才真正想跟了叶小天，与他是否尊者再无丝毫关系，就只为她喜欢了这个人。八大长老交给她的使命，使她理直气壮地藏起了少女的羞涩，但她终究没有勇气自荐枕席，她唯一想到的办法就是熬汤。

那大补之物经她之手也不知熬了多少碗，一次次送到叶小天面前，一次次满心欢喜地看着他喝下去，一次次芳心可可地盼着他"兽性大发"……

奈何天不从人愿，老天不让啊，每次太阳妹妹打扮得水灵灵、香喷喷的在他面前晃来晃去，让叶小天恨不得把她也当成一大碗补汤灌进肚去时，总有意外事件发生。

这一刻，感受到叶小天的温柔，她也不知哪儿来的勇气，突然就把自己的情意表现出来。其实，在她们寨子里无论男女，对于心仪的异性，从来都不怯于表达，只是对叶小天这个山外人，她很难做到山里妹子的那种洒脱、直率。

"哚妮……"

叶小天的声音有些意外，还微微有些沙哑。

太阳妹妹低着头，心慌慌地道："小天哥哥，你……你不生气吧？"

生气？哪有男人会对这种飞来艳福感到生气，不过……

叶小天还不甚明了哚妮的心意，迟疑试探地道："哚妮，你知道……我有莹莹了……"

太阳妹妹抬起头道："我知道，可你能接受凝儿姐姐，为什么不能接受我？"

叶小天大吃一惊，失声道："你怎么知道的？她告诉你了？"

叶小天气极败坏，这女人哪！真是休想让她们守得住任何秘密。叶小天愤愤之意未了，太阳妹妹脸上已经露出一丝狡黠与得意，道："那天晚上，人家偷看到了，你们说的话，人家也都听到了。"

叶小天："这……"

太阳妹妹咬着唇，自然流露出一种清纯的狐媚，细声细气地道："人家……人家什么都不争的，好不好？"说完这句话，太阳妹妹就把发烫的脸蛋埋在了叶小天胸前。

"什么都不争？只要不是那叫人头痛的大妇位置又多了一个竞争者，还不争……"

叶小天登时眉开眼笑，三妻四妾，没羞没臊地生活在一起，本就是他的梦想啊，只可惜莹莹和凝儿起点太高，都是高不可攀的少女，是以才让他百般纠结，如今还有什么好矫情的。

叶小天喜滋滋地，忽然想起了当初杨霖对他说过的话："你鼻子直挺丰厚，贯通额头，少年时即财运亨通，桃花朵朵。其实……主掌桃花运的是眼睛，你的眼睛虽然不是桃花眼，却也相去不远了。嘿嘿！你有桃花运，也要有副好本钱才是，你说是不是？"

此时，叶小天怀里抱着这么一个香香软软、娇小可人的姑娘，鼻端嗅着她发丝音皂角的清幽香气，志得意满地想："天予弗取，反受其咎；时至不行，反受其殃。哚妮既倾心于我，我舍得把她推进别的男人怀抱吗？一只羊也是赶，两只羊也是放，今儿就今儿了吧。"

· ※ · ※ · ※ ·

李玄成怒气冲冲地回到镇远侯府，顾三爷听说他谁也没有知会，独自离开了侯府，很是担心他的安全，如今见他回来，顾三爷一颗提着的心才放下，连忙上前探问情况。

李玄成把他今日去寻叶小天的经过说了一遍，拍案大怒道："造谣中伤本国舅的定是这叶小天无疑了。这个痞子、无赖，竟然指使那苗家女子陷害本国舅，真是可恼可恨！"

顾三爷一听，担心地道："国舅爷，这事对你可大为不利呀。你说造谣中伤的你的人是叶小天，可并无任何凭据。相反，你登堂入室，闯入内宅，欺辱人家女眷，却有人亲眼看见……"

李玄成气的跳起脚来："什么有人亲眼看见，他们什么都没看见，就听见那小苗女一声尖叫，冲进来就红口白牙地诽谤我，他们居然信以为真！"

顾三爷道："国舅爷，你别恼。我自然是不信的，可乐司业和乔御史信哪，这件事，你是辩白不清的，恐怕那乔御史为此还要奏你一本，国舅爷，你可得有些准备……"

李玄成愤愤地一挥手，道："我是什么样的人，皇上和太后都清楚，他们是中伤不了我的。这件事，我绝不能跟他们善罢甘休，叶小天！叶小天！一个芝麻绿豆大的官儿，居然把我堂堂国舅戏弄于股掌之上，我就奈何不了他！嘿、嘿嘿！"

李玄成红着眼睛，仿佛一头困虎般在厅中愤愤地走来走去，恨声说道："我该怎么做，我究竟该怎么做？你说，我要怎样才能整治了这个无赖小子，以泄我心头之恨。"

顾三爷满面同情地看着这位气急败坏的国舅爷，心想："这位国舅爷，麻烦大了。"忽然间，顾三爷有些后悔对李国舅的盛情邀请了，如果这李国舅一直住在魏国公府该多好，怎也不至于把这些麻烦全都摊在他的头上。

翌日一早，果然不出顾三爷所料，乔御史用了一夜的工夫，洋洋洒洒下笔万言，又是一道明发奏章送上了京城。

这边奏章刚送走，就有人从通政司把他的奏章全文都给抄发出来了，奏章里严词批判李国舅强闯民宅、欺辱民女的恶劣行径。那一枝如花妙笔，字字珠玉、酣畅淋漓、出神入化、斐然成章，把他亲眼看见与合理想象的事情一气呵成形诸笔端。

哚妮姑娘的清纯可爱、孤苦无助、坚贞不屈与李国舅的金玉其外、败絮其中、浮浪无行、飞扬跋扈形成了鲜明对比，这等细腻生动的文笔用在奏章上，却也是罕见得很，当真令闻者伤心，听者落泪。

与此同时，乐司业也不甘落入后地在国子监课堂上和士林好友聚会的场合上大肆抨击李国舅的丑恶嘴脸，因为前些日子那些传闻已经闹得声名狼藉的李国舅，这时候更是成了过街老鼠，人人喊打。

金陵非著名艳情小说家岳小关先生见了乔御史那道声情并茂的奏章忽然有了新灵感，马上闭关写作去了，他下定决心，这一次一定要写出一部脍炙人口的大作，誓要把稿费翻一番。

在汤显祖的鼎力相助下，金陵戏园也适时上演了一部新编历史传奇曲目，一本四折，故事内容讲的是前元一位名叫蒙兀儿不花的国舅爷横行乡里、鱼肉百姓、欺男霸女，无恶不作，最后被钦差大臣砍了脑袋的故事，明眼人一看就知道这是在影射李国舅。

一时间，李国舅是拉着粪车赶庙会——走到哪臭到哪儿。

第六十二章

再补一刀

一

关于关小坤和李国舅是契兄契弟,因为此事才被关尚书打断双腿赶回陈州老家的事,自然是没人敢对关尚书提的,但是关于李国舅的风言风语,关尚书也听说了一些。

尤其是乔御史上书,说李国舅闯进叶大使住处,欺辱女眷之后,这件事自然更瞒不过关尚书的耳朵,为此关尚书还把叶小天叫来,当面向他询问了一番。

叶小天当然信誓旦旦地说确有其事,关尚书对此仍然存疑,他跟李国舅接触虽然不多,却也多少了解一些这位国舅爷的性情,无论怎么样,这样罔顾国法的事情,不像是那位国舅爷能做得出的。

不过,想到自己儿子被李国舅利用,关尚书恨上心头,对此也懒得分辨真假,便对叶小天义正词严地道:"你是我礼部属官,李国舅如此欺辱,本官亦不能坐视,这件事,本官也会有本上奏,为你讨还公道,你且退下吧。"

叶小天心中暗喜,连忙答应一声,退了出去。

叶小天走出尚书府,拐到一旁拴马桩处,想要解下战马,刚刚解开缰绳,斜刺里突然闪出一个蒙面大汉,大吼道:"叶小天,你的死期到了!"说着挥起明晃晃的匕首,便向叶小天当胸刺来。

叶小天急急一回头,陡见一柄锋利的尖刀刺来,骇得他急忙向旁边一闪,那尖刀刺在了拴马柱上,那蒙面大汉用力一拔匕首,再度向叶小天劈面刺来。

街头行人见此情形不由大惊,纷纷尖叫"杀人啦"迅速闪避开去,礼部门口的站班衙役陡见有人竟敢在公门行凶,不由又惊又怒,几个佩刀的侍卫和持水火大棍的衙役立即抢了过来。

"大……大哥,真捅啊!"那蒙面大汉和叶小天扭打在一起,蒙面巾被风吹起一角,露出一部大胡子。他瞪着一双怪眼,一边佯装和叶小天杀得难解难分,一边小声说道。

叶小天低声催促："捅！舍不得孩子，套不着狼！快动手！"

"好！"黑巾蒙面的毛问智咬了咬牙，攥紧尖刀，冲着叶小天的肚子就是一刀。

呼！尖刀入体，叶小天虽然早有心理准备，一股剧痛袭来，还是身形一顿。他强忍痛楚，对毛问智道："戏要做真，再来！"

虽说那刺的位置先前已经由华云飞再三确认，挑了一处不会致命的地方。可眼见鲜血流出，毛问智还是手脚发软，一刀下去，哪里还敢再来一刀？他心慌慌地拔出刀来，迟疑了一下，这才留了几分力道，想装模作样地再刺一刀。

这时候，一个持水火棍的衙役到了，迎头一棍劈下来，毛问智手中尖刀"咣当"一声落了地，毛问智大叫一声，转身就走，被几个衙役撵得兔子一般，逃得不知去向。

两个衙差上前扶起叶小天，叶小天以手掩腹，伸出一只沾血的手掌，向毛问智逃跑的方向指了指，艰难地道："他……他说……国舅爷……要……送我归西……呃！"

叶小天头一歪，晕了。

几个衙役慌得急忙大叫："快来人哪，快请郎中！"

· ※ · ※ · ※ ·

被铺天盖地的唾骂笼罩着的李国舅，反而冷静下来。一开始他被那些谣言刺激的发疯，但是刺激到了极限，便走向了反面，至少他现在听得进顾三爷的话了。

顾三爷道："国舅，你是皇帝国戚，身份敏感哪。您也知道，我大明自太祖时候起，便罢丞相、设内阁，仁、宣之后，一直就是文官主政的局面，文官们最戒备的就是后宫干政、宦官乱政、外戚涉政。别看他叶小天只是一个芝麻绿豆大的官，可他毕竟是文官一员，你敢动他，势必惹得朝野群起而攻之。"

李国舅颓丧地道："难道我就坐视他无所不用其极地攻讦于我，却束手无策吗？"

顾三爷苦笑道："国情如此，甚至就连太后也是一向警惕，不许亲戚干政，乱了朝纲。叶小天有恃无恐，就因为……国舅，文官们虽然对皇亲国戚敬而远之，可其中总有些人，愿意与国舅亲近吧？"

李玄成看了他一眼，轻轻点点头，不情愿地道："倒是有那么一些人，不然……你以为我凭什么能把他留在金陵而不是遣返葫县。"

顾三爷微微一笑，道："既然这样，老夫以为，国舅爷也未必就奈何不得他。国舅爷不如把他调去京城吧。"

李玄成一呆，道："调去京城？"

顾三爷道:"是啊,眼下国舅爷是万万不能有丝毫针对他的地方,否则必然激怒众多文官,恐怕内阁那些相公们也会插手。国舅不妨暗中运作,先把他调去京城,放在自己眼皮子底下看着,等到风波平息,世人不再关心此事的时候,再徐徐图之,正所谓君子报仇,十年不晚啊!"

李玄成蹙着眉头思索半晌,无奈地点了点头,黯然道:"你说的对,我……是该回京了。"

顾三爷松了口气,心道:"总算把这个麻烦丢出去了。"顾三爷生怕李玄成还有所犹豫,赶紧又追了一句:"呵呵,只要叶小天去了京城,那位夏姑娘……说不定也会去京城的。"

李玄成的眼睛一下子亮了起来:"对啊,只要叶小天去了京城,还怕那位夏姑娘不露面吗?到时候近水楼台,她终有被我的精诚打动的一天……"

就在这时,一个侯府家丁飞快地跑进来,气喘吁吁地道:"三……三老爷,大事不好,咱们……咱们府前来了好多太学生,口口声声说是……说是……"

顾三爷不耐烦地问道:"说是什么?"

那家丁胆怯地看了李玄成一眼,道:"说是要驱逐国舅,离……离开金陵!"

顾三爷和李玄成一听,不由大吃一惊。

镇远侯府外面,许多国子监的监生身着太学生的正服,聚集在镇远侯府门前,义愤填膺地振臂高呼,镇远侯府大门紧闭,十几个家丁站在门前,如临大敌。

一个太学生振臂高呼:"李玄成荒淫好色、暴虐无稽、逼奸侍女、喜好龙阳、草菅人命、生吃人脑、强占民宅、经血炼丹、搜刮民财、摧残教育、钳制舆论、为非作歹、无恶不作,不死不足以谢天下!"

另一个太学生马上响应道:"李玄成今又于光天化日之下悍然刺杀朝廷命官,似此等十恶不赦之徒,岂能容于国法?岂能容于金陵!我等学子,强烈要求把李玄成驱出金陵,国法制裁!"

众监生马上攘臂高呼:"玄成玄成,恶贯满盈!国舅国舅,无药可救!李贼不去,纲纪不兴!肆虐江南,荼毒金陵!"

人群中,乔枕花、张泓愃拎着水坛殷勤递水:"各位同学辛苦啦,喝水,喝水,润润喉咙。"

"怎么回事,怎么回事?"正在附近巡弋的燕捕头听说有人围了镇远侯府,赶紧领着一班捕快赶来,蒯鹏马上迎上去,打声招呼道:"燕捕头,咱们又见面了啊!"

燕捕头一看又是那个锦衣百户,赶紧挤出一副笑模样:"啊!原来是蒯百户,前方……"

蒯鹏道:"前方的事你可管不得,看到了吗?那都是太学生,你说吧,你能拘哪个？打哪个？别到时让自己下不来台。"

燕捕头迟疑道："那燕某……"

蒯鹏道："金陵城这么大，你到哪儿去逛逛不好？你没看到嘛，不知者不罪啊。"

燕捕头恍然道："百户大人说的是！走，这边走！"燕捕头振臂一呼，领着一班捕快就冲进了一条巷弄，一时间扰得巷中鸡飞狗跳。蒯鹏嘿嘿一笑，挎着绣春刀慢悠悠地又踱了回去。

顾三爷和李国舅急急忙忙赶到门口，两个门子赶紧过来阻拦："三老爷，国舅爷，门外有太学生们闹事，你们最好别出去。"

李国舅把眼睛一瞪，喝道："一群百无一用的书生，本国舅还要怕他们吗？开门！"

哪门子无奈，只好抬下门闩，把大门打开，李国舅一马当先冲了出去，在台阶上站定，一见群情汹汹，不由怒道："尔等围诸侯府，意欲何为？想造反吗？"

张泓恒站在人堆里，捏着鼻子叫了一声："他就是李玄成！"

众监生一听，群情激昂，攘臂高呼道："玄成玄成，恶贯满盈！国舅国舅，无药可救！李贼不去，纲纪不兴！肆虐江南，荼毒金陵！"

李玄成气的发抖，根本不明白这些书生发的什么疯，今日发生在礼部门前的一幕，他还根本不知道。李玄成马上戟指大喝道："尔等匹夫，胡言乱语，竟敢如此攻讦本国舅？"

人群中一个监生攘臂大呼道："今日就叫你这高高在上的国舅爷，知道匹夫一怒是何等模样！"

众监生一拥而上，拳脚纷飞，便向李玄成攻去。李玄成当真是快要气疯了，他是懂得功夫的，当即还以颜色，任凭顾三爷在一旁跳着脚喊他冷静，却是不管不顾地出了手。

那些监生大多是手无缚鸡之力的读书人，六艺之中的御射两艺，有些人根本就没接触过，哪里是李玄成的对手？一时间就似一群小鸡把一头老鹰围在了中间，被李玄成打得人仰马翻，但这些读书人自有一股狠劲，虽被李玄成打得鼻青脸肿，却是愈挫愈勇。

双方正打得不可开交，远处又有几人抬着一块门板走了过来……

第六十三章

千夫所指

一

　　李国舅纵然一身好武功，也架不住这么多书生不要命地扑上来，尤其是有些监生用的全是女人的打架手法——抓、挠、撕、咬，令他防不胜防，是以只能竭力反抗。

　　渐渐的，围拢在李国舅身边拳打脚踢的人开始少了，李玄成这才气喘吁吁地站定。这时候，国舅爷的公子巾已经散了，头发半披下来，脸上有几道挠痕，月白色的公子袍上还有几个鞋印，说不出的狼狈，那副儒雅斯文、玉树临风的形象已全然不见。

　　李玄成定了定神，这才发现众人之所以退开，是因为有几个人抬着一副门板向这边走来，那门板上面还趴着一个人。

　　众监生们默默地退向两边，闪开一条道路，目送那高高抬着木板的几个人从他们面前走过。

　　华云飞、毛问智，和他们花钱雇来的老张和老王合力抬着一张门板，门板上，叶小天以一个匍匐的姿势趴在上面。

　　随着华云飞四人迈动的脚步，门板微微地起伏着，就像荡漾在水面上的小船，叶小天俯在门板上，坚强地昂着头，五官均匀端正，眉宇清朗，鼻梁挺直，嘴唇微闭，深邃的眸子炯炯有神，透着一种顽强不屈的姿态，就像一具雕塑……

　　在他后面，展凝儿和太阳妹妹紧紧相随，两位姑娘抿着嘴巴，神情说不出的悲愤。叶小天担心她们不能守秘或者神情上露出什么端倪，所以没有把真相告诉她们。这两位可怜的姑娘，真以为是李国舅怀恨在心，找人刺杀叶小天，此刻愤怒到了极点。

　　叶小天以顽强不屈的形象闪亮登场，被人一直抬到李玄成面前，李玄成一见叶小天，当真是仇人见面，分外眼红。可是乍见叶小天这副模样，不觉又有纳闷，以致没有抢先发难。

华云飞四人把门板放低了些，架在自己的肩膀上，叶小天便从俯瞰变成了和李玄成的视线平齐。

四周一片静寂，叶小天伏在门板上，用虚弱而有力的声音对李国舅道："国舅，你是高高在上的皇亲国戚，而我，只是一个不入流的杂职小官。论身份，论地位，我自然是远远不能与你相比的！但我也是个男人，是个顶天立地的男子汉！"

叶小天神情激动，目中有泪光隐隐闪动："哚妮是我的女人，我虽卑微，却也知廉耻懂礼仪。我既不耻奉献心爱之人为晋身之阶来攀附皇亲，也不怕你国舅爷的明枪暗箭！"

李玄成眉头一皱，莫名其妙地道："你在说什么胡话？"

"胡话吗？哈哈……"

叶小天悲怆辛酸地长笑一声，用尽全力大声道："今天，我幸而未死！我来，就只想告诉国舅爷一句话：作为一个受过圣人教化的读书人，富贵不能淫，贫贱不能移，威武不能屈！哪怕钢刀加身，你也休想叫我低头！"

展凝儿听他说"哚妮是我的女人"，心中不由一动，随即便想："他一定是为了有个充足的理由驳斥李玄成。"太阳妹妹一旁听了，却是心花朵朵，欢喜得俏眼中泪花闪闪。

叶小天一番悲情的表现，一番悲壮的言语，登时勾起了众读书人的共鸣，刚刚打了一架，正热血沸腾的监生们也不顾自己嘴角淌血或眼角乌青，纷纷振臂高呼起来："富贵不能淫，贫贱不能移，威武不能屈！"

李玄成怒喝道："你们究竟在吼什么鬼？"

一个监生冷笑道："国舅，还要装模作样吗？你买凶杀人，试图害死叶大使，现在还要矢口否认不成？"

"什么？"

李玄成大吃一惊，看看叶小天苍白的脸色，李玄成恍然大悟，又惊又怒地吼叫起来："我明白了，我明白了，叶小天，你……你好狠！你好阴毒的手段！你陷害我，你故意做戏，就为了陷害我！"

叶小天还没说话，众监生已经愤怒欲狂了，一个监生跳将出来，指着李国舅的鼻子骂道："李玄成！你好卑鄙！好无耻！你买凶杀人，还要反咬一口！若是叶大使不惜自残也要陷害你，那得是什么仇什么怨？"

另一个监生紧接着跳出来，悲愤不已地道："叶大使伤势极其严重，郎中言道，险险便有性命之危，天下间会有人不惜生命，就只为陷害你吗？"

"太无耻了！"

"太卑劣了！"

"太不要脸了！"

"天哪，任由此等小人猖狂，公道正义何在！"

众监生义愤填膺，纷纷破口大骂。李国舅被骂的百口莫辩，心头一阵寒意升起："此人当真可怕，心思深沉，果决狠辣。为了陷我于不义，竟不惜使出这样的手段，我说什么也是没人信了，只怕皇帝和太后也……"

众监生越骂越是热血沸腾，正义感瞬间爆棚，他们呼喊着扑了上去，纷纷大呼道："玄成玄成，恶贯满盈！国舅国舅，无药可救！李贼不去，纲纪不兴！肆虐江南，荼毒金陵！把这奸贼赶出金陵府！赶出金陵府！"

众监生一拥而上，李玄成怒不可遏，双拳一攥，就要迎头反击，顾三爷窥个空档冲过来，一把抱住李玄成，叫道："国舅爷，不能再打了，群情汹汹，说也说不清楚，暂避为上！"

顾三爷拖起李玄成就走，早有几个监生眼疾手快，抢先一步冲到阶上，挡在侯府门前，手挽着手，慷慨激昂地高声大叫起来："李贼滚出金陵府！李贼滚出金陵府！"

顾三爷见势不妙，赶紧一拖李玄成，落荒便走。众监生一见倍感鼓舞，当即发挥"痛打落水狗"的精神，呐喊唾骂着追了上去。叶小天轻咳一声，低声对毛问智道："追上去！"

叶小天诚心要把这事闹得满城风雨，当下就由毛问智、华云飞等人抬着，趴在门板上，依旧做"慷慨就义"状，一路追了下去。

李国舅先是没有反应过来，被顾三爷拉着一溜小跑，及至跑到了大街上，他已经跑出这么远了，想停住也不可能了，只得含羞忍辱、咬牙切齿，在众多行人诧异惊奇的目光中继续狂奔起来。

在他们身后不远处，许多监生提着袍裾，一路追赶，一路喊着口号："玄成玄成，恶贯满盈！国舅国舅，无药可救！把李贼赶出金陵府！把李贼赶出金陵府啊！"

再后面，华云飞和毛问智、老张老王四人迈开大步，抬着目不斜视、一脸刚毅、两眼深邃、目视前方的叶小天紧追不舍。其后又有两个明眸皓齿、俏脸含霜的姑娘紧紧相随。

如此一幕，当真前所未见。许多行人好奇心起，马上甩开双腿追了上去。一些刚从巷弄里走出来的百姓不知道前方发生了什么事，就见许多人拔足飞奔，马上也甩开大步加入其中。一时间，尾随的百姓似滚雪团般越来越多，到最后汇成一条长龙，浩浩荡荡约有里许，真是好不壮观！

· ※ · ※ · ※ ·

一行车队风尘仆仆地进了南京城。一位身着布袍的三旬壮年人一提马缰，剑一般的眉毛向街上行人一扫，回首对一辆半新不旧的马车中坐着的老者低声道："大帅，咱们若要在金陵多停留些时日，可去馆驿住下吗？"

车中一位不怒自威的老者沉声道："算了，找家客栈住下吧。老夫不想让人知道我到了金陵。"他沉默片刻，又道："金陵的知交故友也一概不要知会，老夫只想在此地安静地歇歇。"

那壮年人低声道："是！"

车队继续前行，两旁各有一列灰袍骑士。虽然皆着布衣，但个个腰杆笔直，即便是经过了长途跋涉，依旧锐气逼人，这等风范，一看就是行伍出身，而且训练有素。

在老者所乘的那辆车子后面，还有一长排车子，先是几辆明显是载着家眷的车子，再接下来就是装载着行李的马车了，装行李的马车上也坐着一些人，大多是家仆和丫鬟。

最后一辆车上装满了行李，在边角的缝隙里，挤坐着三个姑娘，水舞坐在最边上，身子半倾于外，只能用手紧紧地抓着捆绑行李的绳索，要不然就会摔下去。

她这一路饱受排挤，戚帅手下的亲兵、家仆和丫鬟们都把她视为害得戚帅远调广州的罪魁祸首，对她没有一点好脸色，吃的是残羹冷汤，睡的是炕角地铺，便是行路也受人欺负，一旦遇到道路颠簸的所在，她只能半个屁股坐在车上，那是根本坐不住的，只能跟车步行。

进了金陵城，道路平整好走了，已经走得两脚水泡，实在痛苦难耐的水舞才爬上车子歇歇脚。

两个丫鬟坐在行李包上，叽叽喳喳地议论了几句金陵风物，其中一个丫鬟忽然扭头转向水舞，冷冷地道："哎，听说你家就在江南？"

水舞没料到她会和自己说话，愣了愣才反应过来，忙道："我本住在靖州，并非金陵。"

那丫鬟道："哎，反正都是江南，能有多远。"

水舞涩然道："靖州那里，如今我已没有亲人了。"

那丫鬟道："是吗？你不是说还有一个兄长？"

水舞初到蓟镇时，与这些戚府的丫鬟关系还算不错，她们问起水舞来历时，水舞曾说过几句，而叶小天就是她口中的那位兄长。此时听来，却是百般滋味在心头。

水舞心中有些苦，沉默了一下，才道："他……在葫县呢，距这里很远……"

另一个丫鬟冷笑一声，道："哎，咱们大帅心地好，不会把她丢下自生自灭的。看来是没办法了，这个扫把星，甩都甩不掉，只能带去广州继续害人了。"

水舞心中一酸，急忙扭过头去，不想让她们看见自己落泪的样子，这时却听一阵整齐划一的口号声传来："玄成玄成，恶贯满盈！国舅国舅，无药可救……"

第六十四章

老虎身上的跳蚤

一

顾三爷拉着李国舅，一路狂奔再加上心里着急，已然是满头大汗。李国舅被他拉着逃跑，后边还有一群国子监监生追骂，心中耻辱之极，恨恨地嚷道："顾三爷，你不要拉着我，让我与他们决一死战。"

顾三爷哭笑不得，一边紧紧拽着他不放，一边放开双腿狂奔，道："国舅，你此时出手，不是更落人口实吗？快走！咱们去魏国公府，国公老成持重。必能为国舅主持公道。"

后边，众监生迈着整齐的步伐，喊着整齐的口号狂追不舍："玄成玄成，恶贯满盈！国舅国舅，无药可救！李贼不去，纲纪不兴！肆虐江南，荼毒金陵！"这口号朗朗上口，不一会儿跟着跑的兴高采烈的小孩子们就学会了，跟着他们一起喊了起来。

紧接着，华云飞和毛问智、老张、老王四人抬着叶小天也追了上来，叶小天仿佛一具雕塑似的，保持着悲壮刚毅的造型，一条手臂蜷在胸前，把上身顽强地撑起来，头颅不屈地高昂着，另一只手奋力地指向前方，似乎在为后方成千上万的百姓们指明前进的方向。

水舞泪眼蒙眬间，突然就看到了那个熟到不能再熟的身影，水舞只当自己在做梦，她拼命瞪大眼睛，急急擦去眼角的泪水："没有错！真的是他！"

水舞万万没有想到会在金陵看见叶小天，她张大嘴巴，吃惊地看着叶小天。叶小天目不斜视，正尽职尽责地扮演着指路明灯、迷航灯塔的光辉角色，指挥着浩浩荡荡的游行大军从路口冲过去。

"小……小天哥……"水舞声音嘶哑，颤抖着嘴唇喊了一声，可那声音只在她喉咙里打转，压根就没喊出口。

群众的游行队伍浩浩荡荡地走过来了，长龙般截断了戚帅的车队，被截断在路口两端的车子都停下来，好奇地看着这连绵不绝的游行队伍。他们不清楚金陵城发生了什么事，听声音……貌似与什么国舅有关？

顾三爷拉着李国舅逃进魏国公府，冲进府去时，已是上气不接下气。魏国公府门口有兵丁把守，那些监生不敢造次，他们不敢闯进府邸，便堵在门口继续高呼口号。

不久，成千上万的百姓围拢过来，魏国公府门前人山人海，比赶庙会还热闹，经过张泓愃、乔枕花等人声嘶力竭的一通宣传，百姓们也跟着高呼起了驱赶李玄成的口号，"驱李运动"终于造成了强大声势。

魏国公府里，顾三爷一边擦汗，一边把事情经过对魏国公说了一遍。魏国公听他说罢来龙去脉，不禁斜了李国舅一眼，满眼狐疑，跟顾三爷不一样，他更倾向于相信李玄成雇凶杀人。

如果说是叶小天自己买凶，冒着生命危险就为陷害李玄成，魏国公是坚决不相信的。叶小天和李玄成有什么仇怨？不过是个女子吗？叶小天不过是个小官吏，有什么理由跟一位皇亲国戚死磕？

他不清楚李国舅和叶小天此前有什么恩怨，也不知道生性淡泊很少动情的李国舅一旦痴迷于夏莹莹，竟然是如此执着。

此前乔御史曾明发弹劾奏章，说李国舅闯入叶小天住处，试图强奸民女。魏国公还是很相信乔御史的清名的，这两件事联系起来，很容易推断为李国舅恶行败露后恼羞成怒，这才买凶杀人泄愤。

想到这里，魏国公心中对李玄成很是鄙夷。不过顾三爷已经带着李国舅逃到他府里来了，也不能把他们推出门外，魏国公沉默良久，缓缓说道："国舅还是尽快离开金陵吧。"

"什么？"

李玄成本以为这位国公能替他主持公道，把叶小天抓起来严办，没想到他竟然说出这样的话来，李玄成怒不可遏地道："国公，你这是什么话，李某此时离开南京，岂不坐实了他们强栽给我的罪名？"

魏国公淡淡地道："国舅不走，难道就能洗脱这罪名了？"

李玄成眼前一黑，差点晕过去，他颤声问道："国公，你这是什么意思？难道李某……李某就要一辈子背着这些污名不成？"

魏国公慢条斯理地道："国舅想多了，时间久了，人们自然会忘记这些事。国舅是不是这样的人，久了大家自然也会明白，正所谓日久见人心嘛。如今金陵百姓群情汹汹，不管是乔御史弹劾你入室奸淫妇女一事，还是现下的买凶杀人一事，便是请出日断阳、夜断阴的包青天来，又如何分辨得清楚明白？"

李玄成惊怒交加，支支吾吾地道："可是……国公啊，什么入室奸淫妇人、买凶杀人，都是那叶小天有意陷害于我……"

魏国公打断他的话，道："叶小天有意陷害？那徐某倒不明白了，动机呢？叶小天不过是会同馆中区区一小吏，他缘何要陷害国舅？"

"这个……"李玄成登时哑口无言。他能怎么说，难道把他垂涎他人女伴，一再设计陷害的经过说出来？

此时，魏国公已经打定主意，要把李国舅请离金陵了。这笔糊涂烂账，根本算不清楚，如果不根据民意把国舅绳之以法，反而依着国舅的指控去查叶小天，恐怕接下来游街的就不只是太学生和金陵百姓，便连那些小官小吏也要走上街头了。

叶小天身为一个官员，尚且可以被皇亲国戚如此欺凌的话，换作其他人又如何？兔死狐悲啊！谁不怕有朝一日同样的遭遇落在自己身上。再说……魏国公暗暗叹了口气，文官们可是有个专跟外戚和内宦做对的癖好啊。

现在不知道有多少文官正眼红乐司业和乔御史有机会骂皇亲树清名呢，只恨他们没有机会出手。如果国舅再不走，那就真的不可收拾了，这些官员必定争先恐后地跳出来。

到时候他们暗中策划，鼓动市民罢工、罢市、罢学，再纷纷摇动笔杆子，把李国批的臭不可闻，那就成了名扬四海的大事件，各地士林和官员必然群起响应。到那时为了平息众怒，皇帝会怎么做？

魏国公是功臣第一家，一向是武将阶层的代表，在皇帝国戚和文武大臣之间，魏国公很清楚自己的定位：他必须站在文武大臣一边，如果他这个时候跳出来包庇国舅，把徐家和外戚绑在一起，即便以徐家的强大，那也将是一场噩梦。

魏国公叹了口气道："国舅，这也就是你，若换一个人，入室强奸，打死勿论。买凶杀人，早就被应天府绳之以法。先落大狱，再行审讯了。国舅，你还是先回京去吧，如果你继续留在金陵，我等都很为难！"

说到这里，魏国公站起身，向李国舅长长地揖了一礼，李玄成被魏国公这番话堵得半天顺不过气来："我堂堂国舅，被他个连品阶都没有的杂职小官欺负成这副模样……"

李玄成越想越可怜，鼻子一酸，潸然泪下。

他已经预见到自己回京之后将会面临什么样的局面了，面对金陵方面的众口一词，哪怕是他的胞姐和他的父亲，都不会再相信他的辩解。常言说三人成虎，到那时何止是三人，三千人、三万人都不止啊。

"我为什么要招惹叶小天，我为什么要招惹叶小天？那夏姑娘连正眼都不看我一眼，我连她的手都没有牵过，却因此毁了我一世英名……"李玄成嘴唇颤抖，陷入了无尽的懊悔之中。

他很清楚地知道，他已经永远失去了对付叶小天的机会。经过声势如此浩大的驱逐国舅运动，叶小天已经成了不畏强权、敢于面对皇亲国戚的欺辱而坚持道义的代表，成了文官们引以为自豪的士大夫典范，成了老虎身上的虱子，惹不起，也不能惹了。

· ※ · ※ · ※ ·

叶小天像老太爷似的仰卧在榻上，展凝儿坐在旁边，手里端着一盘灵晶莹剔透好似玛瑙般的樱桃，不时拿起一颗，递到叶小天嘴里，然后再去接住他吐出来的果核，侍候得无微不至。

堂堂的展大小姐，几时这么温柔可人地侍候过别人？这要叫那些称凝儿为"霸天虎"的水西阔少们看见，必然先得瞪落一地眼珠子，接着就得向叶小天纳头便拜："打虎英雄在上，请受小弟一拜。"

"你也吃！"

每当叶小天这么一说，展凝儿心中便是一甜，这迟来的关爱真是太不容易了。每当这时候，她就拈起一枚樱桃，甜甜地笑着，张开一口小白牙轻轻地咬下去，那樱桃汁液濡湿粉唇，看起来比樱桃还要娇嫩。

但是，一阵欢喜陶醉之后，她渐渐发现不对劲了，叶小天望着她的唇瓣时，眼神里似乎有些很邪魅的东西，看得她心慌慌的。展凝儿忍不住问道："你……这么看着我做什么？"

"没……咳！没什么……好看呗。"叶小天干笑两声，将眼神从那嫣红的唇瓣上艰难地移开，脑海中依旧回荡着他幻想出的那幅旖旎艳媚、销魂蚀骨的画面。光是想想把这母大虫调教成那般温柔慵懒的小猫，他就心痒不已了。

霸天虎对上擎天柱，究竟哪个做小伏低呢，这事还难说得很。

第六十五章

冤家路窄

一

你递我一颗樱桃，我回你一个笑脸。一颦一笑，一举一动，简简单单。可爱情滋味，又哪来那么多的轰轰烈烈，就在这简简单单之中，惬意温馨的感觉便悄悄滋润了两人的心田。

毛问智便在这不合时宜的时候冲了进来，兴高采烈地对叶小天道："大哥，李玄成那小子滚啦，哈哈哈！哎呀！那坏小子，走得不声不响的。那小子谁都没敢告诉，结果他一走，魏国公府就出来人，把他离开的消息跟大家伙说了。那些监生都乐坏了，现在正游街庆祝呢。"

叶小天笑道："走了？我料他也是必然要走的，他在金陵已是人人喊打，还待得下去才怪。"

"哼！走了算是便宜了他！要不然……"

想起李国舅买凶险些害死叶小天，展凝儿便柳眉倒竖，她狠狠地说了一句，忽又"扑哧"一笑，对叶小天道："他虽然走了，却是被你得罪得很了，你不怕他寻机报复？被一位国舅爷惦记，可不大好受啊。"

叶小天微笑道："我纵得不往死里得罪他，他就会放过我吗？如今他虽恨极了我，反而却再也不敢打我的主意，你信不信？哼哼，既然如此，便叫他恨一辈子，又能如何？"

展凝儿叹了口气，道："虽然你只是一个小小的会同馆大使，却能把一个国舅整得灰头灰脸，倒也真是本事。我猜那李国舅现在一定后悔不该打你的主意。他以为你是个软柿子，谁料却是粪坑里的石头，又臭又硬。"

叶小天板起脸道："怎么说话呢，有这么夸人的吗？"

展凝儿向他扮个鬼脸，道："臭美，谁要夸你啦！来，别生气了，本姑娘再赏你一颗樱桃。"

叶小天挑了挑眉,略带邪气地道:"要两颗。"

展凝儿好笑地道:"两颗就两颗呗,扮出这副鬼样子干什么?"

叶小天盯着她娇嫩润泽的唇瓣道:"我要你那两颗。"

展凝儿低头看了看自己饱满耸挺的胸膛,顿时羞不可抑,她伸出手去,在叶小天肋下狠拧了一把,娇嗔道:"要死了你!说的什么荤话!"

叶小天痛呼道:"哎哟!你想哪儿去了,我说的是唇瓣,唇瓣啊!"

展凝儿这才知道自己想岔了,脸色更加羞红,嗔道:"唇瓣也不行!乖乖吃东西!"

毛问智一看,得!这两位……这是把我当成空气了啊,他摸摸鼻子,讪讪地退了出去。

厨下,太阳妹妹又在熬汤。

红彤彤的灶火映着她红彤彤的脸蛋,胸前被烘得一团火热,心中也是一团火热。她托着香腮,每每想起叶小天已经接受了她的情意,心中便似一团蜜融化了似的,甜美无比。

不过,她如今炖的却不是之前那种大补汤了,而是大骨汤,熬得浓浓的,想让受了刀伤的叶小天早日痊愈。当彼此的关系明确以后,那心境便截然不同了,哪怕是那黑黑的灶台、脏兮兮的柴火,看在眼里都别有一番意境。

恋爱中的女人,便是一只飞入天堂的鸟……

老王打开会同馆的后门,将一行人马放了进来,不等车队停稳,他便走到一位老管家面前,压低声音道:"你们就住在这个院子里吧,往前去的门我上了锁,不会有人过来。不过虽说前一进院落里没有人居住,你们还是尽量小心一些,这么多人,可别弄出太大的动静。"

那老管家不耐烦地道:"行了行了,我知道。不劳嘱咐,我们老爷就是为了清静才要找这么个地方,我们家里规矩严得很,不会有人大声喧哗的。"

"那就好,那就好,那么……"

老王赔着笑,伸出了一个巴掌,老管家掏出一锭银子递到他手里,老王笑得眼睛都看不见了,连忙揣好银子,对老管家道:"这里正房加两厢,一共二十七间房,靠后墙的两厢是马廊,你们自己安排吧。"说完就喜滋滋地退了出去。

住进会同馆第五进院落的正是戚少保一家。他们这一家人连人带车马可是庞大得很,一连走了几家客栈,都容纳不下这么多人。有些大车店倒是可以容纳他们一家人,可是以戚少保的身份,纵然此行低调得很,又怎么会住进那种地方。找来找去,他们就找到了会同馆。

这会同馆闲置几十年，馆里的小吏下人们哪能守着一幢宝山无动于衷，他们早就找到了一些生财的门路，那就是偷偷租借馆舍给行商客旅。

在叶小天到任之前，这馆舍租出去很多。叶小天刚刚到任时，馆舍里的小吏杂役们不清楚他的为人秉性，便不敢再张罗生意。

等后来柯枝国使节入驻，就更不可能招揽租客了。待柯枝使节离开后，会同馆的这些人又动起了心思，尤其是叶小天如今被人刺伤，不能到处走动，他们便壮起胆子，想先把第五进院落租出去，换些花销。而戚少保一行人马也正愁找不着合适的住处，有捐客从中牵线搭桥，便促成了这笔生意。

戚少保之所以要在金陵暂留，一则是长途跋涉过来，确实有些人困马乏，再者也是按着冯保之前的嘱咐，留在金陵等他的消息。只要冯保在倒张的大潮中能够站稳，他的境遇便也能有所改变，说不定皇帝会下旨再把他调回蓟镇。他却不知，冯保此时已是自身难保了。

万历皇帝自幼被太后和首辅张居正管束得太严了，压抑得太深，那长久郁积的怨恨一旦发泄出来，便也吓人得很。万历皇帝十八岁那年，曾经酒后调戏过一个貌美的宫女。对皇帝来说，宫里所有的女人，他想临幸都只是一句话的事，更何况只是调戏。但是万历皇帝被严苛管束，已经到了无法想象的地步，这事搁在他身上就不行了。

冯保马上把此事禀报了太后，太后立即把皇帝唤到面前严词痛斥了一番，口口声声以废掉他的帝位相威胁。万历皇帝痛哭流涕地认错，太后还不罢休，又传张居正来，让他上疏切谏，并替皇帝起草了一道"罪己诏"颁发天下。

青春萌动的万历皇帝就因为酒后调戏了宫娥，结果面子丢了，里子也丢了。苦兮兮的皇帝连个普通官宦人家子弟都不如，痛哭流涕地乖乖认错，最后还是被余怒未息的李太后罚在慈宁宫外跪了三个时辰。

因为这事，万历心中对冯保和张居正就暗怀了恨意。等张居正死后，隐忍压抑了十几年的万历皇帝终于扬眉吐气，开始对张居正反攻倒算，作为张居正的坚定盟友，冯保不可避免地受到了攻讦。

先是江西道御史李植上疏弹劾冯保有十二大罪。紧接着又有御史弹劾冯保在永宁公主选婚时，接受他人万金贿赂，明知候选的驸马身患重病却曲意庇护。结果成婚之夜，驸马"鼻血双下，沾湿袍袂"。大婚后不到一个月，他便一命呜呼，致使公主守寡，几年后郁郁而终。

之后又有大太监弹劾冯保刮敛民财，欺君罔上。二十四监的大宦官中只要有人去世，而且因为身居要职家财丰厚，冯保都会派人封锁他的房屋，把家资搜索一空，据为己有。接着又有人告冯保宅第店铺遍布京城，冯家花园的壮丽可与皇帝的西苑媲美。

万历对冯保本就生了嫌隙，又因他自幼年到成年遭受了太多近乎变态的管束，心理产生了扭曲，对钱财有种特别的渴望。一听冯保如此无良，又拥有如此巨大的财富，恨意和贪心就似两条毒蛇，把他心中对这位大伴的最后一丝温情也吞噬一空，马上下旨说冯保"欺君蠹国，罪恶深重，本当显戮。念系竺考付托，效劳日久，故从宽着降奉御，发南京新房闲住。"随即又把冯保的弟侄下狱，兴高采烈地查抄起家产来。

戚少保此时还把冯保当成他最后的寄托，盼着冯保能力挽狂澜，殊不知曾经威风不可一世的冯保此时已经被赶出京城，栖栖惶惶地赶来南京的路上，打算到皇陵去种菜谋生了。

戚少保下了车，先向后车转过去，后车上走出一个老妇人，戚少保连忙伸出手，想要搀她下来，殷勤地道道："夫人……"

那老妇人嫌恶地一拂衣袖，沉着脸从他面前走过去，根本不理会他。戚继光略显尴尬，忙清咳一声，对老管家道："先安顿下来吧，回头你把金陵驿的驿丞唤来见我，老夫要在此等候京里消息。"

那老妇人正是戚继光的妻子王氏，戚少保与妻子的关系不太好。他十三岁定亲，二十一岁迎娶了这位王氏夫人，王氏是南溪武将王栋王万户的女儿，因为戚继光抗倭名震天下，民间便也有了许多关于他们夫妻的传闻。

什么戚继光未曾出人头地时家境非常贫困，贤妻王氏有一次晚饭烧鱼，把最肥美的鱼身中段给丈夫吃，自己只吃鱼头鱼尾一类的佚闻逸事。其实，这些都是百姓们穿凿附会，凭空想象。

戚继光将门世家，世袭武官。他一出生就是正四品的卫指挥佥事，家境哪有那么贫困？他们夫妻并不像百姓们想象的那样举案齐眉，实际上两夫妻的关系还非常不好。

王氏不育，没有自己的亲生骨肉，偏生又好妒，对戚继光一再纳妾的举动无法容忍。她脾气不好，年岁又大了，戚少保自然更喜欢流连于娇美可人、性情温柔的侍妾房中，两夫妻的关系自然越来越差。

如今戚继光远赴广州，虽然还是总兵，但是把他从蓟镇任上调离，分明就是皇帝不信任他了。王氏跟着他长途跋涉，心中更是怨愤，对戚少保的夫妻之情已丝毫不再。

史书曾载，等王氏那过继过来的儿子因病早夭后，她再无留恋，干脆就囊括了戚少保的一生积蓄，回了娘家，悍然把她丈夫给休了。当然，这是后话了。

家家有本难念的经。这戚少保固然是个名扬天下的大英雄，更因抗倭壮举名垂千古。可是在他的家庭方面，他可比前院儿那位正吃着樱桃、调戏美人的叶大使差得太远了。

王氏夫人进了正房看了看，因为前不久柯枝国使节团刚刚住过，房舍中很干净，王夫人见了比较满意，便走出来站在阶上，对她的继子道："老身就住这间了，宝儿，给为娘把行李搬进来。"

王夫人转身刚要回屋，忽然一眼看见了水舞。水舞正被其他丫鬟指使着，吃力地背起一个沉重的包裹。王夫人眉头一皱，憎恶地道："这个贱婢，倒是长命得很，她还没死吗？"

第六十六章

绸 缪

一

　　戚少保看了一眼正扛着大包袱吃力地走向一间厢房的薛冰舞，委婉地解释道："那位姑娘挺可怜的……"
　　王夫人横了他一眼，冷冷地道："你自己都成了可怜人，还有闲情逸致可怜别人？你留着这个扫把星想干什么？别是张居正没福气享用，你要给自己留着，到了广州，乔迁新居、再纳一妾，来个双喜临门不成？"
　　戚少保当着这么多的下人被夫人抢白，神情很是尴尬，低声下气地道："夫人哪，你可千万不要误会。这不是因为她牵涉到太岳先生的身后之名，故而不能不予谨慎吗？"
　　王夫人冷笑道："你做了一辈子官，还是如此不明事理。如果皇帝不想动你，会因为你献美邀宠的这点丑事便动你？如果皇帝想动你，便是你没有任何把柄可抓，皇帝便动不了你？可笑你们这些大男人，不是百战沙场的大将军，就是运筹帷幄的当朝首辅，居然把成败得失算计在一个女人身上。"
　　戚少保惧内久矣，在夫人面前那种千军万马指挥若定、杀得倭寇丢盔卸甲的英雄气概可是一点也没剩下，只是苦笑着继续解释，低声道："夫人宽心，也没多少时日了，只待我等到京里消息，便是尘埃落定的时候，不管那时是凶是吉，都可以给她安排个去处了。你放心，我是不会带她去广州的，老夫已经偌大年纪，怎么会打她的主意。"
　　王夫人冷笑一声，道："狗改不了吃屎，男人年纪再大，那颗心也依旧花花得很，不然那太岳先生又怎么会死？老娘懒得听你花言巧语，你说要等京里消息，成，那你就等吧。总之，咱们离开金陵的时候，不管是南下还是北上，你若还是带着她走，老娘就当场打死了她，然后回南溪老家去！"

王夫人说罢，把袖子一甩，转身回了房间，戚少保呆呆地站在阶下，半晌无言。

叶小天的伤势虽然看着吓人，但是因为有华云飞指点，倒是没有刺中要害，只是皮肉伤要养好痊愈也需一段时间。这段时间有太阳妹妹和展凝儿轮番照顾着，叶小天每日有美人为伴，时不时地还能揩点油，倒也乐在其中。

与此同时，叶小天也利用张泓愃、乔枕花等人前来探望的机会，同张泓愃商量，想请他父亲出面，同吏部打招呼，把他调回葫县去。张泓愃此前就已答应过他，自然一口答应下来，只是担心叶小天有伤在身，若是调令下的快，却不宜远行。

叶小天笑道："我的身子没那么娇贵，再说这不只是换个衙门那么简单的事，而是要跨省调动，调令下来想必也不是那么容易的，还是早早操办得好。等调令下来，我这伤差不多就好了，纵然调令下来的早也没关系，我乘车返回贵州便是，不瞒你说，为兄我如今是归心似箭哪。"

张泓愃道："既如此，我今日回去便与家父讲。"

当天晚上，兵部张尚书放了衙，回到府中华厅，宽去官袍，叫丫鬟取去挂好，刚在椅上落座，张泓愃就闪了出来，捧着一盏茶，毕恭毕敬地道："父亲，请用茶。"

"嗯？"

张尚书接过茶，奇怪地乜了他一眼，道："今儿怎么这么乖巧，别是在外边又给为父惹祸了吧？"

张泓愃赔笑道："哪能呢，儿子现在规矩得很。就连国子监的司业大人都夸奖儿子，说父亲您教导的好，儿子虽然是官宦子弟，身上却没有半点纨绔气，可见张氏门风严谨。"

张尚书嘿嘿一笑，道："少跟你老子灌迷汤，老子还没老糊涂呢。你肯规矩些那是最好，你要是跟关尚书那混蛋儿子似的，老夫定然也要打断你的双腿！你若是跟李国舅一般，哼！我就要你把这条命都交代在祖宗灵前。"

张泓愃连声道："是，是是，父亲的教诲，儿子全都记在心里了。那个……咳！那个……会同馆的大使叶小天……"

张尚书刚刚呷了口茶，听到叶小天三字，眉梢不由一扬，警惕地道："叶小天，他怎么了？"

张泓愃咽了口唾沫，道："前些天，儿子跟父亲提过的，那叶小天是儿子的好友，他想调回葫县为官，不愿留在金陵。"

张尚书一愣，恍然笑道："是有这么回事，哈哈，叶小天是吧？哈哈，好！好好好！为父知道了，哈哈哈……"

张泓愃奇怪地道："父亲为何一听叶小天就这么高兴？"

张尚书忍俊不禁地道:"今儿为父还听魏国公说起这叶小天呢,魏国公说他简直就是咱金陵府的一个大祸害。自从他到了金陵,就没让金陵官场消停过。还在驿馆候参的时候,他就搞了个什么赈灾义卖,结果害得堂堂礼部尚书的儿子居然被国子监除名。"

到了会同馆吧,他又搞出个什么"天下一品太平锅"。这一回更惨,关尚书把他儿子打断双腿轰回陈州老家去了。没几天的工夫,他又被人刺伤,结果害得李国舅落荒而走,灰溜溜地回了京城。

魏国公正担心他养好伤后,再搞出什么幺蛾子来,听那话音,也是巴不得他早点滚蛋的。叶小天既然想走,那再好不过,明儿为父就跟吏部打声招呼,再告诉他们国公爷也是这个意思,相信这事很容易就办下来。"

张泓愃大喜过望,连声道:"谢谢爹。"

张尚书看了他一眼,忽然感慨地道:"你小子,从小到大,就没少给爹惹事。现在呢,倒是规矩了些,其实爹也不是反对你惹事……"

张泓愃眼巴巴地道:"那爹的意思是……"

张尚书道:"你要惹事,就该像人家叶小天一样,惹出点轰轰烈烈的大事,那爹替你揩屁股也揩得开心些。"

张泓愃窘着脸道:"呃……孩儿受教!"

·※·※·※·

翌日,兵部张尚书遣人邀吏部尚书饮宴,吏部尚书欣然赴约,两人浅酌几杯后,张尚书顺口就把叶小天这事提了出来,还没等他提及魏国公也是这么个意思,那吏部尚书就瞪大眼睛追问道:"这是他请托张兄的?他愿意回葫县?没有别的条件?"

张尚书愣了愣,忐忑地道:"是啊,怎么?"

"哈!哈!哈!"

吏部尚书仰天大笑三声,异常爽快地道:"成!这事我现在就可以向你老兄保证,一定给他办成,一定让他回葫县去!"

张尚书试探地道:"贤弟貌似也很想让他离开金陵啊?"

吏部尚书连连摇头:"不不不,张兄你也知道,愚弟身体不好,一向赋闲在家,很少打理衙中之事。不过,自从孟侍郎赴京,本官不得不回去打理衙内了,这段日子,刑部、礼部、大理寺、应天府的几位仁兄可没少给我抱怨。工部和户部更是提前向我打了招呼,无论如何也不能把叶小天调去他们那里。愚弟头痛得很,没想到他竟然自己想走,真是天遂人愿!来来来,张兄,咱们干了这一杯!哈哈哈……"

张尚书愣了半晌,举起杯来,恨恨地道:"这席酒,你请!"

"吏部尚书答应了？哈哈哈……哎哟！"叶小天听张泓愃一说，不禁仰天大笑三声，牵动了腹部伤处，赶紧收住笑声，捂住了腹部。正搀扶着他的太阳妹妹紧张地道："小天哥，你没事吧？"

叶小天拍了拍她的小手，笑吟吟地道："没什么事，看把你紧张的，我心里一高兴，伤就好得更快些。"叶小天又转向张泓愃道："贤弟，这一遭可亏了你。"

张泓愃有些心虚地笑了笑，道："哪里，哪里，叶大哥的事就是我张泓愃的事，头拱地也得帮你办成啊！"

叶小天向他挑了挑大拇哥，道："好兄弟！"

张泓愃暗暗捏了一把冷汗，心道："这位仁兄自我感觉也太良好了吧，还以为人家不舍得放你走吗，却不知六部尚书，都在翘首企盼送瘟神呢。"

关小坤因为一己私怨，先是盗窃赈银，接着又破坏款待外邦使节的盛宴，被他老爹一通毒打，放逐回了老家。李国舅则灰溜溜地逃回了京城，只留下一身骂名。众官员由此深深地感觉到了教育子女的重要性，近来对子女的管束明显严格了许多。张泓愃也不敢在外逗留太久，把事情交代明白，便向叶小天告辞了。

叶小天此时正在院中缓缓散步，送走了张泓愃，叶小天笑容敛去，便开始沉思起来，他一边思索着，一边作势要在旁边的石凳上坐下，太阳妹妹连忙阻拦道："小天哥，石凳太凉，你等一下！"

太阳妹妹飞也似的跑去，不一会儿便取了一张蒲团回来，在石凳上放好，这才搀着叶小天坐下。叶小天心中一暖，这知心可意的人，真叫人恨不得把她吞下肚去才好。

他亲昵地捏了捏太阳妹妹吹弹得破的小脸蛋儿，在石凳上坐下，沉思片刻，对太阳妹妹道："哚妮呀，你去叫毛……算了，他不成，你去把云飞叫来，我有事对他说。"

太阳妹妹答应一声，又像一只快乐的小燕子般飞去，不一会儿领了华云飞来。

叶小天招呼华云飞坐下，对他仔仔细细叮嘱了一番，华云飞先是一惊，随即便露出兴奋不已的神情，认真侧耳倾听，不时轻轻点头，叶小天嘱咐完毕，便道："我回葫县已成定局。事不宜迟，你马上去办吧。"

华云飞兴奋地站起来，重重一点头道："大哥放心，这事就交给小弟吧。"

两人说话的时候，太阳妹妹已经像只勤劳的蚂蚁，一趟趟地把干果蜜饯、茶水瓜子都搬了来。叶小天与华云飞谈得非常专心，也没注意，等华云飞离开，他才发现面前的石桌已经摆满了。

叶小天微微一笑，顺手端起一盏茶道："哚妮，你不要忙了，我哪吃得了这么多。"

"哦！"

太阳妹妹在旁边石凳上坐下，双手托着尖尖俏俏的下巴，扑闪着一双亮晶晶的大眼睛，甜甜地笑道："小天哥嘱咐云飞啥事呢，这么神秘兮兮的？"

叶小天笑吟吟地举起茶杯，故意逗她道："我让他去置办一下，今晚就把你收了房，你说好不好啊？"

叶小天说完，就用有趣的目光看着哚妮，不出所料地看到她颊上飞起两朵俏丽的红云，但太阳妹妹接下来的一句话，却让叶小天大出意料，忍不住"扑哧"一声，刚刚呷下的茶水便从鼻孔里喷出两道水箭。

哚妮咬着薄薄的唇，扭着手指低下头来，羞羞答答地道："可……可你身子还没大好，怎么洞房呀……"

第六十七章

小人中山狼

一

叶小天在南京城双姝陪伴，每日享尽温柔滋味的时候，葫县的徐伯夷更是春光得意，享尽荣光。

叶小天被押去金陵时时候参，等候勘罪。虽然此案有张居正亲笔批示，几乎是板上钉钉必定严惩的，可毕竟在程序上还没有定罪，甚至有罪无罪也还未定，朝廷不能派人接替他的职位，他的典史职责，理所当然就由主管司法的徐县丞兼任了。

徐伯夷和死心塌地投靠田家的王主簿联起手来，开始蚕食花知县的权力。徐王二人有水西田家的背景，赵驿丞则是播州杨家的背景，罗金事又一向不大掺和地方政务，花知县便孤掌难鸣了。

尤其是他坐视叶小天落难，只求自保不肯援手，又冷了叶小天一班旧部的心。还因此得罪了葫县士绅和高李两大部落，哪里还有与徐王二人一较长短的能力，是以步步退让，眼看就要如当年一般，再度被架空为傀儡。

为此，花晴风整日里忧心忡忡，可他这是自作自受，又能怨得谁来？在衙门里，他本就饱受煎熬，回到后宅又常受妻子埋怨，妻弟唠叨，心力交瘁之下，头上白发都平添了许多。

就在这时，云南那边又发生了一件大事。缅甸王莽应里派遣士卒战象数十万，悍然向大明开战了。他多路出兵，一路攻占了雷弄、盏达、干崖、南甸、木邦、老姚、思甸各地，烧杀抢掠不计其数，又对腾越、永昌、大理、蒙化、景东、镇沅、元江等地虎视眈眈。

刚刚亲政的万历皇帝闻讯勃然大怒，马上调兵遣将予以反击。命黔国公沐昌祚带兵移驻洱海，云南巡抚刘世曾率军移驻楚雄，参政赵睿镇守蒙化，副使胡心得镇守腾冲，陆通宵镇守赵州，金事杨际熙镇守永昌，委派监军副使傅宠、江忻协同督参将胡大宾等人分几路迎击缅甸大军。

云南巡抚刘世曾又上书请求南京坐营中军刘綎担任腾越游击，武靖参将邓子龙担任永昌参将，各自调集五千士兵前往任地打击莽应里的缅军，这两位都是大明名将，尤其是刘綎，使一口一百二十斤重的大刀，有万夫不当之勇。

这一来，通过贵州前往云南的唯一这条驿道便成了一条保障军需的重要供给线，每天都有大量的军需物资通过这条输血线源源不断地输往云南，王宁和徐伯夷又趁机把葫县段驿道的维修、保障抢在手中，由此掌握了全县人口、物资的控制权，虽然这只是战时措施，但是刘备借荆州，还会有归还的那一天吗？

眼见徐伯夷风光无限，甚至凌驾于花知县之上，成了葫县第一人，许多人便纷纷投到了他的门下，一直受到排挤、打压的李云聪似乎也认清了现实，竭力巴结着投靠徐伯夷。

徐伯夷正在用人之际，而李云聪是积年老吏，经验丰富，确实可以作为左右手栽培。于是一番试探之后，徐伯夷便接纳了李云聪。李云聪投靠徐伯夷之后，竭尽所能，全力辅佐，为了驿路安全，常常忙得饭都顾不上吃，大有大禹治水——三过家门而不入的风范。徐伯夷看在眼中，对他愈加器重。

李云聪站到徐伯夷一边，这对叶小天就是明显的背叛了。苏循天、周班头等人背后常常对他唾骂不已，有时当着他的面也是含沙射影，嘲讽不已。

李云聪振振有词，反驳说："我拿的是朝廷的俸禄，可不是他叶小天供我养家糊口！再说，他叶小天昔日归来，你等皆官复原职，唯独我李云聪还在守仓库。他对我不闻不问，今日得以重用，全赖县丞大人器重。所谓士为知己者死，我李云聪为徐大人鞍前马后，也是问心无愧的。"

这番话传到徐伯夷耳中，他对李云聪愈加信任了。

那年代没有水泥，驿路土道修整的十分频繁。因为近来军需物资频繁运输，道路毁损严重，驿路山道更是五日一小修，十日一大修，非如此不能确保运输通畅。可这时征召修路役夫却出了岔子，正负责驿路修整的李云聪马上带着一身泥土赶去向徐伯夷汇报，徐伯夷一听，马上把户科的人唤来一通斥骂。

徐伯夷喝道："我早说过，你们的户籍管理乱七八糟。我吩咐你等要按分属、姓氏建立索引，你等不做。你们看看，本官要征调役夫，居然有的人家出了三丁，有的人家一丁不出，闹得怨声载道。这究竟是怎么回事？"

如今徐伯夷风头甚健，俨然是葫县第一人。他一动雷霆之怒，唬得那户科司吏面无人色，战战兢兢地解释道："县丞大人，本县诸族杂居，各有风俗，实在难以整治清楚啊！尤其是一些部落的人一个字也可成名，七八个字也可成名；姓氏更是五花八门，有人以父名为姓，有人以母名为姓，看着不是一家人，实则就是一家人。名姓毫无规律，实在无法索引。"

徐伯夷冷冷地道："照你这么说，就只能听之任之了？"

那户科司吏愁眉苦脸地道："县丞大人息怒，卑职所言俱是实情，并非有意搪塞。"

徐伯夷冷笑一声，道："不是搪塞，也是无能！你干不了，换个人做吧。李云聪，从今日起，这户科司吏由你担任。你原本就是户科的人，想必能够得心应手，免去本官后顾之忧。"

李云聪激动万分，"扑通"一声就给徐伯夷跪下了，颤声道："多谢大人恩典！多谢大人信任，卑职愿为大人鞍前马后，效犬马之力！鞠躬尽瘁，死而后已！"

那户科司吏一听面色如土，赶紧央求道："县丞大人……"

徐伯夷厌恶地一甩袖子，喝道："滚出去！"

那户科司吏不服，抗声道："县丞大人，要免我的司吏之职，只怕得知县大人点头吧！您县丞大人怕是做不了这个主！"

"哦？你要知县点头？"徐伯夷咬着牙根，冲他冷冷一笑："成！那你回户科等着去吧！一会儿，本官就请知县大老爷去向你点头！"

那户科司吏万般无奈，怨毒地瞪了李云聪一眼，恨恨地转身就走。

徐伯夷冷笑着又道："回去后，收拾好你的文房四宝等一应器物，准备滚蛋！"

那户科司吏大吃一惊，他不做司吏，也还是普通的胥吏。可徐伯夷这句话，却是要把他赶出县衙，从此丢了这只可以代代传承的铁饭碗了。

那户科司吏万没想到顶撞了他一句，便落得这般下场，再也不敢强硬，马上跪了下来，磕头道："县丞大人，卑职知错了。县丞大人开恩，小人除了这支笔，别无生计本领，小人还有一家老小要养活……"

徐伯夷阴阳怪气地道："这话你可跟本官说不着，知县大老爷会冲你点头的。来人啊，拉他出去！"

门下两个衙役大气也不敢出，马上走到那户科典史面前，道："戴司吏，请吧！兄弟也是听差做事的，别让兄弟为难。"

那户科典吏满脸绝望，直挺挺地跪在那儿，徐伯夷不为所动，冷冷地一摆手，那两个衙役只好把他硬架了出去。

那户科司吏被架到院子里，才突然清醒过来，猛地一声嚎："徐伯夷，你不得好死！"

徐伯夷听到那人的骂声，不屑地一笑，对李云聪道："起来吧，不要跪着了。看你一身尘土，这些日子里你的辛苦，本官是看在眼里的。嗯，如今本官把户科交给你了，你可有良策改变这混乱的局面？"

李云聪爬起身来，低头想了想，对徐伯夷道："大人，何不令地方百姓们依照我汉人规矩立姓起名呢？如此一来，不仅我县户籍便于管理，而且一旦成功，便是我县的一件文教大事啊。"

"哦？改姓易名？"

徐伯夷先前曾经发过这样的牢骚，不想李云聪的想法竟与他不谋而合，徐伯夷不觉有了兴趣，忙道："你仔细说说。"

李云聪道："是！大人您也知道，贵州地方，一向是各地土司主持政务，就是朝廷都很难插手的。而我葫县如今已经改土归流，一应规矩多年来却没有什么变化，这都是知县大人太过保守的缘故，朝廷对此一向不满。"

李云聪踏近一步，低声道："如果大人您能令此地百姓依我汉人规矩造立户籍，必然是一桩莫大的功劳，谁也抢不走的。这可是证明葫县百姓心向朝廷，愿意接受官府的管束的大事，必定上达天听啊。"

徐伯夷一听，不由怦然心动，如果真能办成这件事，方便官府管理户口还是小事，最重要的是，各族百姓都愿意改称汉姓汉名。这证明什么？这证明他教化有功，各族百姓心向朝廷啊。如果经由他手办成这件大事，其重大意义不言自明。这份功绩，比费心尽力地保障军需物资运输还要大得多，有此文教之功，还怕不能飞黄腾达？

徐伯夷越想越觉得此计可行。如果真能成就此事，那便是他的一桩莫大功劳，正可作为万历皇帝亲政后的一桩献礼。想到这里，徐伯夷心热不已，但仍有顾虑，迟疑道："此计可行吗？会不会招致百姓反对？移风易俗，可不是易事。"

李云聪笑道："大人，若是容易的话，哪还轮得到大人您来享受这桩大功劳呢？以卑职看来，咱们葫县可以订个规矩，但凡肯依照朝廷规定改姓立名、配合官府造立户籍者，可以减免他们家的一些税赋徭役。

大人，那些寻常百姓，每日里为了一点蝇头小利奔波忙碌，不就是为了养家糊口吗？他们会放过这样的好处？至于那些吏目族酋，家境富裕的人家，固然是看不上这点好处。咱们还可以恩威并施，投其所好啊。

大人你想，那想要名的，咱们便送他块匾或立一座牌坊；那想要利的，咱们可以给他们些方便，叫他们在驿路运输上得些好处。如此双管齐下，还怕他们不动心吗，至于少数人顽古不化……"

李云聪微微一笑，捻须道："这样的人只是极少数，无关大局。等众多百姓纷纷响应，他们自觉不便，不用人劝，也会主动服从了。更何况……"

李云聪把声音又压低了些，小声道："大人，百姓们是否都愿意改姓立名并不重要，重要的是，此事一成，便是一桩通天的功劳。这证明民心所向，相信皇帝陛下也是非常愿意看到这一幕的。"

徐伯夷连连点头，可他转念一想，又觉不妥，担心地道："如果要减免税赋徭役，需要得到朝廷的批准，我葫县衙门可是没有这个权力的。可是想要朝廷批准，这事就得先报上朝廷，一旦葫县百姓强烈反对，本官岂不进退两难？"

李云聪摇头道："大人过虑了，卑职对葫县诸族有些了解。大人你想，他们立姓取名如此随意，或依父名为姓，或依母名为姓。他们这父母之名姓又从何而来呢？父母之姓，依其祖父母之名而来，而其祖父母之名，又是随意而取的，或是见一山石，或是见一云朵，便信手拈来，当作自己的名姓。

"对我汉人而言，姓是祖宗传承，名是父母所取，有着诸多忌讳，那是万万动不得的；可对这些外族而言却不然，仅仅是他们区分你我、辨人识人的一个代号。他们又怎么会因此而强烈抵制呢？"

徐伯夷听他说的在理，不由大喜。如果此事真能办成，必可上达天听。皇帝纵然不是好大喜功之辈，也必然希望看到他在位时，诸族百姓改立汉姓汉名。

对于一个皇帝而言，能称得上功劳的，无非就是文治武功。文治治出盛世，动武开疆拓土，而且文治还在武功之上，这可是天下归心的大事，便是办不成，皇帝对此留了心，也会记得我徐伯夷精明强干。若非这样的机会，我徐伯夷一介县丞，哪有机会被皇上和内阁诸公注意到？"

徐伯夷决心已下。只是为了慎重起见，他还是决定先派遣几个心腹到百姓中间去探探口风，如果各族百姓对此真的无可无不可，有了一定的把握，他便可以上书朝廷。这件事必须做的隐秘，便是王主簿，也不能让他分了我的功劳！

徐伯夷点点头，不置可否地道："嗯！此事本官会好好考虑考虑的。"

李云聪不敢多说，忙退到一边。徐伯夷继续埋头处理公文，心中却在暗暗思索，葫县虽然闭塞，但张居正垮台这么大的事，他也是知道的，自从获悉此事，他就知道叶小天这一遭只怕是有惊无险了。

可是，即便如此又能如何？葫县已经变天了，叶小天纵然还有机会回来，还能倒转乾坤不成？只要他办成此事，得到天子青睐，便大鹏展翅，扶摇千万里之上了。到那时，叶小天这燕雀一般的小吏，是死是活，不过是他一句话的事。

想到这里，徐伯夷嘴角不禁勾起一抹得意的狞笑。

第六十八章

菩萨蛮

一

窗外隐见月色朦胧，有虫鸣的唧唧声传来，更显静谧。枕旁凝儿的呼吸声非常均匀，哚妮悄悄张开眼睛，轻轻地侧过头，像鸟儿一般睇了凝儿一眼，轻声唤道："凝儿姐姐？"

凝儿睡得很熟，没有回答。哚妮咬了咬嘴唇，小心翼翼地掀开薄衾，缓缓坐起身来。先摸到布袜穿上，她想要趿上靴子，又担心会发出脚步声，歪着头想想，便弯下腰去，摸到自己的鞋子，轻轻提在手中。

哚妮站定身子，心虚地回头望了望，凝儿依旧熟睡着，哚妮便轻轻吐了吐舌头，俏皮地一笑，蹑手蹑脚地走开了。房门一开，便有清幽的月光洒进来，映得哚妮花容皎洁。

哚妮飞快地闪出身去，又把门轻轻掩上，手按在心口，只觉砰砰乱跳。她长长地吸了口气，让悸动的芳心舒缓下来，便沿着那九曲的回廊，向叶小天的住处闪去。

亭阁、树木、花草、怪石，在月色下全都朦朦胧胧的，像是罩上了一层乳白色的轻纱。月色的白与那夜的黑浓淡相宜着，仿佛一幅优美的水墨丹青，而哚妮就是行走在画中的那个美人。

天地间有袅袅的雾气浮动，幽静的紫丁香丛笼罩其中，光与影上、花与月间，荡漾着淡淡的幽香，哚妮轻盈闪动的身影，仿佛一只灵巧的云雀，穿梭在这袅袅的雾气里。

"花明月暗笼轻雾，今宵好向郎边去。刬袜步香阶，手提金缕鞋。画堂南畔见，一向偎人颤。奴为出来难，教君恣意怜。"李煜的词在此时真是应景。

哚妮到了叶小天房前，轻轻一推，那虚掩的房门就开了。她马上闪进去，把房门一掩，背倚在门上，松了一口大气。但是紧接着她就吓了一跳，因为黑暗中忽然闪出一条人影，接着，她的身子就落进了一双有力的臂膀。

但是嗅到那熟悉的男人气息，哚妮绷紧的娇躯忽然又软了下来，提在手里的鞋子先后落在地上，她的双臂柔柔地环住了那男人的脖子，脚尖轻轻跂起来，昵声道："哥。"

"凝儿没有发现吧？"

"没，凝儿姐姐睡得熟着呢。"

叶小天欢喜地道："哚妮好乖，来！"他牵起哚妮的小手，便向卧房里闪去。此时的叶小天其实也紧张得很，别看他平时油腔滑调的，这窃玉偷香的事，他可是大姑娘上轿——头一回。

凝儿打了个哈欠，轻轻翻一个身，忽然觉得身前一空。凝儿睡意浓浓的没有睁眼，只是抚着那尚有哚妮体温的被褥，含糊地想："哚妮起夜去了吧？"

叶小天房里，叶小天点起一盏油灯，把灯芯压得低低的，只透出豆大的一点光亮。他拉着哚妮在榻边坐下，两个人都似怀揣了一只小兔子，在心口里扑通扑通地跳个不停。

叶小天的身子已经好多了，伤口已经结疤，长上了嫩肉。正所谓饱暖思淫欲，整天这么好吃好喝地供着，又有两个已经对他倾吐衷肠的佳人天天耳鬓厮磨，叶小天哪里还把持得住？

他终究还是不敢向凝儿提出非分的要求，比较起来，还是觉得哚妮这姑娘更容易让他得遂心愿，于是在他涎着脸再三央求之下，哚妮终于羞羞答答、半推半就地答应今夜与他幽会了。

"小……小天哥……"

哚妮在榻边坐下，就不由自主地紧张起来，她略显不安地抬起头，声音怯怯的，但她只唤出一声，便迎来叶小天激情的热吻。

"唔……嗯啊……"

哚妮吃惊地张大眼睛，可叶小天紧接着连舌头也伸进来了，纠缠着她的舌，让她无法闭上嘴巴。一阵轻怜蜜爱，小天哥的舌头像灵蛇般搅动着，哚妮最终只能迷醉地闭上眼睛，任由他的亲吻爱抚。

两个人就这么抱着、吻着，一起倒在榻上。

"嗯……"

叶小天终于恋恋不舍地松开了她的唇，哚妮马上大口大口地呼吸起来，一张小脸憋得通红。叶小天轻笑道："小傻瓜，怎么这么笨呢，亲你的时候就一直不喘气的？"

哚妮一张脸羞满红晕，她本就生得俊俏可人，这时看着更加动人了。那眸波流转着，仿佛凝了一潭春水似的，羞怯地向叶小天解释道："我……我被你……我没法子喘气啊。"

"用鼻子啊！这都不会……"叶小天笑起来，更觉得这姑娘招人疼了，他轻轻啄吻了一下哚妮的鼻尖，一只色手便轻轻滑上了她的胸膛，哚妮立刻像只中箭的兔子，身子猛地一颤，双手紧张地抬起来。

一触到那团令人销魂的软肉，叶小天的瞳孔马上变得深深的，里头隐隐燃起了情欲的火苗，他用低哑的声音对哚妮道："别担心，一切有我呢。好妹子，你放心，我会轻轻地，轻轻地……"

他的声音越来越轻，可一个身子却越来越重，两条人影渐渐合成了一个……

"嗯？"

发觉哚妮不在，凝儿便有些半睡半醒不太踏实了。朦胧间伸手又一探，身边还是没人，展凝儿不由清醒过来，她扬声唤了一句："哚妮？"

房间里静悄悄的，没有回答的声音，展凝儿心中一惊，霍然坐起，又唤了一声，还是没有人回答，展凝儿急忙跳下地去，纵身一跃，掠到墙边，伸手摘下她的佩剑，拇指刚刚按上卡簧，一道人影就闪了进来。

展凝儿低叱道："谁！"

声随剑起，剑似闪电唰地漾出一道寒光，遥遥指向黑影当中。哚妮刚刚闪进门来，正是心怀鬼胎的时候，被展凝儿一喝，吓得一屁股坐到地上，失声叫道："凝儿姐姐？"

展凝儿一呆，疑道："哚妮，你出去做什么了？"

哚妮支吾了两声，道："呃……我……我出去方便一下。"

哚妮离开的时间并不长，展凝儿没起疑心，她松了口气，还剑入鞘，上前搀起哚妮道："床后不是有马桶吗，怎么还跑到外边去了。"

哚妮干笑道："肚子有点不疼舒，想大解，怕有味道嘛。"

展凝儿没好气地道："还以为你出了事呢，快歇息吧。"说完打个哈欠，返身把剑挂在墙上。待她回过头，却见哚妮已经上床躺好，被子都盖得齐齐整整的，展凝儿不禁哑然失笑。

展凝儿上了榻，不一会儿就睡熟了，听到她均匀的呼吸声，哚妮慢慢张开了眼睛，眸光一闪一闪，想着想着，她脸上忽然露出一幅甜蜜的笑模样："人家已经是小天哥的女人了呢……"

哚妮窃笑着，心花怒放，双手在被底攥成了拳头。

叶小天房中，那如豆的油灯仍在半死不活地亮着，叶小天直挺挺地躺在榻上，直勾勾地盯着房梁，一脸沮丧。有些事，想和做真是完全不一样啊，他本以为今晚他可以大展雄风,与那可意的姑娘抵死缠绵,大战三百回合,用他的勇猛,叫她娇滴滴地向自己求饶,谁知道……

叶小天满面羞愧,默默地拉过床单,悄悄蒙在脸上,心中无声地悲咽:"丢死人了……"可怜的小天刚刚看到那新剥的蒜瓣一样白嫩,新煮的蛋清一样柔滑的胴体,便腰眼一麻,缴械投降了。

"哚妮,一定会看不起我的……"

叶小天藏在被底,无地自容地想。

天亮了,天空湛蓝,朵朵白云在朝阳的映衬下亮起金色的边缘。满树红花,在阳光下泛起鲜丽的颜色。

展凝儿一身白色劲装短打扮,在树下习练着剑法。一口剑在她手中寒光闪闪,在她面前仿佛有一个无形的敌人,你来我往,你守我攻,那一个婀娜的身子仿佛飞雪旋舞,煞是好看。

叶小天的房门开了,叶小天黑着眼圈,袖着双手,臭着脸从房间里怏怏地出来。展凝儿见叶小天出来了,手下更见精神,一口剑飒飒生风,剑势缤纷莫测,固然好看,却又绝非花拳绣腿。

叶小天拉长着一张脸,没精打采地看着,突然间,展凝儿纵身跃起,利剑横空,无数道闪烁的光华漫天激射,仿佛天空的太阳突然被人击碎成了千千万万片,从半空撒下。

这一招虽然好看,而且对腕力要求极高,其实才是真的纯观赏性招数,实战效果并不强,不过展凝儿估计叶小天这样的外行,也就是看了这样的招数才会大声喝彩。

可叶小天只是木然看着,依旧毫无反应。展凝儿身形落地,剑势一收,漫天光影顿时敛去,展凝儿挺胸拔背,娉娉婷婷地立在那儿,蜂腰长腿说不出的诱媚。她向叶小天得意地挑了挑眉,笑道:"人家功夫怎么样?"

"啪!啪!啪"叶小天举手击掌,拍的有气无力,口是心非地敷衍:"好!好啊!好啊!真是好功夫!"

"哼!没眼力!"展大姑娘不高兴了,恨恨地白了他一眼,调头就走。这时候,哚妮恰从屋里出来,她掩口打了一个娇俏的哈欠,双眼一抬,恰好迎上叶小天的目光,不由俏脸一红,含羞低头道:"小天哥,早。"

真是奇怪,只是昨夜与他恩爱缠绵了一番,今晨起来,心境便豁然不同了。似乎,原本于情爱懵懵懂懂一知半解的她,忽然就开了一窍。从今天起,她就是一个真正的女人了。这个认知,让她的心迅速成熟起来。

叶小天一见哚妮便有些无地自容,生怕在她脸上看到一丝不屑的神情,可他看到的却是哚妮脸上焕发出来的羞喜、甜蜜、满足的神情,叶小天不由心中一动:"怎么会?这丫头……别是根本不懂床笫之事,以为我们两个已经成就了好事吧?"

　　想到这里,叶小天大喜过望,丢了半宿的自尊心和自信心马上找了回来:"啊!哚妮啊!咱们就快回葫县了,今天陪我上街走走吧,我这身子骨闲得都发痒了,咱们上街走走,顺道帮遥遥选几样小礼物。"

　　叶小天用大灰狼看小白兔的眼神看着哚妮,笑眯眯地说着,悄悄地想:"昨夜我一定是因为太紧张太匆忙,所以才大失常态。今天我把哚妮拐到外面去,找一家环境优美、安静素雅的客栈开间房,从从容容地,一定能把这朵娇花真正采到手。嘿、嘿嘿……"

第六十九章

大圣偷桃

一

听说叶小天要上街去，展凝儿很是担心，想要陪同保护他。叶小天如今一门心思要重整山河、再树雄风，一扫他昨夜留下的心理阴影，做个堂堂正正的"真男人"，哪肯让她跟去坏事。

叶小天道："你放心，李玄成已回京城，哪还有人会对我不利。就是那李玄成，如今也是麻烦缠身，他回了京城也不得消停，根本没有工夫再来对付我。更何况，我已让云飞暗中保护我了，不会有事的。咱们马上就要回葫县了，你还是先去联系一下路上所乘的车马吧。这些事交给老毛去办我可不放心，冬长老又从不问世事，他眼里除了虫子，什么都看不见。"

展凝儿听他说的在理，只好答应下来，可还是不太放心地叮嘱太阳妹妹道："哚妮妹妹，小天哥身子还没大好呢，你可要多照应些。"

哚妮甜甜地答应："嗯！凝儿姐姐放心！"这丫头一旦对一个人好，那就是真心的好，笑容甜甜的，声音也甜甜的。心机不多，天真烂漫，无论男女老幼，鲜有不喜欢她的。

叶小天见凝儿如此关心自己的安全，心中很是感动，不免便生起些愧意："我这里千方百计要把哚妮诱拐出去吃掉，凝儿还在关心我的安危，真是……这一碗水真是没法端平啊。咳！其实我也是为了你。我若不从一个一上阵就怯战的新兵，操练成一个百战沙场的老将，来日你也会不开心的。"

这样一想，厚颜无耻的叶小天便心安理得起来。华云飞从前两天就消失了，叶小天说是为了安全，让他化明为暗，以便及时发现有意图不轨者，展凝儿和毛问智等人对此自然深信不疑。

会同馆出去不远就是一条繁华的街市，叶小天和哚妮离开会同馆，步行没多久就到了市场上。哚妮为遥遥选购的礼物，大多是少女穿戴的衣服、帽子、头饰、首饰、叶小天则买了一堆的七巧板、孔明锁、九连环、空竹、不倒翁……

"小天哥，你看这件好不好？遥遥一定会喜欢的。"哚妮拿起一双做工精致的小靴子雀跃地问叶小天。经过昨夜之事，她已经把自己当成了叶小天的女人，想着出嫁从夫，是以凡事都要问问小天，征询他的意见。

叶小天现在一门心思想着如何把这口小鲜肉给炖了，这一路心不在焉的，只管左顾右盼打量哪儿有客栈，只恨平时没留意这些，又不好向别人询问，哪有心思理会哚妮买了些什么，哚妮一问，他便连连点头："好好好，包起来。"

终于，两人采购的东西装满了一个大包袱。两人也从街头走到了巷尾，叶小天贼眉鼠眼地四下观望一番，忽然发现前边有一家客栈，挂着招牌："桃叶客栈"。

叶小天喜出望外，忙对太阳妹妹关切道："哚妮啊，这一道走得乏了，咱们到那客栈里歇息一下吧。"

哚妮诧异地道："啊？咱们没走多远嘛，要不……我去雇乘轿……啊！那儿有个脚夫，小天哥，你乘他的驴子回去如何？"

哚妮说着就扬起手，想要向那脚夫打招呼，叶小天赶紧拉住了她，道："骑驴有什么意思。啊不！骑驴多辛苦，嘿嘿，咱们还是到客栈里休息一下吧……"

哚妮奇怪地看着他，突然意识到了什么，脸蛋腾地一下就化作了一座火焰山，她羞红着脸垂下头道："小天哥，现在还是大白天呢……"

叶小天道："不是大白天，咱们哪有机会出来，走吧，咱们去歇一下，就歇一下。"叶小天拉起哚妮的手，不由分说便向桃叶客栈走去。

"一间上房，绝对安静，还有吗？"掌柜地说着撩起眼皮又瞟了叶小天一眼，叶小天赶紧道："没有了，没有了，这样就好。"

那掌柜的又问："客官住几天啊？"

叶小天道："不住几……呃，住一天吧。"

叶小天脸皮再厚，也不好意思说自己顶多在这待一个时辰，话到嘴边赶紧又改了口。掌柜的看了看一旁羞答答地低着头，始终不敢抬起的哚妮姑娘，会意过来。他用一副过来人的表情向叶小天微笑着点点头，道："成，那就一天。老朽再给你打个八折。"

叶小天忙道："谢谢掌柜的。"

掌柜的笑吟吟地唤过一个伙计，吩咐道："选间安静的上房，引这两个客人过去。"说着向那伙计递个眼色。那伙计心领神会，拿了钥匙，领着叶小天和哚妮七拐八绕，走到客栈最后边，打开一间房子，笑嘻嘻地道："开了后窗就是秦淮河了，这幢屋子就在河边上，前面几幢房子都还空着，安静得很。"

叶小天对这房子很满意，连连点头道："成！就这里吧。"

那伙计走到门口，转身对走过来准备关门的叶小天小声地道："欢迎客官常常光顾。"

叶小天呆了一呆，看那伙计眼神有些诡秘，心虚地道："好好好，一定常来光顾。"

那伙计笑嘻嘻地道："下次客官再来，保证给您打六折。"

叶小天一脸糗糗的表情，眼看那伙计转身离去，这才把门关上，又上了闩。扭头一看，哚妮已经离开堂屋，走到卧房里坐下，羞答答地垂着头，像个新嫁娘般规矩。

叶小天兴奋地搓了搓手，高抬腿轻落步，像只大马猴似的闪了进去。叶小天走到哚妮身边坐下，欢喜地握住她的小手，哚妮红着脸低声道："哥，现在是大白天呢。"

叶小天涎脸笑道："此间只有你我，关上门掩上窗，白天黑夜有啥区别？"哚妮轻轻啐了他一口，红晕满颊。

看到她俏美动人的模样，叶小天不禁兽血沸腾，翻身便把她推压在榻上，柔声道："好哚妮，机会难得，我们亲热一下吧。"说完也不待哚妮回答，便吻上了她的小嘴，哚妮呜呜嗯嗯的，一句话也说不出来。

说不出的轻怜蜜爱，让哚妮渐渐放松下来，开始渐有回应，她的衣裳就在一串串蜜吻中一件件脱去，露出小白羊似的娇美胴体。哚妮羞不可抑，含羞地卧在榻上，翘挺丰满的臀部呈现出一个完美的弧度，仿佛一颗诱人的蜜桃！

叶小天两眼一直，就似那馋涎欲滴的猴子，一纵身便攀上了这棵硕果累累的桃树，迫不及待地想要摘下那既红又大成熟甜美的蜜桃。

"啊！怎么……怎么和昨天不一样呀？啊！唔……"哚妮只是一声羞叫，唇儿便被吻住，咿咿唔唔声中，她那稚嫩的身子仿佛承受不住……

挂在枝头的成熟蜜桃，终究逃脱不了它注定的命运，成为那只猴子腹中的美食。风雨大作，哚妮柔软纤细的腰肢就似一条纤细的桃树枝，随风摆动着，随雨飘摇着。

窗外就是秦淮河，桃叶客栈就在桃叶渡旁边。有船自水上行，船橹轻轻摇动着，传来船桨破水的声音，有船破浪而行，叶小天也在溯流而上，一头闯入那桃花源中，肆意摘取着那甜美多汁的蜜桃……

暴风骤雨中，那偷桃的猴子似乎着了急，忍不住抱着那树干拼命地摇晃起来，摇得那枝也晃、叶也飘，一颗颗熟透了的桃子咚咚咚地落下地来。

云收雨歇，阳光明媚。荷上有晶莹的水珠盈盈欲流，哚妮的脸蛋娇艳欲滴，恰似雨红的新荷。虽然对于情爱一向懵懂，可她此时也终于明白，直到这一刻，她才真正从一个少女变成了女人。

门吱呀一声开了。叶小天挺胸腆肚地走出去，像只骄傲的大公鸡，在他后边，初承雨露、娇艳可人的哚妮姑娘扶着腰，脚下不太利索。

"退房！按一天算吧！"叶小天把钥匙放在柜台上，很慷慨地说。哚妮羞答答的，挎着大包袱躲得好远。

掌柜的吃惊地看向叶小天，失声道："这么快？"

叶小天顿时脸色一黑，掌柜的赶紧道："不不不，我是说……客官你不多温存一会儿？"

"啪！"掌柜的轻轻打了自己一个嘴巴："看我这张臭嘴，我是说，客官你不再多歇一会儿？"

叶小天心情正好，也不跟他计较，咳嗽两声，道："不啦，我还有事，这就退了吧。"

"好好好！"掌柜的笑眯眯地退了押金，笑眯眯地对他小声道："客官下次再来，打六折哟！"

春日里，午间的阳光并不刺眼，温暖而和煦。黛瓦白墙掩映在苍翠欲滴的树丛间，虽只一角也是意境幽然。街头行人如织，商贩的叫卖声此起彼伏，可是听在叶小天耳中却一点也不觉得吵闹。

叶小天忽然觉得天地之间的一切都是那么敞亮那么美好。墙角正有一人左顾右盼一番，然后迅速拉开袍子开始小便。叶小天赞赏地冲他点点头，微微一笑："这位仁兄真是率性！"

"原来……原来要这样，才是和小天哥做了真正夫妻呀。"哚妮想一想便觉面红耳热，她的身体还有些异样的感觉，走起路来也不太便利。可是偷偷瞟一眼叶小天，却是满心的甜蜜与满足，那双眸子湿得好像马上就要滴出水来了。

叶小天忽一扭头，发现哚妮正背着那个装满了小礼物的大包袱，赶紧一把抢过来，谁的媳妇谁不疼啊。刚刚他只是欢天喜地的忘了这码子事而已，哪舍得她那娇嫩的身子干这力气活。

"哥……"感到叶小天的关爱，哚妮向他甜甜一笑，甜甜地唤着他，小手向前一递，心有灵犀的叶小天一把攥住，向她回首一笑，柔声道："走，咱们回去吧。"

"好！"哚妮复又甜甜一笑，刚刚跟上一步，忽然感觉叶小天手掌一紧，站住了脚步。哚妮诧然抬起头，就见一丝微笑还僵在叶小天的脸上，他双眼定定地看着前方，表情僵硬。

第七十章

再相逢

一

　　哚妮发觉叶小天手掌发凉，忙问道："小天哥，怎么了？"
　　叶小天紧了紧哚妮的小手，没有说话，只是牵着她，缓缓向前走去。前边路口站着一个布衣荆钗的女子，手里提着一个小小的包袱，在她面前有一个胖大的妇人和一个眉梢轻挑、虽有几分姿色，却显得趾高气扬的青衣小丫鬟挡着。
　　那布衣钗裙的女子背对着叶小天，并没有注意到他，可叶小天只是看了她的背影一眼，还是一下子就认出了她，那是水舞。叶小天与她贵阳一别，就此音讯全无，万没想到竟会在这里遇见她。
　　胖大妇人一手叉腰，撇着嘴角，冷笑地对水舞道："你在我们家白吃白喝的，怎么临走还想白拿吗？"
　　水舞怯怯的声音道："你不要胡说，那是老爷赠我的盘缠。"
　　青衣小丫鬟冷笑一声，尖刻地道："我们老爷赠你的盘缠？我们夫人答应了吗？无缘无故的，我们老爷为何赠你盘缠，不要脸的贱婢，别是不知羞耻地勾搭了我们老爷吧。"
　　"就是！"胖大妇人也嘲讽地道："这么不要面皮，你可以去卖啊！反正你这狐媚子生得还挺撩人的，一定有人做你生意的。"
　　"你……你们……"水舞气得脸庞涨红，浑身发抖。
　　青衣丫鬟对那胖大妇人道："婶儿，你以为做婊子很容易的，要是半掩门的窑姐就算了。要是青楼呀，人家规矩大着呢，和官场有纠葛的不要，有犯案前科的不要，年龄超过十七的不要，眉眼不顺一副福薄命苦相的不要。就她？扫把星一个，就是倒贴钱，人家都未必看得上眼呢。"
　　这话说得太恶毒了些，水舞的泪水在眼眶里打着转转。她从包袱里掏出一锭五两重的银元宝，气呼呼地往那丫鬟手里一塞，急急就要转身，却被那小丫鬟一把抓住，喝道："慢着！就只这么多？"

水舞道："戚老爷就只给了我这么多。"

胖大妇人冷笑道："那谁知道呢，你这狐媚子惯会哄人，说不定一碗迷汤灌下去，我们老爷就糊里糊涂送了你五十两呢，把包袱交出来，让我们搜一下。"

水舞气得哆嗦，颤声道："你们不要欺人太甚！"

青衣丫鬟伸手抓她包袱，喝道："拿来！"

那包袱里都是水舞的贴身衣物，如何当众示人，青衣丫鬟用力拉扯，就在这时，叶小天一个箭步闪过去，便冲到了她们面前。

双方的谈话他都听在耳中，听那话音，水舞应该是到了什么大户人家做丫鬟侍婢。不知出于何故，十有八九是受到夫人敌视，所以那家男主人赠了她五两纹银遣她离开。可那夫人却不罢休，派人追出来索回银两。

若只是如此，叶小天倒不会发火，可这妇人小婢如此刻薄羞辱，叶小天怒从心头起，恶向胆边生，冲上去劈面就是一记耳光，扇得那小婢原地转了个圈，捂着脸颊愣愣地看他一眼。而后那小婢又突然尖叫一声，张开五指地扑上来，叫道："你敢打……"

她像只小野猫似的扑上来，可还没抓到叶小天脸上，就被叶小天一脚踹了出去，闷哼一声倒在地上，眼见此人如此凶悍，这青衣小婢爬起来，不敢再上前，只是原地张牙舞爪："你敢打我，你知道我是谁家的人？"

叶小天往前走出一步，那胖大妇人吓得颊肉一哆嗦，急忙后退一步，色厉内荏地道："你……你想干什么？"

叶小天没理她，而是转身看向水舞。水舞一见是他，蓄在眸中的热泪便扑簌簌地流下来，她不想让小天看轻了自己，努力想要忍住泪水，不停地伸手去擦涌出的泪水，却只是花了她的脸，泪水纵横，又怎忍得住。

叶小天轻声道："贵阳一别，终于又见面了！"

水舞泪流满面，一句话都说不出来，她忍了忍泪，转身就想逃开，被叶小天一把抓住，叶小天柔声道："你娘呢？"

水舞没有回头，只是哽咽着道："她……在离开贵阳的路上，被贼人杀死了。"

太阳妹妹瞪大双眼，好奇地看着水舞，心道："小天哥跟这个女孩很熟的样子，别是小天哥的老相好吧？"

叶小天默然良久，缓缓地道："跟我走吧！"

水舞摇摇头，凄然道："小天哥，我是不祥之人，我忘不了爹娘的惨死，我也没有脸面……让你照顾我，小天哥，让我走吧。"

这时，戚少保已经听说了夫人派人向水舞追索赠银的事，不禁又气又急。他已经得到京里的消息，知道冯保终究没能在倒张的浪潮中站稳，如今已在贬往金陵的路上。

戚少保死了心，只能决定继续启程，前往广州赴任，所以依照与夫人的约定遣水舞离开。可她一个妙龄少女，若是身无分文，如何安顿？如果连盘缠也不给她，分别就是推她入火坑，是以得知消息马上赶了来。

他还没赶到路口，就见一个少年掌捆那尖酸刻薄的小婢，又拉住水舞说话，似是与她相识，便放慢了脚步，缓缓走近。

叶小天缓缓地道："如果当初不是我把你从靖州带走，你就不会有今日种种遭遇，不管有心还是无意，我难辞其咎。如果当初不是因为杨家对你的追杀，我早就回了京城，也不会有今日的显达，是我欠你的。"

水舞听了叶小天的话，忍不住泪如泉涌，她抽泣着道："这都是我的命，往事已矣。我不想再说了，我现在只想一个人安静地生活，你就让我走吧。"

这时候，戚少保才走上前来，向叶小天拱了拱手道："小兄弟。"

那胖大妇人和青衣小婢一见他来，赶紧道："奴婢见过老爷！"青衣小婢紧跟着就愤愤不平地告起状来："老爷，这小子不知天高地厚，竟然……"

"啪！"一语未了，她另半边脸又挨了戚少保一记耳光。戚少保铁青着脸，一字一顿地道："滚回去！"那青衣小婢呆了呆，咬着牙跑回去找夫人告状了。

戚少保对叶小天道："小兄弟，你与水舞姑娘是旧识？"

叶小天眼见水舞在这户人家饱受欺凌，对这老头子毫无好感，冷冷地看了他一眼，道："是！怎么？"

戚少保道："水舞姑娘曾寄住老夫府上。如今老夫要举家迁往广州，不能带她同行。只是她孤苦无依，若是就此遣走，老夫着实放心不下。小兄弟既与水舞姑娘相识，那是最好，还请足下费心，帮她安顿下来，老夫也就心安了。"

说着戚少保从袖中摸出一锭纹银，递向叶小天。

叶小天冷冷地睨了他一眼，不屑地道："我与水舞姑娘自有交情，当然会帮她安顿，却不劳阁下担心。你就不必猫哭耗子假慈悲了，有她们那样的恶奴，你这主人又能是什么好东西了？"

叶小天啐了戚少保一口，拉起水舞就走，戚继光捧着银子，呆呆地站在那里，半晌无语。

·※·※·※·

"那老头是戚少保？"

叶小天怪叫一声，一下站了起来。他没想到被他骂了个狗血淋头的糟老头子就是大名鼎鼎的戚继光，想到这位爷征战一生，死在他手头的人不计其数，叶小天就觉得后脖梗子冒凉风。

叶小天虽然是个混不吝的性子，可是对于他真心钦佩敬仰的人，还是很有敬畏之心的。万没想到今日有幸见到这位当世名将,却把他痛骂了一顿,这可是特进光禄大夫、太子少保兼太子太保、左都督、蓟州总兵官的一品大员,位极人臣哪。他那兄弟戚继美如今就是贵州总兵,自己居然把他骂了个狗血淋头。

此时,叶小天已经把水舞带回了会同馆,毛问智和展凝儿都见过水舞,如今见她情形可怜,都不由心生同情。可他们同情的目光却让水舞如坐针毡。

水舞本是丫鬟出身,即便主人再看得起她,甚至把她当成姐妹对待,但她自己清楚,她始终是个丫鬟,是下人。所以水舞从未有过什么不该有的矜持与清高,她可以放得下身价,可以做很脏很累的活养活自己,她不怕别人的嘲弄与讥讽,可是唯独在叶小天面前,她想保留一份尊严。她那小小的自尊,只有在叶小天面前才特别的敏感。她不想让叶小天觉得她可怜。

水舞幽幽地道:"叶大哥,遥遥……她还好吗?"

叶小天道:"遥遥很好,只是时常会想起你,你就跟我们回葫县吧。"

薛水舞摇摇头,辛酸地一笑,道:"我很高兴能再见到你们,葫县我不想去。遥遥有你看顾着,我也很放心,有你照顾她,我家小姐在九泉之下也能瞑目了。"水舞说完,向叶小天和展凝儿福了一礼,转身就走。

叶小天蹙了蹙眉,道:"你能上哪儿?"

水舞站住脚步,回过身来,向叶小天振作地一笑,道:"你不必担心,天下之大,不会容不下我一个薛水舞!蚕妇、织妇、茶娘、药婆,再不然便去本地大户人家寻点事做,天无绝人之路!"

水舞有水舞的骄傲,有她的自尊,也只有在叶小天面前,她的骄傲和自尊才变得特别强烈,是不是因为在她心中,叶小天和其他所有人都不同?

叶小天默然地看着她走出去,直到她的身影完全消失在院门口,始终没有再说话。当他成为一个真正的男人,心智似乎也成熟了许多,性情也变得更沉稳了。

展凝儿睨了他一眼,道:"你就这么让她走了?你放心的下?"

叶小天缓缓地道:"有些事,不能太执着,执着过了头,就是傻。有些事,不能刻意去强求,太刻意了,就会弄巧成拙。一切……随缘吧。"

叶小天说完,轻轻叹了口气,转身向房里走去。展凝儿意外地看着他的背影,只觉此君言语大有禅意,听来颇有出尘之感。

展凝儿恍惚了一下,才清醒过来。她定了定神,环顾左右,忽然若有所觉:"咦!老毛呢?"

哚妮道:"奇怪,他刚才还在这儿呢,一转眼工夫去哪儿了?"

展凝儿没好气地啐了一口,道:"我呸!这王八蛋说得冠冕堂皇的,我还真以为他大彻大悟了呢!"

第七十一章

如今休去便休去

一

国子监正门外对面的巷子里新开了一家文房四宝店，店名就叫"四宝书斋"。其实依托着国子监，周围有不少文房四宝店，兼卖各种诗书典集，突然又多一家也不是很引人注目。

但是过往的监生们很快发现，这店主居然是个女人，一个很年轻、很美丽的女人，她穿着一袭上粉下青的简单衣裳，身材婀娜优雅，仿佛一朵出水莲花般灵气逼人，叫人一见难忘。

国子监里有数千名太学生，却连一个女人都没有，简直如同一座和尚庙，附近突然出现这么一位娇俏美丽的老板娘，登时就引起了轰动。学生们一传十，十传百，结果到了当天中午，这家刚刚开张、诸事还未理顺的书斋就成了这条街上所有店铺里最红火的一家。

"张……张公子，这些书也要摆上书架吗？"

薛水舞看着张泓愃刚刚命人搬进来的一套套书籍，发现有些书刊根本不是经史子集，而是一些小说札记，消遣解闷的东西：《如意楼艳史》，金陵岳小关撰；《上元莲灯传》，金陵岳小关撰……

薛水舞只略略一翻，许多令人面红耳赤的描写便跃入眼帘。张泓愃笑道："哎，那些学生闲来无事，也要看些消遣之物嘛。薛姑娘，这些不是拿来卖的，只拿来租，很赚钱的。"

张泓愃说完，转身对那两个送货的伙计道："劳驾，给摆上书架，都码齐了。你们就可以走啦。"

这家店是张泓愃开的，昨儿薛水舞离开会同馆，因为身无分文，便想马上去找份工作。可是这人若是生得面目可憎，想找份工固然很难；生得太漂亮了，想找份工作更难。

薛水舞一连走了几家裁缝店、浣衣店、茶楼酒肆，每次不等掌柜的谈好价钱，必定有位老板娘如临大敌地闻声赶来，斩钉截铁地对薛水舞道："本店人手充足，不需雇人。姑娘请到别处去吧。"

大部分老板娘这时还很热心地指点一下："喏！你瞧，那家店生意红火，铺面又大，想必是缺人的。"一副唯恐薛水舞不肯走的模样。

如是者三，水舞始终没有找到工作，徘徊街头，正饥肠辘辘，突然有位公子策马而来，一时闪避不及被他刮倒在地。

那公子跳下马来，唬得面无人色，好像生怕惹上官司似的，马上对她嘘寒问暖一番。一俟问清她的处境，这位公子立刻拍着胸脯说他正要开店，只是缺人打理，干脆就雇薛姑娘帮忙，云云。

薛水舞哪肯相信天上会掉下这样的好事，只道这位自称名叫张泓恒的公子哥对她心怀不轨，可是这张公子却只带她去了客栈，帮她订了间房叫伙计送进去，连门都没进。

次日上午，水舞用过伙计送来的早餐，又过了片刻，这张公子就来了，要领她去书斋看看。据这张公子说，他家资财巨万，就是坐着吃三辈子也不空，奈何老爹总想让他有点正经事做，这才花点小钱开了个书斋应付了事。

可他实在不耐烦整日里坐店理财，如今正好碰上薛姑娘，干脆请她坐店打理，赔了赚了都没关系，只要有这么个营生杵在那儿，什么时候他父亲想过问一下，把他请来看看，有个交代就好。

水舞本就没有去处，兼且身无分文，若真有这样的一个好机会自然求之不得，可她又怕这张公子人面兽心，对她不怀好意，心中为难得很。

好在此时正当白天，这张公子要带她去的地方又尽是繁华热闹的所在，如果他真有歹意，到时自可高声呼救，薛水舞便半信半疑地跟着他去了。薛水舞不肯乘他雇来的车子，生怕呼救不及，张公子倒也好脾气，便陪她安步当车，一步步走到国子监。

到了这里水舞一看，这店果然是新开的，招牌闪闪发亮，门窗还有油漆味散发出来。店里还有两个雇来的伙计，都是二三十岁左右的妇人，正往书架上摆放笔筒、笔洗、笔格、水盂、墨床、印泥盒、镇纸等物。薛水舞这才相信，这雨点真的砸到了她的头上。

这张公子介绍那两个妇人与她认识了，言明今后这店就由水舞负责打理，随即又匆匆离去，看起来好像真的很忙。

薛水舞哪里端得起掌柜的架子，便同那两个妇人一道里里外外地打扫清洁，因此被那些监生们看见，这才引起轰动。

正所谓窈窕淑女，君子好逑。这国子监里尽是君子，不管是真君子还是伪君子，总之既是君子，对窈窕淑女当然都是好逑的。于是这店还没正式开张，就已人满为患，纷纷跑来照顾生意了。

到了快中午的时候，这张泓愃又风风火火地赶来了，他带来两个书店伙计，弄来两大箱子闲书，把剩下的最后两格书架也堆满了，对薛水舞笑道："薛姑娘，这铺子前店后宅，你和那两位大姐一同住在后院即可。

一日三餐所需用度，都可以从这收入中支付，只要账目清楚就行。本公子忙得很，平日里是不大来的。这国子监的司业大人是我本家长辈，你有什么为难事时，可去向他求助。如果他也解决不了，自会找到我的。"

那两个妇人向张泓愃连连道谢，感激涕零。她们都是守寡的妇人，又没有子嗣，所以丈夫死后，在婆家很受虐待。如今有人雇佣她们，婆家得以分润一笔钱，自然愿意放她们出来，而她们从此也不用提心吊胆看人脸色，这心情不知有多舒畅，对张泓愃自然感恩戴德。

张泓愃大大咧咧地道："你们就不要客气了，又有客人来了，快去照顾生意吧。薛姑娘，本公子这就走了，每到月底本公子会来盘一次账，平时就不来打扰了，你就把这店当成你自己的打理就好啦。哈哈哈，本公子有的是钱，所以不图赚钱，只要能应付得了家父，咱们两个就各得其所了。"

薛水舞微笑不语，只是礼貌地把他送出门去，张泓愃一边扳鞍上马，一边扭头对薛水舞道："行了，薛姑娘，你请回吧。"

薛水舞轻声道："张公子，请替我谢谢小天哥。"

"啊！"刚刚爬上马背的张泓愃吓了一跳，差点又一头从马背上跌下来，他吃惊地看着薛水舞，结结巴巴地道："你……你刚才说什么？"

薛水舞轻轻叹了口气，道："公子昨日送我去客栈住下之后，才去雇的那两位大嫂，这店也是昨日仓促出了高价，从本来就打算在这开店的人手中盘下的，这些事儿，奴家一上午就打听明白了。明白了这些事，有些事想不明白都难。"

张泓愃干笑起来，道："啊……那个……这个……哈哈！姑娘真是冰雪聪明。呃，我……我……"

水舞的笑容灿烂而明丽："张公子，请你告诉小天哥，不用为我担心，我会活得好好的，一定！"

※·※·※

金陵西郊，叶小天曾送别夏莹莹及其父兄的地方。

此时，蒯鹏、乔枕花、汤显祖等人都在这里，正准备送叶小天离开。

路边亭中，置了几碟小菜，一壶美酒。

叶小天和三位好友边说边笑，边笑边喝，依依之情，溢于言表。

他们历数了自叶小天到了金陵，赈灾义卖、智破盗银案、莲灯飞天上元追女、装疯卖傻戏弄六部、一口火锅平柯枝，以及恶整关小坤、轰走李国舅的事情，讲一桩笑一阵，笑一阵便浮一大白，等这些事说罢，不免都有了几分醉意。

乔枕花拍着叶小天的肩膀，大着舌头道："叶……叶兄，我爹……我爹很……欣赏你啊。你知道吗，我爹说，只可惜……你不是进士，也……不是监生，否则他一定……保举你做御史，你要是做御史，一定让那些贪官污吏闻风丧胆，哈哈哈……"

叶小天苦笑道："令尊是觉得我很能惹事吗？"

蒯鹏等人都笑了起来，汤显祖举杯对叶小天道："叶贤弟，再过几日。我也要继续游历天下去了，盼来日你我兄弟有缘再会。"

叶小天抓起酒杯道："好！祝愿汤兄早日考中进士，一遂平生所愿。干！"

两人"当地碰了下酒杯，将杯中酒一饮而尽，这时远处一骑飞来，蒯鹏手搭凉篷向远处一望，欣然道："泓愃来了！"

张泓愃策马到了近处，飞身下马，快步走进小亭。叶小天将目光投向他，却没有说话。张泓愃尴尬地一笑，摊手道："演砸了，她……知道是你在帮她了。"

叶小天的眼帘微微垂下，依旧没有说话。

张泓愃咳嗽一声道："她说，谢谢你，叫你不用担心，她会活得好好的！"

叶小天慢慢举起杯，微笑道："你我兄弟今日一别，还不知何日再见，来！大家干了这杯酒。"

汤显祖摇头叹道："情不知所起，一往而深，深到极处，反似无情。正所谓阴极而阳，阳极而阴，物极必反，诚为大道也！"

叶小天佯装没有听见，举起杯来一饮而尽，霍然立起，向张泓愃四人抱一抱拳，大步走出小亭，高声吟道："如今休去便休去，若觅了时无了时！花老爷、徐老爷、不阴不阳王老爷，我叶小天又回来啦！哈哈哈……"